Neues großes KINDER LEXIKON in Farbe

Sonderausgabe

Trautwein Lexikon-Edition

Abbildungen Inhalt:
siehe Bildquellenverzeichnis
Abbildungen Umschlag:
IFA-Bilderteam, Taufkirchen
Umschlaggestaltung: Inga Koch
Gesamtredaktion: Claudia Gschwilm
Text und Redaktion: Monika Sattrasai

Printed in Slovakia

ISBN 3-8174-5017-6

Vorwort

Kinder entdecken jeden Tag neue, unbekannte Dinge. Auf Streifzügen durch die Natur, beim Spiel mit Freunden oder im Gespräch mit Erwachsenen tauchen viele Fragen auf, die nicht immer aus dem Stegreif heraus beantwortet werden können.

Hier hilft das NEUE GROSSE KINDERLEXIKON IN FARBE. Über 2000 Stichwörter von A bis Z und über 700 prächtige Farbabbildungen geben Antwort auf alle Fragen, die Kinder brennend interessieren.

Das Lexikon erschließt dem jungen Leser anschaulich alles Wissenswerte aus den Bereichen Umwelt und Natur, Wissenschaft und Technik, Gesellschaft und Kultur, Sport und Freizeit und vieles mehr.

Da es eigens für Kinder zwischen acht und zwölf Jahren geschrieben wurde, vermittelt es nicht nur Wissen, sondern macht auch Spaß. Durch die kurz und leicht verständlich dargestellten Sachverhalte wird das Lexikon zum nützlichen Begleiter, der immer gern zur Hand genommen wird.

Benutzerhinweise

Dieses ist vielleicht das erste Lexikon, das Du benutzen wirst. Deshalb haben wir versucht, Dir den Umgang mit diesem Buch so leicht wie möglich zu machen.

Unser Lexikon ist nach dem Alphabet von A bis Z geordnet. Ausführliche Erklärungen zu einem bestimmten Thema findest Du also jeweils unter dem betreffenden Stichwort oder Schlagwort, und zwar an der entsprechenden Stelle im Alphabet. Möchtest Du zum Beispiel etwas über die Dinosaurier wissen, so blättere zum Buchstaben „D“ und suche dann das Schlagwort „Dinosaurier“.

Damit Du die Schlagwörter leichter erkennen und finden kannst, sind diese mit roter Farbe unterlegt. Außerdem zeigt ein Begriff oben links oder rechts auf jeder Buchseite, wo Du jetzt gerade „bist“. Mit etwas Übung findest Du mit der Zeit immer schneller heraus, ob Du bei Deiner Suche weiter nach hinten oder nach vorne blättern mußt.

Oft kommen innerhalb der Texte kleine Verweispfeile (→) vor. Sie bedeuten, daß Du unter dem dahinter genannten Schlagwort weitere interessante Informationen zum gleichen Thema finden kannst.

Außer der Abkürzung „z.B.“ für „zum Beispiel“ und den üblichen Angaben für Maße und Gewichte werden keine Abkürzungen verwendet.

A

Aale: Obwohl diese langen Tiere fast wie Schlangen aussehen, sind sie Knochenfische (→Fische). In ihrer schleimigen Haut sitzen viele winzig kleine Schuppen, und oben und unten an ihrem Körper haben sie einen Flossensaum. Im Laufe ihres Lebens unternehmen die Aale zweimal eine lange Reise: Sie kommen alle in der Sargassosee zur Welt (das ist ein Meergebiet im Atlantik südlich der Bermuda-Inseln). Danach wandern sie drei Jahre lang bis an die Küsten Europas oder Afrikas, schwimmen die Flüsse hinauf und leben im Süßwasser. Sobald die Aale erwachsen sind, wandern sie zu ihrem Geburtsort zurück, legen ihre Eier ab und sterben, während sich ihre Kinder wieder auf die lange Reise begeben. Aale fressen Würmer, Krebse, kleine Fische und Frösche und werden zehn bis zwölf Jahre alt. Ihr Blut ist giftig, aber wenn man sie kocht oder räuchert, kann man sie essen.

Aal

Aasfresser: Diese Tiere jagen und töten nicht selbst, sondern ernähren sich von Tierleichen (**Aas**). So sorgen sie dafür, daß sich durch Verwesung keine Krankheiten ausbreiten. Zu den Aasfressern gehören *Geier, Hyänen* und *Schakale*, aber auch *Aaskäfer* wie der Totengräber.

Abakus: Ein Brett mit kleinen Steinchen oder Holzperlen zum Hin- und Herschieben, das schon die alten Griechen zum Rechnen verwendet haben.

Abendland: Am Abend geht die Sonne im Westen unter. Deshalb bezeichnete man im Mittelalter mit „Abendland" kein einzelnes Land, sondern den ganzen westlichen europäischen Lebensraum, vor allem Italien, Deutschland, Frankreich und Spanien. Dort lebten die Menschen anders als in der östlichen Welt des **Morgenlandes** (**Orient**). Statt Abendland sagt man auch **Okzident**.

Abendstern: So nennt man den Planeten →Venus, wenn er am Abend am Himmel zu sehen ist. Morgens heißt die Venus dagegen **Morgenstern**.

Aberglaube: Manche Menschen glauben an übernatürliche Zauberkräfte. So meinen sie z.B., daß die Zahl 13 Unglück bringt oder daß es böse Geister gibt. Früher, als die Naturgesetze noch nicht so genau erforscht waren, war der Aberglaube weit verbreitet.

Abfall: Überall, wo etwas hergestellt oder verbraucht wird, bleiben auch Reste übrig – der Müll. Er entsteht in den Haushalten genauso wie in der Industrie. Oft befinden sich gefährliche Stoffe im Abfall, die in das →Grundwasser einsickern oder durch Verbrennung in die Atemluft geraten können. Deshalb sollte jeder versuchen, so wenig Müll wie möglich übrigzulassen. Heute kann man wertvolle Bestandteile im Müll (Glas, Papier, Metalle, Plastik) sortieren und wiederverwerten (→Recycling). Hierzu werden in vielen Gemeinden besondere Abfallbehälter (Container) aufgestellt. Man kann Abfall vermeiden, wenn man z.B. Getränke in Pfandflaschen statt in Plastik oder Dosen kauft. Auf keinen Fall darf man alte Batterien einfach in die Mülltonne werfen, weil sie sehr giftig sind.

Aasfresser: Geier, Hyäne und Schakal

Abgas: So nennt man die Gase, die z.B. beim Heizen der Wohnung, beim Autofahren oder beim Verbrennen von Abfall entstehen. Abgase sind für Menschen, Tiere und Pflanzen schädlich. In großen Städten und Industriegebieten wird deshalb die **Abgaskonzentration** der Luft gemessen – ist sie gefährlich hoch, so gibt es **Smog-Alarm** und man bleibt besser zu Hause.

Abgase durch Straßenverkehr

Abgeordnete: Vom Volk gewählte Mitglieder eines →Parlaments. In Deutschland sitzen sie im Bundestag und treffen dort stellvertretend für ihre Wähler politische Entscheidungen.

Abitur: Die Abschlußprüfung am →Gymnasium wird in Österreich **Matura** genannt. Man braucht sie, wenn man später an einer Universität studieren will.

Ableger: An manchen Sträuchern und Zimmerpflanzen wachsen Seitentriebe, die neue Wurzeln bilden, wenn man sie in die Erde steckt oder in Wasser stellt. Trennt man den Ableger von der Mutterpflanze ab, so hat man eine neue Pflanze.

Abonnement: Wenn man Zeitschriften oder Theaterkarten über einen festgelegten Zeitraum regelmäßig bezieht und hierüber einen Vertrag abschließt, besitzt man ein **Abonnement**. Als **Abonnent** erhält man die Zeitschrift meist etwas billiger.

Aborigines: Die Ureinwohner von →Australien. Seit der Besiedlung dieses Kontinents durch europäische Einwanderer (ab 1788) wurden sie von den Weißen so stark zurückgedrängt, daß sie heute nur noch ein Prozent der australischen Bevölkerung bilden. Sie leben zum großen Teil in Armenvierteln oder in →Reservaten. Die Aborigines sind sehr dunkelhäutig; sie leben vom Ackerbau und von der Jagd, bei der sie schon seit vielen Jahrhunderten den →Bumerang benutzen.

Aborigines: Ureinwohner Australiens

Abstammungslehre: Die Menschenaffen sind unsere nächsten Verwandten

Abrüstung: Viele Staaten dieser Erde haben sich einen großen Vorrat an Waffen und Kriegsgerät zugelegt: Panzer, Raketen und sogar Atombomben. Besonders die Großmächte Rußland und Amerika meinten, sie könnten sich damit gegenseitig Angst machen und so davon abhalten, einen Krieg anzufangen. Inzwischen haben jedoch die Politiker einiger Länder angefangen, miteinander zu reden, und sie haben sich darauf geeinigt, daß sie einen Teil ihrer Waffenvorräte wieder abbauen und unschädlich machen wollen.

Absolutismus: Eine Staats- und Regierungsform, in der ein einziger Herrscher, z.B. ein Kaiser oder König, allein über die Politik seines Landes bestimmen kann. Der „Sonnenkönig" Ludwig XIV. war ein **absolutistischer Herrscher**.

Abstammungslehre: Vor nicht viel mehr als hundert Jahren haben die Naturforscher erkannt, daß sich alle Lebewesen seit der Entstehung der Welt aus einfacheren Vorfahren immer höher entwickelt haben. Sie paßten sich ihrer Umgebung in winzigen Schritten jeweils neu an, bildeten dabei besondere Fähigkeiten aus – das nennt man Spezialisierung – und veränderten ihr Aussehen. So entstanden immer mehr verschiedene Arten im Tier- und Pflanzenreich. Lebewesen, die sich nicht rechtzeitig neuen Lebensbedingungen anpassen konnten, z.B. die →Dinosaurier, mußten aussterben. Die Abstammungslehre hat bewiesen, daß der Mensch sich vor vielen, vielen tausend Jahren aus dem Affen entwickelt hat. Die Menschenaffen sind unsere nächsten Verwandten unter allen Lebewesen.

Abstimmung: Mit einer Abstimmung hat man die Möglichkeit, innerhalb einer Gruppe, in der die einzelnen Mitglieder unterschiedlicher Meinung sind, eine gerechte und demokratische Entscheidung zu treffen. Jeder in der Gruppe stimmt für oder gegen eine vorgeschlagene Lösung. Am Ende wird ausge-

Abwasser: Hier wird es ungereinigt in die Natur geleitet

zählt, für welchen Vorschlag die Mehrheit mit „ja" gestimmt hat.

Abwasser: Alles Wasser, das verbraucht wird – z.B. zum Waschen – fließt anschließend als Abwasser in die Flüsse und Seen oder ins Erdreich. Meist ist das Abwasser verschmutzt und mit schädlichen Stoffen belastet. Deshalb wird es über die Kanalisation erst in **Kläranlagen** geleitet und dort gereinigt. Trotzdem bleiben noch Schadstoffe übrig, die schlimmstenfalls sogar in unser Trinkwasser gelangen können. Natürliche Stoffe im Abwasser werden dagegen durch kleinste Lebewesen aufgefressen (abgebaut). Es ist deshalb gut, wenn man zu Hause „biologisch abbaubare" Waschmittel und Reiniger benutzt (ist auf der Packung angegeben).

Achilles-Darstellung

Achilles: Ein Held aus der griechischen Sagenwelt. Er war am ganzen Körper unverwundbar, mit Ausnahme der Ferse. Im übertragenen Sinne ist mit **Achillesferse** ein Punkt gemeint, an dem ein Mensch auch seelisch besonders verletzlich ist.

Achse: Ein Stab, der durch die Mitte eines Rades geführt wird und um den sich das Rad dreht. Die gedachte Linie, um die sich die Erde dreht, wird **Erdachse** genannt.

Achter: Im Sport ein Boot für neun Insassen: acht Ruderer und einen Steuermann. Umgangssprachlich nennt man die Delle in einem verbogenen Rad auch Achter.

Ackerbau: Moderne Erntemaschine

Ackerbau: Vor etwa 8000 Jahren haben die Menschen damit begonnen, nicht einfach zu sammeln und zu ernten, was gerade zufällig in der Natur wuchs, sondern bestimmte Nutzpflanzen wie Getreide auf Äckern anzubauen. Hierzu mußten sie den Boden freilegen und die Wälder roden; den Boden bearbeiten, die Erde auflockern und Düngemittel zufügen; und natürlich die Pflanzen aussähen oder in die Erde setzen. Da die Menschen vor allem diejenigen Pflanzen vermehrten, die besonders große und viele Früchte trugen, konnten sie im Laufe von Jahrhunderten die Erbanlagen der Pfanzen und den Ernteertrag verbessern. Eine der wichtigsten Erfindungen der Menschheit hat mit dem Ackerbau zu tun: der Pflug (um 3000 vor Christus). Jetzt konnte sich der Mensch von den Tieren bei der schweren Arbeit helfen lassen.

Adel: In modernen Staaten hat es keine Bedeutung mehr, ob jemand „adeliger" Abstammung ist oder nicht. Im Mittelalter war das anders: Damals wurde das Volk nach „Ständen" eingeteilt. Der Adel mit seinen Königen, Herzögen, Grafen, und Rittern bildete den „Ersten Stand" und besaß mehr Rechte als das übrige Volk. **Adelstitel** wurden für besondere Verdienste verliehen, sie konnten aber auch vererbt oder gekauft werden. Seit der →Französischen Revolution sind die Vorrechte des Adels zunehmend eingeschränkt.

Adern: Die Leitungsbahnen, durch die das Blut im Körper fließt. Die **Schlagadern** oder **Arterien** transportieren das frische, mit Sauerstoff angereicherte Blut vom Herzen weg zu allen Organen und bis in die Haut.

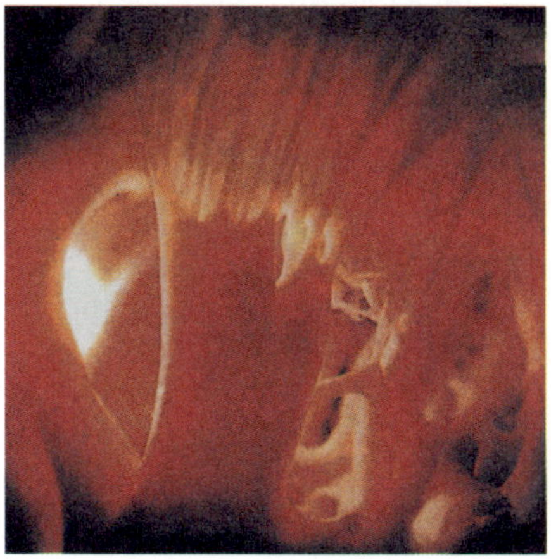

Adern, von innen gesehen

Durch die **Venen** fließt das verbrauchte Blut wieder zum Herzen zurück. Die Versorgungsbahnen bei den Pflanzen werden **Blattadern** genannt.

Adler: Er ist der größte Raubvogel, den wir kennen. Adler jagen am Tage und ergreifen ihre Beute mit den mächtigen Krallen (→Greifvögel). Es gibt Arten unter ihnen, die ihre Flügel 2,50 Meter weit ausbreiten und sogar einen jungen Hirschen töten können. An Felswänden bauen die Adler große Nester (**Adlerhorste**). In Mitteleuropa sind die Adler fast ausgestorben; in den Alpen sieht man vereinzelt den **Steinadler**, an den Meeresküsten den **Seeadler** und den **Fischadler**. Im Tiermärchen kennt man den Adler als König der Lüfte und obersten Richter; oft haben ihn Herrscher in ihrem Wappen abgebildet.

Adoption: Kinder, die keine Eltern mehr haben, werden manchmal von Ersatzeltern an Kindes Statt angenommen (adoptiert) und wie eigene Kinder aufgezogen. **Adoptivkinder** haben genau die gleichen Rechte wie leibliche Kinder; sie tragen den Namen ihrer Pflegeeltern.

Adresse: Postanschrift. Sie enthält Namen, Straße und Wohnort einer Person oder Firma.

Adriatisches Meer: Das nördliche Nebenmeer des Mittelmeers zwischen Italien und Jugoslawien wird auch **Adria** genannt. Es ist eine über 800 Kilometer lange, flache Bucht, an der viele Touristen Urlaub machen. Die Stadt Venedig liegt an der Adria.

Advent: Die Zeit, in der sich die Christen auf das Fest der Geburt Jesu vorbereiten. Der Advent war ursprünglich eine Fastenzeit und beginnt vier Sonntage vor Weihnachten.

Aerodynamik: Dieser Begriff setzt sich aus griechisch „Luft" und „Bewegung" zusammen. Er bezeichnet die Lehre von den Bewegungsgesetzen der Gase, also auch von der Luft. Für den Bau von Autos und Flugzeugen werden diese Gesetze genau studiert. Denn wenn sich ein Körper vorwärtsbewegt, trifft er immer auf Luft, die dem Fahrzeug besonders bei hohen Geschwindigkeiten einen großen Widerstand entgegensetzt. Deshalb achtet man darauf, daß die Form eines Fahr- oder Flugzeugs möglichst „stromlinienförmig" (**aerodynamisch**) ausfällt.

Affen: Sie sind die höchstentwickelten Säugetiere und von allen Lebewesen dem Menschen am ähnlichsten. Affen gibt es in freier Natur in den warmen Gebieten Afrikas, Asiens und Südamerikas, in Europa nur auf Gibraltar, in Australien gar nicht. Die Affen gehören zu den **Herrentieren** (Primaten) und werden in **Breitnasen** und **Schmalnasen** unterteilt. Zu den Schmalnasen zählen die **Menschenaffen** (z.B. Orang-Utan, Schimpanse); diese haben keine Schwänze, können über kürzere Strecken aufrecht gehen und sind die nächsten „Verwandten" des Menschen. Alle Affen leben in größeren Gruppen oder kleineren Familienverbänden zusammen. Sie halten sich meist auf Bäumen auf und ernähren sich von Pflanzen und Früchten. Der größte Affe ist mit 230 cm Körpergröße und 200 Kilo Gewicht der Gorilla, der kleinste mit 10 cm der Mausmaki.

Affen: Mutter mit Jungem

Afrika: Felsenmalerei aus der Steinzeit

Afrika: Dieser große Erdteil bedeckt etwa ein Fünftel der gesamten Landfläche der Welt. Vom Mittelmeer bis zum Kap der guten Hoffnung ist er rund 8000 Kilometer lang, seine breiteste Stelle vom Atlantik bis zum Indischen Ozean mißt 7600 Kilometer. Ziemlich genau durch die Mitte Afrikas verläuft der →Äquator. Hier gibt es dichte Regenwälder und das dafür typische, warm-feuchte Wetter mit sehr viel Regen. Zum Norden hin schließt sich eine Savannenlandschaft (→Savanne) an, dann folgt mit der →Sahara die größte Wüste der Erde. Südlich des Äquators liegt die →Kalahari mit Steppen und Salzwüsten.

Afrika: Zulu-Frauen

An den großen Strömen, wie dem →Kongo, dem Niger, dem →Nil oder dem Sambesi, liegen fruchtbare Beckenlandschaften. Afrika ist rundum von meist steilen Küsten umgeben; Madagaskar ist die größte Insel, der höchste Berg – ein erloschener Vulkan – heißt Kilimandscharo. Nach der Höhe über dem Meeresspiegel unterteilt man Afrika in **Niederafrika** (Westen, Norden und Mitte) und **Hochafrika** (Osten und Süden). Nach der Bevölkerung unterscheidet man auch noch **Weiß-Afrika** von **Schwarz-Afrika**; den Großteil der Bevölkerung im Norden bezeichnet man als Araber, während südlich der Sahara vorwiegend die schwarzhäutigen, negriden Menschenrassen leben. Vor allem im Süden leben aber auch noch die Nachkommen europäischer Einwanderer, z.B. die Afrikaaner. Trotz seiner Größe ist Afrika nur sehr dünn besiedelt: Auf diesem Erdteil leben nicht einmal zehn Prozent der Weltbevölkerung. Die meisten Menschen arbeiten in der Landwirtschaft, sie ernten Kakao, Kaffee, Erdnüsse, Baumwolle und andere Produkte. Zu den Bodenschätzen zählen Erdöl, Kupfer und Zinn, aber auch Gold und Diamanten. Trotzdem gehören viele Länder Afrikas zu den unterentwickelten Ländern der →Dritten Welt. Dürrekatastrophen und Nahrungsmangel, Krankheiten und Bevölkerungswachstum in den großen Städten führen zu großen Problemen. Afrika ist ein schon lange besiedelter Kontinent; man fand hier die ältesten Zeugnisse menschlichen Lebens auf der Erde und auch menschlicher Kunst.

Afrikanisches Mädchen

Ägäisches Meer: Der Teil des östlichen Mittelmeers zwischen Griechenland und der Türkei (auch: **Ägäis**).

Agrar...: Alles, was mit Landwirtschaft (→Ackerbau) zu tun hat.

Ägypten: In diesem Land in Nordafrika am Nil gab es schon vor 5000 Jahren eine sehr hoch entwickelte Kultur. Damals herrschten mächtige Könige, die Pharaonen. Sie ließen sich seit dem dritten Jahrtausend vor Christus die →Pyramiden als riesige Grabmäler errichten. Schon vor 5000 Jahren hatten die alten Ägypter einen Kalender mit 365 Tagen; sie entwickelten die →Hieroglyphen und schrieben auf →Papyrus. Aus Kalkstein, Holz, Bronze und Gold machten sie wunderschöne Statuen, ihre Gräber und Tempel schmückten sie mit →Reliefs und Malereien aus. Die alten Ägypter verehrten viele Götter, z.B. den Sonnengott Re oder den Totengott Osiris. Auch ihren Pharao verehrten sie wie ein gottgleiches Wesen. Ägypten wurde 323 vor Christus von Alexander dem Großen und später von den Arabern erobert. Heute ist es eine Republik (Hauptstadt Kairo); der Islam ist Staatsreligion.

Ägypten: Dienerinnen mit Musikinstrumenten

Ägypten: Kopf eines Pharaos

Ähren (Text siehe Seite 10)

Ähre: Der Blütenstand von Getreidepflanzen wie z.B. von Weizen oder Gerste.
AIDS: Eine tödliche Krankheit, die durch den HIV-Virus (Humaner Infektions-Virus) übertragen wird. Er zerstört das Abwehrsystem des Körpers; harmlose Krankheiten können so schließlich zum Tode führen. Der Virus wird durch Körperflüssigkeiten übertragen, mit denen er direkt in die Blutbahn gelangt, z. B. beim Geschlechtsverkehr oder durch das gemeinsame Benutzen von Injektionsnadeln (Spritzen). Nach der Ansteckung kann es Jahre dauern, bis die Krankheit sichtbar zum Ausbruch kommt, in dieser Zeit kann aber der Virus auf andere übertragen werden. Mit Menschen, die an Aids erkrankt sind, kann man ganz normal umgehen, ohne sich anzustekken. Auf jeden Fall wird die Krankheit nicht „durch die Luft" übertragen.
Airbus: Ein in Zusammenarbeit zwischen vielen europäischen Staaten gebautes Großraumflugzeug. Im A 300 haben bis zu 345 Passagiere Platz.
Akkord: In der Musik der Zusammenklang mehrerer Töne, z.B. der **Dreiklang**; im Wirtschaftsleben wird **Akkordarbeit** nicht nach der Stundenzahl, sondern nach der Stückzahl, die ein Arbeiter in einer gewissen Zeit fertigt, bezahlt.
Akkordeon: Dieses Musikinstrument erzeugt seine Töne durch einen Blasebalg beim Auseinanderziehen oder Zusammenschieben („Ziehharmonika"), während gleichzeitig Knöpfe oder Tasten gedrückt werden. Dabei sind die →Akkorde, die die Melodie begleiten, im Instrument bereits festgelegt.
Akrobat: Ursprünglich wurden so nur die Seiltänzer genannt, denn auf Griechisch bedeutet das Wort „der auf den Fußspitzen Gehende". Heute nennt man jeden so, der in Zirkus- und anderen Unterhaltungsvorstellungen die schwierigsten Geschicklichkeitsübungen und Kunststücke vorführt.
Akropolis: Name der Herrschersitze und Tempelbezirke vieler griechischer Städte der →Antike. Am bekanntesten ist die Akropolis von Athen.

Akropolis

Akt: Lateinisches Wort für Handlung, Tat. In der Kunst ist mit „Akt" die Darstellung eines nackten Körpers gemeint, im Theater wird die Handlung eines Stückes in verschiedene Aufzüge oder „Akte" unterteilt.
Aktien: Wertpapiere, die von großen Wirtschaftsunternehmen, nämlich den **Aktiengesellschaften**, verkauft werden. Der Käufer einer Aktie wird dadurch sozusagen Miteigentümer dieser Firma. Macht das Unternehmen Gewinne, so steigt der Wert der Aktie – umgekehrt fällt der Wert bei Verlusten des Unternehmens.
aktiv: Aus dem Lateinischen kommende Bezeichnung für tätig, rührig, wirksam.
Aktuell: Direkt auf die Gegenwart bezogen, gerade jetzt im Moment wichtig.
Akupunktur: Dieses Heilverfahren wurde schon vor 5000 Jahren in China erfolgreich angewandt. Mit Nadeln, die an ganz bestimmte Punkte dicht unter der Haut eingestochen werden, kann man z.B. Schmerzen lindern oder ganz verschwinden lassen. Auch in Europa benutzen viele Ärtze diese Heilmethode.
Akustik: Die Lehre vom Schall und seinen Wirkungen. Wenn man von einem Konzertsaal behauptet, er habe eine „gute Akustik" so ist damit gemeint, daß jeder Ton klar und unverfälscht zu hören ist.
Alaska: Der nördlichste und größte Bundesstaat der USA. Er

Albatros

wurde 1867 von Rußland abgekauft und ist von den übrigen Staaten der USA durch Kanada abgetrennt. Ein Teil von Alaska liegt in der →Arktis.

Albatrosse: Bis zu 1,30 m große Sturmvögel, die ausgezeichnet fliegen und segeln können, sich aber zu Fuß sehr tolpatschig und unbeholfen fortbewegen.

Albino: Mensch oder Tier, bei dem durch Vererbung das →Pigment für die Färbung von Haut und Haaren fehlt. Albinos haben weiße Haare und manchmal auch rötliche Augen.

Alchimie: Im Mittelalter, lange also, bevor die →Chemie als Naturwissenschaft aufkam, beschäftigten sich schon einige Menschen mit den Zusammensetzungen verschiedenster Stoffe. Ganz besonders galt ihre Aufmerksamkeit einem Metall: dem Gold. So versuchte man immer und immer wieder vergeblich, dieses kostbare Metall künstlich herzustellen. Zwar ist den **Alchimisten** dies nicht gelungen – bei ihrer Suche jedoch erlangten sie viele wertvolle Kenntnisse in der Gewinnung anderer Metalle, aber auch in der Herstellung von Arzneien. Die Alchimisten des Mittelalters gelten daher als die Vorläufer unserer Chemiker und auch Apotheker.

Algen: Im Meer, im Süßwasser oder an feuchten Orten lebende Pflanzen, die – je nach Art – Bruchteile von Millimetern klein, aber auch mehrere Meter groß sein können. Sie dienen als Nahrung für Jungfische und andere Kleintiere. In Gewässern, die zuviele Nährstoffe enthalten, vermehren sie sich so stark, daß der Naturhaushalt dieser Gewässer empfindlich gestört werden kann. Dieser Zustand wird als **Algenpest** bezeichnet.

Alkohol: Viele Getränke, so z.B. Bier, Wein und Schnaps, enthalten Alkohol; er entsteht bei der Vergärung mit Hefezellen. Das Trinken von Alkohol hat auf den Menschen ganz unterschiedliche Wirkungen: Bei nur wenig Alkoholgenuß werden die meisten Leute fröhlich, fühlen sich leicht und unbeschwert. Trinken sie aber zuviel, so bekommen sie einen Rausch: Ihr Wahrnehmungs- und Reaktionsvermögen wird vermindert, ihre Sinne getrübt, und manche Menschen können dann sehr aggressiv werden und Dinge sagen und tun, die sie bei klarem Bewußtsein nie zulassen würden. Das Gefährliche am regelmäßigen Alkoholgenuß ist, daß er zur Sucht (**Alkoholismus**) führen und die Menschen krank und hilflos machen kann. Bei übermäßigem Alkoholgenuß kann es zu einer (manchmal tödlich verlaufenden) **Alkoholvergiftung** kommen.

Allah: So nennen die Anhänger des →Islam ihren einzigen Gott. →Mohammed gilt als sein Prophet.

Allergie: Mehr und mehr Menschen reagieren heute empfindlich gegen verschiedene Stoffe in der Nahrung, in der Luft, in der Natur, in der Wohnumgebung. Sie bekommen Hautauschläge, Heuschnupfen oder anfallsartige Hustenkrämpfe. Durch Hauttests können die Ärzte herausfinden, gegen welche Stoffe genau ein Mensch **allergisch** ist. Um nicht weiter krank zu werden, muß man dann versuchen, den Kontakt mit den allergieauslösenden Stoffen zu vermeiden. Wenn oft die Augen tränen, die Nase läuft oder die Haut juckt, ist wahrscheinlich eine Allergie daran schuld.

Alligatoren: Zu den →Krokodilen zählende Reptilien. Sie leben in den Fluß- und Sumpfgegenden Nordamerikas und Südostasiens. Alligatoren werden bis zu fünf Meter lang. Sie fressen Fische, größere Säugetiere und Vögel, die sie unter Wasser ziehen und ertränken. Ein Alligator-Weibchen legt bis 70 etwa acht cm lange Eier in einen Nesthügel, bewacht sie wochenlang und führt die Jungen zum Wasser, sobald sie geschlüpft sind.

Alm: Eine Bergwiese, zu der das Vieh im Frühjahr aufgetrieben wird, um den Sommer über dort zu weiden.

Alpen: Das höchste und größte Gebirge Europas ist etwa 1200 Kilometer lang und 150 bis 200 Kilometer breit. Es erstreckt sich im großen Bogen von der französischen Riviera bis nach Jugoslawien; die Schweiz, Österreich, Deutschland und Italien haben ebenfalls einen Anteil an den Alpen. Ihre höchste Erhebung ist mit 4807 Metern der Mont Blanc. Während der Kreidezeit und im Tertiär (→Erdgeschichte) wurden die Alpen aufgefaltet. Dabei schoben sich verschiedene Gesteinsschichten übereinander. Während der

Alpenlandschaft

→Eiszeit waren die Alpen ganz von Eis bedeckt; als dieses schmolz, blieben einige →Gletscher übrig, die die Landschaft weiter formten und viele Seen hinterließen. Heute kann man die Alpen durch große Tunnels und über Paßstraßen bequem mit dem Auto überqueren, außerdem führen Tausende von Seilbahnen auf die entlegensten Gipfel. Dadurch wird die Natur sehr gestört. Viele Tiere und Pflanzen der Alpen sind daher bedroht und stehen unter Naturschutz.

Ein typischer Alpenbewohner ist das Murmeltier

Alphabet: Nach den ersten beiden Buchstaben des Griechischen „ABC", Alpha und Beta, wurde die Reihenfolge der Buchstaben einer Sprache „Alphabet" genannt. Es gibt viele ganz unterschiedliche Alphabete auf der Welt. Manche Nachschlagewerke, z.B. auch dieses Kinderlexikon, sind nach dem Alphabet (von A bis Z) geordnet.

Alternative: Eine von zwei Möglichkeiten. Heute hört man manchmal das Schlagwort von „alternativen Lebensweisen" – damit sind einfach andere Formen des Zusammenlebens als die althergebrachten gemeint. „Alternative Energien" sind wiedererneuerbare Energien, wie z.B. die Sonnen- oder Windenergie.

Altertum: Der geschichtliche Zeitabschnitt, der etwa im 4. Jahrtausend vor Christus an die →Vorzeit anknüpft und ungefähr bis zum europäischen Mittelalter reicht. Vor allem bezeichnet man damit die Geschichte und Kultur Mesopotamiens und Ägyptens, Griechenlands und Roms und aller Völker, die um das Mittelmeer herum gruppiert waren. Die Kultur des Altertums, auch →**Antike** genannt, begann sich aufzulösen, als die germanischen Völker bis zum Mittelmeer vordrangen. Sie wirkt aber noch bis heute in vielen Lebensbereichen nach.

Altertum: Krieger aus Assyrien

Altes Testament: Die Bücher der →Bibel, die vor Christi Geburt entstanden sind.

Alte Welt: Im Gegensatz zur „Neuen Welt" Amerika, das die Europäer ziemlich spät kennenlernten, werden die altbekannten Kontinente Afrika, Asien und Europa oft als „Alte Welt" bezeichnet.

Altpapier: Gebrauchtes Papier, das gesondert gesammelt und wieder zu neuem Papier verarbeitet wird. Ebenso spricht man von **Altglas** und **Altöl**. →Recycling.

Aluminium: Das am häufigsten vorkommende Metall auf der Erde ist sehr leicht und dehnbar, man kann es zu ganz dünnen Drähten und Folien auswalzen (z.B. Alufolie). Außerdem leitet es Elektrizität und Wärme gut und ist rostfrei. Aluminium gehört nach Eisen zu den wichtigsten und am häufigsten verwendeten Metallen der Erde.

Amateur: Eigentlich heißt dieses Fremdwort „Liebhaber", und ähnlich verwendet man es auch: Man meint damit jemanden, der sich mit einer Sache nicht aus beruflichen Gründen, sondern aus „Liebhaberei" beschäftigt. Im Sport steht der unbezahlte Amateur im Gegensatz zum Berufssportler.

Amazonas: Zusammen mit seinen über 200 Nebenflüssen bildet der Amazonas in Südamerika das größte Stromsystem der Erde. Er entspringt in Peru in den Anden, fließt anschließend durch das **Amazonas-Tiefland** und mündet nach etwa 6400 Kilometern Länge in den Atlantik. In seiner Mündung hat der Strom eine Breite von 250 Kilometern. Das Amazonas-Tiefland umfaßt etwa ein Fünftel des gesamten Gebietes von Südamerika; es bildet die größte zusammenhängende Regenwaldfläche der Erde. Durch Neusiedler und Straßenbau werden hier jedoch soviele Bäume abgeholzt, daß

Amazonas: Indianer mit menschlichem Schrumpfkopf

sich dadurch das →Klima bis nach Europa verändert. Die Indianer, die in diesem Gebiet leben, werden mehr und mehr verdrängt. Der Staat Amazonas gehört zu Brasilien und ist nur so dünn besiedelt wie die Sahara.

Ameisen: Diese Insekten leben in einer festgeordneten Gesellschaft, in einem gut organisierten Staat. Jedes Tier hat seine besondere Aufgabe: Die *Königinnen* legen Eier und gründen neue Ameisenstaaten; die *Arbeiterinnen* bauen das Nest, halten es sauber, sorgen für Nahrung

Ameisen beim Melken von Blattläusen

und pflegen die Brut; die *Männchen* sind für die Befruchtung der Königin zuständig, sie leben nur sehr kurz und sterben nach dem Hochzeitsflug. Die Arbeiterinnen haben keine Flügel, nur die Königin und die Männchen. Ein **Ameisenstaat** kann aus vielen Millionen Einzeltieren bestehen. Ameisen sind in vielfältiger Form und Lebensweise weltweit verbreitet. Bei uns gibt es z.B. die **Rote Waldameise**. Sie errichtet einen Hügel aus Nadeln und Halmen über dem unterirdischen Teil ihres Baues. Ameisen ernähren sich hauptsächlich von Insektenlarven, sie betäuben ihre Feinde mit **Ameisensäure** und sie helfen, Schädlinge zu vernichten. Die Ameisen haben einen sehr guten Orientierungssinn: Dazu benutzen sie die in den Fühlern gelegenen Sinnesorgane, die feinste Duftspuren wahrnehmen, und den Tastsinn. Am Tage richten sich die Ameisen auch nach der Sonne.

Ameisenbär: Dieses Säugetier lebt in lichten Wäldern und Savannen Mittel- und Südamerikas. Es hat einen langen, röhrenförmigen Kopf, sehr kleine Augen und gar keine Zähne – dafür aber eine 60 Zentimeter lange, klebrige Zunge. Mit seinen Grabzehen schreckt der Ameisenbär Termiten und Ameisen aus ihrer Behausung auf und schleckt sie dann mit der Zunge auf.

Amerika: Dieser Doppelkontinent erstreckt sich über 15000 Kilometer von Norden nach Süden. Er besteht aus **Nord-** und **Südamerika** und wird durch **Mittelamerika** verbunden. Der ganze Erdteil ist etwa viermal so groß wie Europa und bedeckt rund 30 % der gesamten Landfläche der Erde. Schon um 1000 nach Christus entdeckten die Wikinger diesen Erdteil, der dann aber in Vergessenheit geriet. Nach der Entdeckungsfahrt des Kolumbus im Jahre 1492 wurde der Kontinent als →Neue Welt bezeichnet, erst später nannte man ihn nach Amerigo Vespucci „Amerika“. Die USA und Kanada liegen in Nordamerika und sind reiche Industrienationen. Weil Mittel- und Südamerika früher von den Spaniern und Portugiesen erobert wurden, spricht man hier heute noch deren Sprache. Diese „lateinamerikanischen“ Staaten zählen zum großen Teil zu den ärmeren Ländern der →Dritten Welt.

Ampel: Eine Lichtanlage, die den Verkehr regelt: Bei Rot muß man anhalten, bei Grün darf man losfahren oder gehen, Gelb für Autofahrer bedeutet, daß sie sich startbereit machen oder gleich anhalten sollen. Für Fußgänger und Fahrradfahrer gibt es oft eigene Ampeln.

Ampere: Das Ampere ist die Maßeinheit der elektrischen Strom*stärke*. Damit wird also angegeben, wie stark ein elektrischer Strom ist, der beispielsweise durch ein Kabel fließt. Je höher die Ampere-Zahl, desto stärker ist der Strom. Im Haushalt müssen Geräte wie Waschmaschinen, die starken Strom brauchen, mit 16-Ampere-Sicherungen abgesichert werden, einfache Lampen brauchen dagegen nur 10 Ampere. Die Einheit für die Stromstärke wurde nach dem französischen Physiker **André Marie Ampère** benannt; er entdeckte die Wechselwirkungen zwischen elektrischen Strömen und Magnetfeldern.

Amphibien: Das griechische Wort für →Lurche bedeutet

„Doppellebige", weil diese Tiere sowohl im Wasser als auch auf dem Land leben. Ein **Amphibienfahrzeug** ist ein schwimmfähiges Gefährt, das sich im Wasser und auf dem Lande fortbewegen kann.

Amphitheater: Theater der alten Römer. Sie bestanden aus einer sandigen Arena mit rundum ansteigenden Sitzreihen unter freiem Himmel. Hier fanden keine Theateraufführungen, sondern vor allem Tier- und Gladiatorenkämpfe statt. Das erste Amphitheater, das ganz aus Stein gebaut ist, ist das Kolosseum in Rom.

Analphabet: Jemand, der nicht schreiben und nicht lesen kann.

Ananas: Diese Staudenpflanze wird heute oft in großen Plantagen in den Tropen angebaut. Schneidet man den „Schopf" der Ananas ab und steckt ihn in den Boden, wächst eine neue Ananas nach.

Anden: Ein 8000 Kilometer langes Gebirge, das sich in Südamerika von Feuerland bis zum Karibischen Meer hinzieht. Die Anden sind ein Teil der bis nach Alaska reichenden →Kordilleren. Ihr höchster Berg ist ein erloschener Vulkan, der Aconcagua.

Angelsachsen: Bezeichnung für germanische Stammesvölker, vor allem die Angeln, Sachsen und Jüten, die sich zwischen dem 5. und 7. Jahrhundert in Britannien niederließen. Zusammen mit den Normannen und Kelten verschmolzen sie zum britischen Volk.

Angst: Es gibt sicher keinen einzigen Menschen auf der Welt, der niemals vor etwas Angst gehabt hätte. Solange man weiß, wovor genau man Angst hat, kann man dieses beklemmende Gefühl gut verarbeiten und überwinden. Gespräche mit Eltern oder Freunden helfen dabei.

Anno: Lateinisches Wort für Jahr. **Anno Domini (A.D.)** heißt „im Jahr des Herrn".

Amphitheater: In der Arena unter freiem Himmel fanden Tier- und Gladiatorenkämpfe statt

Annonce: Ankündigung, Anzeige in einer Zeitung.

anonym: Namenlos, ungenannt. Man spricht von einem anonymen Verfasser, wenn man nicht weiß, wer ein literarisches Werk oder einen Brief geschrieben hat.

Anpassung: Die erstaunliche Fähigkeit der Lebewesen, sich auf die jeweiligen Umweltbedingungen einzustellen. Dank dieser **Anpassungsfähigkeit** haben sich im Laufe der Entstehungsgeschichte viele einzelne Tier- und Pflanzenarten entwickelt (→Abstammungslehre). Lebewesen, die sich Veränderungen nicht anpassen konnten, sind ausgestorben. Wie lebenswichtig die Anpassung ist, sieht man am Beispiel des Schneehasen: Wäre er braun wie seine „Kollegen" auf dem Feld, so würde er von den Raubvögeln im Schnee viel schneller entdeckt. Dank seines weißen Felles aber kann er sich „unsichtbar" machen.

Ansteckung: Die Übertragung von ansteckenden Krankheiten. Man sagt hierzu auch **Infektion**.

Antarktis: Dieser Erdteil ist um den →Südpol herum gruppiert. Zum größten Teil ist er mit einem bis zu vier Kilometer dicken Eispanzer bedeckt – nur die Küste ist stellenweise eisfrei. Hier herrschen Temperaturen von weniger als 50 Grad minus, daher gibt es wenige Pflanzen, aber eine artenreiche Tierwelt mit Seevögeln, Pinguinen, Robben und Walen. Bis auf einige Forschungsstationen ist die Antarktis von Menschen unbewohnt. Da hier reiche Bodenschätze zu finden sind, erheben viele Staaten Anspruch auf Teile der Antarktis. Der höchste Punkt der Antarktis ist der Mount Vinson (5140 Meter). In der Antarktis gibt es noch tätige Vulkane.

Antenne: Das technische Gerät aus Metallstäben oder Metallflächen dient zur Abstrahlung und zum Empfang von Radio-, Fernseh- oder Funkwellen. Auch die Fühler von Insekten werden Antenne genannt.

anti: In Wortzusammensetzungen hat anti die Bedeutung von „gegen", „wider".

Antibiotika: Chemische Stoffe, die Krankheitserreger wie Bak-

Antike: Soldaten Alexanders des Großen in der Schlacht

terien oder Viren abtöten. Sie sind oft in Medikamenten enthalten, werden aber nur dann angewandt, wenn andere Mittel nicht mehr helfen. Bei normalem Husten verschreibt der Arzt nur einen einfachen Hustensaft – bei Lungenentzündung aber muß ein Antibiotikum eingesetzt werden.

antik: Das lateinische Wort für alt.

Antike: Das Klassische, das heißt das griechische und römische →Altertum und seine Kunst und Kultur.

Antiquitäten: Alte, meist wertvolle Kunst- und Gebrauchsgegenstände.

Anitquitäten

Antillen: Die größten der Westindischen Inseln zwischen Nord- und Südamerika in der Karibik. Kuba, Jamaica, Hispaniola und Puerto Rico gehören dazu.

Aorta: Die Hauptschlagader des menschlichen Körpers. Sie führt das Blut von der linken Herzkammer zu den Körperorganen. Von ihr zweigen alle anderen Schlagadern ab. →Blutkreislauf.

Apachen: Indianerstämme im Südwesten der USA und in Nordmexiko. Sie leisteten den weißen Siedlern erbitterten Widerstand und waren berüchtigt für ihre Überfälle auf Dörfer und Siedlungen. Nach ihrer Unterwerfung wurden die ehemaligen Jäger und Sammler in Reservate zurückgedrängt (Arizona und New Mexiko), wo sie heute Viehzucht und Ackerbau betreiben.

Apartheid: Eine Politik der Rassentrennung, wie sie in Südafrika von 1948 bis 1991 von den wenigen Weißen gegenüber der Mehrzahl der farbigen Bevölkerung betrieben wurde. Diese Politik teilte die Menschen je nach ihre Hautfarbe in unterschiedliche Klassen ein und verbot z.B. per Gesetz, daß farbige Kinder die gleichen Schulen wie die Weißen besuchten. Wegen dieser Ungerechtigkeit gab es in Südafrika immer wieder größere Rassenunruhen, bei denen viele Menschen sterben mußten.

Apostel: Die zwölf Jünger, die Jesus zur Verkündigung des Evangeliums ausgesandt hatte. Die bedeutendsten Apostel sind Petrus und Paulus.

Apotheke: Ein Geschäft, in dem Arzneimittel hergestellt und verkauft werden. Der **Apotheker** oder die **Apothekerin** wissen sehr gut Bescheid über die Inhaltsstoffe in verschiedenen Medikamenten; nur wer diesen Beruf erlernt hat, bekommt vom Staat die Erlaubnis, rezeptpflichtige Medikamente zu verkaufen.

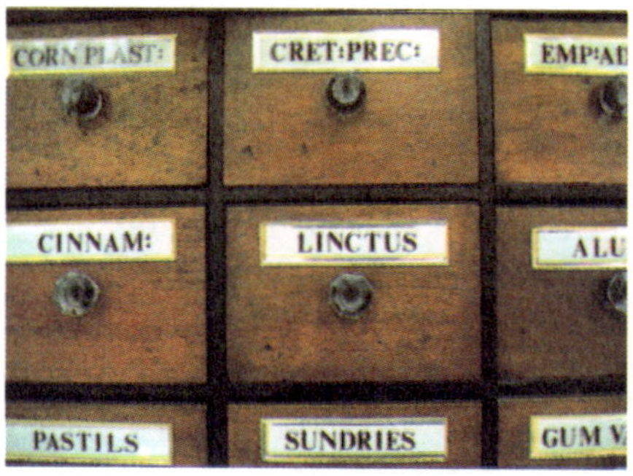

Apotheke: Medizinschrank

Aquädukte: Großartige Bauwerke der Römer, bei denen Wasser über eine steinerne Brücke geführt wurde. Die Römer leiteten Wasser aus den Bergen über viele Kilometer weit; um größere Täler zu überbrücken, waren die Aquäd ukte nötig. Sie sind meistens in Rundbögen unterteilt. Manche Aquädukte, z.B. der *Pont du Gard* in Südfrankreich, haben sogar drei Stockwerke.

Aquarell: Die Wasserfarben sind durchscheinend

Aquarell: Eine Maltechnik mit durchscheinenden, nicht deckenden Wasserfarben. Bei der **Aquarellmalerei** werden zuerst immer die hellsten, zartesten Farben aufgetragen.

Aquarium: Ein Glasbehälter, in dem Wassertiere und -pflanzen gehalten werden. Es gibt Süßwasser- und Meerwasseraquarien. **Aquarientiere** erhalten lebendes oder künstliches Futter, das Wasser muß immer saubergehalten und gut durchlüftet werden.

Aquarium mit Goldfischen, einer Zierfisch-Züchtung aus China (Text auf Seite 15)

Äquator: Eine gedachte Linie, die die Erde in eine Nord- und eine Südhalbkugel teilt. Der Äquator ist der längste Breitenkreis (Breitengrad), er mißt genau 40 076,59 Kilometer. Der Äquator bildet einen besonderen Klimagürtel: Wo er über Land verläuft, wächst tropischer →Regenwald. Der **Himmelsäquator** teilt den Sternenhimmel in eine nördliche und eine südliche Hälfte.

Ar: Eine Flächeneinheit von 100 Quadratmetern (10 x 10 m).

Araber: Früher waren mit dieser Bezeichnung nur die Stämme gemeint, die auf der **Arabischen Halbinsel** – dem großen Stück Land zwischen Persischem Golf, Arabischem und Rotem Meer – lebten. Heute werden als Araber alle jene Menschen bezeichnet, die **Arabisch** als Muttersprache sprechen – das sind gegenwärtig über 100 Millionen Menschen. Die meisten Araber sind Anhänger des →Islam. Je nach Lebensraum lebten die Araber früher als Nomaden (Beduinen), Bauern, Handwerker oder als Händler, die ihre Waren über lange Karawanenstraßen in verschiedene Handelsstätten brachten, aber auch mit dem Schiff bis nach Europa. Die wissenschaftlichen und medizinischen Kenntnisse der Araber waren sehr hoch entwickelt und übten auf das europäische Mittelalter großen Einfluß aus. Viele arabische Länder sind in unserem Jahrhundert durch Erdölfunde sehr reich geworden; das größte Land der Arabischen Halbinsel ist das Königreich Saudi-Arabien.

Aralsee: Der viertgrößte Binnensee der Erde liegt in Kasachstan in Rußland. Er wird von den Flüssen Syr-Darja und Amu-Darja gespeist und hat keinen Abfluß ins Meer. Da von den beiden Zuflüssen viel Wasser für die Landwirtschaft abgezweigt wird, sinkt der Wasserspiegel des leicht salzhaltigen Aralsees unaufhörlich.

Arbeit: Wer jemals Hausaufgaben machen mußte, weiß genau, was Arbeit ist. Sie ist meist mit Anstrengung, aber auch mit Erfolg verbunden. In der Physik ist Arbeit eine errechenbare Größe. Arbeit wird immer dann verrichtet, wenn ein Körper trotz einer auf ihn einwirkenden Kraft (z.B. der Schwerkraft) bewegt wird. Im Wirtschaftsleben ist Arbeit jede geistige oder körperliche Tätigkeit, die gegen Bezahlung erfolgt. Die **Arbeitnehmer** (Arbeiter oder Angestellte) erhalten für ihre Leistung von den **Arbeitgebern** Lohn oder Gehalt.

Arbeitslosigkeit: Wenn auf dem **Arbeitsmarkt** mehr Arbeitsstellen gesucht als angeboten werden, so spricht man von Arbeitslosigkeit. In Deutschland erhalten **Arbeitslose** vom Staat eine Zeitlang eine finanzielle Unterstützung, das **Arbeitslosengeld**. Dafür muß jeder, der eine feste Arbeit hat, Geld in die **Arbeitslosenversicherung** bezahlen. Die meisten Arbeitslosen sind ohne berufliche Aufgaben und eigene Verdienstmöglichkeiten nicht glücklich. Einige lassen sich deshalb umschulen und erlernen einen neuen Beruf, in dem es bessere Aussichten auf Beschäftigung gibt.

Archäologie: Die Wissenschaft, die das →Altertum anhand von Überresten aus vergangenen Zeiten erforscht. Ein **Archäologe** ist vor allem mit Ausgrabungen beschäftigt. Einer der bekanntesten Archäologen ist *Heinrich Schliemann*, der →Troja entdeckt und ausgegraben hat.

Arche Noah: So heißt nach der Bibel das Schiff, mit dem Noah sich und viele Tiere vor der Sintflut retten konnte.

Architektur: Die technische und künstlerische Leistung beim Errichten von Bauwerken, aber auch die verschiedenen Baustile selbst. Wichtige Baustile in der europäischen Architektur sind: die →Romanik mit ihren massigen, durch Rundbögen unterteilten Bauwerken, die →Gotik mit ihren fein gegliederten, himmelwärts strebenden →Kathedralen und den Spitzbögen, die →Renaissance, bei der auch die Gestaltung von schönen Plätzen wichtig war, und das →Barock und das Rokoko mit prächtigen, üppig ausgestatteten Schlössern und Kirchen. Die **Architekten** (Baumeister) unseres

Architektur: Modernes Gebäude

Jahrhunderts verwenden Stahl und Beton zum Bau von Wolkenkratzern, aber auch natürliches Baumaterial für gesundes Wohnen („Bio-Häuser").

Archiv: So nennt man einen Ort, an dem eine Sammlung von Dingen (z.B. von Fotos) nach bestimmten Gesichtspunkten geordnet und aufbewahrt (archiviert) wird.

Arena: Bei den alten Römern die sandbedeckte Kampfbahn im →Amphitheater, Stadion oder Zirkus. Die Arena des Circus Maximus in Rom war 600 m lang. Heute bezeichnet man als Arena das Spielfeld für Sportveranstaltungen und Stierkämpfe.

Argument: Eine beweiskräftige Aussage. **Argumentieren** heißt, verschiedene Aussagen gegeneinander abzuwägen und eine eigene Meinung zu verteidigen.

Argus: Dieser Riese aus der griechischen Sagenwelt war am ganzen Körper mit Augen bedeckt; er hielt sie abwechselnd offen, und so konnte ihm nichts entgehen, auch wenn er schlief. Man spricht von **Argusaugen,** wenn jemand sehr gut sieht.

Ariane: Name einer Trägerrakete der Europäischen Weltraumorganisation ESA. Sie hat drei Stufen und bringt →Satelliten ins Weltall.

Arie: Ein Gesangsstück, das – z.B. in der Oper – von einem einzelnen Sänger vorgetragen und mit Instrumenten begleitet wird.

Arktis: So werden die 21 Millionen Quadratkilometer großen Land- und Meergebiete genannt, die sich um den Nordpol herum gruppieren. Im Gegensatz zur →Antarktis ist die Arktis keine zusammenhängende Landmasse. Teile von Alaska, Kanada, Skandinavien, Sibirien, die Inseln Grönland, Spitzbergen und andere gehören zur Arktis. In ihrer Mitte liegt das Nordpolarmeer, es ist fast das ganze Jahr über vollständig mit Eis bedeckt. Die Bewohner der Arktis sind unter anderem Eskimos und Lappen; sie leben vorwiegend von Fischfang, Rentierzucht und Pelztierjagd.

Armbrust: Eine alte, bis ins 15. Jahrhundert gebräuchliche Schußwaffe für Bolzen und Pfeile. Heute ist die Armbrust ein Sportgerät.

Ärmelkanal: Die Meerenge zwischen Frankreich und England. An der schmalsten Stelle zwischen Dover und Calais ist sie nur 35 Kilometer breit. Unter dem „Kanal", wie diese Meeresstraße auch kurz genannt wird, verläuft ein 50 Kilometer langer Eisenbahntunnel. Er liegt bis zu 100 m unter dem Meeresspiegel und 40 m unter dem Meeresboden. Durch den **Ärmelkanaltunnel** sollen täglich 400 Züge fahren und jährlich 31 Millionen Passagiere befördert werden. Die Durchfahrt dauert etwa 40 Minuten.

Arroganz: Hochnäsigkeit, Überheblichkeit.

Arten: Tiere oder Pflanzen mit gleichen Merkmalen, die sich miteinander fortpflanzen können. Beispiel: Der Fischotter ist eine Art; er gehört zur Gattung der Otter, die der Familie der Marderartigen angehören. Er kann sich mit dem Meerotter, einer anderen Art, die auch zu den Ottern zählt, aber nicht fortpflanzen. Bis heute sind weltweit etwa 300 000 Pflanzen- und 1,5 Millionen Tierarten bekannt. Viele von ihnen sind bereits ausgestorben – entweder durch Katastrophen und Klimaveränderungen (z.B. die Saurier), oder durch die Eingriffe des Menschen (Jagd, Einsatz chemischer Vernichtungsmittel oder Zerstörung von Lebensräumen). Um seltene und in ihrem Bestand gefährdete Pflanzen und Tiere zu retten, gibt es in vielen Ländern gesetzliche Schutzmaßnahmen, den **Artenschutz.** Besonders in Naturschutzgebieten versucht man, eine möglichst große **Artenvielfalt** aufrechtzuerhalten. Gefährdete Tier- und Pflanzenarten sind in der →Roten Liste aufgeführt.

Arterien: →Adern, die das sauerstoffreiche Blut und Nährstoffe zu den Körpergeweben leiten. Arterien verzweigen sich in immer kleiner werdende Verästelungen. Die größte Arterie des Menschen ist die →Aorta.

Artesischer Brunnen: Ein natürlicher Brunnen, bei dem das Wasser durch den Überdruck des Grundwassers selbständig aufsteigt.

Artikel: Im Geschäftsleben ein zum Verkauf angebotener Gegenstand; in der Rechtsprechung Teil eines Gesetzestextes, z.B. eines Paragraphen; in der Zeitung oder Zeitschrift ein Text über ein bestimmtes Thema; in der Grammatik das Geschlechtswort *der, die, das* (**bestimmter Artikel**) oder *ein, eine* (**unbestimmter Artikel**).

Artus: Ein sagenhafter britannischer König, der mit seinen zwölf tapfersten Rittern nach wunderbaren Heldenabenteuern jeweils zur berühmten Tafelrunde zusammentrifft. Artus oder Arthur hat um 500 nach Christus als Heerführer wahrscheinlich wirklich gelebt und wurde zum heldenhaften Vorbild des edlen Rittertums im Mittelalter.

Arznei: Ein Mittel, das zur Heilung bei Krankheiten eingenommen wird. Man sagt auch *Medizin* oder *Medikament* dazu.

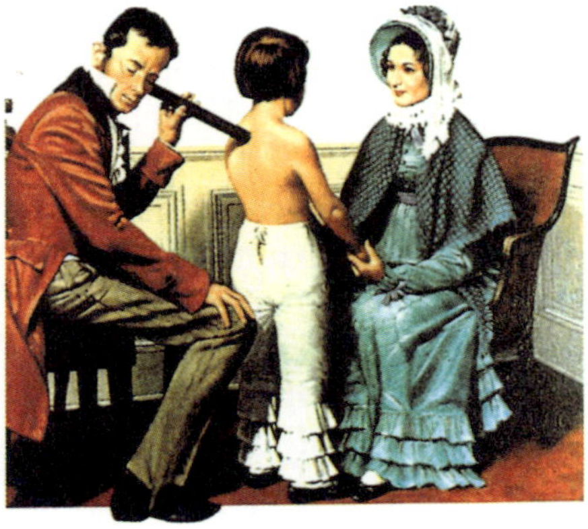

Arzt früher

Arzt: Jemand, der diesen Heilberuf ausübt, hat an einer Universität studiert und nach bestimmten Prüfungen vom Staat die Erlaubnis zu seiner Berufsausübung erhalten. Viele Ärzte haben sich auf bestimmte Fachgebiete spezialisiert: So gibt es **Kinderärzte, Hals-, Nasen-, Ohrenärzte, Internisten** (das sind Ärzte, die sich mit den inneren Organen besonders gut auskennen), **Augenärzte, Zahnärzte** und viele andere. Bei der Untersuchung bemüht sich der Arzt, die Ursachen einer Krankheit herauszufinden. Danach verschreibt er passende →Arzneien oder Therapien (Behandlungsmethoden). Manchmal wird man von einem **Allgemeinarzt** zu einem **Facharzt** oder ins →Krankenhaus überwiesen. Ist eine Operation nötig, so übernehmen diese Arbeit die **Chirurgen. Narkosefachärzte** versetzen den Patienen vorher in tiefe Bewußtlosigkeit, damit er keine Schmerzen spürt.

Asien: Auf dem größten Kontinent der Erde leben 58% aller Menschen, die meisten davon in den fruchtbaren Gegenden im Süden und Osten. Vom Norden bis zum Süden ist das asiatische Festland (ohne die Inselwelt Südostasiens) 7000 Kilometer lang, von West nach Ost etwa 9000 Kilometer. Fast ganz Asien liegt auf der nördlichen Halbkugel der Erde, der Äquator verläuft durch die Inselwelt im Indischen Ozean. So groß wie dieser Kontinent ist, so unterschiedlich und vielfältig sind auch Klima, Landschaft, Menschenrassen und Kulturen. Schließlich gehören ja z.B. Rußland und Thailand, Arabien und Japan oder Indien dazu. Hier leben europide Rassen (z.B. Iraner, Inder oder Russen), mongolische Rassen (wie Chinesen, Koreaner oder Japaner) und natürlich viele Mischrassen. Die meisten Menschen arbeiten in der Landwirtschaft, Länder wie Japan haben aber auch eine hochentwickelte Industrie. Asien hat Anteil an allen Klimazonen: So gibt es hier sowohl üppige tropische Urwälder als auch trockene Steppen und Wüsten; mit -78 Grad Celsius liegt der Kältepol der Erde in Sibirien. Der höchste Berg der Erde, der Mount Everest, erhebt sich im Himalaya. Dieser ist Teil eines riesigen Faltengebirgssystems, das Asien von West nach Ost durchzieht. Noch bevor die Europäer, z.B. durch die Reisen des Marco Polo im 14. Jahrhundert, Asien kennenlernten, gab es hier berühmte Hochkulturen (z.B. in Babylonien, China oder Indien). Ab dem 16. Jahrhundert errichteten die Holländer, Engländer, Franzosen, Spanier und Portugiesen große Kolonialreiche in verschiedenen Gegenden Asiens.

Asiate

asozial: Eine sehr abwertende Bezeichnung für Menschen, die sich in ihrer Lebensweise nicht in die „normale" Gesellschaft einfügen können oder wollen.

Asien: Hauptnahrungsmittel ist der Reis

Assistent: Mitarbeiter, Gehilfe, d.h. jemand, der bei einer Arbeit **assistiert.**

Assuan: Felsentempel von Abu Simbel

Assuan: Stadt am rechten Nilufer in Oberägypten. Sie ist durch den **Assuan-Staudamm** und den **Assuan-Hochdamm** bekannt. Durch diese beiden Dämme ist ein 550 Kilometer langer Stausee, der Nassersee, entstanden. Seinetwegen wurde der Felsentempel von Abu Simbel zerlegt und an höher gelegner Stelle wieder aufgebaut.

Ästhetik: Darunter versteht man die Wissenschaft vom Schönen in Natur und Kunst. Ein **Ästhet** ist jemand, der auf das Schöne, Geschmackvolle großen Wert legt.

Astrologie: Mittelalterliche Darstellung des Sternzeichens Wassermann

Astronaut beim Spaziergang auf einem fremden Planeten (Zukunftsvision)

Asthma: Eine anfallartig auftretende Atemnot mit starken Hustenanfällen und Erstickungsangst. Asthma kann durch bestimmte Stoffe ausgelöst werden.

Astrologie: Sterndeutung. Sie versucht, aus den wechselnden Stellungen der Sterne Rückschlüsse auf den Charakter oder das Schicksal eines Menschen zu ziehen. **Astrologen** erstellen z.B. →Horoskope. Die Astrologie ist keine Naturwissenschaft wie die →Astronomie.

Astronaut: Raumfahrer. In Rußland sagt man **Kosmonaut** dazu.

Astronomie: Die wissenschaftliche Beschäftigung mit dem Weltraum und den Himmelskörpern. Schon die alten Ägypter, die Babylonier und andere Völker des Altertums beobachteten die Bewegungen von Sonne, Mond und Sternen und teilten den Kalender danach ein. Jahrhundertelang war man der Meinung, daß die Erde der Mittelpunkt des Weltalls sei. Diese Auffassung hat im 16. Jahrhundert Nikolaus Kopernikus widerlegt: Er wies nach, daß sich alle Planeten, also auch die Erde, um die Sonne drehen. Heute weiß man, daß unser Sonnensy-

Astronomie: Stern

stem nur eines von vielen unzähligen im Weltall ist. Die Astronomie beschäftigt sich nicht nur mit den Bahnen und der Beschaffenheit der Gestirne, sondern erforscht z.B. auch die Entstehungsgeschichte und die Ausdehnung des Universums. Wer die Sterne kennenlernen und beobachten möchte, geht hierzu am besten in ein →Planetarium.

Asyl: Zufluchtsort für Menschen, die aus politischen oder religiösen Gründen verfolgt werden und deshalb nicht gefahrlos in ihrem eigenen Land bleiben können. Viele freie und demokratische Länder nehmen **Asylanten** auf, um ihr Leben zu schützen. Zuvor werden sie als **Asylbewerber** ziemlich streng überprüft. Asylanten haben es schwer: Sie können nicht in ihre Heimat zurückkehren, weil sie befürchten müssen, dort gefoltert oder sogar getötet zu werden; in ihrem Gastland verstehen sie die Sprache nicht, finden kaum Arbeit und werden oft wie Außenseiter behandelt. So haben Asylanten häufig auch unter Ausländerfeindlichkeit zu leiden.

Athen: Die heutige Hauptstadt Griechenlands war im Altertum ein mächtiger Stadtstaat und der kulturelle Mittelpunkt des antiken Griechenland. Die Akropolis, der Burgberg Athens, war schon im 3. Jahrtausend vor Christus besiedelt. Athen liegt auf der Halbinsel Attika.

Athlet: Seit dem Altertum Bezeichnung für einen Wettkämpfer im Sport.

Atlantik: Der zweitgrößte Ozean der Weltmeere liegt zwischen Europa, Afrika und Amerika. Vom Äquator wird er in **Nord-** und **Südatlantik** geteilt. Seine tiefste Stelle liegt mit 9219 Metern im Puerto-Rico-Graben. Einige Inseln, z.B. Island oder die Azoren, sind die Spitzen eines Gebirgsrückens, der bis zu 3000 Meter hoch ist und den Atlantik in zwei Längsbecken teilt. Zwei große Oberflächenströmungen, der Golfstrom und der Südäquatorialstrom, bringen warmes Wasser auf der Westseite in niederen, auf der Ostseite in höheren Breiten. Der Atlantische Ozean hat S-förmige Gestalt; die Nordsee ist eines seiner Nebenmeere.

Astronomie: Fernrohre des Galileo Galilei

Atlantis: Schon Platon, der berühmte griechische Philosoph, erzählte von einer sagenhaften Insel, die sich im Atlantischen Ozean westlich von Gibraltar befunden haben soll: Atlantis. Noch heute rätselt man, ob es diese Insel wirklich gegeben hat.

Atlas: So hieß ein Titan (Riese) der griechischen Sagenwelt; auf seinen Schultern ruhten die Säulen, die das Himmelsgewölbe tragen. Als der Geograph Gerhard Mercator Ende des 16. Jahrhunderts alle Landkarten der damals bekannten Welt zu einem Buch zusammenband, ließ er auf dem Titel dieses Buches den Riesen abbilden. Seitdem werden solche Kartenwerke Atlanten genannt.

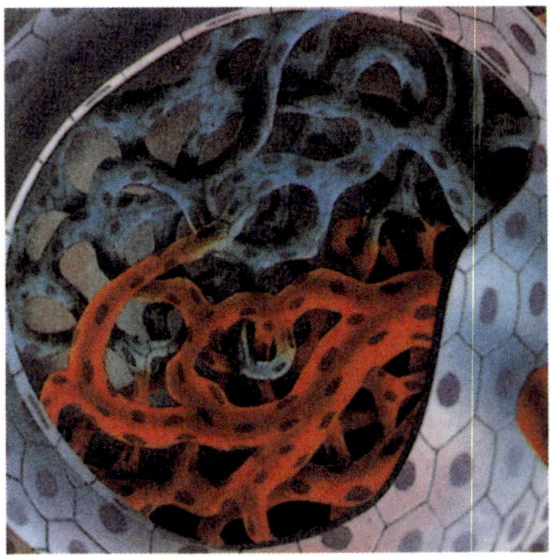

Atmung: Der Austausch von Sauerstoff

Atmosphäre: Die gasförmige Hülle jedes Himmelkörpers, vor allem die Lufthülle der Erde. Die **Erdatmosphäre** ist etwa 3000 Kilometer dick. Sie enthält 77% Stickstoff, knapp 21% Sauerstoff und darüber hinaus noch verschiedene andere Stoffe und Edelgase. Der gesamte in der Atmosphäre vorhandene Sauerstoff wird fast ausschließlich durch Pflanzen gebildet – ohne Pflanzen gäbe es daher kein Leben auf der Erde. In der untersten Schicht der Erdatmosphäre spielt sich das Wettergeschehen ab, oberhalb von 100 Kilometern werden die einzelnen Gase durch das Sonnenlicht in ihre Bestandteile zerlegt. Deshalb ist in dieser Höhe kein Leben mehr möglich. Die →Ozonschicht schützt davor, daß diese Zersetzung nicht schon auf der Erde stattfindet. Durch Treibgas in Spraydosen und andere umweltverschmutzende Stoffe wird dieser Schutz aber zunehmend gefährdet (→Ozon).

Atmung: Alle Lebewesen brauchen Sauerstoff. Bei der Atmung wird dieser in den Körper aufgenommen, während gleichzeitig verbrauchte Luft (Kohlendioxid) ausgestoßen wird. Dieser Luftaustausch findet in allen Körperzellen statt. Beim Menschen ist die →Lunge das wichtigste **Atmungsorgan** (→ Blutkreislauf), die Fische atmen über

Kiemen, bei anderen Organismen erfolgt die Atmung hauptsächlich durch die Haut. In Streß- oder Angstzuständen hilft es sofort, wenn man ein paarmal ruhig und gleichmäßig durchatmet.

Ätna: Der Vulkan auf Sizilien ist heute noch tätig

Ätna: Mit 3340 Metern ist der Ätna mit seinem schneebedeckten Kraterrand der höchste Vulkan Europas. Er liegt im Nordosten Siziliens und ist heute noch tätig.

Atolle: Kleine Inseln, die in warmen Meeren durch das Wachstum von →Korallen entstehen. Während die Insel selbst unter den Meeresspiegel sinkt, wachsen die Korallen rundherum weiter in die Höhe und bilden so einen Ring.

Atolle wachsen in warmen Meeren

Atom: Kleinste, mit chemischen Mitteln nicht weiter zerlegbare Einheit eines chemischen →Elements. Jedes Atom besteht aus einem positiv geladenen **Atomkern**, der von negativ geladenen →Elektronen mit unsagbar großer Geschwindigkeit umkreist wird. Die Elektronen bilden die **Atomhülle**. Alle Atome eines chemischen Elements haben dieselben chemischen Eigenschaften. Das am einfachsten aufgebaute Atom ist der Wasserstoff mit nur einem einzigen Elektron; um den Kern eines Uranatoms kreisen dagegen 92 Elektronen. Durch Zusammenschluß von Atomen entstehen die →Moleküle, das sind die kleinsten Einheiten einer chemischen Verbindung.

Atomenergie: Obwohl man die Atome wegen ihrer Winzigkeit lange Zeit für unteilbar hielt, ist es den Wissenschaftlern in unserem Jahrhundert gelungen, Atomkerne zu spalten. Otto Hahn, einer der ersten Atomphysiker, beschoß den Kern eines Uranatoms mit einem Neutron: Der Kern wurde gespalten, und es entstanden zwei neue Neutronen. Bei der Spaltung wird eine Kettenreaktion in Gang gesetzt: Treffen die neuen Neutronen auf weitere Atomkerne, so wiederholt sich dieser Vorgang in rasender Geschwindigkeit immer und immer wieder. Dabei werden ungeheuer große Kräfte (Energien) freigesetzt. Diese Energien bezeichnet man als Atom- oder besser als **Kernenergie**. Läuft die hier beschriebene Kettenreaktion unkontrolliert ab, so gibt es eine Explosion: Temperaturen von vielen Millionen Grad Celsius entstehen, außerdem gelangen tödliche Mengen von →Radio-

Atom: Kohlenstoff

aktivität in die Luft, ins Wasser, ins Erdreich, in Pflanzen, Tiere und Menschen. Genau dies geschieht bei der Explosion einer **Atombombe**, aber auch bei einem Unfall in einem **Atomkraftwerk**. Selbst die friedliche Nutzung der Kernenergie zur Stromgewinnung, bei der die Kettenreaktion verlangsamt abläuft, ist daher nicht ungefährlich – auch deshalb, weil man noch gar nicht weiß, wo man den jahrtausendelang strahlenden und lebenvernichtenden **Atommüll** sicher aufbewahren soll.

Atombombe

Attest: Eine ärztliche Bescheinigung darüber, daß man krank ist und nicht zur Schule oder zur Arbeit gehen kann.

Auerochse: Diese Tierart, auch Ur genannt, ist die Stammform unserer Hausrinder. Das Wildrind hatte lange, nach vorn geschwungene Hörner und war über drei Meter lang. Es wurde im Jahr 1627 ausgerottet.

Aufklärung: Sachliche Information, besonders über die →Sexualität. „Aufklärung" nennt man auch eine geistige Bewegung des 17. und 18. Jahrhunderts in Westeuropa. Sie stützte sich vor allem auf den Glauben an die Vernunft und Erkenntnisfähigkeit des Menschen und richtete sich gegen die Bevormundung durch Kirche und Politik. Einer der berühmtesten Vertreter der Aufklärung war der Franzose *Voltaire.*

Aufwind: Über sich stärker erwärmendem Untergrund, z.B. über Wäldern und Gebirgshängen, steigt bei Sonneneinstrahlung die Luft auf. Diesen Aufwind, auch „Thermik" genannt, nutzen die Segelflieger aus, um durch die Luft zu gleiten.

Auge: Dieses Sinnesorgan bei Tieren und Menschen enthält Sehzellen, die es ermöglichen, Lichtreize wahrzunehmen. Die äußere Hülle des menschlichen Auges bildet der **Augapfel**. Durch die durchsichtige Hornhaut gelangt das Licht nach innen auf die Netzhaut. Hier wird es über den Sehnerv zum Gehirn weitergeleitet. An der vorderen Augenkammer sitzt die Regenbogenhaut (Iris). Je nachdem, welche Farbpigmente hier eingelagert sind, hat man blaue, braune, grüne oder andersfarbige Augen. Der kleine schwarze „Punkt" in der Mitte des Auges ist die Sehöffnung und wird Pupille genannt. Schaut man in starkes Licht, so verengen sich die Pupillen – in der Dunkelheit dagegen werden die Pupillen ganz groß geweitet. Mit Hilfe der Augenmuskeln kann man das Auge hin- und herbewegen; das →Facettenauge von Insekten ist dagegen unbeweglich.

Auge: Eulenvögel haben Nachtaugen und können Ihren Kopf um 180° drehen

Ausbildung: Die Zeit des Lernens, in der man wichtige Kenntnisse und Fähigkeiten zur Ausübung eines Berufs erlangt.

Ausland: Von jedem beliebigen Land dieser Erde aus gesehen können alle anderen Länder als „Ausland" bezeichnet werden. Sobald ein Mensch also sein Heimatland verläßt und in ein anderes Land kommt, ist er dort ein **Ausländer**. Für **Ausländerfeindlichkeit**, wie sie manchmal auch hierzulande zu beobachten ist, besteht daher keinerlei Grund. Sie ensteht oft aus Unwissenheit, aus Angst vor allem Fremden und Ungewohnten und auch aus „Futterneid". Wer offen auf die Ausländer zugeht und versucht, ihre andere Kultur zu verstehen, wird erkennen, daß sie unser Leben auch bereichern können.

Auslegerboot: Ein Boot, an dem seitlich ein oder zwei stützende Schwimmkörper (Ausleger) angebracht sind; diese Schwimmkörper verhindern, daß das Boot umkippt.

Austern: Eine Familie von Muscheln mit sehr dicken, harten Schalen. Die Austern leben oft in Massenansiedlungen, den **Austernbänken**, dicht beieinander. Sie werden auch gezüchtet

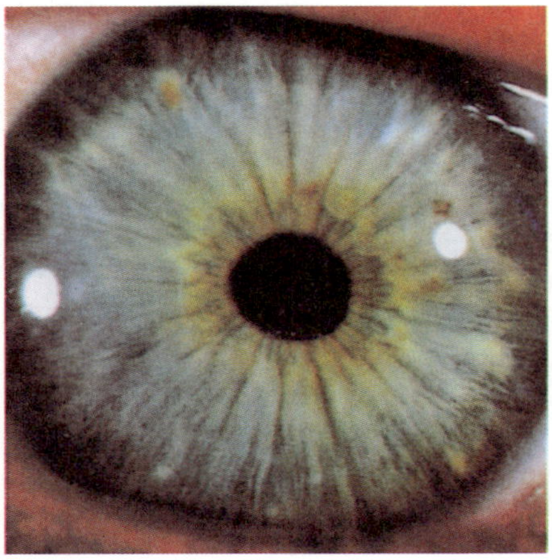

Auge des Menschen

Austernfischer: Dieser Vogel kann Muschelschalen öffnen

Auslegerboot (Spielzeugmodell) eines Jungen von den Philippinen

und als Delikatesse verkauft. Gelangt ein Sandkörnchen in eine Auster hinein, so bildet sie zur Abwehr um dieses Körnchen herum Perlmutt – so entsteht eine Perle.

Australien: Der kleinste Erdteil liegt auf der südlichen Halbkugel und wird vom Pazifischen und vom Indischen Ozean umschlossen. An seiner Südspitze liegt die Insel Tasmanien. Drei Großlandschaften kann man auf dem Kontinent unterscheiden: Küstengebirge im Osten (Australische Alpen), das Große Artesische Becken mit Salzseen und das Westaustralische Tafelland mit Wüsten und Steppen. Das Klima in Australien ist meist tropisch, im Landesinneren sehr trocken. Weil Australien von den anderen Kontinenten so weit entfernt liegt, hat sich hier eine völlig andere Pflanzen- und Tierwelt entwickelt: Von den etwa 10 000 Pflanzenarten kommen über 8000 Arten nur hier vor. Besonders artenreich ist die Vogelwelt mit Emus, Kakadus, Papageien und anderen Vögeln; als Säugetiere kommen vor allem die Beuteltiere vor, z.B. der Koala und die 55 Arten von Känguruhs. Vor der Ostküste liegt ein 2000 Kilometer langes Korallenriff, das große Barriereriff. Die Ureinwohner Australiens nennt man →Aborigines. Sie wanderten vor über 40 000 Jahren über damals noch bestehende Landbrücken von Asien hierher. Seit dem 18. Jahrhundert wurde Australien von den Engländern entdeckt und besiedelt. Sie gründeten große Siedlungen wie Sydney und Viktoria, die Goldfunde im Jahr 1851 lösten eine Einwanderungswelle aus. So wurden die Ureinwohner mehr und mehr verdrängt. 1901 schlossen sich die einzelnen, bis dahin gebildeten Australischen Bundesstaaten politisch zum Australischen Staatenbund zusammen. Die Hauptstadt heißt Canberra.

Australien: Der Ayers Rock besteht aus Sandstein und ist 940 m hoch

Australien: Das Schnabeltier gibt es nur auf diesem Erdteil

Ausweis: Ein Schriftstück, meist mit Foto, das die wichtigsten persönlichen Angaben über seinen Besitzer enthält: Name, Wohnort, Staatsangehörigkeit usw. Wenn man in andere Länder reisen möchte, braucht man einen **Personalausweis** oder Reisepaß.

Auto: Kurzbezeichnug für Automobil oder Kraftwagen. Autos werden durch einen Diesel- oder Benzinmotor angetrieben. Der erste Benzinmotor wurde 1885 von *Gottlieb Daimler* in ein Motorrad eingebaut; ein Jahr später baute Carl Benz das erste dreirädrige Automobil, und Gottlieb Daimler konstruierte einen vierrädrigen Benzinwagen. Anfangs war es ein großes Abenteuer, in einem Automobil zu fahren: Die Leute rannten auf den Straßen zusammen, um die neue Erfindung halb neugierig, halb mißtrauisch zu bestaunen,

Auto: Alte Automobile (Oldtimer)

Auto: Industrielle Fertigung

und nicht selten gingen beim lauten Knattern der Motoren die Pferde durch, die die sonst üblichen Pferdekutschen zogen. Heute gehören Autos als Fortbewegungsmittel für fast jedermann zum Alltag. Das bringt nicht nur Bequemlichkeiten, sondern auch große Umweltprobleme mit sich: Die Autos verbrennen Jahr für Jahr etwa 40 Milliarden Liter Kraftstoff zu 420 Milliarden Kubikmetern →Abgas, in dem viele gefährliche Schadstoffe enthalten sind. Autos sind auch große „Krachmacher" und „Landschaftsfresser", weil immer mehr und immer breitere Straßen gebaut werden. Unter den Autos leiden natürlich diejenigen am meisten, die nicht drin sitzen: die Fußgänger. Besonders Kinder müssen im Straßenverkehr sehr vorsichtig und aufmerksam sein, weil sie leicht übersehen werden. Autos sind aus unserem Leben nicht mehr wegzudenken, und die Autoindustrie bemüht sich immer mehr, die Fahrzeuge umweltfreundlicher zu bauen. Wo es möglich ist, sollte man aber öffentliche Verkehrsmittel benutzen, um die Umwelt zu schonen.

Autobahn: Eine breite, über weite Entfernungen führende Straße mit zwei getrennten Fahrtrichtungen und mehreren Fahrbahnen, die von keiner Kreuzung unterbrochen werden. Fahrräder oder Fußgänger dürfen nicht auf die Autobahn.

Autogramm: Die eigenhändige Unterschrift einer bekannten Persönlichkeit, z.B. eines Schauspielers oder berühmten Sportlers.

Automat: Ein Gerät, das nach dem Einschalten einen oder mehrere Arbeitsvorgänge selbsttätig ausführt und bestimmte Aufgaben **automatisch** erfüllt. Der erste **Münzautomat** wurde schon vor 1900 Jahren in Griechenland als Weihwasserspender eingesetzt – gegen Einwurf eines Fünf-Drachmen-Stückes. Zu den Automaten zählen heute auch die →Roboter.

Auwald steht zeitweise unter Wasser

Autor: Jemand, der einen Text, z.B. ein Buch, verfaßt hat.

Autotelefon: Ein Telefon in einem Fahrzeug, das über Funk mit dem normalen Telefonnetz verbunden ist.

Auwald: Ein Wald, der entlang den Flußläufen wächst und zeitweise unter Wasser steht. Häufigste Baumarten in den Auwäldern sind Eschen, Weiden, Ulmen, Ahorn und Eichen. Die Auwälder sind für viele selten gewordene Pflanzen und Tiere letzte Zufluchtsstätten geworden.

Azoren: Eine Inselgruppe im Atlantik, die aus etwa 1500 m Meerestiefe emporsteigt. Hier herrscht fast immer ein mehr oder weniger stark ausgebildetes →Hochdruckgebiet, das für das Wetter in Europa von großer Bedeutung ist („Azorenhoch").

Azteken: Eine altamerikanische indianische Stammesgruppe, die im 14. Jahrhundert in Mexiko eindrang und dort eine eigene Hochkultur entfaltete. An oberster Stelle der Gesellschaft standen ein König und ein Oberpriester. Die Azteken verehrten viele Götter, z.B. den Sonnen- und Kriegsgott Huitzilopochtli. Sie kannten einen Sonnenkalender mit 365 Tagen, und sie schrieben geschichtliche Ereignisse auf. Bevor die spanischen Eroberer unter Hernan Cortez das mächtige Aztekenreich zerstörten, umfaßte es ganz Zentralmexiko und große Teile Südmexikos. 1521 wurde der letzte aztekische Herrscher, Montezuma, von den Spaniern gefangengenommen. Heute leben noch etwa zwei Millionen Nachkommen dieses Volkes in Mexiko.

B

Babylon: Stadttor

Babylon: Diese Stadt am Unterlauf des Euphrat im →Zweistromland (heute Irak) war 2000 Jahre vor Christus der Mittelpunkt des Babylonischen Reiches. Der „Babylonische Turm" (Turm zu Babel), den man aus der Bibel kennt, wurde hier tatsächlich erbaut: Es ist ein Tempel, der dem Stadtgott Marduk gewidmet war. Außerdem hat man in Babylon die Überreste eines der →Sieben Weltwunder gefunden: die „Hängenden Gärten der Semiramis". Einer der mächtigsten und bekanntesten Herrscher Babylons war *Hammurabi*. Er hinterließ eine berühmte, in Stein gemeißelte Gesetzessammlung. Die Landschaft um Babylon herum war sehr fruchtbar. Sie wurde von den Sumerern und später von den Akkadern bewohnt. Hier entwickelte sich die →Keilschrift. Das Gebiet wurde im sechsten Jahrhundert vor Christus von den Persern, später von Alexander dem Großen erobert. Die Griechen nannten es **Babylonien**.

Backbord: Die linke Seite eines Schiffes oder Flugzeuges.

Badminton: Englisches Wort für das Federballspiel.

Bagger: Mit diesen meist fahrbaren Maschinen werden Erd- oder Geröllmassen ausgehoben und transportiert. Ein **Schaufelradbagger** sammelt die Erde in viele Schürfeimer, die an einer endlosen Kette angebracht sind, und leitet sie über ein Förderband weiter.

Bahnhof: Haltestelle für Eisenbahnzüge. Hier steigen nicht nur die Fahrgäste ein und aus, sondern es werden auch Güter auf- und abgeladen (**Güterbahnhof**). In großen Städten gibt es **Hauptbahnhöfe**, an denen wichtige Eisenbahnlinien zusammentreffen. Manche Bahnhöfe, z.B. in München oder Stuttgart, sind **Sackbahnhöfe**; hier können die Züge nicht durchfahren, sondern die Lokomotive wird nach dem Einfahren am Ende des Zuges andersherum wieder angekoppelt.

Bakterien: Diese winzig kleinen, einzelligen Organismen erkennt man nur unter dem →Mikroskop. Sie können sich durch Zweiteilung rasend schnell vermehren und bei Menschen, Tieren und Pflanzen Krankheiten hervorrufen. Die **Bazillen** genannten Bakterien sind stäbchenförmig, es gibt aber auch kugelige und schraubenförmige Bakterien. Sie kommen überall in der Erde, im Wasser und in der Luft vor.

Babylon: Astronomen

Bagger beim Aufschütten eines Sees

Balance: anderes Wort für →Gleichgewicht.

Balearen: Spanische Inselgruppe im Mittelmeer mit Mallorca, Menorca, Ibiza und Formentera. Sie sind ein beliebtes Urlaubsziel.

Balkan: Ein 600 Kilometer langer Gebirgszug in Bulgarien. Nach ihm ist die **Balkanhalbinsel** benannt (mit den Balkanländern Griechenland und dem europäischen Teil der Türkei).

Ballade: Ein längeres Gedicht, das oft eine schaurige oder spannende Geschichte zum Inhalt hat. Die Abenteuer von Robin Hood z.B. wurden früher in Form von **Volksballaden** erzählt.

Ballett: Ein kunstvoller, anmutiger Tanz, der im Theater oder in der Oper gezeigt wird. Alle Figuren, die beim Ballett getanzt werden, gehen auf nur fünf Grundpositionen zurück. Meist wird durch den Ballettanz eine Geschichte erzählt – z.B. in dem Ballett „Schwanensee" von *Peter*

Tschaikowskij. Eine Ballettänzerin nennt man **Ballerina**, die allerbeste einer **Balletttruppe** heißt **Primaballerina**.

Ballett

Ballon: Eine mit Gas gefüllte Haut in Kugelform. Bläst man einen Luftballon nur mit dem Mund auf, so fliegt er nicht von alleine davon. Füllt man ihn aber mit einem Gas, das leichter ist als die ihn umgebende Luft, so steigt er nach oben. Die *Brüder Montgolfier* ließen im Jahr 1783 den ersten **Heißluftballon** mit einer Papier-Leinwand-Hülle fliegen: Sie erwärmten die Luft unter dem Ballon durch glühende Holzkohle. Weil warme Luft leichter ist als kalte, stieg ihre Erfindung 1800 Meter hoch. Heute werden Ballons in die Luft geschickt, um z.B. das Wetter zu untersuchen. Manche Ballons haben auch eine Gondel, in der Menschen mitfliegen können. 1978 flogen zwei Amerikaner mit einem Ballon von Amerika bis nach Europa.

Balz: Die Paarungszeit der Vögel und Fische. Während dieser Zeit umwerben die männlichen Tiere die Weibchen. Dabei führen sie ganz bestimmte Bewegungen aus, plustern ihre Federn auf, vollführen regelrechte Tänze und ändern sogar manchmal ihre Farbe, um den Weibchen zu gefallen.

Bambus-Hütte in Südostasien

Bambus: Ein Gras, das in den Tropen, z.B. in Südostasien, sehr schnell bis zu 40 Meter hoch wächst. Junge **Bambustriebe** kann man essen, aus dem **Bambusrohr** werden Möbel und Häuser gebaut, aus den Pflanzenfasern Kleidung und Seile hergestellt. Der →Pandabär ernährt sich von Bambus.

Bank: Ein großes Wirtschaftsunternehmen, das mit Geld handelt. Die ersten Banken entstanden in Italien, wo die Geldwechsler auf den Märkten große Tische aufstellten. Auch heute kann man bei einer Bank Geld umwechseln, z.B. wenn man in Urlaub fährt und statt DM französische Francs oder italienische Lire zum Bezahlen braucht. Eine Bank verleiht aber auch Geld gegen →Zinsen oder verwahrt Geld, das man gerade nicht braucht. Viele Leute haben bei einer Bank oder Sparkasse ein Sparbuch oder ein **Bankkonto** (Girokonto). Darauf wird z.B. der Arbeitslohn eingezahlt. Wenn man eine Rechnung bezahlen muß, z.B. die Miete für die Wohnung, so erledigt dies die Bank im Auftrag ihrer Kunden durch **Banküberweisung**. Das ist sehr praktisch, weil man nicht ständig mit viel Bargeld in der Tasche herumlaufen muß. Das Geld, das der andere zu bekommen hat, wird vom Konto des Kunden abgebucht und dem Konto des Empfängers gutgeschrieben. Banken handeln auch mit →Aktien und anderen Wertpapieren.

Banknoten: Geld in Form von Papier (Papiergeld), im Gegensatz zu Münzen.

Bantu: So nennt man nach ihrer gemeinsamen Sprache die größte Volksgruppe in →Afrika. Etwa 90 Millionen Menschen sprechen die **Bantusprachen**, wie z.B. Swahili oder Zulu.

Barbaren: Ein Begriff, den die alten Griechen für alle diejenigen verwendeten, die nicht Griechisch sprachen. Die Römer übernahmen dann das Wort für alle Völker, die nicht zu ihrem Kulturkreis gehörten: Sie meinten, alle anderen seien ungebildete „Rohlinge“, Barbaren eben. In diesem Sinne wird das Wort auch heute noch als Schimpfwort gebraucht.

Bären: Eine Raubtierfamilie mit verschiedenen Arten in Europa, Asien und Amerika. Sie haben meist ein langes, zottiges Fell, kleine Augen und Ohren und einen sehr kurzen Schwanz. Es gibt kleine Arten wie die **Waschbären**; andere, z.B. der **Eisbär** und der **Braunbär**, werden bis zu drei Meter lang. In der Steinzeit wurde der **Höhlenbär** von den Menschen gejagt, aber auch wie ein göttliches Wesen verehrt. Viele Bärenarten sind heute sehr selten geworden, z.B. der →Pandabär.

Bargeld: Geld, das man in Form von Münzen oder Geldscheinen mit sich herumträgt.

Barock: In der Zeit zwischen 1600 und 1725 entwickelten die Künstler und Baumeister in Europa eine ganz bestimmte Art, ihre Gemälde zu malen oder ihre Gebäude zu bauen und zu ver-

Barock: Deckengemälde

zieren: Alles mußte prunkvoll sein, kostbar und üppig verziert. Man wollte damit die Macht und Herrlichkeit der Fürsten und der kirchlichen Obrigkeit zur Schau stellen und Lebensfreude ausdrücken. *Rubens* und *Rembrandt* sind berühmte Maler des Barock, das Schloß des Sonnenkönigs in *Versailles* ist ein bekanntes barockes Bauwerk.

Barometer: Instrument zum Messen des Luftdrucks. Man braucht es z.B., um das Wetter vorherzusagen (steigt der Luftdruck, wird das Wetter meistens schön).

Basalt: Ein Gestein, das von →Vulkanen ausgespuckt wurde. Es sieht nach dem Erkalten meist dunkel aus und erstarrt zu fünf- oder sechseckigen Säulen.

Basar/Bazar: Geschäfts- und Marktviertel in orientalischen Städten.

Baseball: Amerikanisches Schlagballspiel für zwei Mannschaften mit je neun Spielern. Die Mannschaften werden in die verteidigende *Schlagpartei* und die angreifende *Fangpartei* aufgeteilt. Von der Schlagpartei ist immer nur ein Spieler im Feld, der *Schlagmann*. Er muß einen vom *Werfer* der gegnerischen Mannschaft zugeworfenen Lederball mit einem Schläger treffen und wegschlagen. Dann rennt er los und versucht, eine abgesteckte Strecke so weit wie möglich zurückzulegen, bevor die Fangpartei den Ball wieder ins Spiel gebracht hat. Das Spiel ist zu Ende, wenn jede Partei abwechselnd neunmal Schlag- und Fangpartei gewesen ist.

Basilika: Markt- und Geschäftsgebäude der alten Römer. Die Basiliken hatten meist einen hohen Mittelbau, an dem seitlich rechts und links noch niedrige Hallen angebaut waren. Darin befanden sich Geschäftsräume für Händler und Geldwechsler, und hier wurde auch Gericht gehalten. Um sich von den heidnischen Religionen und ihren Gotteshäusern, den →Tempeln, abzusetzen, nahmen die frühen christlichen Gemeinden die Basiliken zum Vorbild für ihre Kirchen.

Basketball: Amerikanisches Korbballspiel, bei dem zwei Mannschaften mit je fünf Feld- und Ersatzspielern versuchen, den Ball möglichst oft in einen Korb zu werfen. Dieser ist in über drei Metern Höhe angebracht, weshalb die meisten Basketballspieler sehr groß sind.

Basketball

Baß: Die tiefste Lage der Männerstimme oder die tiefste Stimme eines Musikinstruments in einem Stück. Auch der **Kontrabaß**, ein tiefklingendes Saiteninstrument mit dickem Bauch, wird kurz Baß genannt.

Batik: Ein Verfahren, Stoffe durch Auflage von Wachs mit verschiedenen Mustern einzufärben. Es wurde in Südostasien erfunden. Das Muster wird mit

Batik aus Bali

Wachs auf den Stoff gepinselt, getropft oder getupft. Taucht man den Stoff anschließend in ein Farbbad, so werden nur die Stellen des Stoffes eingefärbt, auf denen kein Wachs angebracht ist.

Batterie: Ein Gerät, in dem mit chemischen Mitteln elektrische Energie gespeichert wird. Überall dort, wo man Strom braucht, aber keine Steckdose hat, ist eine Batterie sehr hilfreich: im Auto, in der Armbanduhr, im Taschenrechner oder im Walkman. Allerdings enthalten Batterien sehr viele schädliche Stoffe, z.B. Cadmium. Deshalb darf man sie, auch wenn sie noch so klein sind, nicht einfach in den Müll werfen. Überall, wo man Batterien kaufen kann, werden verbrauchte Batterien wieder zurückgenommen und so vernichtet, daß sie der Umwelt nicht schaden.

Batterie: Sie speichert elektrische Energie

Baukunst: →Architektur.

Bäume: Diese Holzpflanzen wachsen schon seit Urzeiten auf der Erde. Man unterscheidet grob zwischen **Laubbäumen** und **Nadelbäumen**, unter ihnen gibt es viele verschiedene Arten. Die meisten Bäume wachsen im Vergleich zu anderen Pflanzen sehr langsam, und sie können sehr alt werden. In Amerika fand man sogar Grannenkiefern, die schon 4600 Jahre alt sind und immer noch weiterwachsen. Die höchsten Bäume der Welt stehen an der kalifornischen Küste; sie werden über 100 Meter hoch und daher auch „Mammutbäume „ genannt. Das Alter der Bäume kann man an ihren →Jahresringen ablesen: Je mehr Jahresringe ein Baumstamm aufweist, desto älter ist er. In der Natur sind die Bäume die wichtigsten Lieferanten von Sauerstoff, der für Menschen und Tiere lebensnotwendig ist. Sie reinigen und erneuern die Luft, halten mit ihren Wurzeln das Wasser im Boden zurück und verhindern so seine Austrocknung. Ein Baum wie z.B. die Linde oder die Eiche bietet

Bäume festigen den Boden

bis zu 300 verschiedenen Insektenarten Lebensraum. Es ist daher schade um jeden Baum, der gefällt wird. Das Holz der Bäume wird auf vielfache Weise verwertet: Man braucht es zum Bauen von Möbeln oder Häusern, zur Herstellung von Papier, als Brennstoff und vieles andere mehr. → Wald.

Bäume schützen das Erdreich vor dem Austrocknen

Baumgrenze: Die durch das Klima bedingte höchste Höhe über dem Meeresspiegel, bis zu der Bäume normalerweise noch wachsen können: Mischwald wächst bis etwa 1000 m Höhe, darüber wachsen vor allem Nadelbäume. Ab etwa 1500 m Höhe wachsen nur noch kleine Bäume oder Gebüsch.

Baumwurzeln

Baumschule: Gärtnereien, in denen junge Bäumchen gezüchtet und gepflanzt werden.

Baumsterben: Seit den siebziger Jahren unseres Jahrhunderts

Baumsterben

erkrankten plötzlich immer mehr Bäume und begannen, langsam abzusterben. Inzwischen haben die Wissenschaftler herausgefunden, was dieses unheimliche Sterben verursacht: Es sind vor allem die vielen Schadstoffe, die z.B. durch die →Abgase von Autos, Heizungen und Industrie in die Luft gelangen. Dort vermischen sie sich mit den Wassertröpfchen und kommen als →Saurer Regen auf die Erde zurück, sickern in den Boden ein und werden von den Bäumen durch die Wurzeln, aber auch über die Blätter aufgenommen. Bisher hat man keine wirksame Möglichkeit gefunden, dieser Übersäuerung entgegenzuwirken oder die kranken Bäume zu heilen. Das einzige, das man tun kann, ist, daß jeder einzelne mit allen Kräften versucht, die Umwelt so wenig wie möglich zu verschmutzen.

Baumwolle: Ein Stoff, der aus den weißen Samenhaaren des Baumwollstrauchs gemacht wird. Der **Baumwollstrauch** wird in Asien, Afrika, Australien und Amerika angebaut.

Baumwolle am Strauch

Baumwolle trägt sich auf der Haut sehr angenehm, man schwitzt nicht so viel wie in Kleidung aus Chemiefasern.

Bazillen: Krankheitserregende →Bakterien in Stäbchenform.

Beamte: Angestellte des Staates. Sie arbeiten z.B. bei der Post, in der Schule oder bei Behörden.

Beduinen: Hirtenvölker, die als →Nomaden ohne festen Wohnsitz in den Steppen und Wüsten Vorderasiens und Nordafrikas leben. Übersetzt heißt das Wort „Wüstenbewohner".

Befruchtung: Die Verschmelzung von einer weiblichen mit einer männlichen Geschlechtszelle bei Menschen, Tieren und Pflanzen. Dabei entsteht eine neue Zelle, die sowohl die väterlichen als auch die mütterlichen Erbanlagen enthält. Daraus entwickelt sich ein neues Lebewesen. Beim Menschen teilt sich die winzig kleine, gerade noch unter dem Mikroskop sichtbare Zelle immer und immer wieder. So entstehen mehr und mehr Körperzellen, die zu einem Embryo und dann zu einem „fertigen" Baby heranwachsen. Beim Menschen findet die Befruchtung im Eileiter der Frau statt; heute kann man aber auch schon ein Ei aus dem Eierstock entnehmen und im Reagenzglas **künstlich befruchten**. Bei manchen Tieren, z.B. bei den Fischen, findet die Befruchtung von Natur aus außerhalb des Körpers statt. Blütenpflanzen befruchten sich gegenseitig durch die →Bestäubung.

Behinderte: Menschen, die durch körperliche oder geistige Gebrechen daran „gehindert" werden, ein normales Leben zu führen. Manche Babys kommen bereits behindert zur Welt. Andere Behinderungen kann jeder gesunde Mensch im Lauf seines Lebens plötzlich bekommen, z.B. eine Querschnittslähmung (durch Unfall). Behinderte haben es sehr schwer in unserer Gesellschaft, weil man sie mit ihren besonderen Problemen

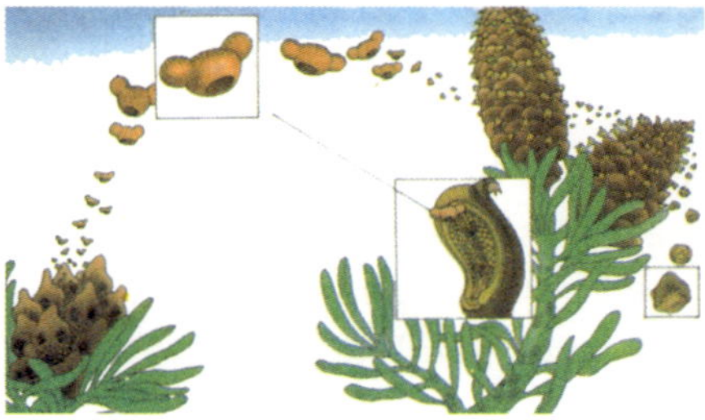

Befruchtung durch Windbestäubung

allzu leicht übersieht oder vergißt. Die normalsten Verrichtungen, wie z.B. das Einsteigen in eine Straßenbahn oder das Benutzen einer Telefonzelle, können für jemanden, der im Rollstuhl sitzt, zur fast unlösbaren Aufgabe werden. Viele „normale", gesunde Menschen wissen auch nicht so recht, wie sie sich Behinderten gegenüber verhalten sollen: Manche schauen einfach weg, andere bemitleiden sie. Diese Unsicherheit kommt vielleicht auch daher, daß Behinderte in besonderen Schulen oder Anstalten versorgt und gefördert werden. In manchen Staaten ist es aber selbstverständlich, daß behinderte und gesunde Kinder dieselben Schulen besuchen. So kann jeder den Umgang mit den Behinderten ganz natürlich erlernen und schnell herausfinden, daß es am besten ist, wenn man Behinderte ganz normal behandelt wie alle Gesunden auch. Natürlich muß man ein bißchen mehr Rücksicht üben und einem Behinderten helfen – jedoch nicht derart, das man ihn fühlen läßt, „was für ein armer Kerl er doch ist". Viele Behinderte könnten mit ihrer Krankheit sehr gut leben, wenn die Gesunden sie nicht als „andersartig" behandeln würden.

Beneluxstaaten: Die Staaten Belgien, Niederlande und Luxemburg.

Benzin: Ein Kraftstoff, mit dem z.B. Automotoren betrieben werden. Benzin wird aus →Erdöl gemacht. Normales und Super-Benzin enthält Blei, das für die Umwelt sehr schädlich ist. Die neueren Autos fahren mit **bleifreiem Benzin**.

Berber: Ein bestimmter Bevölkerungsteil in Nordafrika, der als eigene Sprache die **Berbersprache** spricht. Die Berber leben zum großen Teil als →Nomaden.

Bergbau: Mit gigantischen Fräsen wird Steinkohle abgebaut

Bergbau: Das Suchen, Gewinnen und Fördern sowie die Aufbereitung von →Bodenschätzen. So wird z.B. Braunkohle mit Schaufelradbaggern im **Tagebau** abgetragen; unter Tage, z.B. zur Gewinnung von Steinkohle, werden lange Schächte bis tief unter die Erde gebaut. Erdöl fördert man durch Tiefbohrung (bis etwa 9000 m).

Berge: Alle im Vergleich zur näheren Umgebung hoch emporragenden Geländeerhebungen. Sie können einzeln stehen oder Teil eines Gebirges sein. Viele Berge sind durch Vulkanausbrüche entstanden, andere durch das Verrutschen und Zusammenschieben der Erdoberfläche (Faltung). Auch auf dem Meeresboden gibt es Berge, die mehrere tausend Meter hoch sind. Der höchste Berg der Welt ist mit 8848 m der *Mount Everest* im Himalaya (Asien).

Bergsteigen: Das Erklettern von Bergen, Felsen und Gletschern erfordert nicht nur besondere Kleidung und Ausrü-

Bergsteiger bei einer Gletscherwanderung

Bergsteiger am Steilhang

stung, sondern auch sehr viel Kraft, Geschicklichkeit und Erfahrung. Es gibt heute fast keinen Gipfel dieser Welt mehr, der noch nicht von Bergsteigern bezwungen worden wäre. Allerdings sind auch schon viele bei plötzlichen Schneestürmen oder Lawinenrutschen schwer verletzt worden oder ums Leben gekommen. Jeder, der – besonders im Hochgebirge – einen Berg nicht „wie seine Westentasche" kennt, sollte sich beim Klettern nur sehr erfahrenen Führern anschließen. In der Bundesrepublik Deutschland hilft die **Bergwacht** bei der Rettung von Menschen, die in **Bergnot** geraten sind; in Österreich ist hierfür der Österreichische Bergrettungsdienst zuständig.

Bermudainseln: Inselgruppe im westlichen Nordatlantik, die aus etwa 360 Inseln besteht und von Korallenriffen umgeben ist. Die Bermudainseln gehören als →Kolonie zu Großbritannien.

Bernhardiner: Eine Hunderasse, die schon seit 1665 auf dem Großen St. Bernhard (Schweiz) gezüchtet wird. Diese Hunde wurden als Lawinensuchhunde eingesetzt und halfen dabei, im Schnee verschüttete Menschen zu finden.

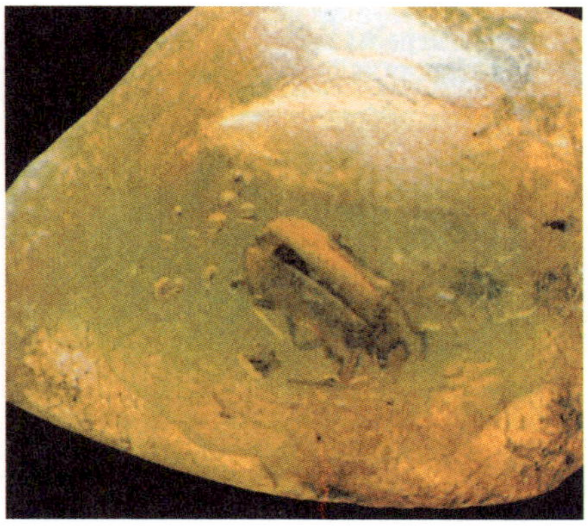

Bernstein mit Insekteneinschluß

Bernstein: Dieser „Stein" ist in Wirklichkeit versteinertes Harz, das in der →Kreidezeit von den Bäumen getropft ist und manchmal sogar Insekten eingeschlossen hat. Schon in der Steinzeit und in der Bronzezeit hat man aus Bernstein Schmuckstücke gefertigt. Die alten Griechen fanden heraus, daß sich Bernstein (sie nannten ihn „Elektron") durch Reibung elektrisch auflädt. Deshalb leitet sich der Name für →Elektrizität vom Bernstein ab.

Beruf: Für viele Tätigkeiten, die man in der Arbeitswelt ausüben möchte, muß man einen Beruf erlernen, z.B. Arzt, Klempner, Schreiner. Viele **Handwerksberufe** gibt es schon seit dem Mittelalter. Heute, im „Computer-Zeitalter", kommen mehr und mehr neue Berufe dazu.

Bernhardiner

Bestäubung durch Insekten

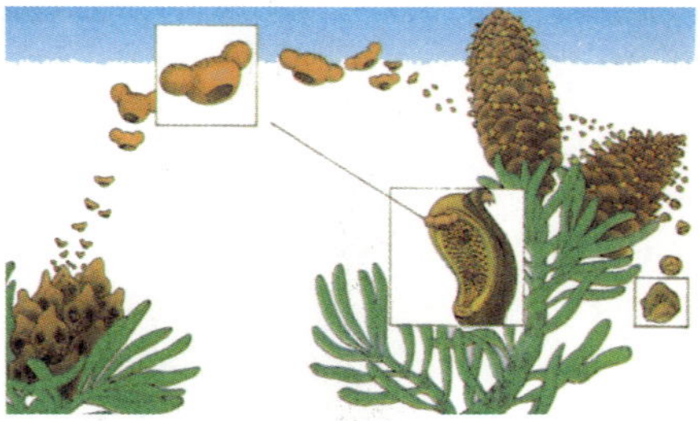

Bestäubung durch den Wind

Bestäubung durch Insekten

Bestäubung: Das Übertragen von Blütenstaub einer Pflanze auf den Fruchtknoten einer anderen Blüte derselben Pflanzenart. Auf diese Art findet bei Blütenpflanzen die →Befruchtung statt. Oft übernehmen die Aufgabe der Bestäubung Insekten, z.B. die →Bienen. Auch der Wind kann den Blütenstaub von einer Pflanze zur nächsten tragen.

Bestseller: Ein Buch, das sehr erfolgreich ist und deshalb in großen Mengen verkauft wird.

Beton ermöglicht neue Bauformen

Beta: Der zweite Buchstabe des griechischen →Alphabets.

Beton: Dieser Baustoff, der z.B. aus Sand, Zement und Wasser angemischt wird, war schon im Altertum bekannt. Solange er feucht ist, läßt er sich gut formen und verändern. Beim langsamen Austrocknen wird er schließlich sehr hart. Im 20. Jahrhundert hat man **Spannbeton** und **Stahlbeton** erfunden – eine wichtige Voraussetzung, um Hochhäuser und Wolkenkratzer zu bauen.

Bettnässen: Wenn man als Kind ab und zu mal ins Bett macht, so ist das nicht weiter schlimm. Kommt es aber häufiger vor, so kann hieran eine Blasen- oder Nierenerkrankung schuld sein – oder aber seelischer Kummer oder Angst. Man sollte dann zusammen mit seinen Eltern und dem Kinderarzt versuchen, der Sache auf den Grund zu gehen. Meistens hört das Bettnässen nach einiger Zeit wieder auf. Es gibt keinen Grund, jemanden wegen Bettnässens auszulachen.

Beuteltiere: Känguruhs

Beuteltiere: Eine sehr alte Entwicklungsform der →Säugetiere, die man vor allem noch in Australien antrifft, aber auch in Süd- und Mittelamerika. Es gibt Arten, die nur so groß sind wie eine Maus, aber auch bis zwei Meter große. Die nur zwei Zentimeter großen Jungen kommen unfertig zur Welt und wachsen im Bauchbeutel des Muttertiers heran, der über den Zitzen liegt. Wenn die Jungen geboren sind, krabbeln sie ganz allein in den Brutbeutel und bleiben dort, bis ihre Säugezeit zu Ende ist. Bei Gefahr springen manchmal aber auch noch die entwöhnten Jungtiere schnell in den Beutel hinein. Viele Beuteltiere, z.B. der →Koala oder das Opossum, werden auch von der Mutter auf dem Rücken mitgetragen. Das bekannteste Beuteltier ist wohl das →Känguruh.

Bevölkerung: Die Gesamtheit der Bewohner eines bestimmten Gebietes. Zur Zeit leben mehr als fünf Milliarden Menschen auf der Erde, bis zum Jahr 2000 werden es wahrscheinlich schon über sechs Milliarden sein. Jede Minute kommen etwa 115 Kinder zur Welt. In Gebieten, in denen die Bevölkerung sehr schnell zunimmt, besonders in der →Dritten Welt, spricht man von **Überbevölkerung**.

Bewußtsein: Die Fähigkeit des Menschen, Erlebnisse und Erfahrungen aufzunehmen und zu speichern. Das Bewußtsein kann mit dem Willen beeinflußt werden, im Gegensatz zum **Unterbewußtsein**. Dort ruhen verdrängte, vergessene oder noch nicht bewußte Inhalte. Einen Zustand, in dem der Körper keine äußeren Reize wahrnimmt, z.B. bei Ohnmacht oder Narkose, nennt man **Bewußtlosigkeit**.

Bibel: Die heilige Schrift der Christen ist in das Alte und das Neue Testament gegliedert. Das **Alte Testament** enthält jüdische Schriften aus der Zeit vor Christus: Gesetzestexte, geschichtliche und prophetische Bücher oder Weisheiten. Das **Neue Testament** entstand nach Christi Geburt und berichtet vor allem vom Leben Jesu und von den Aposteln. Die Bibel ist das am meisten verbreitete Buch der Welt. Sie wurde in 1750 Sprachen übersetzt. Einer der berühmtesten Bibelübersetzer war *Martin Luther*.

Bibel: Prachtausgabe aus Florenz

Biber: Ein Nagetier, das bis 1 m lang und bis zu 30 Kilo

Biber beim Bauen einer Biberburg

schwer wird. Es hat einen ganz flachen, breiten, unbehaarten Schwanz und an den Hinterfüßen Schwimmhäute. Der Biber lebt in Europa und Amerika an und im Wasser. Mit seinen starken Zähnen nagt er Bäume wie z.B. Pappeln und Weiden so lange an, bis sie umfallen. Mit den Baumstämmen baut er Wohnburgen und Dämme im Wasser. Diese Dämme halten den Wasserspiegel in der Umgebung der Wohnburgen jeweils so hoch, daß der Eingang zur **Biberburg** immer unter Wasser liegt. Wegen seines schönen Fells wurde der Biber von Pelzjägern fast ausgerottet.

Bibliothek: Ein Haus, in dem Bücher gesammelt, geordnet und zum Teil zum Ausleihen oder Ansehen bereitgehalten werden. Oft beschränken Bibliotheken ihre Sammlungen auf bestimmte Fachgebiete. Die öffentlichen **Büchereien** dagegen sammeln Bücher zu allen möglichen Themen, die für jedermann interressant sind. Will man ein Buch ausleihen, so muß man vorher eine Mitgliedskarte beantragen. In vielen Büchereien kostet das Ausleihen nichts. Es macht Spaß, mal einen ganzen Nachmittag lang in einer Bücherei herumzustöbern. Wenn man ein ganz bestimmtes Buch sucht, kann man den **Bibliothekar** oder die **Bibliothekarin** um Hilfe bitten. Meist gibt es eine Liste, in der man die Buchtitel nach Autoren oder Themen von A-Z geordnet findet.

Bienen: Die bekannteste Bienenart ist bei uns wohl die **Honigbiene**. Daneben gibt es aber noch rund zwanzigtausend weitere Arten; zu ihnen gehört z.B. auch die Hummel. Honigbienen leben mit bis zu 70 000 anderen in einem klar gegliederten Staat. An seiner Spitze steht die eierlegende *Königin*. Nestbau, Sauberhaltung und die Fütterung der Larven ist die Aufgabe der *Arbeiterinnen*. Sie führen die verschiedenen Tätigkeiten in festen Lebenszeiträumen aus: Vom ersten bis zwölften Tag müssen sie die Waben säubern und die Larven füttern; vom 13. bis 20. Tag sind sie zum Wabenbau eingeteilt; dies machen sie mit Wachs, das sie mit bestimmten Drüsen am Hinterleib herstellen. Die männlichen Bienen werden *Drohnen* genannt. Nach der Befruchtung der Königinnen werden sie aus dem Stock geworfen und sterben bald. Bienen verständigen sich mit der →Bienensprache. Die Honigbienen liefern uns wertvollen **Bienenhonig** und **Bienenwachs**. Mit dem Blütenstaub, den sie an ihren „Höschen" (das sind Sammelapparate an den Hinterbeinen) tragen, sorgen sie für die →Bestäubung vieler Blüten.

Bienensprache: Die Bienen können sich an der Sonnenstrahlung orientieren, selbst wenn der Himmel bewölkt ist. Hat eine Biene eine Futterquelle gefunden, so kann sie das ihren Kolleginnen im Stock mitteilen: Liegt die Futterquelle nicht mehr als 80 m entfernt, wird ein *Rundtanz* getanzt. Ein hervorgewürgter Nahrungstropfen und ein mitgebrachter Duft sagen den anderen, welche Pflanzenart anzufliegen ist. Liegt die Futterquelle weiter weg, so tanzt die Biene in Form einer Acht. In der Mitte der Acht schwänzelt sie mit ihrem Hinterleib (daher *Schwänzeltanz* genannt). Dauer und Anzahl des Schwänzelns sagen etwas über die genaue Ent-

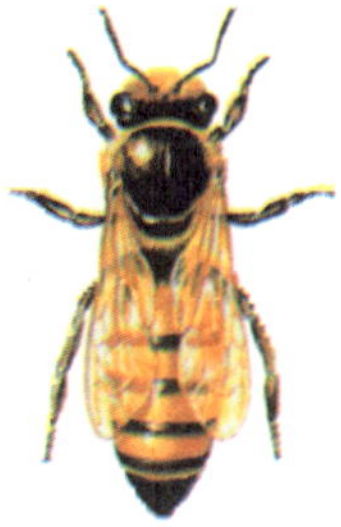

Bienen: Arbeiterin *Königin* *Drohne*

Bienensprache: Schwänzeltanz

fernung aus. Außerdem bildet das Mittelstück der Acht einen Winkel, der genau anzeigt, in welche Richtung die Bienen fliegen müssen. Die anderen Bienen übernehmen die Mitteilung nicht durch Zusehen, sondern durch Mittanzen.

Bier: Dieses alkoholische Getränk wird normalerweise aus Gerstenmalz, Hopfen und Wasser gebraut. Der Alkohol entsteht bei der Gärung, dem Vorgang, bei dem sich die miteinander vermischten Zutaten zersetzen. Schon viele tausend Jahre vor Christus war Bier ein Volksgetränk. →Alkohol.

Bildende Kunst: Alle künstlerischen Verfahren, bei denen etwas „Anfaßbares“ geschaffen wird. Dazu gehören Malerei,

Bildhauerei: Relief

Grafik, Bildhauerei, Kunstgewerbe und manchmal auch die Baukunst. Im Gegensatz hierzu steht die **darstellende Kunst**, wie Schauspiel oder Tanz.

Bilderschrift: Eine Schrift, die bestimmte Wörter durch bestimmte bildliche Zeichen wiedergibt. Die alten Schriftsysteme der Chinesen und Ägypter, aber auch die →Keilschrift waren Bilderschriften. Manche Bilderschriften stellen nicht nur einzelne Wörter durch bildliche Zeichen dar, sondern ganze Sachverhalte. Dabei kann nicht jedem Bildzeichen ein spezielles Wort zugeordnet werden, sondern die „Idee“, die das Bildzeichen symbolisiert, kann mit ganz verschiedenen Worten wiedergegeben werden. Schon in der Steinzeit, aber auch bei Hochkulturen wie den →Azteken oder →Maya wurden solche Zeichen verwendet.

Bildhauerei: Das Herstellen von Kunstwerken (Figuren oder →Reliefs) aus Holz, Stein, Metall oder Ton. Dabei werden aus dem Material entweder Teile weggenommen und herausgehauen; so entsteht eine *Skulptur*. Oder weiches Material, wie z.B. Ton, wird angetragen und aufgebaut; dann entsteht eine *Plastik*.

Bildschirmtext: Informationen, die man in Form von Text oder Abbildungen über Fernseher (mit Dekoder) oder Computer (mit Modem) empfangen kann. Über Bildschirmtext oder **BTX** werden z.B. neueste Nachrichten, aber auch Angebote aus einem Warenkatalog verbreitet.

Billard: Ein Kugelspiel für zwei und mehr Spieler, bei dem die Kugeln auf dem Billardtisch mit einem Stab (Queue) aneinander oder in ein Loch gestoßen werden müssen. Es gibt Billardspiele mit drei und mit mehr Kugeln.

Billiarde: Tausend Billionen oder eine Million Milliarden. Das ist eine Zahl mit 15 Nullen.

Billion: Tausend Milliarden oder eine Million Millionen. Das ist eine Zahl mit 12 Nullen.

Bimetall: Ein Streifen aus zwei verschiedenen Metallen, die sich bei Erwärmung unterschiedlich stark ausdehnen. Bei einer Temperaturveränderung krümmt sich deshalb das Bimetall und kann so beispielsweise einen elektrischen Schalter ein- oder ausschalten. Bimetallstreifen werden zur Temperaturregelung verwendet, z.B. im Bügeleisen.

Binnengewässer: Die Flüsse, Seen und Teiche des Festlandes.

Binnengewässer: Hier ein Teich in einer Hochmoorlandschaft

Bio-: Dieses Wort aus dem Griechischen heißt eigentlich „Leben“. Es wird in zusammengesetzten Wörtern wie „Biologie“, „Biokost“ usw. verwendet.

Biologie: Die Wissenschaft, die sich mit den Lebewesen (Mensch, Tier, Pflanzen, Mikroorganismen) befaßt. Wörtlich übersetzt heißt Biologie „Lehre vom Leben“.

Biologischer Abbau: Die Zersetzung pflanzlicher und tierischer Überreste durch Kleinstlebewesen. Die Reste werden in wertvolle Nährstoffe für Pflanzen zurückverwandelt und so „der Natur zurückgegeben“. Es ist deshalb gut, wenn man „biologisch abbaubare“ statt chemische Wasch- und Reinigungsmittel verwendet.

Biologisches Gleichgewicht: Die Lebensgemeinschaften aus Tieren und Pflanzen eines abgegrenzten Gebietes gleichen bestimmte Veränderungen selbständig aus. Wenn eine Insektenart z.B. sehr zunimmt, wächst auch die Zahl der Insektenräuber. Finden so viele Feinde nicht mehr genügend Nahrung, dann sinkt ihre Zahl wieder auf die ursprüngliche Größe, und das biologische Gleichgewicht ist wieder hergestellt. Man nennt es auch **ökologisches Gleichgewicht.**

Biotop: Ein bestimmter Lebensraum, sozusagen die „Adresse" oder der „Wohnort" einer Tier- oder Pflanzenart. Ein Tümpel, ein Moor, eine Wiese, der Teil eines Bachlaufs können z.B. als Biotop bezeichnet werden.

Bison: Ein früher häufiges nordamerikanisches Wildrind. Das Bison war für die Indianer eine wichtige Lebensgrundlage: Sie brauchten das Fleisch zum Essen, die Haut zum Zeltebauen, das Leder zum Herstellen von Kleidern. Als die weißen Siedler nach Nordamerika kamen, rotteten sie das Bison fast ganz aus, um den Indianern ihre Lebensgrundlage zu nehmen.

Bison

Bit: So heißen kleinste Informationseinheiten in dem Zahlensystem, mit dem Computer arbeiten. Ein Bit kann nur den Wert Null oder Eins haben. Durch unterschiedliche Aneinanderreihung mehrerer Bits ergeben sich Informationen, die der Computer lesen und weiterverarbeiten kann. Acht Bit werden zu einem **Byte** zusammengefaßt.

Blätter: Eichenblatt Buchenblatt Kastanienblatt

Blätter eines Hibiscus

Blasinstrumente: Musikinstrumente aus Holz oder Blech, bei denen der Ton durch Einblasen von Luft erzeugt wird. Dazu gehören z.B. die Trompeten- und Flöteninstrumente. Je nachdem, ob innen am Mundstück eine kleine Holzblattzunge zum Erzeugen der Töne angebracht ist oder nicht, unterscheidet man noch zwischen **Blechblas-** und **Holzblasinstrumenten**. Zu den Holzblasinstrumenten zählen z. B. *Klarinette* und *Saxophon*.

Blatt: Ein wichtiges „Organ" der Pflanzen, mit denen sie atmen, Feuchtigkeit regulieren und aus Kohlensäure und Nährsalzen Zucker, Stärke, Öle und Eiweiß herstellen können. Dieser Vorgang ist nur mit Hilfe des **Blattgrüns** (auch **Chlorophyll** genannt) möglich, das sich in unzähligen, winzigen Körnchen im Blattinneren befindet.

Blauwal: Dieses Tier gilt als das größte und schwerste Säugetier und als das größte Tier al-

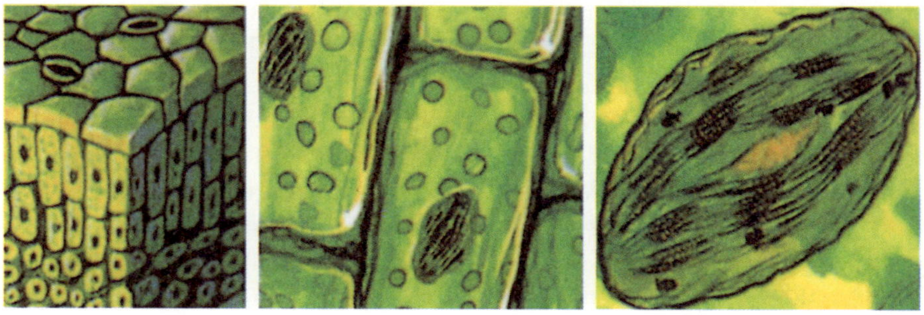

Blatt: Das Blattgrün (Chlorophyll) ist im Blattinneren eingelagert

ler Zeiten. Man hat Exemplare gefunden, die über 33 Meter lang waren. Ein Blauwal wiegt im Durchschnitt etwa 160 Tonnen, ein trächtiges Walweibchen sogar bis zu 200 Tonnen – das ist soviel wie 35 ausgewachsene afrikanische Elefantenbullen. Neugeborene Blauwal-„Babys" sind sechs bis acht Meter lang und wiegen bis zu 3000 Kilo. Blauwale leben von Krebsen, Schnecken und kleinen Fischen, die an den 800 vom Gaumen hängenden Barten ausgesiebt werden; das Wasser wird dabei von der riesigen Zunge durch die Mundspalten hinausgedrückt. Der Blauwal lebt meist in den Meeren um den Nord- und Südpol.

Blei: Dieses weiche Schwermetall ist in der Industrie sehr viel seitig verwendbar, es enthält aber krankmachendes Zell- und Nervengift. Auch im →Benzin ist Blei enthalten. Durch neuere Motorenentwicklungen ist es heute aber auch möglich, zum Schutz der Umwelt **bleifreies Benzin** zu verwenden. Autos mit Katalysator fahren bleifrei.

Blinddarm: Das Anfangsstück des Dickdarms, an dem ein kleiner „Wurmfortsatz" hängt. Dieser kann sich manchmal entzünden (**Blinddarmentzündung**) und starke Schmerzen und Fieber hervorrufen. Man muß dann zu einer einfachen Operation ins Krankenhaus.

Blindenschrift: Eine Schrift, mit der erblindete Menschen lesen können, obwohl sie doch gar nichts sehen. Sie besteht aus kleinen Punkten, die in das Papier hineingehämmert werden und mit den Fingerspitzen abgetastet werden können. Die Blindenschrift wurde von dem französischen Blindenlehrer *Braille* erfunden und wird deshalb auch nach ihm genannt.

Blindheit: Sie kann entweder angeboren sein oder durch Augenkrankheiten entstehen. Man kann Blindheit durch das Schärfen der übrigen Sinne, z.B. Gehör- und Tastsinn, teilweise ausgleichen. Blinde Menschen erkennt man auf der Straße an einem weißen Stock und an einer gelben Armbinde mit drei schwarzen Punkten. Manche Blinde werden von einem **Blindenhund** geführt, der hierfür extra ausgebildet ist; andere orientieren sich mit ihrem elektronischen Stock.

Blitz: Gigantische elektrische Funkentladungen, wie sie in der Natur beim Gewitter entstehen. Die elektrische Entladung findet zwischen zwei entgegengesetzt geladenen Wolken oder zwischen Wolke und Erde statt. Dabei entsteht eine Stromspannung von vielen Millionen Volt. Durch das plötzliche Ansteigen der Temperatur im Blitzkanal dehnt sich die Luft explosionsartig aus. Es entsteht ein lauter Knall: der Donner. Weil Blitze sich immer den kürzesten und am besten leitenden Weg zur Erde suchen, sollte man sich bei Gewitter nie unter Bäumen unterstellen; es ist auch sehr gefährlich, sich am Wasser aufzuhalten, während man im geschlossenen Auto vor Blitzeinschlägen geschützt ist. An den meisten Häusern sind **Blitzableiter** angebracht, die Blitze unschädlich machen, weil sie nach unten in die Erde weggeleitet werden.

Blitzlicht: Ein blitzartig aufleuchtendes, grelles Licht für fotografische Aufnahmen. Fotografiert man z.B. ein Gesicht, das im Schatten ist, so „zaubert" das Blitzlicht den Schatten weg.

Blizzard: So nennt man in Nordamerika einen Orkan, der mit großer Kälte und sehr viel Schnee einhergeht.

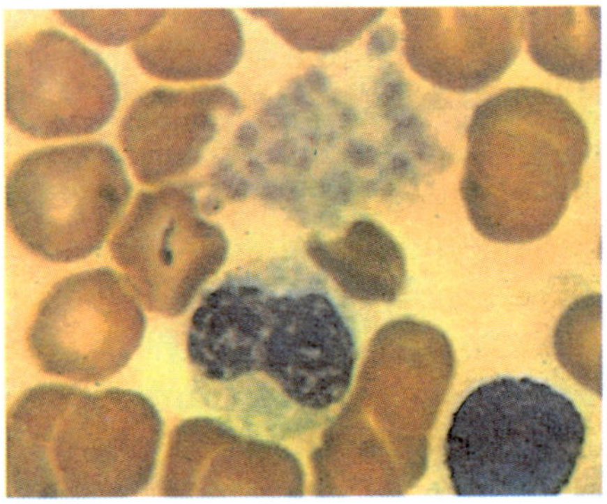

Blut, stark vergrößert

Blut: Diese Flüssigkeit versorgt den Körper mit Sauerstoff und mit Nährstoffen. Sie besteht aus dem **Blutplasma** (die Flüssigkeit, die zurückbleibt, wenn die Blutzellen aus dem Blut entfernt worden sind) und aus den Blutkörperchen. Die **roten Blutkörperchen** enthalten Hämoglobin, das dem Blut die rote Farbe gibt und für den Sauerstofftransport im Körper zuständig ist. Die **weißen Blutkörperchen** schützen den Körper vor Krankheiten. Über das Blut werden die aus der Nahrung herausgelösten Nährstoffe, aber auch die →Hormone befördert. Ein erwachsener Mensch hat ungefähr fünf Liter Blut. Je nach seiner Vererbung gehört er der **Blutgruppe** A, B, AB oder 0 an. Bevor bei einer **Blutübertragung** (Transfusion) Blut von einem Menschen auf den anderen übertragen wird, muß geprüft werden, ob die Blutgruppen übereinstimmen. Wenn Blut aus einer kleineren Wunde austritt und mit Sauerstoff in Verbindung kommt, setzt beim gesunden Menschen sofort die **Blutgerinnung** ein: Das Blut verkrustet und die Wunde wird so schnell

Blüte: Doldenblütler

geschlossen. **Bluterkranken** fehlen die Blutgerinnungsstoffe, deshalb kann bei ihnen schon eine kleine Verletzung zum **Verbluten** führen.

Blüten: Sie bestehen aus den *Kelchblättern*, dem **Blütenboden**, den männlichen *Staubgefäßen*

Blütenstaub

und der weiblichen *Samenanlage* (Narbe, Fruchtschlauch, Fruchtknoten). An den Blüten findet die →Befruchtung der Samenpflanzen statt. Der **Blütenstaub** (Pollen) ist außerdem eine wichtige Nahrungsquelle für Insekten. Nach der regelmäßigen Anordnung der Blüte einer Pflanze (**Blütenstand**) wird diese eingeordnet, z.B. als *Doldenblütler*, *Korbblütler* oder *Kreuzblütler*.

Blutkreislauf: Durch die Arbeit des Herzmuskels wird das Blut im menschlichen Körper zu allen Körperzellen transportiert. Das über die Lunge mit frischem Sauerstoff angereicherte Blut fließt von der linken Herzkammer durch den Körper und zurück zur rechten Herzkammer (= *Körperkreislauf*); danach wird das verbrauchte Blut zur Lunge und wieder zurück zur linken Herzkammer gepumpt (= *Lungenkreislauf*).

Bodenschätze: Alle Vorkommen von nutzbaren Rohstoffen im Boden beziehungsweise im Gestein des Untergrunds. Dazu gehören z.B. Erze, Gold oder Erdöl.

Bodensee: Mit 538 Quadratkilometern ist dieser Alpenvorlandsee der größte See Deutschlands. Auch die Schweiz und Österreich haben einen Anteil an diesem See, der vom Rhein

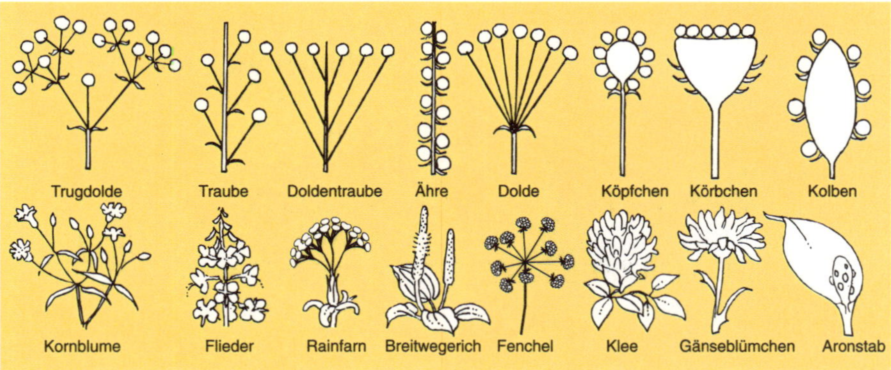

Blütenstand

Bohrinsel

durchflossen wird. Der Bodensee, auch **Schwäbisches Meer** genannt, versorgt die Umgebung bis nach Stuttgart mit Trinkwasser. Er ist ein beliebtes Touristenziel. Wegen des milden Klimas wird hier viel Obst und Gemüse angebaut. Reichenau, Lindau und Mainau heißen die Bodensee-Inseln.

Bohrinsel: Eine schwimmende Plattform im Meer, von der aus ein Bohrrohr bis tief in den Meeresboden getrieben wird. Von den Bohrinseln aus wird Erdöl gefördert.

Boje: Ein tonnenförmiger Schwimmkörper, der als Seezeichen verwendet wird.

Bonsai: So heißen die nach einer japanischen Kunst gezogenen, nur wenige Zentimeter hohen Bäumchen, die genau wie die großen Originale aussehen. Den Zwergwuchs erreicht man z.B. durch Beschneidung der Zweige und Wurzeln.

Börse: Ein Ort, an dem Wertpapiere wie z.B. →Aktien gehandelt werden.

Botanik: Alte Pflanzenbeschreibung

Bosporus: Die etwa 30 Kilometer lange Meerenge zwischen Europa und Kleinasien ist an der engsten Stelle nur 660 Meter breit. In Istanbul führt eine lange Brücke über den Bosporus.

Botanik: Die Lehre vom Bau und Leben der Pflanzen (Pflanzenkunde). In **Botanischen Gärten** werden einheimische und exotische Pflanzen gezogen, untersucht und zur Schau gestellt.

Botanische Tafel

Boxen: Sportlicher Faustkampf, der im **Boxring** ausgetragen wird. Die Boxer sind von *Fliegengewicht* bis *Schwergewicht* in verschiedene Gewichtsklassen eingeteilt. Der Kampf wird durch K.O. oder durch Sieg nach Punkten entschieden.

Breitenkreis: Parallel zum →Äquator verlaufende, gedachte Orientierungslinien im Abstand von jeweils zirka 111 Kilometern. Es gibt 90 nördliche und 90 südliche Breitenkreise. Der größte ist der Äquator selbst, die kleinsten (= Punkte) sind die →Pole. Zusammen mit den →Längengraden bilden die Breitenkreise, auch **Breitengrade** genannt, ein Gitternetz um die ganze Erde.

Brennessel: Diese Nesselgewächse haben an Blättern und Stengeln Brennhaare, die hautreizende Giftstoffe enthalten. Obwohl Brennesseln bei uns oft als „Unkraut" bezeichnet werden, sollte man sie wachsen lassen; sie sind nämlich eine wichtige Nahrungsquelle für Schmetterlinge.

Briefgeheimnis: Dieses Grundrecht betrifft alle schriftlichen Mitteilungen (z.B. Briefe) von Person zu Person und besagt, daß niemand – auch der Staat nicht – ohne Erlaubnis die Post eines einzelnen öffnen oder lesen darf.

Boxer: Cassius Clay (links)

Briefmarken: Am 1. Mai 1840 wurde in England die erste Briefmarke der Welt herausgegeben: die *Penny Black*. Seitdem ist es in den meisten Ländern üblich geworden, daß der Absender eines Briefes die Beförderung im voraus bezahlt, indem er Briefmarken kauft und auf den Brief klebt. Briefmarken werden von der Post ausgegeben. Alte und seltene Briefmarken sind sehr wertvolle Sammlerobjekte; die berühmteste heißt *Blaue Mauritius*.

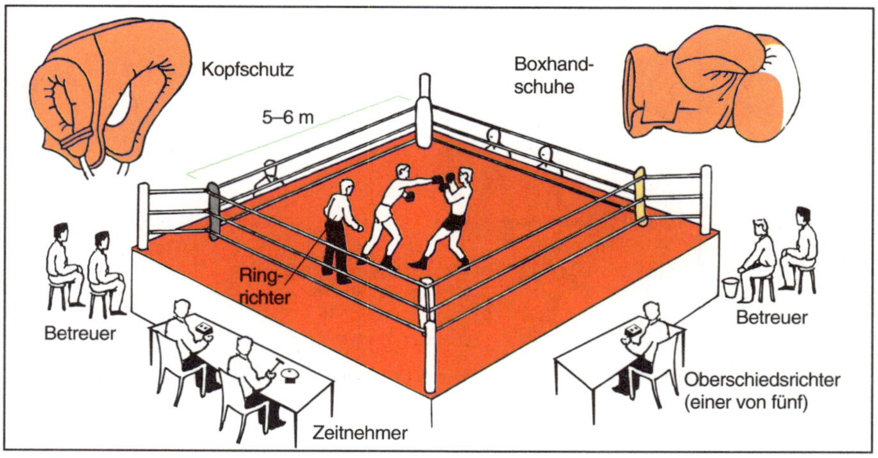

Boxen

Brieftauben: Diese aus verschiedenen Rassen der Haustaube gezüchteten Tauben können besonders weit und ausdauernd fliegen. An einem Tag können sie bis zu 1000 km zurücklegen. Schon im Altertum benutzte man Brieftauben zur Nachrichtenübermittlung. Egal, an welchem Ort man Brieftauben fliegen läßt: Sie finden immer wieder heim.

Brillant: Ein in einer besonderen Form geschliffener →Diamant.

Brille: Wer einen Sehfehler hat, z.B. kurz- oder weitsichtig ist, kann diesen Fehler durch eine Brille ausgleichen. Die Stärke des Augenleidens wird in „*Dioptrien*" vom Augenarzt oder Optiker festgestellt. Manchmal macht sich ein Sehfehler erst durch Kopfschmerzen bemerkbar; auch wenn man in der Schule „nicht so gut mitkommt", sollte man seine Augen untersuchen lassen. Das

Brille: Monokel

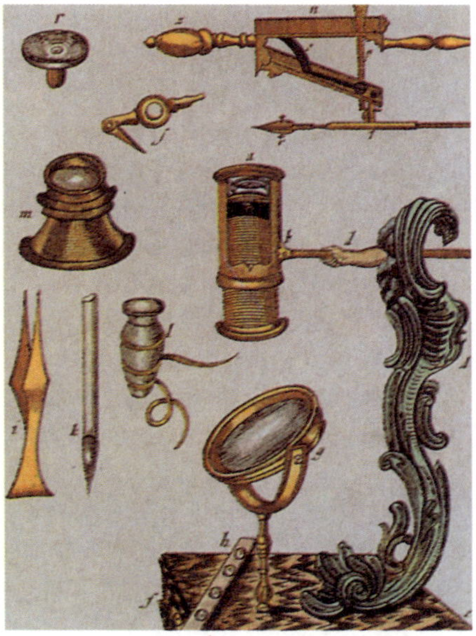

Damals wie heute werden auch Lupen als Sehhilfen verwendet

Tragen einer Brille könnte Wunder bewirken! **Sonnenbrillen** schützen vor den gefährlichen ultravioletten Strahlen.

Britische Inseln: Dazu gehören die beiden Hauptinseln Britannien und Irland sowie die Hebriden, die Shetland- und Orkney-Inseln und noch einige kleinere Inseln.

Bronchien: Die feinen, baumförmigen Verzweigungen und Verästelungen in der Lunge. Sie gehen von der Luftröhre aus. Bei einer **Bronchitis** sind die Schleimhäute entzündet, mit denen die Bronchien ausgekleidet sind.

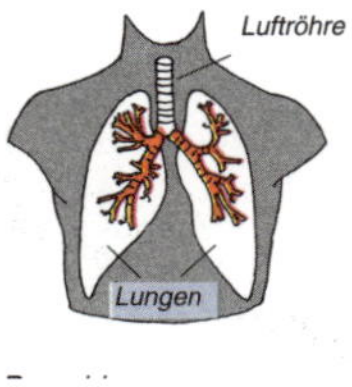

Bronchien

Bronze: Eine →Legierung aus Kupfer und Zinn.

Bronzezeit: Ein vorgeschichtlicher Zeitabschnitt, der auf die →Steinzeit folgte. Die Bronzezeit war die erste Metallzeit. Je nachdem, wann in einer bestimmten Kultur Geräte, Waffen, Gefäße und Schmuck aus →Bronze hergestellt wurden, reichte die Bronzezeit etwa von 2500 vor Christus bis 900 vor Christus. Eine ausgeprägte Bronzezeit gab es in Europa (vom Mittelmeergebiet bis nach Skandinavien) und in vielen Teilen Asiens. Die Menschen der Bronzezeit waren seßhafte Bauern und wohnten in Pfahl- oder Blockhaussiedlungen. Auf die Bronzezeit folgte die →Eisenzeit.

Figur aus der Bronzezeit

Broschüre: Ein meist dünneres Buch, das keinen festen, sondern einen biegsamen Umschlag hat.

Brot: Bei uns ist das Brot eines der wichtigsten Nahrungsmittel. Schon vor 5000 Jahren haben die Ägypter und Inder Brot gebakken. Es wird aus Getreidemehl, Wasser und Salz hergestellt; zur Lockerung mischt man dem Teig Hefe, Backpulver oder Sauerteig bei.

Brot (Text auf Seite 39)

Brücken: Die Geschichte des Brückenbaus begann, als die Menschen auf die Idee kamen, über einen Bach oder über eine Schlucht einen umgestürzten Baum zu legen und die Schlucht damit zu „überbrücken". Heute kennt man Brücken der unterschiedlichsten Formen aus verschiedensten Materialien: Holz- oder Steinbrücken, Stahl- und Betonbrücken, Hängebrücken, Drehbrücken usw. In Kanada führt eine Brükke über den St.-Lorenz-Strom, deren Spannweite zwischen zwei Pfeilern 549 Meter beträgt. In England gibt es eine Hängebrücke, die zwischen den Hauptpfeilern fast 1500 Meter lang ist und bei deren Bau man eine Abweichung berücksichtigt hat, um die Erdkrümmung auszugleichen. Die höchste Brücke der Welt führt über die Königsschlucht im Arkansas-Stromgebiet. Sie verläuft 321 Meter über dem Wasserspiegel. Die höchste Brücke Europas und zugleich höchste Pfeilerbrücke der Welt ist die Europa-Brücke in Österreich.

Brunnen: Schon seit der Steinzeit versuchten die Menschen, Grundwasser für Trink- oder Nutzzwecke aus der Tiefe der Erde zu fördern. Dazu wurde ein Schacht bis zum Grundwasserspiegel gegraben. Das Wasser wurde mit Eimern oder Schöpfkellen nach oben befördert. Heute wird diese Beförderung durch elektrische Pumpen besorgt. →Artesischer Brunnen.

Brunnen

Brust: Die obere vordere Hälfte des menschlichen Körpers. Sie besteht aus dem knöchernen **Brustkorb**, der vom **Brustfell** ausgekleidet ist. Die Brust der Frau ist außerdem ein Organ und besteht aus Fettgewebe und Milchdrüsen. Hat eine Frau ein Baby geboren, so kann sie ihr Kind in den ersten Monaten über die Brust allein mit Muttermilch ernähren. Das Baby braucht nur an der **Brustwarze** zu saugen.

Brut: Die aus Eiern schlüpfenden Vögel, Fische und staatenbildenden Insekten wie →Ameisen und →Bienen. Sobald die

Brücke: Die Golden Gate Bridge ist eine Hängebrücke

Brutplätze für Wasservögel

Eier gelegt sind, übernehmen die Elterntiere die Aufzucht, Pflege und Beschützung ihrer Nachkommenschaft. Die Verhaltensweisen bei der **Brutpflege** sind angeboren. Für den Vogelschutz ist es sehr wichtig, daß Vögel ihre gewohnten **Brutplätze** ungestört behalten können.

BTX: →Bildschirmtext.

Buch: Als es noch keine Bücher gab, wurden Inschriften auf Stein gemeißelt, in Metall geritzt oder in Tontafeln eingedrückt. Man schrieb auch auf Leder, auf →Papyrus, auf Pergament oder auf Wachstafeln. Das Wort „Buch" bezieht sich aber auf Buchenholztafeln, die man zusammenheftete. Erst im 15. Jahrhundert wurden die meisten Schriften hauptsächlich auf Papier niedergeschrieben, und zwar von Hand. Das wichtigste Kennzeichen eines Buches ist, daß einzelne Blätter in einen **Bucheinband** eingebunden sind. Dies geschieht heute in modernen **Buchbindereien**.

Buchdruck: Wollte man im Mittelalter Bücher vervielfältigen, so übernahmen diese Arbeit meist Mönche in großen Schreibstuben: Sie mußten in mühsamer Arbeit die Texte von Hand abschreiben. Später schnitzte man die Buchstaben für einzelne Buchseiten in eine feste Druckplatte; beide Verfahren waren aber so aufwendig, daß sich kaum ein „normaler" Mensch ein Buch leisten konnte. Außerdem waren die meisten Texte in Latein geschrieben. Das änderte sich schlagartig, als der Mainzer *Johannes Gutenberg* den Buchdruck mit beweglichen Lettern erfand: Das geniale an seiner Erfindung war, daß jeder einzelne Buchstabe des Alphabets mehrfach einzeln vorhanden war, so daß immer wieder neue Buchseiten zusammengesetzt werden konnten. War die Seite gedruckt, setzte man die Buchstaben um und druckte die nächste Seite. Noch bis ins 20. Jahrhundert wurden Bücher, aber auch Zeitungen nach dem gleichen Verfahren gesetzt, das Meister Gutenberg für seine berühmte 42zeilige Bibel erfunden hatte. Heute werden Texte, die man drucken will, in Computer eingegeben, auf Filme kopiert und durch chemische, fotografische Verfahren auf Druckplatten übertragen. Farbige Bilder werden in viele Millionen Rasterpünktchen zerlegt und meist in die vier Farben Schwarz, Gelb, Blau und Rot aufgeteilt. Druckt man später diese vier Farben übereinader, so erhält man alle nur erdenklichen Farbschattierungen. Das Drucken selbst geschieht auf riesigen, sich rasend schnell drehenden Druckwalzen. Auf einem Druckbogen werden gleichzeitig hunderte von Buchseiten gedruckt. Dann werden die Bögen gefaltet, zerschnitten und zu fertigen Büchern zusammengebunden.

Brutpflege bei Singvögeln

Buchdruck: Alte Druckerpresse

Bücherei: →Bibliothek.

Buddha: Ehrentitel des *Siddharta Gautama*, der etwa 560 bis 480 vor Christus lebte. Er war der Sohn eines Kleinfürsten, der als junger Mann in „Saus und Braus" lebte – bis er einem Alten, einem Kranken, einem Toten und einem Mönch begegnete. Da lief er von zu Hause weg und versuchte, auf allen Luxus zu verzichten. Im Alter von 35 Jahren erlangte er unter einem Feigenbaum die Erleuchtung: Er erkannte, daß es richtig ist, einen mittleren Lebensweg zwischen Überfluß und Verzicht zu

Buddha-Darstellung

suchen. Buddha heißt „der Erleuchtete". Nach den Lehren, die er verbreitete, wird eine große Anzahl von Religionen in Südost- und Ostasien als **Buddhismus** bezeichnet. Die Buddhisten glauben daran, daß sie immer und immer wieder geboren werden – so lange, bis sie endlich ins Nirwana („das Erlöschen") eingehen.

Bug: Der Vorderteil eines Schiffes.

Bulle: Männliches, fortpflanzungsfähiges Tier bei Rind, Elefant, Antilope und Flußpferd.

Bumerang: Ein flaches, gekrümmtes Wurfholz, das die australischen Ureinwohner als Jagdwaffe benutzten. Wenn man den Bumerang richtig wirft, kehrt er von selbst zum Abwurfpunkt zurück.

Bumerang

Bundeskanzler: In der Bundesrepublik Deutschland der Chef der Bundesregierung. Er wird durch den Bundestag auf vier Jahre gewählt. Auch in Österreich ist der Bundeskanzler der Leiter der Bundesregierung, in der Schweiz der Chef der Bundeskanzlei.

Bundesliga: Die höchste Spielklasse des Deutschen Sportbundes für Fußball, Eishockey und andere Mannschaftsspiele.

Bundespräsident: Der Staatspräsident oder das Staatsoberhaupt einer Bundesrepublik. In der Bundesrepublik Deutschland wird der Bundespräsident auf fünf Jahre gewählt. Als oberster Vertreter des Staates unterzeichnet er internationale Verträge und alle Bundesgesetze, er vereidigt den Bundeskanzler und die Bundesminister. In Deutschland wird der Bundespräsident durch die Bundesversammlung gewählt, in Österreich wählt ihn das Volk in direkter Wahl auf sechs Jahre. In der Schweiz ist der Bundespräsident der Vorsitzende des Bundesrats.

Bundesrat: In Deutschland setzt er sich aus den Vertretern der Bundesländer zusammen. Wichtige Aufgabe ist z.B. die Bundesgesetzgebung. In Österreich kontrolliert der Bundesrat als zweite Kammer des Parlaments die Arbeit der Bundesregierung. In der Schweiz ist der Bundesrat das oberste Regierungsorgan. Es setzt sich aus sieben Mitgliedern zusammen, die je ein Ministerium leiten.

Bundesrepublik Deutschland: →Deutschland.

Bundesstaat: Eine aus mehreren Staaten, Ländern oder Kantonen bestehende Gemeinschaft. Die Einzelstaaten haben eine gemeinsame Regierung, behalten aber auch ihre Selbständigkeit. Die Bundesrepublik Deutschland, Österreich, die Schweiz, aber auch die USA sind Bundesstaaten.

Bundestag: In der Bundesrepublik Deutschland das →Parlament. Seine Mitglieder werden in den Bundesländern durch die Bundestagswahl gewählt. Der Deutsche Bundestag tagt öffentlich; er verabschiedet Gesetze und wählt den →Bundeskanzler. Vorsitzender ist der Bundestagspräsident.

Burgen: Die Wehranlagen und Wohnsitze des Adels und des Rittertums im Mittelalter. Burgen lagen meist auf schützender

Burg in Spanien

Berganhöhe, oder sie waren in der Ebene von Wassergräben umgeben. Auch Zugbrücken, die man schnell hochziehen konnte, wenn der Feind kam, galten dem Schutz der Burg. In der Mitte stand meist ein wehrhafter Turm, von dem aus man die Umgebung beobachten konnte. Er wurde **Bergfried** genannt. Die mittelalterlichen Burgen mußten oft monatelangen Belagerungen standhalten. Als ab dem 15. Jahrhundert auch noch Schießpulvergeschütze eingesetzt wurden, baute man dicke Ringmauern mit Schießkammern um die Burgen herum.

Bürger: Ursprünglich waren mit diesem Begriff die „Burgverteidiger" gemeint, dann die Burgbewohner, und schließlich auch die Stadtbewohner. Im Mittelalter gehörten die **freien Bürger** sehr wohlhabenden Häusern an, die immer mehr das politische und soziale Leben

Burg am Rhein

der Stadt mitbestimmten. Gesellen, Gesinde und arme Leute besaßen kein **Bürgerrecht**. Bis zur →Französischen Revolution war der →Adel mit besonderen Vorrechten (Privilegien) ausgestattet. Nach 1789 wurden diese Vorrechte jedoch abgeschafft, und die Bürgerschicht (**Bourgeoisie**) übernahm die Macht im Staate. Heute ist jedes einzelne Mitglied eines Staates oder einer Gemeinde ein Bürger.

Bürgerinitiative: Der Zusammenschluß einer Gruppe von Bürgern, die sich gemeinsam für oder gegen ein bestimmtes Vorhaben in der Gemeinde starkmachen wollen. Bürgerinitiativen sind von politischen Parteien und anderen Verbänden unabhängig.

Bürgermeister: Das gewählte Oberhaupt einer Gemeinde oder Stadt.

Byzanz: Lange Zeit war Konstantinopel die Hauptstadt des Oströmischen (Byzantinischen), dann des Osmanischen Reiches. Heute heißt die Stadt Istanbul

Buschmann

Bürokratie: Damit ist alles gemeint, was einen lästigen, oft überflüssigen Verwaltungsaufwand beinhaltet. Wo die Bürokratie vorherrrscht, wird oft soviel verwaltet, daß man das eigentliche Ziel darüber vergißt und letztlich gar nichts erreicht.

Buschmänner: Ein kleinwüchsiges Jäger- und Sammlervolk in Afrika. Die Männer werden im Durchschnitt nur 144 Zentimeter groß. Die Buschmänner sind heute in die →Kalahari zurückgedrängt worden. Sie jagen die Tiere mit vergifteten Pfeilen und Speeren. Buschmänner haben keine Häuptlinge, jede Familie hat ihr eigenes Jagd- und Sammelrevier.

Butter: Dieses tierische Speisefett wird aus der Kuhmilch gewonnen. Zuerst wird der Milch der Rahm entzogen, indem man sie ganz schnell rundschleudert. Der Rahm wird gekühlt und reifen gelassen und anschließend so lange bearbeitet, bis sich die Fettkügelchen zu einer steifen Masse zusammenformen; die wäßrige Flüssigkeit, die dabei abfließt, heißt **Buttermilch**.

Byzanz: So hieß Istanbul, heute die größte Stadt der Türkei, als es die Hauptstadt des Oströmischen bzw. Byzantinischen Reiches war. Das **Byzantinische Reich** entstand nach der Teilung des Römischen Reiches in eine westliche und eine östliche Hälfte. Das war 395 nach Christus. Das Byzantinische Reich umfaßte alle Klein- und vorderasiatischen Gebiete, Nordafrika, den Balkan südlich der Donau und die Inseln im östlichen Mittelmeer. Auch nach dem Zusammenbruch des weströmischen Reiches (476) bestand das Byzantinische Reich weiter. 1204 wurde es von den Kreuzrittern, im 15. Jahrhundert von den Türken erobert. So wurde Konstantinopel die Hauptstadt des Osmanischen Reiches. Erst seit 1930 heißt die Stadt Instanbul.

C

ca.: Abkürzung für circa, das heißt „ungefähr".

Cadmium: Ein silberweißes, glänzendes Schwermetall; es gilt als besonders schädliches Umweltgift. Cadmium wird unter anderem in →Batterien verwendet. Wenn es in den menschlichen Organismus gelangt (z.B. in die Nieren), bleibt es für immer dort und schadet der Gesundheit.

Calcium: →Kalzium.

Camping: Urlaub machen mit Zelt oder Wohnwagen. Als Übernachtungsplätze wurden hierfür in den meisten Ländern Europas modern ausgestattete **Campingplätze** errichtet, in denen man Elektrizität, fließendes warmes Wasser, Waschgelegenheiten, Toiletten und ähnliche praktische Einrichtungen vorfindet.

Canyon: Ein schmales, durch einen Fluß tief eingeschnittenes Gebirgstal. Der berühmteste Canyon ist der →Grand Canyon in den USA.

Canyon

Cartoon: So sagt man auf Englisch für →Karikatur. Oft ist damit auch eine kurze Folge von Zeichnungen oder ein kurzer Zeichentrickfilm gemeint.

CB-Funk: Ein Wellenbereich, auf dem Privatleute über Funk miteinander reden können. Man

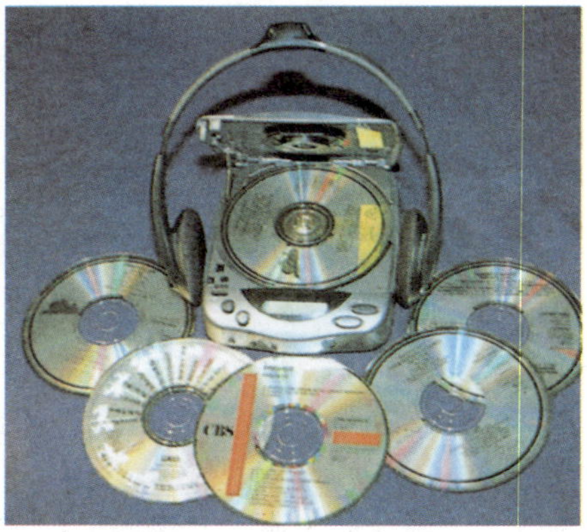

CD-Player mit CDs

braucht dafür besondere Funkgeräte. Viele Lastwagenfahrer haben CB-Funk in ihren LKWs.

CD: Abkürzung für Compact Disk. Das ist eine runde kleine Scheibe, auf der Musik gespeichert ist und die man auf einem **CD-Player** abhören kann. CDs sind viel unempfindlicher als →Schallplatten. Sie werden mit einem →Laser-Strahl abgetastet. Für →Computer gibt es die CD-ROM, auf der man riesige Mengen an Text und Bildern speichern kann.

Cello: Ein Streichinstrument mit vier Saiten.

Celsius: Bei Temperaturangaben der Hinweis darauf, daß nach der Celsius-Gradeinteilung gemessen wurde. Bei dieser Temperaturskala entsprechen Null Grad dem Eispunkt und 100 Grad dem Siedepunkt von Wasser. In England und Amerika werden Temperaturen nach der →Fahrenheit-Skala gemessen.

Cembalo: Ein Tasteninstrument, bei dem die Saiten nicht wie beim Klavier mit Hämmern angeschlagen, sondern von Federkielen angerissen (gezupft) werden.

Chamäleon: Vor allem in den Bäumen Madagaskars und des tropischen Afrika leben viele Arten dieser merkwürdigen Echsenfamilie. Chamäleons haben unglaubliche Fähigkeiten: Sie können je nach ihrer Umgebung Farbe und Muster ihrer Haut verändern. Chamäleons ernähren sich von Insekten. Sie lauern stundenlang unbeweglich auf Ästen; wenn sich ein Insekt nähert, schleudern sie ihre klebrige Zunge schußartig aus dem Mund und fangen die Beute ein. Die Zunge der Chamäleons ist manchmal länger als ihr ganzer Körper. Ihre Augen sind einzeln beweglich und sehen getrennt und nach allen Richtungen gleichzeitig. Bei Gefahr blasen die Chamäleons Kopf und Leib mächtig auf und fauchen. Sie vermehren sich durch Eier.

Chamäleon

Das **Riesenchamäleon** wird 60 cm lang und fängt mit seiner Zunge sogar Mäuse.

Champignon: Ein beliebter Speisepilz, der als Anis- oder

Cembalo

Champignons

Wiesenchampignon wild wächst. Die Champignons, die man hierzulande frisch auf dem Markt oder in Dosen kauft, werden künstlich gezüchtet.

Champion: Englisches Wort für einen Meister oder Sieger im Sport.

Chance: Günstige Gelegenheit.

Chaos: So nannten die alten Griechen die „klaffende Leere des Weltraums" – sie stellten sich vor, daß vor dem Entstehen eines wohlgeordneten →Kosmos der Raum mit ungeformtem und unbegrenztem Urstoff gefüllt war. Heute verwendet man den Begriff für ein totales Durcheinander.

Charakter: Die wesentlichen Eigenschaften eines Menschen; seine Art, sich in bestimmten Situationen so oder anders zu verhalten. Der Charakter wird zum Teil durch Vererbung, zum Teil durch Erziehung und durch den Einfluß der Umgebung geprägt. Er bildet sich mit der Zeit immer stärker heraus. Manchmal sagt man jemand habe einen „guten" oder „schlechten" Charakter. Man bezieht dieses Urteil auf die hervorstechenden, **charakteristischen** Eigenschaften eines Menschen.

Chemie: Die Lehre von den Stoffen, von ihrem Aufbau, ihren Eigenschaften und ihren Veränderungen. Mit „Stoffen" sind vor allem die chemischen Elemente gemeint, das heißt die →Atome, aus denen sich eine Flüssigkeit, ein Gegenstand, ein x-beliebiges Erzeugnis zusammensetzt. Die Chemie untersucht, in welche einzelnen Bestandteile sich die Stoffe, aus denen die Welt besteht, zerlegen lassen, und wie sie unter bestimmten Bedingungen mit andern Stoffen reagieren. Das riesige Wissensgebiet der Chemie unterteilt man grob in die anorganische Chemie und die organische Chemie. Die **anorganische Chemie** beschäftigt sich mit denjenigen Elementen und Verbindungen, die (mit wenigen Ausnahmen) keinen Kohlenstoff enthalten. Die **organische Chemie** beschäftigt sich mit den Verbindungen des Kohlenstoffs. In der **chemischen Industrie** werden die Erkenntnisse aus der Chemie praktisch umgesetzt: Hier „erfindet" man neue Verbindungen zwischen verschiedenartigen Atomen – als Ergebnis entstehen z.B. Farben, Produkte aus Kunststoff, Medikamente und viele andere „künstliche" Stoffe. Dabei fallen auch oft giftige Abfallprodukte an, die die Umwelt verschmutzen.

Cheopspyramide: Der ägyptische Pharao (König) **Cheops** lebte um 2600 vor Christus. Er ließ sich als Grabmal eine riesige →Pyramide bauen, die ursprünglich über 146 m hoch war und eine Seitenlänge von über 230 m hatte. Die Cheopspyramide in der Nähe von Kairo ist die größte Pyramide Ägyptens. Mit den zweieinhalb Millionen Kubikmetern Stein, die darin verbaut sind, könnte man eine Mauer um ganz Frankreich herum bauen.

Cherusker: Ein germanischer Volkstamm, der im Jahre 9 nach Christus unter ihrem Anführer *Arminius* die Römer im Teutoburger Wald besiegte.

Chiffre: Eine Kenn-Nummer oder Kennziffer, z.B. bei Zeitungsanzeigen. Wer auf eine Chiffre-Anzeige antwortet, muß seinen Brief an den Zeitungsverlag schicken und diese Nummer auf den Briefumschlag schreiben. Die Nachricht wird dann ungeöffnet an denjenigen weitergeleitet, der die Annonce aufgegeben hat.

China zur Zeit Maos

China: Der drittgrößte Staat der Erde reicht von Hinterindien bis zum Pazifik, vom →Himalaya bis nach Rußland. Wegen der Größe gibt es natürlich auch landschaftliche und klimatische Unterschiede im „Reich der Mitte": Man findet sowohl hohe Gebirge (z.B. →Himalaya) als auch fruchtbare Ebenen, in denen zweimal jährlich die Reisernte möglich ist, sowohl ausgedehnte Steppen als auch riesige Wüsten (z.B. die Wüste →Gobi). Im Süden wach-

China: Kaiser mit Beamten

China: Soldat

sen tropische Pflanzen. China ist ein Vielvölkerstaat mit über 55 verschiedenen Bevölkerungsgruppen und daher mit vielen Sprachen und →Dialekten: Jemand aus Shanghai kann sich mit einem Bewohner der Hauptstadt *Beijing* (früher Peking) nicht unterhalten. Nur die chinesische Schrift ist einheitlich.

Reisanbau in China

Ein großes Problem ist die Überbevölkerung, denn China ist der volkreichste Staat der Erde. Das Land wird heute als „Volksrepublik China" von einer kommunistischen Partei regiert. Früher entwickelte sich in China eine der ersten glanzvollen Hochkulturen: Erfindungen wie Papier, Porzellan oder Schießpulver wurden von den Chinesen gemacht. Schon seit 1700 vor Christus herrschten hier mächtige Könige und Kaiser, von denen *Dschingis Khan* und *Khubilai Khan* die bei uns wohl bekanntesten sind. Sie lebten in der für Normalsterbliche „Verbotenen Stadt" in Peking. Im 20. Jahrhundert kam es in China zu großen Revolutionen, und der letzte Kaiser wurde abgesetzt.

China: Chinesische Oper

Chinesische Mauer: Der „Drache, der sich durch die Berge schlängelt", gilt als das größte Bauwerk der Welt. Die **Große Mauer** ist 4000 bis 6000 Kilometer lang. Sie wurde nicht als Grenzbefestigung, sondern als zurückgezogene Verteidigungslinie zum Schutz vor feindlichen Angriffen seit dem dritten Jahrhundert vor Christus gebaut; außerdem konnte man über sie Botschaften und Nachrichten schneller und sicherer als über die Staatsstraßen verbreiten. Die Mauer ist an manchen Stellen bis zu 16 m hoch und sieben Meter breit. Alle dreihundert Meter erheben sich mächtige

Wachtürme. Man sagt, man könne die Chinesische Mauer sogar vom Mond aus mit bloßem Auge erkennen.

Chip: Ein wenige Millimeter kleines Plättchen, das in der Computertechnik eingesetzt wird und bis zu 500 000 Informationen enthalten kann.

Chlor: Ein giftiges Gas, mit dem man z.B. Wasser desinfizieren (keimfrei machen) kann. Es wird deshalb oft in Schwimmbädern verwendet.

Chlorophyll: Anderes Wort für Blattgrün, →Blatt.

Cholera: Eine durch →Bakterien hervorgerufene schwere Darmerkrankung, die oft tödlich endet. Noch heute bricht in manchen Ländern der Welt die Cholera als Seuche aus. Man kann sich durch Impfung und größtmögliche Sauberkeit vor Ansteckung schützen.

Chor: Eine Gruppe von Sängern, bei der jede Gesangsstimme von mehreren Chormitgliedern gleichzeitig gesungen wird. Bei den alten Griechen war der Chor ursprünglich der Tanzplatz, dann auch der mit Gesang verbundene Tanz und die Künstlergruppe, die diesen Tanz im Theater aufführte. Die Chorsänger hatten große Masken an. In der kirchlichen Baukunst meint man mit Chor auch den für die Sänger bestimmten Platz. Dort werden **Choräle** gesungen.

Christentum: Eine auf der ganzen Erde verbreitete Religion, deren Anhänger in Kirchen und religiösen Gemeinschaften zusammengeschlossen sind. Die größten christlichen Gemeinschaften sind die *Katholische Kirche*, die *Protestantischen Kirchen* und die *Orthodoxen Kirchen*. Das Christentum geht zurück auf

Symbol für das Christentum

den Prediger Jesus Christus, der nach dem Glauben der Christen als Sohn Gottes zur Welt gekommen ist, um die Menschheit durch seinen Tod am Kreuz zu erlösen. Die Christen glauben auch daran, daß Jesus den Tod überwunden hat, weil er wieder auferstanden ist. Eine der wichtigsten Ideen des Christentums ist die Nächstenliebe und sogar die Feindesliebe. Die Heilige Schrift der Christen ist die →Bibel. Im Römischen Reich galt die christliche Gemeinde zunächst als eine jüdische Sekte. Weil sich ihr Glaube sehr schnell ausbreitete, wollten die römischen Kaiser diese Religion verbieten. Vom ersten bis zum dritten Jahrhundert wurden die Christen daher verfolgt und oft getötet. Unter Kaiser Constantin wurden im vierten Jahrhundert die **Christenverfolgungen** beendet.

Chromosomen: Diese mikroskopisch kleinen Bestandteile sind in jedem Zellkern des Körpers vorhanden. Sie enthalten die Erbanlagen (Gene), die bei jeder →Zellteilung an die Tochterzelle weitergegeben werden. Bei der →Befruchtung kommt von jedem Elternteil ein Chromosomensatz zum anderen. Jede Pflanzen- und Tierart besitzt eine bestimmte Chromosomenanzahl; beim Menschen sind es z.B. 23 Chromosomenpaare. Das Geschlechtschromosom ist bei Mann und Frau unterschiedlich, was man sogar unter dem Mikroskop sehen kann: Die Frau hat zwei x-förmige Chromosomen, der Mann ein X- und ein Y-Chromosom.

Chronik: Die Aufzeichnung geschichtlicher Ereignisse in der Reihenfolge, in der sie passiert sind. Geschichtschroniken sind also **chronologisch** aufgebaut.

chronisch: So bezeichnet man Krankheiten, die „schleichend" vorhanden sind und immer wieder auftreten können. Ein chronischer Schnupfen könnte z.B. ein →Heuschnupfen sein, ein *akuter* Schnupfen vergeht nach sieben Tagen.

Chronologie: Die zeitliche Aufeinanderfolge; → Chronik.

City: Die Altstadt oder Innenstadt.

clever: klug, geschickt, schlau.

Clown: Ein Spaßmacher im Zirkus. Das Wort kommt aus dem Englischen und heißt „Tölpel".

Cockpit: Die Pilotenkanzel im Flugzeug oder der Fahrersitz in Rennwagen. Im Cockpit gibt es Hunderte von Knöpfen, Schaltern und Anzeigegeräten, die der Pilot bedienen muß. Wenn man die Stewardess um Erlaubnis fragt, darf man als Kind den Piloten manchmal in seinem Cockpit besuchen.

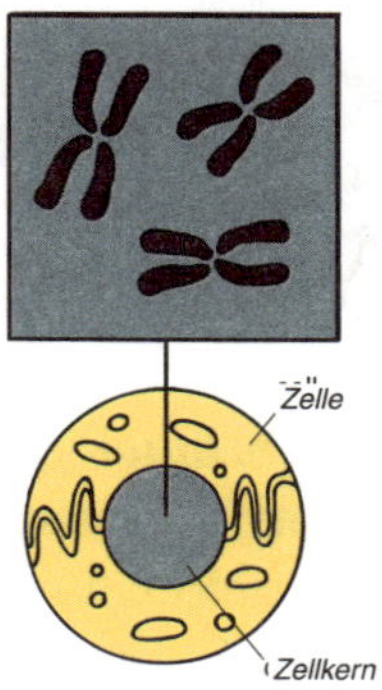

Chromosomen

Code: Ein verschlüsselter Zeichensatz, z.B. bei einer Geheimschrift, aber auch bei Computern. Wird eine Nachricht von einem Zeichensatz (z.B. den Buchstaben unseres Alphabets) in einen anderen „verschlüsselt" (z.B. in Zahlen), so nennt man diesen Vorgang **Codieren**.

Collage: Ein Bild, das durch Zusammenkleben ganz verschiedener Materialien entsteht. Das können Papierschnipsel sein, Stoffstückchen, Kork, Federn und vieles andere mehr.

College: Ein Schultyp, den es in England und in den Vereinigten Staaten von America (USA) gibt. In einem englischen College wohnen und arbeiten Lehrer und Schüler zusammen unter einem Dach. Internate, Hochschulen und Forschungsinstitute werden als College bezeichnet. In den Vereinigten Staaten von Amerika hingegen versteht man darunter eine allgemeine Hochschule.

Comic: Lustige oder spannende Bildergeschichten, bei denen die Texte in Sprechblasen angebracht sind. Als allererste Comics gelten die Bildergeschich-

Comic: Szene aus „Max & Luzie"

ten von *Wilhelm Busch*, z.B. „Max und Moritz". Lange Zeit wurden die Comics als „Schund" abgetan. Dieses Urteil stimmt jedoch nicht. Es gibt sehr intelligente Comics, von denen man sogar eine Menge lernen kann. Der berühmteste Comiczeichner ist Walt Disney, der Erschaffer von Comicfiguren wie der Mickymaus, Donald Duck oder Bambi; als berühmter europäischer Comic ist die Asterix-Serie bekannt, die die Leser in die Römerzeit zurückführt. Die meisten Comics werden übrigens nicht in Amerika, sondern in Japan gedruckt und gelesen.

Compact Disk: →CD.

Computer: Rechenmaschinen, die von Computerprogrammen gesteuert werden. Die „Elektronengehirne" können natürlich nicht nur rechnen, sondern auch viele andere Aufgaben ausführen. Das „Herz" eines Computers ist die Zentraleinheit, in der alle Daten und Informationen verarbeitet werden. Alle Teile eines Computers, die man sehen oder anfassen kann, werden als „Hardware" bezeichnet. Ohne „Software" – nämlich Programme – kann ein Computer aber nicht arbeiten. Computer sind sehr nützlich und hilfreich: z.B. helfen sie Zeit, Platz und Papier zu sparen. Der Text zu diesem Kinderlexikon wurde auf einem **Personal-Computer (PC)** mit einem Textprogramm geschrieben. Dabei konnte man die einzelnen Sätze und Wörter immer wieder verändern und verbessern. Dann wurde der Text auf **Computerdisketten** abgespeichert und vor dem Drucken des Buchs vom Setzer weiterverarbeitet (→Buchdruck).

Computerspiele: Alle Spiele, die man als Brettspiele oder Kartenspiele kennt, gibt es auch zum Nachspielen mit dem Computer. Darüber hinaus gibt es aber auch Spiele, bei denen man Flugzeug fliegen, ein Schiff oder Rennauto steuern, Wirtschafts-

Computerspiele

boß spielen oder verschiedene Sportarten nachmachen kann. Manche Abenteuerspiele sind so kompliziert, daß man Monate braucht, bis man damit fertig ist.

Container: Englisches Wort für „Behälter", z.B. Transportbehälter auf Schiff und Bahn oder **Müllcontainer**. Das Besondere an diesen Behältern ist, daß sie leicht zu befördern und zu stapeln sind, weil sie von ihren Maßen her gut zusammenpassen.

Countdown: Das Rückwärtszählen bis Null vor dem Start einer Rakete.

Coupon: Ein Stückchen Papier, das abgeschnitten und z.B. als Gutschein eingeschickt wird.

Cowboys: Die berittenen Viehhirten („Kuh-Jungen") Nordamerikas, vor allem zur Zeit des „Wilden Westens".

Cowboys beim Rodeo

Crew: Mannschaft, z.B. auf Schiffen oder Flugzeugen.

D

Dach der Welt: So wird das Hochland des Pamir genannt. Es liegt in Mittel-→Asien, wo drei Hochgebirge aufeinandertreffen: der über 7000 m hohe *Hindukusch*, der über 8000 m hohe *Karakorum* und der ebenfalls über 8000 m hohe *Himalaya*. Über das „Dach der Welt" führte jahrhundertelang die Strecke der Seidenkarawanen von Asien nach Europa.

Dachs: Diese Marderart kommt in ganz Europa vor. Der Dachs ist ein Allesfresser. Tagsüber schläft er, nachts macht er sich auf Nahrungssuche. Der Dachs legt in Wäldern an geschützten Stellen seinen langen, tiefen Bau an, in dem er lebt und auch Winterruhe hält.

Dachs

Damm: Eine künstliche Aufschüttung von Erde und Gestein als Schutz oder zum Aufstauen von Wasser. Entlang des →Mississippi gibt es über 2780 Kilometer lange Dämme als Schutz vor Überschwemmungen. Der längste Seedamm der Welt schließt das Ijsselmeer in Holland gegen die Nordsee ab und verbindet Nordholland mit Friesland. Am Meeresspiegel gemessen ist dieser Deich 89 m breit und 7,5 m hoch.

Damm: Staudamm

Dampf: Meistens versteht man darunter **Wasserdampf.** Er entsteht, wenn Wasser zum Kochen gebracht wird und sich vom flüssigen in den gasförmigen Zustand verändert. Da Dampf sich ausdehnt und viel mehr Platz einnimmt als die Flüssigkeit, aus der er entstanden ist, entwickelt er in Gefäßen einen bestimmten Druck. Läßt man den Dampf aus einem kleinen Loch in diesem Gefäß entweichen, so kann man diesen Druck, wie bei der →Dampfmaschine, in Bewegung umsetzen.

Dampfmaschine: Eine Kraftmaschine, bei der Dampfdruck (→Dampf) in Bewegung umgesetzt wird. Hierzu wird in einem großen Kessel Wasser erhitzt und verdampft. Der aus dem Kessel entweichende Dampf wird in einen →Zylinder geleitet, in dem sich ein Kolben befindet. Der Kolben bewegt sich durch den Dampfdruck und setzt über eine Stange ein Schwungrad in Bewegung. Dann kehrt der Kolben in seine Ursprungsstellung zurück, und der gleiche Vorgang beginnt von vorne. Über das Schwungrad wird die Bewegung auf andere Maschinenteile, z.B. auf die Räder einer **Dampflok,** übertragen. Die Dampfmaschine wurde 1765 von James Watt erfunden. Damit begann das industrielle Zeitalter: Statt mit „Muskelkraft" wurden jetzt Webstühle, Schiffe und Fahrzeuge maschinell betrieben.

Dardanellen: Eine Meerenge in der Türkei, die das Marmarameer mit dem Ägäischen Meer verbindet. Die Dardanellen sind 65 Kilometer lang und an ihrer engsten Stelle 1300 Meter breit.

Darlehen: Geld, das jemand (z.B. eine Bank) einem anderen leiht. Wenn jemand ein Darlehen aufnimmt, so muß er die geliehene Summe in einem be-

Dampflok(omotive)

stimmten, vereinbarten Zeitraum zurückzahlen und noch →Zinsen dazulegen.

Darm: Beim Menschen ein meterlanger Schlauch, der zwischen Magen und After liegt und in dem ein Teil der →Verdauung stattfindet. Hier werden aus dem Speisebrei alle für den Körper verwertbaren Stoffe herausgelöst und ans Blut weitergegeben. Um die Oberflächen der Darmwände zu vergrößern (damit genügend Nährstoffe übernommen werden können), befinden sich an der Innenseite der Darmwände viele Zotten, Falten und Schlingen. Die Darmmuskeln sorgen dafür, daß der Speisebrei immer weiter nach unten transportiert wird. Der vordere Teil des Darms wird Zwölffingerdarm genannt; daran schließt sich der Dünndarm an. Nahrungsteile, die vom Körper nicht mehr verwertet werden können, werden in den Dickdarm transportiert; dort wird dem Speisebrei Wasser entzogen. Die nicht verwertbaren Reste werden durch den **Mastdarm** als Kot ausgeschieden. Wichtig für eine gesunde Darmtätigkeit ist es, daß man mit der Nahrung genügend Ballaststoffe aufnimmt – diese sind vor allem in Gemüse und Getreide, z.B. im Müsli, reichlich enthalten.

Datum: Ein bestimmter Tag im →Kalender. Ein vollständiges Datum besteht immer aus der Angabe von Tag, Monat und Jahr (z.B.: 10. Oktober 1996). Es gibt Orte auf der Erde, an denen sich das Datum plötzlich um einen Tag ändert. Diese **Datumsgrenze** ist eine Linie, die etwa entlang dem 180. →Längengrad verläuft. Überschreitet man diese Linie von Osten nach Westen, so überspringt man einen Tag – in umgekehrter Richtung wird derselbe Tag zweimal gezählt.

Daunen: Die kleinen, flaumigen Federchen, die bei den Vögeln unter den Deckfedern liegen und besonders gut wärmen. Deshalb verwendet man Daunen auch in Federbetten oder Winterjacken.

Daunen: Sie liegen unter den Deckfedern

DDR: →Deutschland.

Deich: →Damm.

Deka...: Eine Vorsilbe bei Maß- und Gewichtseinheiten, die immer das Zehnfache der Einheit meint. Eine **Dekade** ist ein Jahrzehnt.

Delphi: Ort in Griechenland. Hier stand ein Heiligtum für den griechischen Gott Apollo. Eine Priesterin namens *Pythia* verkündete Orakel (das sind Weissagungen über die Zukunft, die man aber richtig deuten mußte). Sogar die griechischen Staatsmänner holten sich hier Rat vor einer wichtigen Entscheidung.

Delphine: Diese klugen und verspielten Meeresbewohner sind eigentlich kleine Zahnwale. Wie die Wale gehören sie deshalb auch zu den Meeressäugetieren. Es gibt viele verschiedene Arten von Delphinen. Am bekanntesten sind wohl der kurznasige *Große Tümmler,* den man oft auch in Seewasserbecken Kunststücke vorführen sehen kann, und der **Gemeine Delphin** mit seiner langen Schnauze. Delpine sind sehr intelligent und gesellig, und man hat schon oft gehört, daß sie Ertrinkenden das Leben gerettet haben. Delphine verständigen sich miteinander durch pfeifende und singende Töne; mit dem →Echo, das vom Meeresboden oder von anderen Fischen

Delphine

zurückgeworfen wird, orientieren sie sich unter Wasser.

Delta: Kurz bevor die Flüsse ins Meer münden, schwemmen sie besonders viel Sand und Gestein an. Dadurch teilt sich ein

Delphine

Fluß in viele einzelne Arme auf, so daß der Mündungsbereich oft fächerförmig oder dreieckig aussieht. Nach der dreieckigen Form des griechischen Buchstaben Delta ist daher ein **Flußdelta** benannt.

Delta

Demokratie: Dieses griechische Wort heißt auf deutsch „Volksherrschaft". Gemeint ist damit eine Lebens- und Staatsform, die von der Gleichheit und Freiheit aller Bürger ausgeht und die verlangt, daß Politik nach dem Willen des Volkes gemacht wird. Die Ursprünge der Demokratie reichen zurück auf die antiken griechischen Stadtstaaten. Nach der →Französischen Revolution wurde diese Staatsform von den meisten europäischen Staaten übernommen. Im demokratischen Staat wählt die Bevölkerung in regelmäßigen Abständen ihre Volksvertreter (Abgeordnete), die in ihrem Auftrag Entscheidungen treffen sollen. Die wichtigsten Menschen- und Bürgerrechte, wie z.B. das Recht auf Meinungs- oder Versammlungsfreiheit, sind in einer Verfassung festgeschrieben. Es gibt nicht nur eine politische Partei, sondern mehrere. Einer gewählten regierenden Partei stehen immer andere Parteien gegenüber, die diese kontrollieren können („Opposition").

Demonstration: Eine Kundgebung, zu der sich viele Menschen zusammentun, um auf den Straßen oder auf einem bestimmten Platz öffentlich ihre Meinung zu sagen. Sie **demonstrieren** dann für oder gegen etwas (z.B. für mehr Lohn, gegen Atomkraftwerke oder irgendwelche Vorhaben der Politiker). In demokratischen Ländern (→Demokratie) haben alle Menschen das Recht zu demonstrieren; eine Demonstration muß aber vorher angemeldet werden, und sie wird immer von Polizisten begleitet, weil es manchmal zu (verbotenen) Gewalttätigkeiten kommt.

Destilliertes Wasser: Bringt man Wasser zum Kochen und fängt den Wasserdampf auf, so bleiben alle Schmutz- und Kalkteilchen, die im Wasser enthalten waren, im Topf zurück. Der Wasserdampf dagegen wird zu sehr sauberem Wasser, das man z.B. zum Auffüllen der Autobatterie benötigt. Durch **Destillation** kann man auch andere Stoffe in ihre Bestandteile zerlegen. So werden z.B. Benzin oder alkoholische Getränke durch dieses Verfahren gewonnen.

Detail: Ein kleineres, einzelnes Teil aus einem großen Ganzen. Wenn man etwas detailliert erklärt oder beschreibt, so macht man dies sehr genau.

Detektiv: Jemand, der Auskünfte und Informationen über andere Personen beschafft, und zwar meist so, daß der Beobachtete nichts hiervon merkt. Detektive arbeiten im Auftrag von Privatpersonen oder auch von Wirtschaftsunternehmen wie z.B. Versicherungen. Weil man sich die Arbeit der Detektive als sehr spannend und aufregend vorstellt, wurden hierüber viele Romane und Geschichten geschrieben. *Hercule Poirot* oder *Sherlock Holmes* sind wohl die bekanntesten Detektive aus der Literatur.

Deutsches Museum: Dieses riesige Technik- und Naturwissenschaftsmuseum steht in München. Es ist besonders interessant wegen seiner vielen technischen Vorführungen.

Deutschland: Demokratisches Land in Mitteleuropa, das eine sehr bewegte Geschichte hinter sich hat. Es entstand aus dem östlichen Teil des Frankenreiches und entwickelte sich zu einem mächtigen Reich, als Otto I. 962 zum Kaiser über das **Heilige Römische Reich Deutscher Nation** gekrönt wurde. Im Mittelalter wurde es von Königen und Kaisern regiert, später hatten die einzelnen Landesherren, die Fürsten und vor allem die Kurfürsten großen Einfluß auf die Politik. Durch Religionskriege nach der →Reformation zer-

Karl der Große: 800–814 nach Christus deutscher Kaiser

Deutschland: Landschaft bei Dresden

fiel das Reich aber in viele kleine, eigenständige Fürstentümer, die sich untereinander nicht einig waren. Unter dem „alten Fritz“ (Friedrich II.) und viel später wieder unter Bismarck erhielt **Preußen** die Vorherrschaft. Bismarck gründete ein neues **Deutsches Reich,** über das der König von Preußen als Kaiser herrschte. Nach dem Ersten Weltkrieg, den Deutschland verlor, gab es dann keine Kaiser mehr, das Land wurde von Parteien demokratisch regiert – bis nach einer schlimmen Wirtschaftskrise Adolf Hitler und die Nationalsozialisten alle Macht an sich rissen und eine →Diktatur errichteten. Hitler nannte Deutschland **„Drittes Reich“**. Er ließ viele Millionen Juden töten – und auch jeden, der sich gegen ihn stellte. 1939 begann er, rundherum andere Länder zu besetzen. Das führte zum Zweiten Weltkrieg, den Deutschland 1945 verlor. Die Gewinner des Krieges, England, Frankreich, Amerika und Rußland, teilten Deutschland in vier Besatzungszonen auf. Aus drei dieser Zonen entstand die **Bundesrepublik Deutschland** – ein sozialer Staat mit einer demokratischen Verfassung (Grundgesetz), der von frei gewählten Parteien regiert wird. Auf dem Gebiet der ehemaligen russischen Zone entstand dagegen die **DDR (Deutsche Demokratische Republik);** hier herrschte keine →Demokratie, sondern eine sozialistische Einheitspartei bestimmte über die Menschen. Zwischen diesen beiden Teilen Deutschlands wurden hohe Mauern, Stacheldrähte und Tötungsmaschinen aufgestellt, damit niemand aus der DDR davonlaufen konnte. Während sich die Bundesrepublik Deutschland zu einem wohlhabenden Industriestaat entwickelte, in dem die Bürger frei entscheiden konnten, wurden die Menschen in der DDR bespitzelt und herumkommandiert, und wirtschaftlich ging es ihnen immer schlechter. Deshalb machten sie 1989/1990 eine friedliche Revolution, rissen die „Mauer“ nieder und schlossen sich nach freien Wahlen der Bundesrepublik Deutschland an (Wiedervereinigung). Seit dem 3. Oktober 1990 ist Deutschland wieder ein Staat, der sich aus 16 Bundesländern zusammensetzt.

dezi…: Der zehnte Teil einer Maßeinheit. Beispiel: Ein Deziliter = ein zehntel Liter.

Dezimalsystem: Ein Zahlensystem, das die Zahl Zehn als Grundzahl benutzt und in dem die Zahlen mit Hilfe der zehn Zahlzeichen Null bis Neun dargestellt werden. Nicht in allen Ländern wird mit dem Dezimalsystem gerechnet.

Diagonale: In einem Viereck die Linie, die zwei sich schräg gegenüberliegende Ecken miteinander verbindet.

Dialekt: Eine bestimmte Mundart, die in einer bestimmten Gegend gesprochen wird. Schlesisch, Schwäbisch oder Moselfränkisch sind z.B. Dialekte.

Diamantenmine in Afrika

Diamant: Das härteste Mineral der Erde. Es besteht aus reinem Kohlenstoff. Diamanten werden in →Karat gewogen (1 Karat = 200 Milligramm). Es wurden schon Diamanten gefunden, die über 3000 Karat wiegen. Als Schmuck- oder Edelstein werden Diamanten so geschliffen, daß sie besonders schön glitzern. Weil sie so hart sind, werden Diamanten aber auch zum Schneiden oder Bohren verwendet. Große Fundstätten sind in Südafrika und in der UdSSR. Man muß bis zu 100 Tonnen Gestein fördern, um ein Gramm Diamanten zu gewinnen.

Diapositiv: Ein kleines Foto, das nicht auf Papier, sondern auf einem durchsichtigem Film entwickelt wird. Schiebt man das **Dia** in einen **Diaprojektor,** so kann man es in vielfacher Vergrößerung sehen. Zum Aufnehmen wird in die Kamera ein **Diafilm** statt eines Negativfilms eingelegt.

Diät: Eine besondere Form der Ernährung, bei der man bestimmte Sachen wegläßt. Wer beispielsweise zu dick ist und abnehmen will, ißt weniger Fett, weil dieses viele Kalorien enthält. Manchmal muß man auch wegen einer Krankheit, z.B. wegen einer →Allergie, eine Diät einhalten.

Dieselmotor: Ein Motor, der statt mit Benzin mit Dieselöl betrieben wird. Bei diesem Motor braucht man keine Zündkerzen,

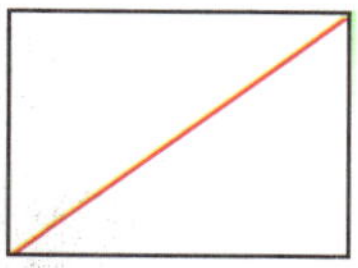

Diagonale

um das Öl-Luftgemisch zur Explosion zu bringen. Die Luft wird nämlich in den Zylindern dieses Motors so fest zusammengedrückt (verdichtet), daß sie sich bis auf 700 Grad erhitzt. Läßt man dann ein wenig Dieselöl hinzufließen, so entzündet sich dieses wegen der großen Hitze von selbst. Dieser Motor wurde von *Rudolf Diesel* erfunden. Im Gegensatz dazu gibt es den benzinbetriebenen →Ottomotor.

digital: Das englische Wort „Digit" heißt „Ziffer". Mit „digital" ist das Lesen und Verarbeiten von Informationen in Form von Ziffern gemeint. Ein Computer arbeitet digital, weil er alle Daten in die Ziffern Null und Eins auflöst. Eine **Digitaluhr** zeigt die Zeit in Form von Ziffern an (statt mit Zeigern, die sich drehen). Auch die Musik auf einer →CD ist digital gespeichert.

Diktatur: Eine Staatsform, bei der alle Entscheidungen von einer Person, dem **Diktator,** oder von einer kleinen, herrschenden Gruppe getroffen werden. Im Gegensatz zur →Demokratie hat das Volk kein Mitspracherecht und keine Wahlmöglichkeiten.

Dinosaurier: Aus dem Griechischen übersetzt heißen diese Tiere „gewaltige Eidechsen". Die Dinosaurier sind schon lange ausgestorben. Sie lebten ungefähr seit dem Trias (vor 225 Millionen Jahren) und vor allem im →Jura (vor 195 Millionen Jahren) bis zum Ende der →Kreidezeit, lange also, bevor es Menschen gab. Dinosaurier konnten über 30 Meter lang werden. Im Gegensatz zum riesigen Körper war der Kopf und auch das Gehirn meistens sehr klein. Viele Dinosaurier waren Pflanzenfresser, es gab aber auch räuberische Fleischfresser unter ihnen, wie den *Tyrannosaurus rex.* Als sich das Klima auf der Erde veränderte und sich die Dinosaurier nicht schnell genug den neuen Lebensbedingungen anpassen konnten, starben sie aus. Man fand aber viele guterhaltene Knochenskelette dieser Tiere, so daß man heute ziemlich genau weiß, wie sie aussahen und wie sie lebten.

Dinosaurier

Diplomat: Meist ein höherer Staatsbeamter, der im Auftrag eines Landes in einem anderen Land arbeitet, z.B. an einer Botschaft. Wer sich **diplomatisch** verhält, der spricht und handelt klug und umsichtig, ohne andere dabei vor den Kopf zu stoßen.

Dinosaurier: Versteinerung

Direktor: Jemand, der eine Schule oder Hochschule leitet oder in der Wirtschaft ein leitendes Amt hat, z.B. ein Bankdirektor.

Dirigent: Der Leiter einer musikalischen Aufführung, vor allem eines →Orchesters. Der Dirigent übt mit den Sängern oder Musikern die Stücke ein, die bei einem Konzert gespielt werden sollen. Während des Konzerts steht er dann auf einem Podest und zeigt mit den Armen oder mit dem Taktstock, wann eine Instrumentengruppe zu spielen anfangen soll und wie schnell gespielt wird. Berühmte Dirigenten unseres Jahrhunderts sind z.B. *Herbert von Karajan* oder *Leonard Bernstein.*

Diskette: Eine Scheibe, die beim →Computer in ein Laufwerk eingeschoben wird. Der

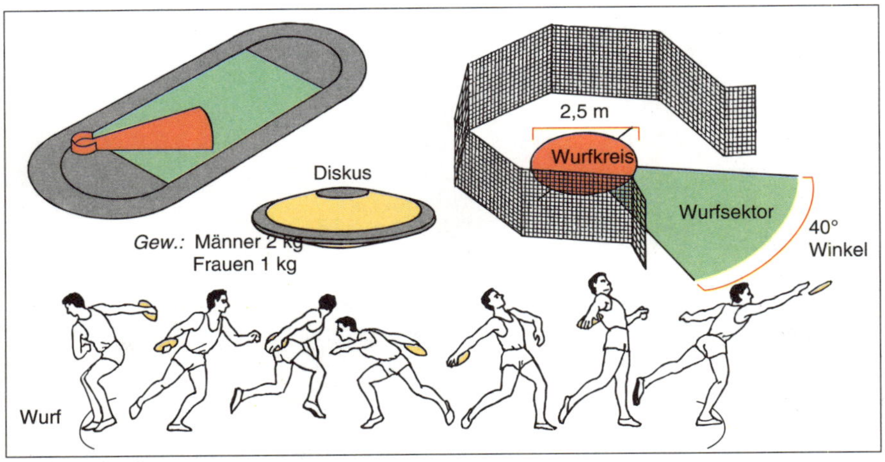

Diskuswerfen

Dompteure mit Arbeitselefanten

Computer kann Informationen von der Diskette lesen, aber auch Informationen auf der Diskette abspeichern.

Diskothek: Ein Lokal, in dem von einem **Discjockey** Musik aufgelegt wird, zu der die Leute tanzen.

Diskriminierung: Die absichtliche Benachteiligung von bestimmten Gruppen von Menschen, z.B. wegen ihrer Herkunft, ihrer Hautfarbe, ihrer Religion oder ihrer Rasse **(Rassendiskriminierung).**

Diskus: Eine runde Scheibe, die in der Leichtathletik zum **Diskuswerfen** eingesetzt wird. Diesen Sport betrieben schon die alten Griechen mit Begeisterung.

Diskussion: Ein Gespräch über ein Thema, bei dem jeder seine Meinung offen sagt. Weil dabei die Gesprächspartner meistens nicht einer Meinung sind und ihren Standpunkt heftig verteidigen, ist es sehr spannend, bei Diskussionen zuzuhören. Oft sorgt ein **Diskussionsleiter** dafür, daß jeder zu Wort kommt. Eine Diskussion hilft dabei, sich eine eigene Meinung zu bilden oder bestimmte Ansichten zu verändern, weil man vom Gesprächspartner Dinge und Sichtweisen erfährt, die man selbst noch nicht kannte.

Doktor: Jeder, der an einer Universität die Doktorprüfung abgelegt hat, darf diesen Titel vor seinem Namen tragen. Dazu gehört z.B. der →Arzt, aber auch ein Doktor der Philosophie, der Kunstwissenschaften oder anderer Fachgebiete.

Dollar: Die Währungseinheit in den USA und in manchen anderen Ländern. Wie in Deutschland eine Mark hundert Pfennige, in Österreich ein Schilling hundert Groschen und in der Schweiz ein Franken hundert Rappen hat, so hat ein US-Dollar hundert Cent.

Dolmetscher: Jemand, der beruflich Übersetzungen aus einer Sprache in eine andere anfertigt (mündlich oder schriftlich).

Dom: Eine meist sehr große Kirche, oft die Hauptkirche in einer Stadt, in der es einen Bischof gibt. In den romanischen Ländern werden diese Kirchen auch Kathedrale genannt. Berühmte Dome in Europa sind z.B. der *Kölner Dom* oder der *Stephansdom* in Wien.

Dompteur: Jemand, der wilde Tiere bändigt und sie – z.B. für Zirkusvorführungen – abrichtet (dressiert).

Donar: In der nordischen Sagenwelt der Gott des Donners. Nach ihm ist der Donnerstag benannt. Der Donar wird auch Thor genannt.

Donau: Mit 2858 Kilometern der zweitlängste Fluß Europas. Die Donau entsteht in der Nähe von Donaueschingen durch Vereinigung der Schwarzwaldflüsse Breg und Brigach. Sie fließt hauptsächlich durch Deutschland, Österreich, Ungarn und Jugoslawien und mündet in Rumänien als →Delta ins Schwarze Meer. Schon zur Römerzeit war die Donau ein wichtiger Schiffahrtsweg; heute ist sie durch den Rhein-Main-Donau-Kanal mit dem Rhein verbunden.

Donner: Das krachende Geräusch, das ganz kurz auf den →Blitz folgt. Es entsteht, weil sich die Luft dort, wo der Blitz auftritt, wegen der großen Hitze explosionsartig ausdehnt. Anhand des Donnergeräuschs kann man etwa abschätzen, wie weit ein →Gewitter entfernt ist. Hierzu zählt man die Sekunden zwischen Blitz und Donner und teilt durch drei – so erhält man die Entfernung zum Gewitter in Kilometern.

Doping: Die unerlaubte und gefährliche Einnahme von Medikamenten oder anderen Stoffen, mit denen die körperliche Leistung bei Sportwettbewerben kurzfristig gesteigert werden kann. Manche Sportler sind schon durch Doping gestorben, andere wurden erwischt und von einem Wettbewerb ausgeschlossen.

Dorer: Ein altgriechischer Stamm, der 1100 bis 900 vor Christus Teile Griechenlands und die südlichen Küstengebiete Kleinasiens besiedelte.

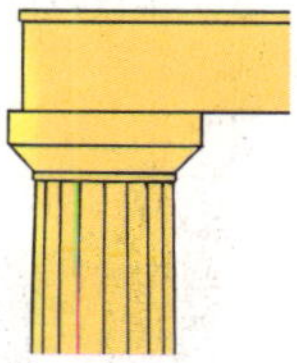

Dorischer Stil

Dotter: Das Gelbe im Ei, z.B. im Hühnerei. Ist das Ei befruchtet, so hat der Dotter die Aufgabe, den hierin wachsenden →Embryo zu ernähren. Der Dotter ist durch eine Nabelschnur mit dem Embryo verbunden.

Drachendarstellung aus China

Drache: Ein Fabeltier, das oft als feuerspeidendes Ungeheuer dargestellt wird. In vielen Märchen und Legenden gibt es Helden, die mit dem Drachen kämpfen und ihn besiegen. In China verehrt man den Drachen als himmlisches Wesen und als Glücksboten. Deshalb ist er so oft auf chinesischen Darstellungen zu sehen.

Drachen: Flugkörper aus leichtem Holz und Papier, die man meist an einer langen Schnur in die Luft steigen läßt. Die Kunst des Drachenbaus kommt aus China – dort hat man Drachen schon lange vor Christi Geburt zum Übermitteln von Nachrichten im Krieg benutzt. In Europa kennt man Drachen erst seit dem 15. Jahrhundert als Spielzeug. Im 19. Jahrhundert baute *Otto Lilienthal* Drachen, mit denen er selbst erfolgreich das Fliegen ausprobierte. Er nannte seine Konstruktionen „Hängegleiter" (→Fliegen). Seit einigen Jahren kennt man das **Drachenfliegen** als Sportart, in der auch Weltmeisterschaften ausgetragen werden.

Donner folgt kurz auf den Blitz beim Gewitter

Drachenflieger

Draisine: Ein Fahrrad ohne Pedale, das 1817 von *Karl Friedrich von Drais* als lenkbares Laufrad erfunden wurde. Man mußte sich mit den Füßen vom Boden abstoßen, kam aber immerhin viel schneller voran als zu Fuß. Besonders in England und Frankreich sah man viele vornehme Herren in Frack und Zylinder auf einer Draisine durch die Straßen „flitzen". Als Draisine bezeichnet man auch ein kleines Schienenfahrzeug, das zu Streckenkontrollen eingesetzt wird.

Drama: Aus dem Griechischen übersetzt bedeutet dieses Wort

Draisine: Laufrad des Freiherrn von Drais (Text auf Seite 55)

Dritte Welt: Kinder stehen für Essen an

„Handlung" – und genau das wird in einem Drama im Theater gezeigt: eine Geschichte, in der etwas passiert und in der das, was passiert, in Form von Gesprächen (Dialogen) vermittelt wird. Je nachdem, ob ein Drama traurig oder lustig oder beides ist, nennt man es **Tragödie**, **Komödie** oder **Tragikomödie**. Das Drama hat sich bei den alten Griechen aus wieder-

Drama: Plakat für ein Theaterstück

holten Chor-Aufführungen zu Ehren des Gottes Dionysos entwickelt, →Theater.

Drehbuch: Die Textvorlage für einen Film. Im Drehbuch wird genau beschrieben, wie die Handlung in einer →Szene ablaufen soll (z.B.: „Schimanski fliegt aus dem Fenster") und was dabei gesprochen wird (z.B.: „Aua!"). Das Drehbuch braucht man auch, um auszurechnen, was ein Film kosten wird, wieviele Schauspieler man einstellen oder welche Drehorte man suchen muß.

Dreieck: Eine Figur, die entsteht, wenn man drei Eckpunkte durch Linien miteinander verbindet. Am Dreieck gibt es viele Besonderheiten und Gesetzmäßigkeiten zu beobachten; so nennt man Dreiecke nach ihren Winkeln z.B. stumpfwinklig, spitzwinklig oder rechtwinklig, nach ihrer Seitenlänge gleichschenklig oder gleichseitig. Die Seiten eines Dreiecks werden immer a, b und c genannt.

Dreikampf: Ein sportlicher Wettbewerb, bei dem man sich in drei verschiedenen Sportarten messen muß, z.B. 100-m-Lauf, Weitsprung und Kugelstoßen.

Dreiklang: Ein Zusammenklang (→Akkord) von 3 Tönen.

Dreisatz: Eine Art des Rechnens, bei der man drei „Größen" (Zahlen) kennt und eine vierte, unbekannte Größe (Zahl) ausrechnen muß. Beispiel: 1000 Gramm Bonbons (erste Größe) kosten 12 DM (zweite Größe), ich habe aber nur noch 1,80 DM (dritte Größe) Taschengeld übrig. Jetzt möchte ich wissen, wieviel Gramm Bonbons (vierte, unbekannte Größe) ich für mein Taschengeld bekomme. Dazu rechne ich zuerst den Einzel-Gramm-Preis aus: 12 DM : 1000 = 0,012 DM. Dann teile ich meine 1,80 DM durch diesen Einzelpreis: 1,80 DM : 0,012 = 150. Jetzt weiß ich: Für 1,80 DM kann ich 150 Gramm Bonbons kaufen. Wie man sieht, ist es im Alltag sehr praktisch, wenn man den Dreisatz gut beherrscht.

Dressur: Das Abrichten von Tieren, z.B. von Löwen, Pferden oder Delphinen, die dabei lernen, auf Befehl bestimmte Handlungen (z.B. Kunststücke) auszuführen.

Drittes Reich: die Zeit, in der Deutschland unter der →Dikta-

Dritte Welt: Frau in Thailand

tur des Nationalsozialismus stand. Sie beginnt 1933 mit der Machtergreifung *Adolf Hitlers* und endet 1945 mit dem 2. →Weltkrieg.

Dritte Welt: Als „Erste Welt" und „Zweite Welt" bezeichnete man früher Europa (auch „Alte Welt") und Amerika (auch „Neue Welt"). Zur „Dritten Welt" zählt man die armen Länder Asiens, Afrikas und Lateinamerikas. Viele dieser Länder sind →Entwicklungsländer – die ärmsten unter ihnen, nämlich diejenigen, die nicht nur über wenig Industrie und Nahrung verfügen, sondern darüber hinaus keine eigenen Rohstoffe wie Erdöl oder andere Bodenschätze besitzen, bezeichnet man als **„Vierte Welt"**.

Drogen: Alle Stoffe aus der Natur, die der Mensch als Heilmittel oder anregende Mittel einnimmt. Auch Kräutertees und -säfte zählen zu den Drogen. Drogen sollen ein heilende Wirkung haben; nimmt man aber zuviel davon, so können sie wie ein Gift wirken und sehr krank machen. Wenn von **Drogenabhängigkeit** gesprochen wird, so ist damit die Sucht gemeint, die von Rauschgiften ausgelöst wird. Diese Drogen – z.B. Crack, Heroin, Kokain und andere – sind gesetzlich verboten, weil sie den Menschen auf Dauer zugrunderichten. **Drogenhändler** verdienen aber viel Geld damit; deshalb versuchen sie heute sogar schon, auf Schulhöfen neue Käufer (und Opfer) zu finden. Anfangs verschenken sie ihren angeblich „ganz harmlosen Stoff" – nur um später mit krank und süchtig gewordenen Kindern um so dickere Geschäfte zu machen. Solchen Leuten darf man auf keinen Fall trauen. Wer einen Drogenhändler oder „-verschenker" auf dem Schulhof oder Spielplatz sieht, sollte dies sofort den Erwachsenen mitteilen. Er rettet damit vielleicht das Leben und die Zukunft seiner besten Freunde. **Drogenberatungsstellen** für Süchtige gibt es in vielen Städten.

Drohne: Die männliche →Biene.

Dromedar: Ein →Kamel mit nur einem Höcker. Es wird in den Wüstengebieten schon seit vielen Jahrtausenden als Haustier gehalten. Das Dromedar kann über eine Woche ganz ohne Wasser trinken leben. Es speichert die Hitze und gibt sie bei Nacht wieder ab; deshalb schwitzt es nicht. Bei Sandstürmen macht es seine Nasenlöcher einfach zu. In seinem Höcker speichert es kein Wasser, sondern Fett.

Dromedare

Drüsen: Organe, die bestimmte Flüssigkeiten (Sekrete) herstellen und ausstoßen. Es gibt verschiedene Arten von Drüsen, z.B. die **Schweißdrüsen** in der Haut, die **Milchdrüsen** in der Brust oder die **Bauchspeicheldrüse,** die →Insulin herstellt. Auch die Leber ist eine Drüse.

Dschungel: Dichter, undurchdringlicher und unberührter Urwald in tropischen Ländern.

Dschungel: Unberührte Wildnis

Dschunke: Ein chinesisches Segelschiff aus Holz und Bambus, das auf dem Meer, aber auch auf niedrigen Flüssen fahren kann, weil es ziemlich flach gebaut ist.

Dschunke

Dübel: Ein Befestigungselement, das viel stärker ist und besser hält als ein einfacher Nagel. Der Dübel hat etwa die Form einer Hülse und wird z.B. in ein vorher gebohrtes Loch in die Wand gesteckt. Dreht man anschließend eine Schraube hinein, so drückt diese die Hülse auseinander und preßt sie ganz fest in die Wand.

Dudelsack: Dieses Musikinstrument besteht aus einem sackähnlichen Blasebalg, an dem viele Pfeifen angebracht sind (deshalb auch „Sackpfeife" genannt). In Schottland ist der Dudelsack besonders beliebt.

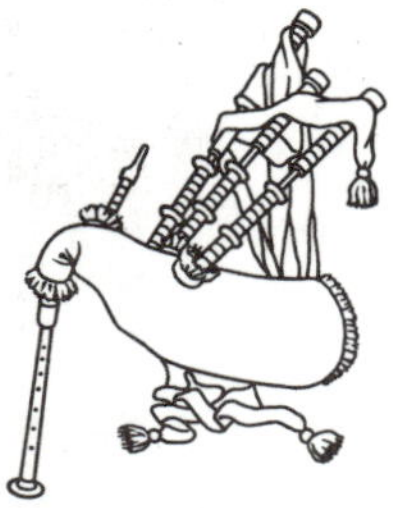

Dudelsack

Duell: Ein vereinbarter, nach zuvor festgelegten Regeln geführter Kampf zwischen 2 Menschen. Seit der →Aufklärung wird das Duell mit tödlichen Waffen mit strengen Strafen verfolgt.

Dünen: Große Sandhügel, die durch den Wind angeweht werden. Man findet sie in der Wüste oder an Stränden. Dünen, die immer von derselben Seite vom Wind getroffen werden, bleiben nicht an einer Stelle stehen, sondern bewegen sich von der Stelle; sie heißen daher **Wanderdünen.** Manche von ihnen können bis zu 100 Meter hoch werden.

Düngemittel: Stoffe, die dem Boden zugefügt werden, damit dieser mehr Nährstoffe hat und die Pflanzen besser wachsen. Es gibt natürliche Düngemittel wie Mist oder Torf, aber auch künstliche, das heißt chemisch hergestellte. Düngemittel gelangen durch die →Nahrungskette in den menschlichen Körper und können sehr gesundheitsschädlich sein. Wird der Boden – auch mit natürlichen Düngemitteln – überdüngt, so löst dies eine große Störung im →biologischen Gleichgewicht der Natur aus – vor allem, weil die Düngemittel durch das Regenwasser in die Flüsse und in das →Grundwasser gelangen. Ganz ohne Düngemittel könnte man allerdings wahrscheinlich nicht genügend Nahrung auf der Welt produzieren.

Duo: Ein Stück für zwei Instrumente oder für zwei Sänger; auch: ein Paar.

Durchfall: Eine häufige, wäßrige Entleerung des Darms. Durchfall wird durch Bakterien, Medikamente oder Aufregung hervorgerufen, in warmen Ländern oft durch unsauberes Wasser (z. B. im Speiseeis oder am Salat). Schwere Durchfallerkrankungen sind Cholera oder Typhus.

Düngemittel

Durst: Ein lebenswichtiges Gefühl, das anzeigt, daß der Körper Flüssigkeit braucht. Wenn man nicht genügend trinkt, steigt der Salzgehalt im Blut, und der Körper trocknet aus.

Düsenflugzeug

Düsenflugzeug: Dieses Flugzeug hat ein Strahltriebwerk und bewegt sich durch Rückstoß vorwärts. Die Luft, die vorne in das Strahltriebwerk hineingelangt, wird durch ein immer enger werdendes Rohr (Düse) gepreßt und nach hinten mit viel größerer Geschwindigkeit ausgestoßen. Auch Raketen fliegen mit Düsenantrieb.

Dynamit: Ein Sprengstoff, der von *Alfred Nobel* erfunden wurde.

Dynamo: Ein kleines Gerät, in dem durch Drehung von außen elektrischer Strom erzeugt wird, z.B. für das Licht am Fahrrad.

E

Ebbe und Flut: Das regelmäßige Fallen (Ebbe) und Steigen (Flut) des Meeresspiegels wird besonders gut an der Nordseeküste sichtbar, wenn sich das Wasser kilometerweit zurückzieht und man durch das →Watt laufen kann, wo man noch kurz vorher geschwommen ist. Die **Gezeiten** oder **Tiden,** wie man Ebbe und Flut auch nennt, werden durch mehrere Kräfte verursacht: einmal durch die →Fliehkraft, die dadurch entsteht, daß sich die Erde bei ihrem Weg um die Sonne auch um ihre eigene Achse dreht. Zum anderen durch die Anziehungskräfte des Mondes und der Sonne, die sich je nach ihrer Stellung zueinander gegenseitig verstärken oder abschwächen. Diese Anziehungskräfte sind so stark, daß sie den Meeresspiegel im offenen Ozean im Durchschnitt um zwei Meter anheben können, an manchen Buchten sogar bis zu 20 Meter. Innerhalb von 24 Stunden hat jeder Ort zweimal Ebbe und zweimal Flut. Auch die Erdkruste hebt und senkt sich in diesem Rhythmus, allerdings für das Auge nicht sichtbar.

Echo: Eine Schallwelle, die (z.B. durch Rufen) ausgesandt wird, irgendwo (z.B. an einem Fels) anstößt und zum Ursprungsort zurückgeworfen wird. Wir hören diesen Widerhall vor allem dann sehr deutlich, wenn das Hindernis, von dem der Schall zurückgeworfen wird, etwas weiter entfernt ist. Manche Tiere, z.B. →Delphine und →Wale, orientieren sich mit dem Echo unter Wasser. Genau diese Technik hat der Mensch nachgeahmt, als er das **Echolot** erfand: ein Gerät, das zur Messung der Wassertiefe eingesetzt wird.

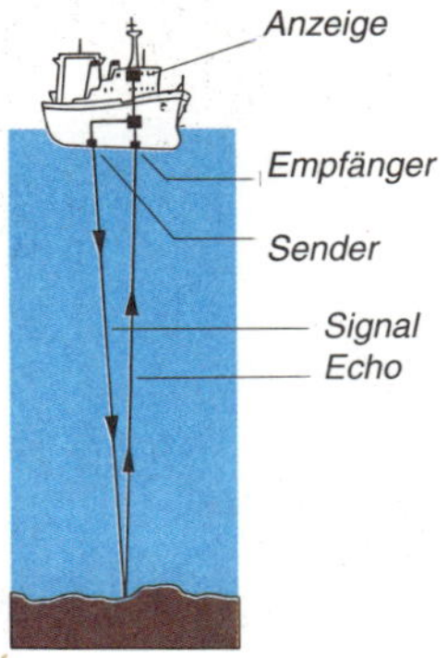

Echolot

Echsen: Eine Unterordnung der Kriechtiere (→Reptilien) mit etwa 3000 Arten. Dazu gehören z.B. Geckos, →Eidechsen, Leguane, Ringel- und Wühlechsen und →Chamäleons, aber auch der drei Meter lange Komodowaran. Bei manchen Echsen, z.B. bei der Blindschleiche, haben sich die vier Gliedmaßen ganz zurückgebildet.

Echse

Edelmetalle: Metalle, die nicht rosten und die von anderen chemischen Stoffen, z.B. Säuren, kaum oder gar nicht angegriffen werden. Zu den Edelmetallen zählen Gold, Silber und Platinmetalle (darunter auch →Quecksilber).

Edelsteine: Minerale („Steine"), die durch ihre Durchsichtigkeit und ihre Lichtwirkung besonders schön aussehen und

Edelweiß

die meist selten zu finden sind. Der wertvollste Edelstein ist der →Diamant. Edelsteine erhalten ihren Glanz und ihre Leuchtkraft meist erst durch den richtigen Schliff. Schmucksteine, die weniger selten sind, nennt man **Halbedelsteine.**

Edelweiß: Eine Alpenblume mit leuchtenden Blütensternen, die von schneeweißen Haaren überzogen sind. Das Edelweiß ist heute sehr selten geworden und daher geschützt.

Eden: Andere Bezeichnung für Paradies (der „Garten Eden").

EG: Der Vorläufer der →Europäischen Union.

Egoismus: Selbstsüchtiges **(egoistisches)** Handeln.

Ehe: Eine Lebensgemeinschaft von Mann und Frau, die vor dem Gesetz (Standesamt) bekräftigt wird. Auch wenn dies nicht extra aufgeschrieben wird, gehen die Ehepaare mit der Eheschließung einen festen Vertrag ein: Sie verpflichten sich, füreinander und gemeinsam für die →Familie zu sorgen. Die Ehepaare können sich bei der Heirat aussuchen, ob sie einen gemeinsamen Familiennamen, einen Doppelnamen oder jeder den alten Namen tragen wollen.

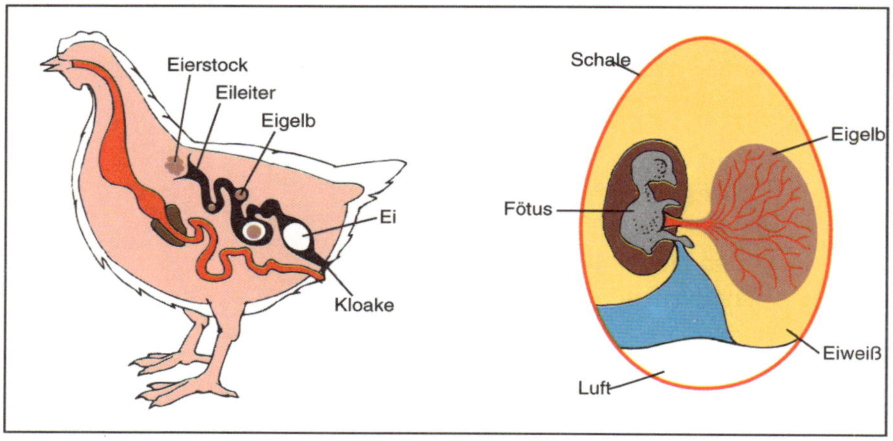

Ei

Ei mit Straußen-Küken

Dabei wird dann meist auch der Nachname des Kindes festgelegt. Manche Ehegemeinschaften zerbrechen nach einiger Zeit, dann lassen sich die Ehepartner scheiden.

Ei: Jeder kennt ein Hühnerei, das aus einer **Eizelle,** dem →Dotter, dem **Eiweiß** und verschiedenen Schutzhüllen wie der Eierschale besteht. Wenn dieses Ei befruchtet wurde, wächst in ihm ein kleines Küken heran und schlüpft aus. Auch bei anderen Tieren, z.B. bei Fischen oder Krokodilen, aber auch beim Menschen ist die weibliche Fortpflanzungszelle ein Ei. Bei der Frau werden diese Zellen in den **Eierstöcken** gebildet. Wird eine dieser Zellen durch eine männliche Samenzelle befruchtet, so entwickelt sie sich zu einem neuen Lebewesen (→Befruchtung): Die **Eizelle** wandert durch den **Eileiter** hinunter und nistet sich in die Gebärmutter ein. Hier wächst der Embryo, der sich inzwischen aus dem Ei entwickelt hat, in der Regel neun Monate lang bis zum „fertigen" Baby heran.

Schnecke bei der Eiablage

Eichelhäher: Dieser grau-rötlich gefärbte Vogel mit den blauen Flügelkanten kommt bei uns häufig in Mischwäldern vor. Weil er die anderen Vögel mit einem lauten „Rätschrätsch" warnt, wird er auch „die Polizei des Waldes" genannt. Eichelhäher fressen Nüsse, Beeren und Vogeleier, aber auch die Früchte der Eichen (Eicheln).

Eichhörnchen: Bei uns in Europa hat diese Art der Baumhörnchen ein rotbraunes Fell mit buschigem Schwanz und langen Haarpinseln an den Ohren. Das Eichhörnchen lebt am liebsten in Laubwäldern, läßt sich aber auch gern in Parks sehen, wo es sehr zutraulich werden kann. Eichhörnchen fressen Nüsse, Samen und Pflanzen, aber auch Vogeleier. In einer mit Gras, Moos und anderen Materialien weich ausgepolsterten Baumhöhle, dem **Eichhörnchenkobel,** legen sie Wintervorräte an. Sie halten aber keinen echten Winterschlaf, sondern eine Art Halbschlaf, aus dem sie öfter aufwachen.

Eid: Ein feierliches Versprechen, daß das, was man behauptet hat, der Wahrheit entspricht. Manchmal müssen Zeugen vor Gericht einen Eid leisten; wenn sie bewußt die Unwahrheit sagen, werden sie wegen **Meineids** bestraft.

Eidechsen: Sie gehören zu den →Echsen und sind in den wärmeren und gemäßigten Gegenden zu Hause. Die bekannteste Art bei uns ist die **Zauneidechse** mit ihrem hellbraun und grün getupften Schuppenkleid. Faßt man eine Eidechse am

Eichhörnchen

Schwanz an, so verliert sie diesen und huscht davon; der Schwanz wächst aber wieder nach. Eidechsen vermehren sich durch Eier, die von der Sonne ausgebrütet werden. Die größte Art ist die **Perleidechse**.

Eiffelturm: Dieser damals sehr gewagte Eisenbau wurde von dem französischen Ingenieur *Gustave Eiffel* zur Weltausstellung 1889 in Paris gebaut. Eigentlich sollte der Aussichtsturm wieder abgerissen werden – aber die Pariser hatten sich inzwischen an den „Schandfleck" gewöhnt, und so blieb er stehen. Heute ist der Eiffelturm das Wahrzeichen der französischen Hauptstadt. Mit Antenne ist er über 320 Meter hoch.

Einbaum: Ein Boot, das aus einem ausgehöhlten Baumstamm gemacht wurde.

Einhorn: Ein pferdeähnliches Fabeltier, das in der Mitte der Stirn ein langes Horn hat.

Eintagsfliegen: Diese Fliegen, die auf der ganzen Welt mit vie-

Eintagsfliegen

len verschiedenen Arten verbreitet sind, nehmen als fertig entwickeltes Insekt gar keine Nahrung zu sich. Sie leben nur wenige Stunden bis einige Tage. Ihre Larven entwickeln sich innerhalb von 1–3 Jahren in Gewässern.

Einwegverpackung: Eine Verpackung, die nach dem Gebrauch einfach weggeworfen werden soll. Das ist nicht sehr sinnvoll, weil einerseits wertvolle Rohstoffe verschwendet werden und auf der anderen Seite die Abfallberge wachsen. Besser ist es, Produkte in **Mehrwegverpackungen** zu kaufen – also in Verpackungen, die immer wieder nachgefüllt werden können.

Einzeller: Lebewesen, die aus nur einer einzigen Zelle bestehen, z.B. →Algen oder →Bakterien. Innerhalb dieser einzigen

Einzeller (stark vergrößert)

Zelle gibt es bestimmte Bereiche, die wie Organe spezielle Aufgaben übernehmen. Tierische Einzeller werden auch **Urtierchen** genannt.

Eis: Wenn Wasser ab Null Grad Celsius gefriert, dehnt es sich um etwa zehn Prozent aus und erstarrt zu Eis. Durch diese Ausdehnung entwickelt das Eis eine Sprengkraft – es kann sogar Stücke aus Felsen herauslösen. Außerdem wird es leichter als Wasser und schwimmt darauf. **Speiseeis** kann man aus Joghurt, Früchten, Milch und Sahne im Eisfach des Kühlschranks selbst herstellen. In **Eisdielen** wird die Masse nicht nur gekühlt, sondern mit Maschinen

Eiffelturm

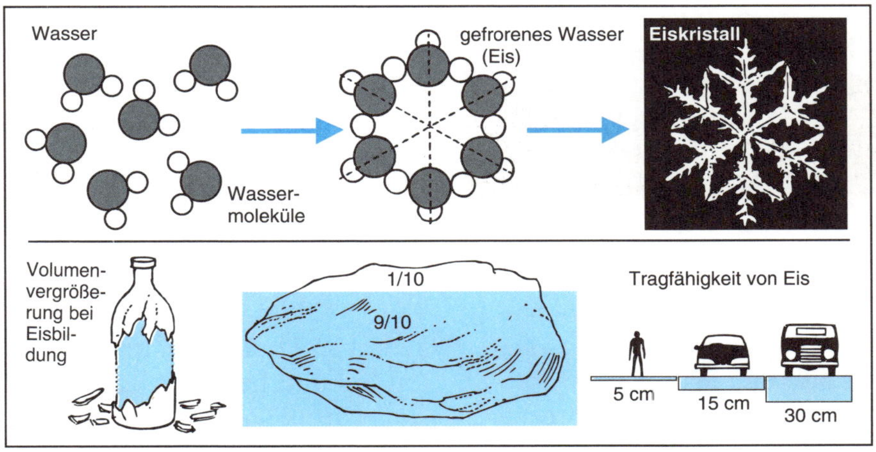

Eis

Eisbär

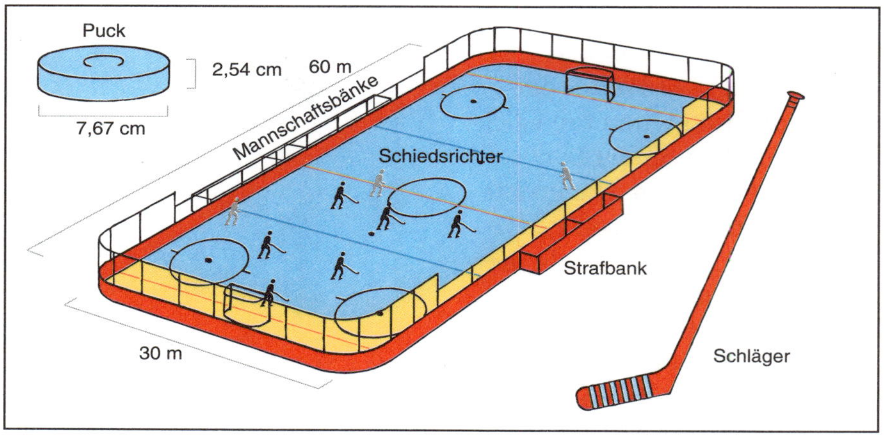

Eishockey

gerührt, damit sie ziemlich weich bleibt.

Eisbär: Diese Bärenart mit weißem Fell lebt in der →Arktis. Eisbären werden bis 2,50 m lang und ungefähr 400 Kilo schwer. Sie ernähren sich von Fleisch, meist von Seehunden. Das Weibchen bringt seine Jungen in selbst gegrabenen Eishöhlen zur Welt und führt sie lange mit sich herum.

Eisberge: Sie entstehen durch „Kalben" von →Gletschern, die ins Meer hineinwachsen und dort abbrechen. Eisberge schauen nur zu einem Zehntel aus dem Wasser heraus, der Rest schwimmt unter dem Meeresspiegel. Deshalb sind sie für die Schiffe sehr gefährlich.

Eisberge

Eisbrecher: Diese Schiffe haben vorne einen besonders starken Bug und sehr starke Motoren. Sie zermahlen und brechen das Eis und schneiden so Fahrrinnen ins Wasser, durch die dann auch normale Schiffe fahren können. Manchmal werden Eisbrecher zu Hilfe gerufen, wenn ein Schiff im Treibeis steckengeblieben ist.

Eisen: Ein Schwermetall, das am vierthäufigsten von allen chemischen →Elementen in der Erdkruste vorkommt. Meistens ist es dort aber mit anderen Mineralen, den **Eisenerzen,** verbunden. Zur Eisengewinnung wird es aus diesen Verbindungen im Hochofen herausgeschmolzen. In Verbindung mit Sauerstoff kann Eisen schnell rosten. Deshalb wird es meist mit anderen Metallen zusammengeschmolzen (legiert). Legiert man Eisen mit Kohlenstoff, so entsteht z.B. Stahl.

Eisenbahn: Das Zeitalter der Eisenbahn begann 1803 mit der Erfindung der Dampflokomotive (→Dampfmaschine) durch den Engländer *Trevithick.* Seine Erfindung wurde von *George Stephenson* verbessert, und 1825 ratterte seine „Locomotion Nr. 1" mit einer Geschwindigkeit von 15 Kilometern pro Stunde zwischen Darlington und Stockton hin und her. Aus Stephensons Fabrik kam auch die Lokomotive „Adler", die 1835 zwischen Fürth und Nürnberg die erste deutsche Eisenbahnstrecke eröffnete. Auch in viele andere Länder der Welt verkaufte er seine Erfindung – daher kommt es, daß die Spurbreite der Geleise, auf denen die Züge fahren, fast überall gleich groß ist. Die Dampflok wurde später durch Dieselloks, dann durch Elektroloks abgelöst. Heute erreichen Hochgeschwindigkeitszüge wie der ICE 250 km/h. Die Eisenbahn ist ein vernünftiges Verkehrsmittel, weil viele Menschen gleichzeitig mitreisen können und weil mit einem Güterzug viele Lasten transportiert werden, ohne daß dabei der Umwelt zu sehr geschadet wird. In der Eisenbahn kann man erster oder zweiter Klasse fahren, es gibt sogar Schlafwagen mit richtigen Betten darin.

Eisenzeit: Der letzte Zeitabschnitt der →Vorgeschichte, benannt nach dem Material, das

Eisenbahn: Bahnhof

die Menschen vorwiegend zur Herstellung ihres Hausrats, ihrer Werkzeuge und Waffen verwendeten. Wann genau die Eisenzeit herrschte, kann man nicht eindeutig sagen – denn in manchen Gegenden kannte man die Verwendung des Eisens früher, in manchen später. Nach einem Fundort in Österreich wird die ältere europäische Eisenzeit auch Hallstatt-Kultur genannt (800 vor Christus); eine jüngere europäische Eisenzeit (La-Tène, um 500 bis 400 vor Christus) wurde besonders von den →Kelten geprägt.

Eishockey: Mannschaftsspiel, das auf Schlittschuhen ausgetragen wird. Es geht darum, den Puck, eine Hartgummischeibe, mit **Eishockeyschlägern** in das Tor der anderen Mannschaft zu schieben. Jede Mannschaft hat drei Stürmer, zwei Verteidiger und einen Torwart. Weil man sich bei diesem Spiel leicht verletzen kann, haben alle Helme und dick gepolsterte Schutzkleidung an.

Eiskunstlauf: Zu diesem Sport gehört z.B. der **Eistanz**. Die Eiskunstläufer bewegen sich auf Schlittschuhen elegant zur Musik, und sie versuchen sich nicht nur in ihrer sportlichen, sondern auch in der künstlerischen Leistung zu übertreffen. Eine Jury entscheidet darüber, ob bestimmte Pflichtübungen gut gemeistert werden und wer in der Kür die schönsten Figuren tanzt.

Eismeere: Die Meere um den Nordpol und den Südpol herum.

Eisschnellauf: Im Gegensatz zum →Eiskunstlauf geht es hier um Schnelligkeit. Deshalb sind die Eisschnelläufer auch ganz anders angezogen: Durch hautenge Kleidung und aerodynamisch geformte Helme versuchen sie, der Luft sowenig Widerstand wie möglich entgegenzusetzen. Sie erreichen Geschwindigkeiten von 50 km/h.

Eiszeiten: Die Tierwelt paßte sich dem kalten Klima an

Eiszeiten: Abschnitte der →Erdgeschichte, in denen es so kalt war, daß große Teile der Kontinente von →Gletschern bedeckt waren. Die Eiszeiten wurden durch verschiedene Ursachen ausgelöst, z.B. durch kleine Veränderungen der Umlaufbahn der Erde. Es gab mehrere Eiszeiten, dazwischen lagen Warmzeiten (**Zwischeneiszeiten**). Dann schmolzen die manchmal 500 bis 1200 m dicken Gletscher, Eis und Schmelzwasser formten und veränderten die Oberfläche der Erde. Während der letzten Eiszeit bevölkerten Mammuts, Moschusochsen und Rentiere, Antilopen, Bisons, Elche und Höhlenbären die eisfreien Gebiete, wo auch die Menschen der Altsteinzeit lebten.

Eismeer

Eiter: Eine Flüssigkeit, die sich manchmal bei Entzündungen bildet und aus der Haut austritt oder sich unter ihr ansammelt. Der Eiter enthält viele weiße Blutkörperchen, die die Krankheitserreger vernichten sollen.

Eiweiße: Bestimmte Verbindungen, die in den Zellen aller Lebewesen vorkommen. Tiere und Menschen nehmen die Eiweiße über die Nahrung auf, sie sind z.B. in Fleisch, Milch, Eiern und Pflanzen enthalten. Während der Verdauung werden sie dann aufgespalten und anschließend zu körpereigenen Eiweißen wieder aufgebaut. Die Eiweiße werden auch **Proteine** genannt.

Elch: Der größte aller lebenden Hirsche. Er kommt in Sumpfgebieten Nord- und Osteuropas und Nordamerikas vor. Der Elch wird gut drei Meter lang, bis zur Schulter ist er bereits zwei Meter hoch, und er trägt auf dem Kopf ein schaufelförmiges Geweih, das bis zu 20 Kilo

Elch

schwer sein kann. Elche fressen gern eiweißreiche Pflanzen und können bis zu 5 m tief nach Seerosen tauchen.

Eldorado: So nannten die Europäer ein sagenhaftes Goldland, das sie im Amazonasgebiet in Südamerika vermuteten. Heute verwendet man den Namen auch im übertragenen Sinne für Paradies („ein Eldorado für Taucher“).

Elefanten: Die einzigen Rüsseltiere und die größten und schwersten Landsäugetiere der Erde. Die **Afrikanischen Elefanten** erkennt man an ihren viel größeren Ohren im Vergleich zu den **Indischen Elefanten.** Obwohl man sie „Dickhäuter“ nennt, haben Elefanten eine sehr empfindliche Haut. Ihren langen Rüssel benutzen sie nicht nur zur Nahrungsaufnahme, sondern auch als Tast- und Geruchsorgan, als Schnorchel beim Schwimmen, als Schlagwaffe

Arbeitselefant

und zum Bäumeausreißen. Die Elefanten sind Pflanzenfresser. Erst mit 25 Jahren sind sie erwachsen, und sie können etwa 70 Jahre alt werden. Da Elefanten sehr gelehrig sind, werden sie in manchen Ländern als Arbeitstiere abgerichtet. Früher hielt man sie auch als Kriegselefanten. Wegen ihrer Stoßzähne aus Elfenbein, die bis zu drei Meter lang werden können, werden die Elefanten trotz Verbots auch heute noch gnadenlos gejagt.

Kriegselefant Hannibals

Elektrizität: Ein Zustand, der in der Natur in zwei Erscheinungsformen vorkommt: als positive oder als negative **elektrische Ladung** von Materie. Die negativ geladenen, kleinsten Elementarteilchen eines →Atoms – nämlich die Elektronen – bewegen sich und springen von einem Atom zum nächsten über. Diese Bewegung kann man – z.B. in einer →Batterie – auch künstlich in Gang setzen und in eine bestimmte Richtung lenken, indem man die Elektronen durch einen Draht leitet. So entsteht ein regelrechter „Stromfluß“, der **elektrische Strom.** Dabei wird **elektrische Energie** ausgestoßen, die man nutzen kann: zur Licht- oder Wärmeerzeugung beispielsweise oder zum Antreiben eines **Elektromotors.** In Kraftwerken (z.B. Wasserkraftwerken, Windkraftwerken, Wärme- oder Atomkraftwerken) läßt sich elektrischer Strom auch in ganz großen Mengen „herstellen“ und über viele Kilometer bis zu den Verbrauchern in die Häuser, Wohnungen und Fabriken leiten.

Elektronen: Die kleinsten Elementarteilchen eines →Atoms. Sie haben eine negative elektrische Ladung und kreisen mit unvorstellbar großer Geschwindigkeit um den positiv geladenen Atomkern herum. →Elektrizität.

Elektronik: Eine Wissenschaft, die sich mit den technischen, praktischen Anwendungs- und Einsatzmöglichkeiten von →Elektronen in elektronischen Bauteilen (z.B. Schaltungen) beschäftigt.

Elemente: Chemische Grundstoffe, die nicht mehr weiter zerlegbar sind. Sie bestehen nur aus gleich gebauten →Atomen. Mit den **Vier Elementen** bezeichnete man früher Erde, Wasser, Feuer und Luft.

Elfenbein: Der Stoff, aus dem die Stoßzähne der →Elefanten bestehen. Weil Elfenbein sehr kostbar und teuer ist, werden auch heute noch viele Elefanten deswegen getötet und sind vom Aussterben bedroht.

Elle: Ein altes Längenmaß. Es entsprach etwa der Länge des Unterarms.

Eltern: Vater und Mutter. Sie haben das Recht, ihre Kinder zu erziehen, und die Pflicht, für sie zu sorgen. Eltern müssen nicht unbedingt miteinander verheiratet sein (→Ehe), um dieses

Sorgerecht gemeinsam auszuüben.

Email: Geschmolzenes, meist farbiges Glas, das auf Metall aufgetragen wird und dann erhärtet.

Emanzipation: Das Freiwerden einer Person oder einer Gruppe aus rechtlichen, politischen oder sozialen Bindungen (z.B. Emanzipation der Frau).

Embryo: Ein Lebewesen ganz am Beginn seiner Entwicklung, beim Menschen in den ersten drei Monaten im Mutterleib.

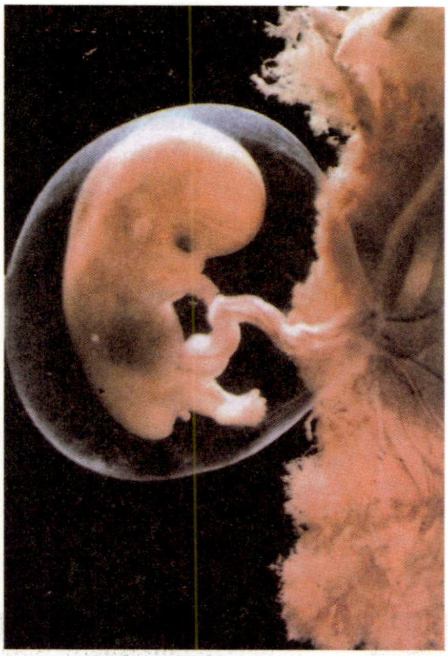

Embryo

Empfängnis: Die →Befruchtung der weiblichen Eizelle durch die männliche Samenzelle. Heute gibt es viele Möglichkeiten der **Empfängnisverhütung.** →Familienplanung.

Emu: Ein großer Vogel Australiens, der wie der →Strauß nicht fliegen kann. Emus werden etwa 1,50 m hoch.

Energie: Tatkraft. In der →Physik ist damit die Kraft oder Fähigkeit gemeint, „Arbeit" zu verrichten, also die Möglichkeit, etwas zu verändern, etwas zu

Entenvögel: Mittelsänger Sterntaucher Schellente

bewegen oder beispielsweise zu verformen. In der Natur kommen verschiedene Formen von Energie vor, z.B. **Wärmeenergie, magnetische Energie** oder **elektrische Energie.** Man kann Energie von einer Form in eine andere Form umwandeln, z.B. Wärmeenergie in Bewegungsenergie oder in elektrische Energie. Energie kann man eigentlich nicht herstellen oder vernichten. Trotzdem spricht man von **Energieverbrauch** und von **Energieverschwendung.** Viele der in der Natur vorhandenen **Energieträger,** z.B. Kohle, Erdöl oder Gas, sind ja nur begrenzt vorhanden und werden zur Energieumwandlung aufgebraucht (z.B. verbrannt). Energieverschwendung liegt dann vor, wenn diese kostbaren Rohstoffe sinnlos verbraucht werden, z.B. wenn man die Wohnung bei offenem Fenster heizt oder wenn Erdöl zur Herstellung von Plastiktüten verwendet wird, die dann auf dem Müll landen.

Engagement: Das Sich-Einsetzen für etwas. Eine **engagierte** Lehrerin ist eine Lehrerin, die sich für ihre Schüler und ihren Beruf besonders nachhaltig einsetzt.

Engerling: Käferlarve, z.B. die Larve des Maikäfers. Sie lebt zwei bis drei Jahre in der Erde und frißt Wurzeln.

England: Der südliche Teil der Insel Britannien. Es gehört mit Wales, Schottland und Nordirland zu →Großbritannien.

Entenvögel: Eine große Tierfamilie, zu der nicht nur die Enten, sondern auch Gänse und Schwäne gehören. Enten suchen ihre Nahrung im Wasser; manche „gründeln" nur, andere können aber auch tief tauchen. Zwischen ihren Zehen haben sie Schwimmhäute. Die Stockente (das Männchen ist bunt gefiedert mit grünem Kopf), ist die Stammform unserer Hausente.

Entenvögel: Stockente mit Jungen

Entwicklungshilfe: Die Hilfe, die manche wohlhabenden Industrieländer den ärmeren Ländern der →Dritten Welt geben, damit die Menschen dort größere Überlebenschancen haben. Dabei ist es auf Dauer nicht so wichtig, daß man den Regierungen dieser Länder nur Geld oder Lebensmittel gibt, sondern daß man den Menschen allge-

Epoche: Schloß Nymphenburg aus der Zeit der Wittelsbacher

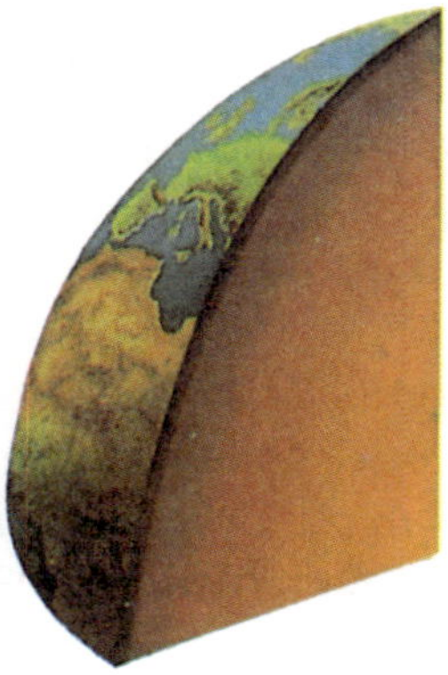

Erde: Erdkern, Erdmantel und Erdkruste (ganz außen)

mein das nötige Wissen in der Technik, in der Landwirtschaft, in der Medizin oder in anderen Bereichen vermittelt, damit sie sich in Zukunft selbst helfen können. Diese Bildungsarbeit übernehmen in den **Entwicklungsländern** selbst die **Entwicklungshelfer.**

Entzündung: Eine starke Abwehrreaktion des Körpers z.B. auf Insektenstiche, Wunden oder Krankheitserreger. Die Stelle um die Entzündung herum wird stärker durchblutet als normal, sie ist deshalb gerötet, geschwollen und fühlt sich brennend heiß an.

Epoche: Ein bestimmter Zeitraum, meistens ein Zeitabschnitt der Geschichte (z.B. Mittelalter) oder Kunstgeschichte (z.B. Barock).

Erdachse: Die gedachte Linie durch die Mitte der Erde, um die sich die Erdkugel dreht. Die Verlängerung dieser Linie zeigt auf den →Polarstern.

Erdbeben: Eine Erschütterung der Erdoberfläche, die Häuser zum Wackeln, aber auch zum Einstürzen bringen kann. Diese Erschütterung entsteht meistens dadurch, daß sich riesig große Erdplatten voneinander weg bzw. aufeinander zu bewegen oder sich aneinander reiben. Dort, wo die Erdrinde gerissen ist, ist die Gefahr von Erdbeben besonders groß. Das Zentrum oder der „Herd" eines Erdbebens kann auch auf dem Meeresboden sein und riesige Flutwellen und Überschwemmungen auslösen. Man spricht dann von einem **Seebeben**. Erdbeben werden weltweit von *Seismographen* aufgezeichnet. Die Stärke der Erschütterungen wird nach der *Richterskala* in zwölf Grade eingeteilt.

Erdbeere: Sie gehört zu den Rosengewächsen; die *Beere* ist eine vom Blütenboden aus gebildete

Der Planet Erde aus dem Weltall gesehen

Entwicklung der Erde seit fünf Milliarden Jahren

Erdbeere

Scheinfrucht mit zahlreichen Nüßchen. Als großfrüchtige *Garten-Erdbeere* ist sie eine wichtige Kulturpflanze.

Erde: Der Planet, auf dem wir leben, ist von der Sonne aus gesehen der dritte der neun Planeten unseres Sonnensystems. Im Laufe eines Jahres kreist die Erde einmal um die Sonne, und zwar mit einer rasenden Geschwindigkeit von fast 30 Kilometern in der Sekunde. Sie legt dabei über 939 Millionen Kilometer pro Jahr zurück. Gleichzeitig dreht sich die Erde innerhalb von 24 Stunden einmal um sich selbst (→Erdachse). Weil die Erdachse „schief" geneigt ist, ändert sich im Jahresverlauf der Sonnenstand – deshalb haben wir bei uns die verschiedenen →Jahreszeiten. Und durch die tägliche Umdrehung gibt es Tag und Nacht. Die Erde hat in etwa die Form einer Kugel, an den Polen ist sie abgeplattet. Ungefähr ein Fünftel der Erdoberfläche ist von Landmassen, der Rest von Wasser bedeckt. Die Erde ist schalenförmig aufgebaut: Im Innersten ist der flüssige **Erdkern,** darüber der **Erdmantel** und oben die **Erdkruste.** Diese ist vor etwa 3 Milliarden Jahren fest geworden. →Erdgeschichte. Weil die Erde zufällig gerade die „richtige" Entfernung zur Sonne hat und weil sie von einer schützenden →Atmosphäre umgeben ist, ist dieser Planet der einzige in unserem Sonnensystem, auf dem Leben möglich ist.

Erdgas: Gase, die in der Erdkruste eingeschlossen sind. Erdgas ist ein wichtiger Energieträger.

Erdgeschichte: Die Erde ist 5 Milliarden Jahre alt. Sie hatte nicht immer die Gestalt, die wir heute kennen. Vor drei Milliarden Jahren begann die Erdkruste, fest zu werden. Von diesem Zeitpunkt an hat man die Geschichte der Erde in verschiedene große Zeitabschnitte unterteilt. Frühestes Leben entstand vor etwa 3500 Millionen Jahren. Im **Erdaltertum** gab es schon Moostierchen, Seerosen und Seeigel (vor 570 Millionen Jahren), Reptilien und Rieseninsekten entwickelten sich im feuchtwarmen Klima vor 345 Millionen Jahren. Im **Erdmittelalter** kamen die →Dinosaurier (vor 225 Millionen Jahren), Säugetiere und die ersten Vögel (vor 200 Millionen Jahren). In diesem Erdzeitalter gab es nur zwei riesige Kontinente. Der Südkontinent (Gondwanaland) brach damals in einzelne Teile auseinander (heute Südamerika, Afrika, Vorderindien, Australien und Antarktis). Die heutige Tier- und Pflanzenwelt entwickelte sich seit rund 2 Millionen Jahren; Menschen, die uns in etwa ähnlich waren (Homo Sapiens), gibt es erst seit 100 000 Jahren.

Erdöl: Es entstand vor 10 bis 400 Millionen Jahren, als Bäume und Pflanzen abstarben und am Boden zu großen Mengen Faulschlamm vermoderten, aber doch nicht ganz verwesten. Diese schlammige Masse wurde später von anderen Erdschichten bedeckt, fest zusammengedrückt und luftdicht eingeschlossen. So bildete sich ein Kohlenwasserstoffgemisch, das sehr energiereich ist und das

Erdgeschichte: Dinosaurier lebten im Erdmittelalter

man – nach verschiedenen Trenn- und Reinigungsverfahren – vielfältig nutzen kann. Erdöl ist z.B. ein wichtiger Grundstoff für die Herstellung von Kunststoff, Benzin, Medizin oder Waschmitteln. Es wird durch tiefe Bohrungen aus der Erde befördert und lagert auch unter dem Meeresboden.

Erdteile: →Kontinente.

Erkältung: Sie entsteht meistens, wie der Name schon sagt, durch das Abkühlen einzelner Körperteile. Dadurch wird die Abwehrkraft des Körpers gegen Krankheitserreger allgemein geschwächt, und deshalb können sich Viren in den Schleimhäuten der oberen Atemwege (z.B. in

Erdölförderung

der Nase, im Rachen) festsetzen und schnell vermehren. Durch vermehrte Schleimproduktion (Schnupfen und Husten) versucht der Körper nun, die Viren wieder herauszuschleudern und loszuwerden. Kommt ein anderer mit diesen Viren, die z.B. beim Niesen in die Luft geschleudert werden, in Berührung, so kann er sich anstecken.

Erosion durch Wasser, Eis und Wind

Erosion: Das Verformen und Abtragen von Erd- und Gesteinsschichten durch den Einfluß von Wasser, Wind oder Eis.

Erste Hilfe: Vorläufige, schnelle Hilfsmaßnahmen bei Unfällen, Vergiftungen oder Verletzungen, bevor der Arzt eintrifft. Erste Hilfe kann man in Kursen erlernen. Man sollte dies so früh wie möglich tun, damit man im Notfall richtig helfen kann. Kinder überlassen die Erste Hilfe besser einem Erwachsenen, wenn dieser in der Nähe ist.

Erosion durch Wasser

Erze: Alle Gesteine oder Minerale, die einen so hohen Metallgehalt haben, daß man Metalle (z.B. Eisen) daraus gewinnen kann.

Eskimos: Nordamerikanische Indianer, die sich selbst **Inuit** (Mensch) nennen. Der indianische Name „Eskimo" bedeutet „Rohfleischesser". Diese Bewohner der Gegenden rund um die →Arktis (z.B. Alaska und Grönland) sind mongolischer Abstammung. Sie lebten früher in kleinen, herumziehenden Familiengruppen als Jäger und Fischer und hatten ihre Lebensweise ihrer eisigen Umgebung perfekt angepaßt. Sie bauten sich Zelte aus Tierfellen oder halbrunde Wohnhöhlen *(Iglus)* aus Schnee; ihre Schlitten ließen sie von gut abgerichteten Schlittenhunden ziehen, und ihre schlanken, wendigen Boote *(Kajaks)* waren mit Fell derart bespannt, daß oben nur die Sitzluke offenblieb. Mit der **Eskimorolle,** einer schnellen Drehung unter Wasser, konnten sie ein gekentertes Boot wieder aufrichten, ohne das Boot zu verlassen. Seitdem einige Industrienationen ihre „Kundschafter"

Eskimo

Eskimo-Kunst

(z.B. Wissenschaftler) in die Arktis geschickt haben, werden die alten, traditionellen Lebensweisen der Eskimo langsam verdrängt. Motorboote ersetzen das Kajak, motorisierte Schneemobile den Hundeschlitten.

Esperanto: Eine erfundene Sprache, die viele Wörter enthält, welche dem Englischen, Spanischen, Italienischen oder Französischen ähnlich sind und daher von Benutzern ganz verschiedener Muttersprachen leicht erlernt werden können.

Essig: Eine saure Flüssigkeit, die man nicht nur in die Salatsoße tut, sondern mit der man auch Lebensmittel haltbar machen kann. Essig wird mit Hilfe von Bakterien z.B. aus Wein gemacht.

Etüde: Ein Übungsstück, z.B. um die Fingerfertigkeit beim Klavierspielen zu verbessern.

EU: →Europäische Union.

Eukalyptus: Bis zu 150 m hohe Bäume, deren Holz und Blätter stark duftende (ätherische) Öle enthalten. Sie wachsen z.B. in Australien, wo sich der →Koala ausschließlich von Eukalyptusblättern ernährt.

Eulenspiegel: Ein bäuerlicher Schelm, der den Stadtbürgern und den hohen weltlichen und kirchlichen Herren ständig lustige Streiche spielte. Eulenspiegel

Eulenvögel: Schleiereule

hat wirklich gelebt, und zwar im 14. Jahrhundert.

Eulenvögel: Raubvögel, die nachts jagen und daher ein besonders gut ausgebildetes Gehör und große, nach vorne gerichtete Nachtaugen haben. Ihren Kopf können sie fast um 180 Grad drehen. Eulen fliegen völlig lautlos. Ihre Beute, z.B. Mäuse und anderes Kleingetier, spießen sie mit ihren scharfen Krallen auf. Zu den Eulenvögeln gehören unter anderem der Uhu,

Eukalyptusbaum mit Koala

Eulenvögel: Uhu

die Schleiereule und viele Kauz-Arten.

Eurasien: Die größte zusammenhängende Landfläche der Erde, nämlich Europa und Asien. Trotzdem betrachtet man diese beiden als zwei unterschiedliche →Kontinente.

Eurocheque, auch **Euroscheck:** Ein →Scheck, den man in europäischen, aber auch in anderen Ländern zum Bezahlen benutzen und mit dem man auch Bargeld von Banken und Wechselstuben erhalten kann, und zwar in der jeweiligen Landeswährung. Man braucht zum Scheck eine Euroscheckkarte.

Europa: Nach Australien der zweitkleinste →Kontinent. Europa ist über den Ural (Fluß und Gebirge) mit Asien fest verbunden (→Eurasien) und durch seine vielen Halbinseln (z.B. Italien, Spanien, Skandinavien) stark zergliedert; auch gehören viele kleinere und größere vorgelagerte Inseln dazu. Diese nehmen allein 8 Prozent der Gesamtfläche ein. Das mächtigste Gebirge Europas sind die →Alpen mit dem →Mont Blanc als höchster Erhebung, der längste Fluß ist mit 3700 km die Wolga. Von Rußland und der Türkei gehört

Europäische Stadt: Venedig

jeweils nur ein kleiner Teil zu Europa, der Rest zu Asien. Wirtschaftlich gesehen ist Europa mit seiner hochentwickelten Industrie und ertragreichen Landwirtschaft der führende Erdteil, viele Rohstoffe müssen aber von anderen Kontinenten eingeführt werden.

Europäische Union: Ein Zusammenschluß von europäischen Staaten, die bestimmte wirtschaftliche, politische, kulturelle und andere Aufgaben in gewissem Maße gemeinsam bewältigen wollen. Das hat für die Bürger z.B. den Vorteil, daß Grenzen zwischen den einzelnen Ländern offener sind als vorher; weil Ein- und Ausfuhrzölle wegfallen, können Waren innerhalb Europas billiger verkauft werden, Einfuhrprodukte

Europa heißt auch einer der Monde Jupiters

von anderen Kontinenten sind dagegen teurer – damit wird Konkurrenz ausgeschaltet, und den einzelnen europäischen Staaten geht es wirtschaftlich besser. Besonders sinnvoll ist dieser Zusammenschluß auch deshalb, weil diese einzelnen Länder im großen und ganzen ja auch durch eine gemeinsame Geschichte und Kultur verbunden sind, auch wenn nicht überall die gleiche Sprache gesprochen wird.

Eurovision: Die gleichzeitige Direktübertragung einer Fernsehsendung in viele verschiedene Länder Europas.

Eutrophierung: Durch das Ausschwemmen der Felder mit Regenwasser, aber auch durch chemische Rückstände im →Abwasser gelangen häufig zu viele Düngemittel in ein Gewässer (Bach, Fluß, See, Meer). Dann wachsen und vermehren sich die Wasserpflanzen, z.B. →Algen, unnatürlich stark und entziehen dem Wasser den nötigen Sauerstoff – das biologische Gleichgewicht wird so empfindlich gestört, daß die Tiere hier nicht überleben können. Diesen Vorgang nennt man Eutrophierung oder auch „Umkippen" von Gewässern.

Ewige Stadt: Beiname der Stadt Rom.

ex...: In Wortzusammensetzungen hat diese Vorsilbe die Bedeutung von aus, weg, ehemalig.

exakt: genau.

Examen: Prüfung, besonders die Abschlußprüfung an der Universität (z.B. Staatsexamen, Doktorexamen).

Exemplar: Ein Stück oder Einzelstück.

Exil: Verbannung; ein Land, in das man auswandert, weil man

Exotische Früchte

im Heimatland (z.B. wegen politischer Verfolgung) nicht mehr frei leben und arbeiten kann.

exotisch: Fremdartig, aus sehr fernen Ländern. Exotische Früchte wachsen nicht bei uns, sondern z.B. in tropischen Ländern.

Expedition: Forschungsreise.

Experiment: Ein Versuch oder mehrere, hintereinander durchgeführte Versuche, um dabei etwas herauszufinden oder eine Annahme zu bestätigen.

Export: Jakob Fugger exportierte seine Waren in viele Länder

Experte: Fachmann. Jemand, der sich in einer Sache besonders gut auskennt.

Expertensystem: Das ist ein Computersystem, dessen problemlösende Fähigkeiten auf einem bestimmten Sachgebiet dem Niveau eines menschlichen →Experten entsprechen. Ein Expertensystem wird auch als künstliche Intelligenz bezeichnet.

Explorer: Eine amerikanische Satellitenserie zur Erforschung des erdnahen Weltraumes.

Explosion: Die plötzliche, oft mit einem lauten Knall verbundene Ausdehnung von Gasen, z.B. bei Sprengungen oder beim Ausbruch eines →Vulkans.

Exponent: Die Hochzahl bei einer Potenz. Beispiel: a^b; b ist der Exponent.

Export: Die Ausfuhr, das heißt der Verkauf von Waren und Gütern aus dem eigenen Land (Inland) ins Ausland. Die Einfuhr dagegen wird **Import** genannt.

Expressionismus: Eine bedeutende Stilrichtung in der Kunst des frühen 20. Jahrhunderts, aber auch eine Mal- und Ausdrucksweise, die heute noch von vielen Künstlern aufgegriffen wird. Der Künstler drückt so direkt wie möglich seine Vorstellung aus, wobei er vereinfachte und auf das Wesentliche abgekürzte Formen mit einer freien und teilweise kräftigen Farbgebung verwendet. In der Grafik bietet vor allem der Holz- und Linolschnitt die Möglichkeit, sich **expressionistisch** auszudrücken. Die Kunst des Expressionismus beinhaltet meist eine gesellschaftskritische Stellungnahme.

Extemporale: Eine nicht angekündigte Klassenarbeit

extrem: übermäßig.

F

Fabel: Eine Geschichte oder kurze Erzählung, in der meist durch einen Vergleich mit der Tierwelt eine Lehre gezogen oder vermittelt wird. Im Laufe der Zeit haben die Tiere in den **Tierfabeln** oft besondere Eigenschaften erhalten (Fuchs ist schlau und gerissen, Schlange ist hinterhältig, listig und falsch, Eule ist klug usw.). Schon im Altertum hat man Fabeln erzählt und aufgeschrieben (Fabeln des *Aesop*). **Fabeltiere** sind Tiere, die nur in der Märchen- und Sagenwelt vorkommen (z.B. Drache oder Einhorn).

Fabrik: Eine Produktionsstätte (Gebäude), in der Waren industriell (z.B. mit Maschinen und an Fließbändern) hergestellt werden. In einer Fabrik arbeiten oft tausende von Arbeitern und Facharbeitern; häufig werden aber auch Computer und Roboter eingesetzt.

Facettenauge: Das Auge der Insekten, z.B. bei der Biene oder Stubenfliege. Es setzt sich aus vielen hundert winzigen Einzelaugen zusammen und ist stark nach außen gewölbt. Dadurch haben Insekten ein großes Sehfeld.

Fachwerkbau: Häuser und Gebäude, bei denen die tragenden und stützenden Teile aus einem (meist sichtbaren) Holzgerüst mit Pfosten und Querverstrebungen bestehen. Die Zwischenräume wurden früher mit Binsengeflecht und Lehm ausgefüllt oder mit Backsteinen geschlossen.

Fagott: Ein Holzblasinstrument mit tiefem Klang.

Fagott

Fähre: Ein Schiff, das Menschen oder Fahrzeuge (Autos und Eisenbahnen) immer über die gleiche Strecke von einem Ufer eines Gewässers ans andere befördert.

Fahrenheit: Maßeinheit für eine Temperatur-Meßskala, bei der – anders als bei →Celsius – der Gefrierpunkt von Wasser nicht bei Null Grad C, sondern bei 32 Grad F liegt, der Siedepunkt statt bei 100 Grad C bei 212 Grad F. In Großbritannien und den USA mißt man Temperaturen nach der Fahrenheit-Skala.

Fahrrad: Ein zweirädriges Fahrzeug, das über eine Tretkurbel angetrieben wird. Über eine Fahrradkette und Zahnräder ist diese Kurbel mit dem Hinterrad verbunden. Ein Tritt in die Pedale läßt das Hinterrad zwei- bis viermal runddrehen, je nach Übersetzung, d.h. je nach Größe der Zahnräder und Anzahl der Zacken. Bei Rennrädern kann man über eine Gangschaltung diese Übersetzung um zehn bis

Fähren (im Vordergrund)

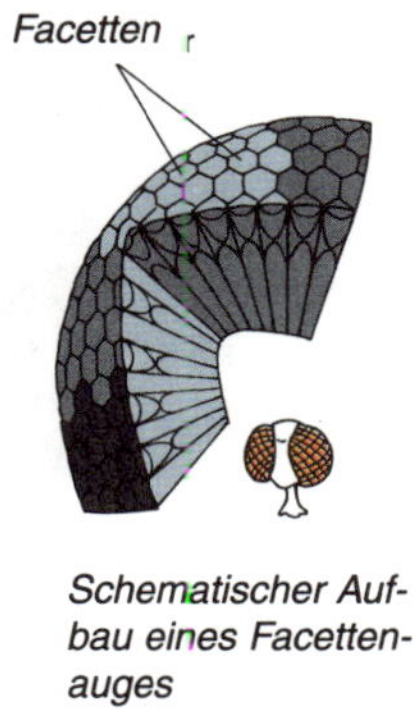

Facettenauge

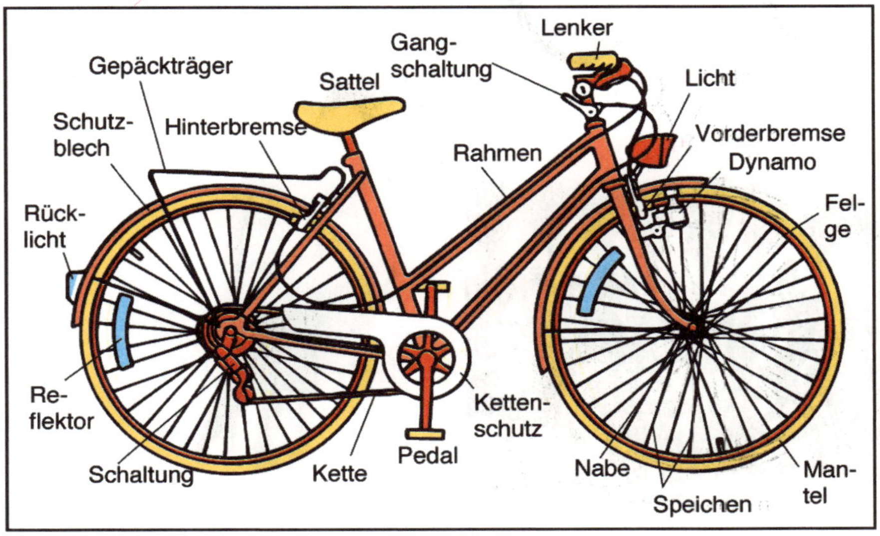

Fahrrad

zwölf Stufen verstellen. Fährt man einen Berg hinauf, wählt man einen höheren Gang; dann muß man zwar öfter treten, damit das Hinterrad sich dreht, aber man braucht weniger Muskelkraft. Es gibt heute viele verschiedene Arten von Fahrrädern, z.B. auch Tandems (ein Fahrrad für zwei Mitfahrer) oder Mountain Bikes („Berg-Fahrräder“) mit dickeren, griffigen Reifen. Der Vorläufer des Fahrrads war das Laufrad des Freiherrn von Drais (→Draisine) – es wurde 1817 erfunden und hatte noch keine Pedale. Kettenfahrräder gibt es seit 1884, der erste Luftreifen wurde 1888 eingesetzt.

Fahrrad „anno dazumal“

Fahrrad

Das Laufrad von Drais

Fahrstuhl: Eine Kabine, die über Motorantrieb und Seilzüge z.B. in Häusern von Stockwerk zu Stockwerk rauf- und runterfährt. Man sagt auch **Lift** dazu.

Fair: Gerecht. **Fairneß** oder **Fair Play** ist z.B. bei sportlichen Wettkämpfen wichtig.

Fakir: Jemand, der auf einem Nagelbrett sitzen kann oder sich freiwillig anderen körperlichen Qualen aussetzt, um vollkommene Beherrschung zu erlangen.

Falken: Greifvögel mit hackig gebogenem Schnabel und kräftigen Krallen. Am Schnabel sind noch ein Paar Hornzähne angebracht. Die Falken töten ihre Beute durch Biß in den Nacken. Der **Baumfalke** und der **Wanderfalke** lassen sich im Sturzflug auf ihre Beute nieder, andere Falken, z.B. den bei uns heimischen **Turmfalken,** erkennt man am Rüttelflug, mit dem sie sich minutenlang an einer Stelle in der Luft halten und nach unten spähen. Früher wurden Falken vom „Falkner“ zur Jagd abgerichtet.

Falken: Baumfalke

Turmfalke

Wanderfalke

Fallschirm: Schon Leonardo da Vinci hat sich im 15. Jahrhun-

Fallschirmspringer

Fallschirmspringer beim Tandem-Springen

dert einen Stoffschirm ausgedacht, der schnell fallende Körper durch den Luftwiderstand abbremst. Fallschirmsportler springen in großer Höhe aus dem Flugzeug und lassen sich erst einmal im freien Fall mit rasenden Geschwindigkeiten von über 50 Metern pro Sekunde nach unten stürzen. Durch Körperbewegungen können sie ihren Sturzflug steuern. Haben sie eine bestimmte Höhe erreicht (diese können sie an einer Höhenuhr ablesen), dann öffnen sie ihren Fallschirm mit einer Reißleine und segeln langsam nach unten.

Faltengebirge: Ein Gebirge, das entstand, weil Gesteinsschichten durch seitlichen Druck nach oben gepreßt und „aufgefaltet" wurden. Die Alpen sind ein Faltengebirge.

Falter: Anderer Name für →Schmetterlinge.

Familie: Die Lebensgemeinschaft von Eltern und Kindern. Früher lebten die Menschen in **Großfamilien** zusammen: Urgroßeltern und Großeltern, Eltern, Kinder und Enkel waren „unter einem Dach" versammelt. Dabei waren die Aufgaben der einzelnen Familienmitglieder meistens fest verteilt: Die Alten und Kranken wurden von Jüngeren gepflegt und umsorgt, dafür übernahmen Omas und Opas oft die Aufsicht ihrer Enkelkinder. Der Vater arbeitete, um Geld zu verdienen, die Mutter kochte und machte den Haushalt. Heute ist, besonders in den Städten, eher die Kleinfamilie üblich. Auch geschiedene oder alleinerziehende Elternteile, die mit ihren Kindern zusammenleben, gelten als Familie, die vom Staat besonders geschützt wird.

Familienplanung: Das bewußte Begrenzen des „Familienzuwachses". Durch den Einsatz von verschiedenen Empfängnisverhütungsmitteln (→Empfängnis) ist es heute möglich, nur so viele Kinder zur Welt zu bringen, wie man auch haben möchte, und zwar zu einem Zeitpunkt, an dem man bereit dafür ist. Familienplanung ist besonders in überbevölkerten Ländern sinnvoll und notwendig, wo die Mittel nicht mehr ausreichen, alle Menschen zu ernähren.

Familienstand: Die amtliche Unterscheidung zwischen verheiratet, nicht verheiratet (ledig) oder geschieden.

Falter

Falter

Fan: Ein begeisterter Anhänger einer Person oder Sache.

fanatisch: Übertrieben und leidenschaftlich.

Fantasie: Vorstellungskraft.

Farbdruck: →Buchdruck.

Farben: Eine Empfindung, die durch sichtbares Licht hervorgerufen und über das →Auge ans Gehirn vermittelt wird. Sonnenlicht sieht weiß aus, setzt sich aber aus allen Farben zusammen. Diese Farben ergeben sich aus den ganz verschiedenen Wellenlängen des Lichts. Trifft das anscheinend „weiße" Licht auf einen Gegenstand auf, so strahlt dieser nur eine einzige Wellenlänge wieder ab. Je nach Wellenlänge sehen wir den Gegenstand beispielsweise „rot", „blau", „grün" oder „lila". Gegenstände, die alles Licht „verschlucken" und kein Licht abstrahlen, erscheinen schwarz. Trifft das Sonnenlicht auf einen Wassertropfen auf, so wird es „gebrochen", d.h. in alle seine einzelnen Farben zerlegt. Diese **Spektralfarben** sieht man z.B. in einem Regenbogen.

Farben

Farbenblindheit: Die Unfähigkeit, manche oder gar alle Farben voneinander zu unterscheiden. Sie ist meistens angeboren.

Farbfernsehen: Ein Fernsehgerät, das nur mit den Farben Rot, Grün und Blau als Grundlage auf dem Bildschirm bunte Bilder erscheinen läßt. Voraussetzung hierzu ist eine kompli-

Farbfernsehen

zierte Technik, die bei uns seit 1967 eingesetzt und seitdem ständig verbessert und weiterentwickelt wird.

Farne: Seit Jahrmillionen bestehende Pflanzenart. Farne haben keine Blüten und meist gefiederte Blätter, die Anfangs spiralenförmig eingerollt sind. Im feuchtheißen Urwald können sie hoch wie Bäume wachsen.

Fasane: Von diesem Hühnervogel, der ursprünglich aus Asien stammt, gibt es viele verschiedene Arten. Die Männchen haben ein prächtig buntes Gefieder und auffällig lange Schwanzfedern. Fasane brüten am Boden und bewohnen bei uns offene Landschaften mit Feldern und Wäldern. Sie können nicht besonders gut fliegen, dafür aber schnell laufen.

Fata Morgana: Ein Trugbild, das durch Luftspiegelung entsteht. Man sieht dann Dinge, die in Wirklichkeit sehr weit entfernt sind (manchmal sogar hinter dem →Horizont liegen), ganz nah. Oft kann man eine Fata Morgana in der Wüste beobachten.

Fäulnis: Die Umwandlung und Zersetzung von Stoffen. Sie wird durch Bakterien oder Pilze in Gang gesetzt und ist ein wichtiger Vorgang in der Natur.

Faultiere: Südamerikanische Säugetiere, die vor allem dadurch auffallen, daß sie sich – wenn überhaupt – im Zeitlupentempo bewegen. Meist hängen sie aber stundenlang ganz „faul" an Ästen. Ihr Fell ist von einer grünlichen Tarnfarbe überzogen, die durch Algen verursacht wird. Faultiere sind Pflanzenfresser.

Fauna: Das Tierreich; auch die Tierwelt einer bestimmten Gegend.

Faustkeil: Eine Erfindung aus der Altsteinzeit. Dieses Werkzeug aus Feuerstein war von zwei Seiten behauen und mit seinen scharfen Kanten vielseitig verwendbar. Das stumpfe Ende lag gut in der Hand. Mit der ständigen Verbesserung des Faustkeils entwickelte sich auch die Fingerfertigkeit unserer Vorfahren immer besser – und damit Gehirn und Intelligenz.

Fauna: Hier die Tierwelt der Savanne

Fechten: Eine Sportart, die mit Degen, Florett oder Säbel ausgeführt wird. Die Treffer werden elektronisch angezeigt.

Fasan

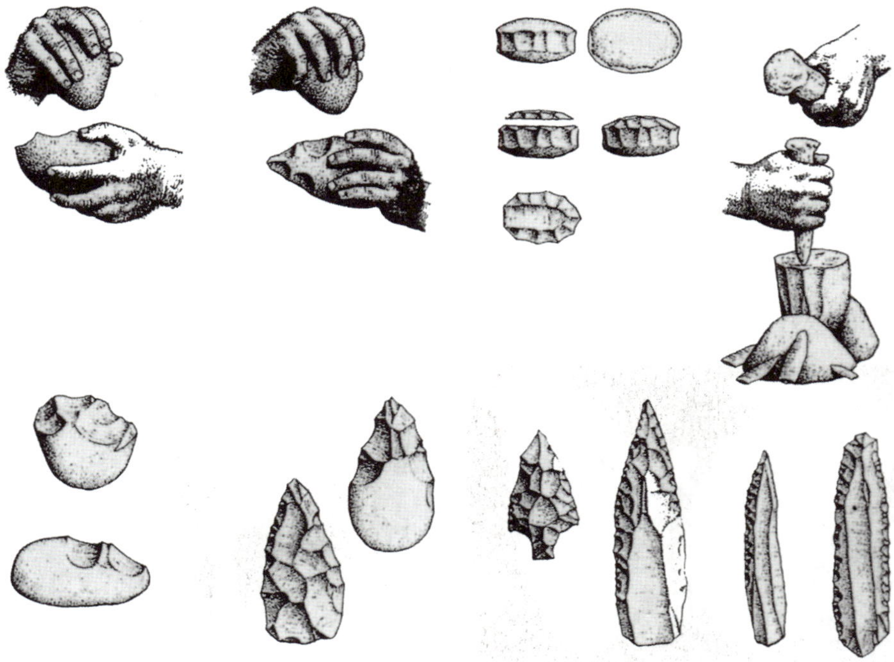

Faustkeil: Das vielseitig einsetzbare Werkzeug unserer Vorfahren

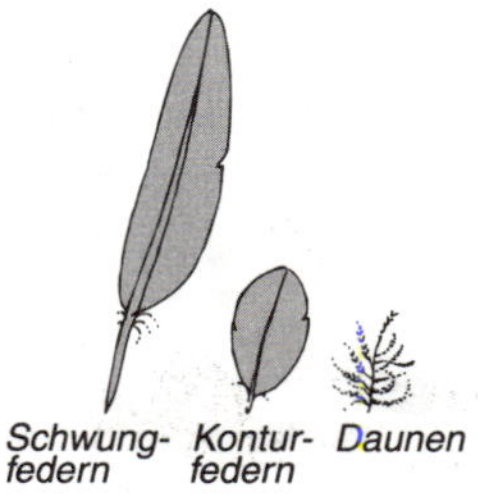

Federn

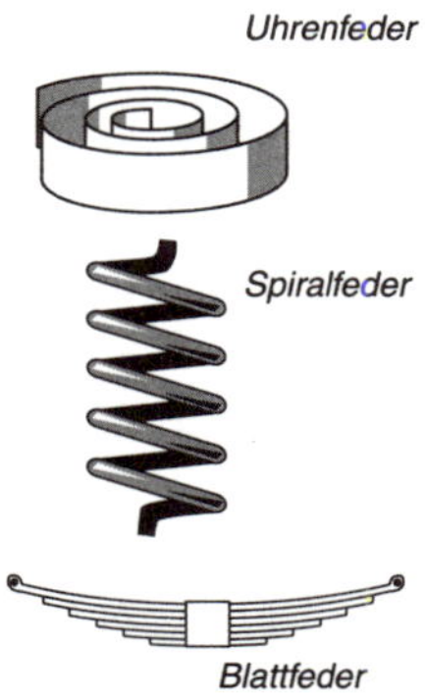

Verschiedene Federarten

Feder: Ein Metallstück, das unter Spannung steht und sich bei Belastung verformen oder aus einanderziehen läßt, aber ständig versucht, in seine (gespannte) Ausgangslage zurückzukehren. Das **Federkleid** der Vögel besteht aus größeren, langen Deckfedern und den darunter liegenden, wärmenden →Daunen. **Federkiele** hat man früher schräg angespitzt und zum Schreiben (mit Tinte) benutzt.

Prächtiges Federkleid

Fehde: Eine Feindschaft zwischen zwei Personen oder Parteien, die früher dem Gegner förmlich angekündigt wurde.

Feingehalt: Der Anteil eines wertvollen Metalls (z.B. Gold) in Münzen, Barren oder Schmuck.

Felge: Teil des Rades, auf das der Reifen aufgezogen wird.

Ferner Osten: Bezeichnung für Ostasien.

Fernheizung: Ein Heizsystem, bei dem, ausgehend von einem Heizwerk, über unterirdische Leitungen die Häuser ganzer Stadtteile mit Wärme versorgt werden.

Fernlenkung: Das Steuern eines (Modell-)Fahrzeugs, Flugzeugs, Schiffs oder Roboters über Funk.

Fernrohr: Ein Gerät, mit dem man weit entfernte Gegenstände, die man mit bloßem Auge z.B. nicht mehr erkennen könnte, ganz groß und „nah" sieht. So sind Fernrohre z.B. bei der Beobachtung des Sternenhimmels sehr nützlich. →Teleskop.

Fernschreiber: Ein Gerät, mit dem man schriftliche Nachrichten über weite Entfernungen senden und empfangen kann. Der Fernschreiber wurde heute weitgehend durch →Telefax ersetzt.

Fernsehen: Aufnahme, Sendung und Empfang von Bild und Ton über Antennen oder Kabel. Aufnahmegeräte sind die Kameras, Empfangsgeräte die Fernseher (TV). Bei der Aufnahme von Fernsehbildern werden die Helligkeits- oder Farbwerte in elektrische Signale umgewandelt und später im Fernsehapparat wieder entschüsselt. Die Übertragung von Fernsehsendungen geschieht heute schon über →Satelliten. Es gibt staatliche und private Fernsehanstalten. →Kabelfernsehen, →Farbfernsehen.

Fernsprecher: →Telefon.

Festival: Fest, meist eine organisierte Großveranstaltung mit

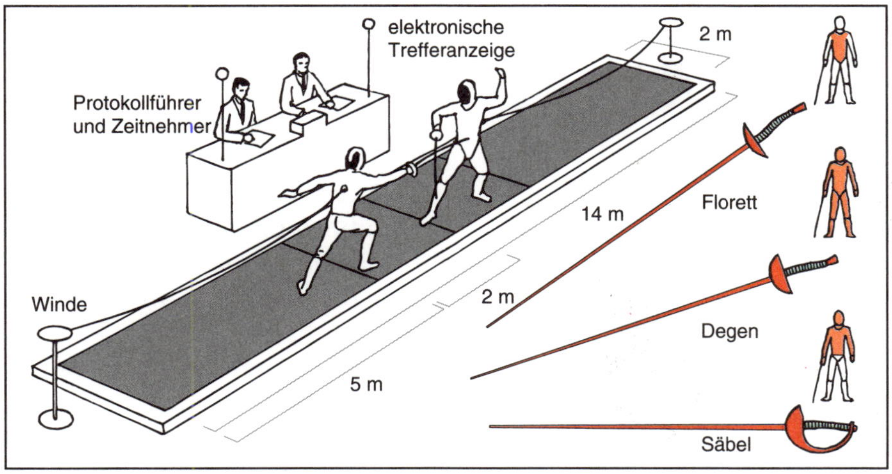

Fechten

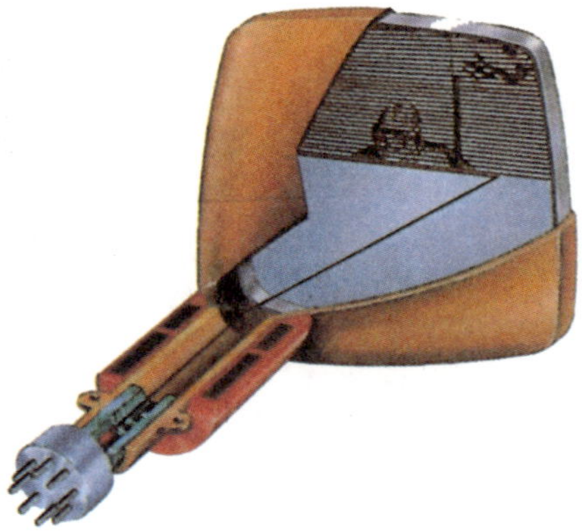

Fernsehgerät von innen

Musik, Tanz, Film- oder anderen künstlerischen Vorführungen.

Feuchtgebiete: Lebensräume in der Natur, deren Tier- und Pflanzenwelt hauptsächlich vom Wasser geprägt ist. Feuchtgebiete wie Auwälder, Moore oder Streuwiesen sind ein wichtiger, bei uns geschützter Rückzugsort für selten gewordene Tiere. Sie haben auch bei der Regulierung des Wasserhaushalts (z.B. Trinkwasservorräte) eine große Bedeutung.

feudal: Heute im Sinne von „vornehm", „großartig" gebraucht. Der **Feudalismus** war im Mittelalter ein strenges Gesellschaftssystem das die Untergebenen (Diener, Vasallen, Bauern) von der Obrigkeit (**Feudalherren**) abhängig machte. Grundlage dieses Gesellschaftssystems war das Lehnswesen: Die Großgrundbesitzer überließen ihren Untergebenen leihweise ein Stück Land; dafür mußten diese den Lehnsherren Abgaben leisten, Arbeiten verrichten und mit in den Krieg ziehen.

Feuer: Eine Verbrennung, bei der Flammen, Glut und Hitze entstehen. Ohne die Zufuhr von Sauerstoff erlischt jedes Feuer. Bevor die Menschen selbst Feuer entfachen konnten, waren sie auf den Zufall (z.B. Blitzeinschlag) angewiesen. Den Gebrauch des Feuers entdeckten unsere Vorfahren in der Altsteinzeit. Sie fanden heraus, daß man z.B. durch schnelles Drehen eines Holzstöckchens auf leicht brennbarem Zunder selbst ein Feuer entfachen konnte. Dies war eine ganz wichtige Voraussetzung für das Überleben, aber auch für die Weiterentwicklung des Menschen, denn das Feuer bot ihm die Möglichkeit, Naturstoffe (Nahrung, Ton, Metalle) zu verarbeiten.

Feuersalamander: Ein schwarzgelb gefleckter Lurch, der in feuchten Bergwäldern lebt. Bei uns ist er geschützt.

Feuersalamander

Feuerstein: Das Gestein, mit und aus dem der Mensch die ersten Werkzeuge herstellte (→Faustkeil). Dieser Stein läßt sich leicht brechen und bearbeiten, und wenn man zwei Feuersteine aneinanderschlägt, springen Funken. Deshalb wird Feuerstein in Feuerzeugen als „Zünder" benutzt.

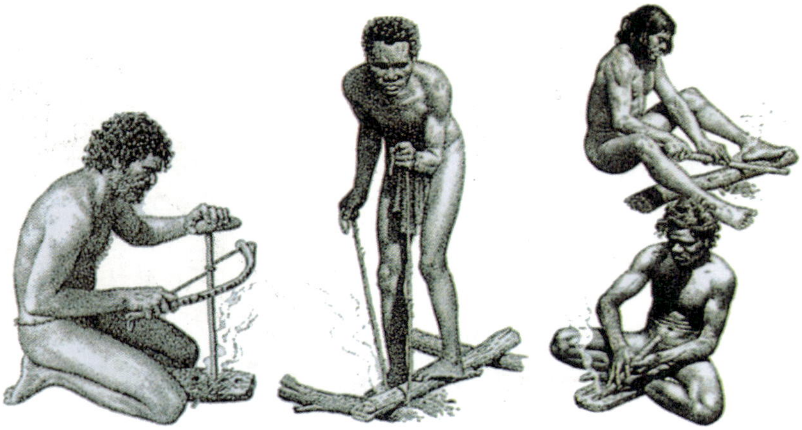

Feueranmachen in der Steinzeit

Feuerwehr

Feuerwehr: Nicht nur zum Verhüten und Löschen von Bränden ist die Feuerwehr da, sondern sie hilft auch bei Unfällen und im Umweltschutz. Schon im alten Rom gab es eine Nacht- und Feuerpolizei, die erste **Berufsfeuerwehr** wurde 1689 in Wien eingerichtet. Über eine kurze Notrufnummer (je nach Ländern verschieden) kann man die Feuerwehr schnell erreichen.

Feuerwerk: Durch das Abbrennen von **Feuerwerkskörpern,** die mit Schwarzpulver und bestimmten Salzen gefüllt sind, kann man wunderschöne Leuchteffekte am Himmel zeigen. Diese Sitte entwickelte sich in Europa bei höfischen Spielen im Spätmittelalter. Wenn man selbst – z.B. an →Sylvester – ein Feuerwerk veranstaltet, so sollten Erwachsene dabei sein.

Fichten: Immergrüne Nadelbäume mit vielen verschiedenen Arten. Bei uns ist die **Rottanne** weit verbreitet, sie wird bis zu 60 m hoch und 1000 Jahre alt. Aus Fichtennadeln macht man Badezusätze, aus dem Holz Möbel oder Papier.

Fieber: Durch das Ansteigen der Körpertemperatur bei Fieber versucht der Körper, wärmeempfindliche Krankheitserreger abzutöten. Die Körpertempera-

Film: Charlie Chaplin

tur kann man mit dem **Fieberthermometer** messen – liegt sie über 37,5 Grad Celsius, so hat man Fieber. Ab 41 Grad ist Fieber lebensgefährlich, weil körpereigenes Eiweiß vernichtet wird.

Filiale: Die Zweigstelle eines Unternehmens, z.B. einer Bank oder eines Geschäfts.

Film: Was wir bei Kinofilmen als „bewegte" Bilder wahrnehmen, sind in Wirklichkeit viele Einzelbilder, die rasch hintereinander auf der Filmrolle abgespult und durch Licht auf die Leinwand geworfen werden. Mit der gleichen Geschwindigkeit wie beim Abspielen werden Filme auch von einer **Filmkamera** aufgenommen: meist 24 Einzelbilder pro Sekunde. Die ersten Filme, die schon vor dem 20. Jahrhundert gezeigt wurden, waren manchmal nur 30 Sekunden lang, aber trotzdem eine große Sensation. Die **Stummfilm-Zeit** endete mit der Erfindung des **Tonfilms** (1928). An der Herstellung eines Films sind oft **Filmteams** von 20 bis 30 und mehr Mitarbeitern unter der Oberleitung des **Filmregisseurs** beteiligt. Die bekannteste „Filmfabrik" mit Hunderten großer und kleiner Filmstudios ist *Hollywood.*

Filter: Ein Gerät, mit dem man z.B. Flüssigkeiten oder Luft reinigen, aber auch Lichtstrahlen bestimmter Wellenlänge ausschalten kann (**Farbfilter** vor der Kamera).

Finale: Das letzte große Entscheidungsspiel in einem Sportwettbewerb.

Findlinge: Einzelne, große Gesteinsbrocken, die in der Eiszeit von Gletschern aus weit entfernten Gebieten mitgeführt wurden.

Fingerabdruck: Der Abdruck eines Fingers ist bei jedem Menschen dieser Welt einzigartig. Auf jedem Gegenstand, den man anfaßt, hinterläßt man Fingerabdrücke. Deshalb sind Fingerabdrücke bei Kriminalfällen ein wichtiges Beweismittel.

Fingersprache: Die Zeichensprache, mit der sich Taubstumme verständigen können.

Finkenvögel: Kleine Singvögel, die bei uns überwintern können. Zu diesen Körnerfressern gehören z.B. **Distelfink, Goldammer** oder **Dompfaff.**

Firma: Ein mehr oder weniger großes Wirtschafts-Unternehmen, z.B. eine GmbH.

Firmament: Veraltetes Wort für Sternenhimmel oder Himmelsgewölbe.

Fische: Im Wasser lebende Wirbeltiere, die es seit etwa 390 Millionen Jahren auf der Erde

Fische: Lachse bei ihrer Wanderung flußaufwärts

Fichte

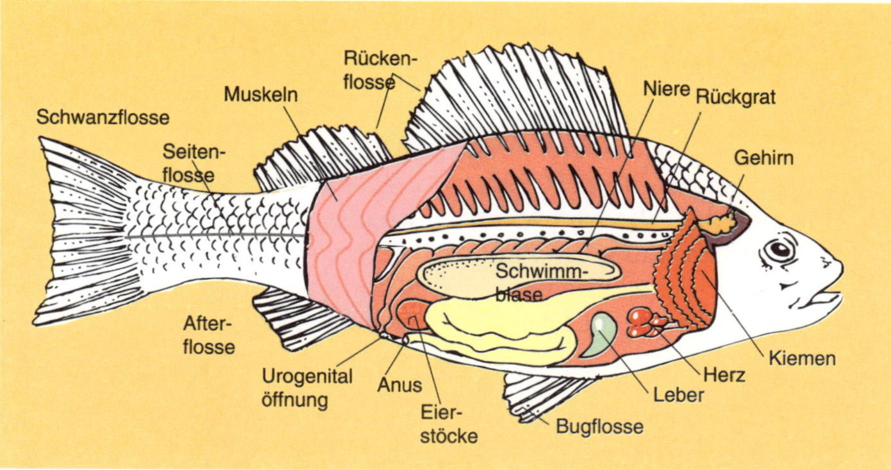

Fisch

Fische: Kugelfisch

Fische: Mondfisch

gibt. Man teilt die rund 25 000 verschiedenen Arten in **Knochenfische** (sie haben ein Knochenskelett) und in **Knorpelfische** (sie haben ein Knorpelskelett, z.B. die Rochen) ein. Die meisten Fische haben Kiemen zum Atmen, Flossen zum Schwimmen und ein Schuppenkleid; sie legen ihre Brut als Eier **(Fischlaich)** ab. Einige Arten (z.B. Lachs oder Stör) unternehmen in großen Schwärmen erstaunlich lange Wanderungen – manchmal vom Süßwasser ins Salzwasser oder umgekehrt –, um ihre Laichplätze aufzusuchen. Andere gebären aber auch lebende Junge. Zu den Fischen gehört auch das →Seepferdchen.

fit: Körperlich und geistig gut in Form. Sportliche Durchtrainiertheit wird heute oft **Fitneß** genannt.

Fixsterne: Sterne, die sich – von der Erde aus betrachtet – im Gegensatz zu den →Wandelsternen anscheinend kaum bewegen. Die hellsten Fixsterne sind *Wega* und *Sirius*.

Fjord

Fjorde: So nennt man tief eingeschnittene Meeresbuchten in Skandinavien.

Flaggen: Fahnen, z.B. mit den bestimmten Farben eines Staates **(Nationalflaggen).** Mit **Signalflaggen** kann man über Strecken in Sichtweite (z.B. zwischen zwei Schiffen auf See) Nachrichten übermitteln. Es gibt sogar ein **Flaggenalphabet.**

Flamingos: Rosarot gefiederte Wasservögel mit ungewöhnlich hohen Beinen und sehr langem Hals.

Flaschenzug: Eine Erfindung mit Seilen und Rollen, die schon die alten Ägypter kannten und mit der man unter wenig Kraftaufwand schwere Lasten hochheben kann.

Fledermäuse: Sie sind die einzigen Säugetiere, die fliegen können: Bei ihnen ist zwischen den Fingern, den Hinterbeinen und dem Körper eine faltbare Flughaut gespannt. Fledermäuse gehen nachts auf Insektenjagd. Dabei senden sie Ultraschalltöne aus, die sie durch das →Echo orten und mit der Mundspalte aufnehmen. So können sie auch bei völliger Finsternis nicht nur jedem Hindernis ausweichen, sondern auch ihre Beute ausfindig machen. Tagsüber hängen die Fledermäuse kopfüber an der Decke

Fledermaus

von Höhlen, Dachböden oder Glockentürmen; so halten sie auch ihren Winterschlaf. Wie alle Säugetiere, gebären die Fledermäuse lebende Junge und säugen sie. Die „Babys" werden beim Flug einfach mitgenommen. Die größte Fledermaus lebt im tropischen Amerika. Bei uns heimische Arten, z.B. das **Mausohr** oder die **Kleine Hufeisennase,** sind vom Aussterben bedroht, weil ihnen Nahrung fehlt und vor allem weil die Hausdächer heute so dicht zugebaut sind, daß die Fledermäuse keine Einfluglöcher mehr finden.

Flamingo

Fleischfressende Pflanzen: Pflanzen, die mit ihren zusammenklappbaren Blättern, Blütenfallen oder mit klebrigen Tentakeln Insekten fangen, festhalten und verdauen. Meist locken diese Pflanzen ihre „Opfer" durch Farbe, Blütenform oder Duft an. Sie ernähren sich aber auch über ihre Wurzeln. Zu den fleischfressenden Pflanzen

Fleischfressende Pflanze: Venusfliegenfalle

Fliegen: Fruchtfliege *Stubenfliege* *Hornissenjagdfliege*

gehören z.B. *Sonnentau* oder *Venusfliegenfalle.*

Fliegen: Dies sind zweiflügelige Insekten mit über 50 000 Arten. Zu ihnen gehören z.B. Bremse, Stechfliege, Schwebfliege und Stubenfliege.

Tsetsefliege

Paarung der Schwebefliege

Fliegende Fische: Bei diesen Knochenfischen (→Fische), die man vor allem in tropischen Meeren findet, sind die Brustflossen meist so stark vergrößert, daß sie wie Tragflächen wirken. Sie schnellen sprungartig aus dem Wasser und können anschließend bis zu 50 m weite Gleitflüge unternehmen.

Fliegender Holländer: Ein sagenhafter holländischer Kapitän, der auf seinem Geisterschiff zu ewiger Seefahrt verdammt ist.

Fliehkraft: Die Kraft, die einen Körper nach außen drückt oder zieht, wenn er z.B. im Kreis herumgeschleudert wird. Die Fliehkraft wirkt auch auf ein Fahrzeug, das um eine (enge) Kurve fährt. Ist die Geschwindigkeit zu hoch, fliegt es nach außen aus der Kurve.

Fließband: Eine Anlage in →Fabriken, die die Teile, welche z.B. zusammengefügt, geschraubt oder anderweitig bearbeitet werden müssen, in einem bestimmten Tempo von Arbeiter zu Arbeiter transportiert. Oft muß der Arbeiter dabei den ganzen Tag immer nur eine einzige Handbewegung durchführen. Weil das nicht nur müde und arbeitsunlustig, sondern sogar krank macht, werden heute wieder verschiedene Arbeitsschritte zusammengefaßt und von kleineren Arbeitsgruppen gemeinsam erledigt.

Flöhe: Kleine, blutsaugende Insekten, die oft im Fell von Hunden und Katzen zu finden sind. Der winzige, etwa 2 mm große Menschenfloh kann mit seinen kräftigen Hinterbeinen 30 cm weit springen.

Floh

Flop: Ein Reinfall, das Mißglücken eines Unternehmens.

Flora: Das Pflanzenreich oder auch die frei wachsenden Pflanzen eines bestimmten Gebiets.

Flöte: Ein Holzblasinstrument, das auf der ganzen Welt in vielen verschiedenen Formen verbreitet ist (**Panflöte, Blockflöte, Querflöte** usw.). Schon in der Jungsteinzeit wurden Flöten aus Knochen geschnitzt.

Flugzeug: Der Traum vom Fliegen wie ein Vogel beschäftigt die Menschen schon seit Jahrtausenden – kurz vor dem Beginn des 20. Jahrhunderts wurde er endlich wahrgemacht.

Flugzeug: Concorde

Flugzeug

Flugzeug: Boeing 747-400

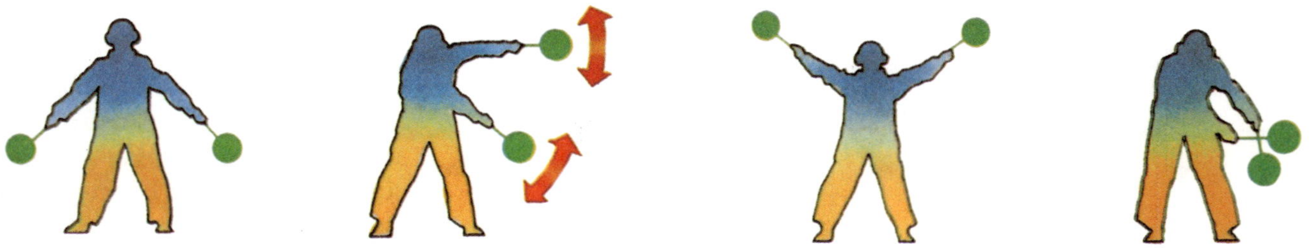

Fluglotsensignale: zu tief – Höhenruder öffnen – zu hoch

In Deutschland z.B. durch den Ingenieur Otto Lilienthal, dem zwischen 1891-96 die ersten Gleitflüge mit seinen selbstgebauten Flugapparaten gelangen. Erste erfolgreiche Motorflüge unternahmen die Gebrüder Wright 1903 mit ihrem Doppeldecker. Wie kommt es, daß ein Jumbojet mit über 500 Passagieren hoch in die Luft steigen und sich dort halten kann, ohne herunterzufallen wie ein Stein? Das Geheimnis liegt im Auftrieb, einer Kraft, die sich vorwärtsbewegende Gegenstände in der Luft nach oben zieht und somit der Schwerkraft entgegenwirkt. Je schneller das Flugzeug fliegt – angetrieben von Propellermotoren oder Düsentriebwerken – desto stärker wirkt diese Kraft. Dazu kommt, daß an den Tragflächen („Flügeln") eines Flugzeugs die Luftströmung so verläuft, daß unter den Flügeln ein Überdruck entsteht, der das Flugzeug nach oben drückt. Die französische „Concorde" ist das schnellste Passagierflugzeug, sie fliegt mit Überschallgeschwindigkeit in dreieinhalb Stunden von Paris nach New York.

Flugzeugträger: Große Schiffe mit Start- und Landebahn für Flugzeuge.

Fluor: Ein giftiges Gas, das mit fast allen anderen chemischen Elementen leicht Verbindungen eingehen kann. Fluorverbindungen sind auch in den Haaren und in den Knochen enthalten. Die Zähne schützen sie vor →Karies. Deshalb wird in manchen Gegenden das Trinkwasser mit Fluor angereichert.

Fluß: Ein größeres Gewässer, das wegen des Gefälles einer Landschaft nach unten fließt – z.B. als Zufluß oder **Nebenfluß** in einen noch größeren **Hauptfluß** oder ins Meer. Weil das Gefälle in Meeresnähe immer mehr nachläßt, werden Sand und Gesteine, die der Fluß mitgenommen hatte, vor der **Flußmündung** abgelagert. Deshalb bildet sich hier oft ein →Delta. Sehr große Flüsse werden **Ströme** genannt.

Flußbegradigung: Das Verändern eines natürlichen Flußlaufs (z.B. Abschneiden von Flußschleifen), damit die Flüsse mit Schiffen leichter befahren werden können. Dies hat meist sehr schlimme Auswirkungen auf die Natur: So wird z.B. das →Grundwasser gesenkt, wertvolle Feuchtgebiete werden vernichtet, und die vorher artenreiche Flußlandschaft verödet.

Flußpferde: Diese dicken, tonnenförmigen Tiere leben in Afrika, zu ihnen gehört auch das Nilpferd. Tagsüber stehen die Flußpferde meist bis zur Nase, zu den Augen und den Ohren im Wasser. Beim Tauchen schließen sich die Nasenlöcher. Nachts unternehmen sie lange, immer gleiche Märsche. Die Kälbchen werden unter Wasser gesäugt. Flußpferde sind Pflanzenfresser. Sie werden über drei Tonnen schwer und über 50 Jahre alt.

Fohlen: Junges Pferd bis zum Alter von etwa drei Jahren. Man sagt auch **Füllen** dazu.

Fohlen

Föhn: Ein warmer, trockener Fallwind, der auftritt, wenn Luftmassen ein Gebirge überqueren. Beim Aufsteigen auf der einen Seite kühlt die Luft nur wenig ab, verliert aber durch Abregnen an Feuchtigkeit. Beim Absinken auf der anderen Seite erwärmt sich die nun trockene Luft sehr schnell. Föhn tritt oft an der Nordseite der →Alpen auf.

Folklore: Volkstümliches Brauchtum, z.B. Trachten, Musik, Tänze.

Football: Dieses amerikanische Ballspiel **(American Football)** hat mit unserem Fußballspiel nur wenig gemein, auch wenn der Name ähnlich klingt. Ein eiförmiger Ball muß von den

Football

Mannschaften ins gegnerische Tor gebracht werden – „egal wie!“. Es wird also sehr hart gespielt, deshalb tragen die Spieler auch Helme und besondere Schutzanzüge. Unser europäisches Fußballspiel heißt auf englisch **Soccer.**

Forelle: Ein Raubfisch, der im Süßwasser (sauerstoffreiche Bäche und Flüsse) lebt und mit den Lachsen verwandt ist. Als Speisefische werden Forellen auch gezüchtet.

Format: Die Abmessungen (z.B. von einem Blatt Papier oder Buch). Wenn man von jemandem behauptet, er habe Format, so lobt man damit seine besonderen Fähigkeiten.

Fortpflanzung: Das Sich-Vermehren der Pflanzen, Tiere und Menschen. Es gibt nicht nur die **geschlechtliche Fortpflanzung** (→Befruchtung), sondern auch die **ungeschlechtliche Fortpflanzung** (z.B. durch Zellteilung oder Knospen).

Forum: Bei den alten Römern der Name für den Marktplatz. Berühmt ist z.B. das **Forum Romanum** in Rom. Heute verwendet man den Begriff allgemein für einen Ort, an dem ein Austausch von Meinungen und Ideen stattfindet.

Fossilien: Versteinerte Überreste und Spuren der Tier- und Pflanzenwelt vergangener Erdzeitalter. Diese Reste sind deshalb über Jahrmillionen erhalten geblieben, weil sie durch völligen Luftabschluß in Sand und Schlamm nicht verwesen konnten. **Lebende Fossilien** sind Tiere oder Pflanzen, die es heute noch gibt und die sich seit Jahrmillionen nicht weiterentwickelt und verändert haben. Zu ihnen gehören z.B. die →Mammutbäume.

Fotografie: Eine Technik, mit der man das Abbild eines Gegenstandes oder einer Person „festhalten“ kann. Die Aufnahme wird von einer Kamera mit einem dort eingelegten, lichtempfindlichen Film gemacht. Drückt man auf den Auslöser, so öffnet sich die Kamera vorne für Bruchteile von Sekunden, und die Lichtstrahlen des fotografierten Gegenstandes werden auf den Film geworfen. Will man die Bilder später sichtbar machen (z.B. auf Papier oder auf einem →Dia), so muß der Film zuerst noch unter Lichtabschluß entwickelt werden. 1847 wurde die erste fotografische Platte erfunden, Rollfilme gibt es seit 1890.

Fotokopie: Die Vervielfältigung einer Vorlage im **Fotokopierer.** Man kann dabei – einfach durch Knopfdruck – vergrößern, verkleinern und sogar **Farbfotokopien** machen. Fotokopierer zum Selbstbedienen stehen oft in Warenhäusern, kleineren Schreibwarenläden oder bei der Post, vor allem aber in den **Copyshops (Kopierläden).**

Fossilien: Lebendes Fossil

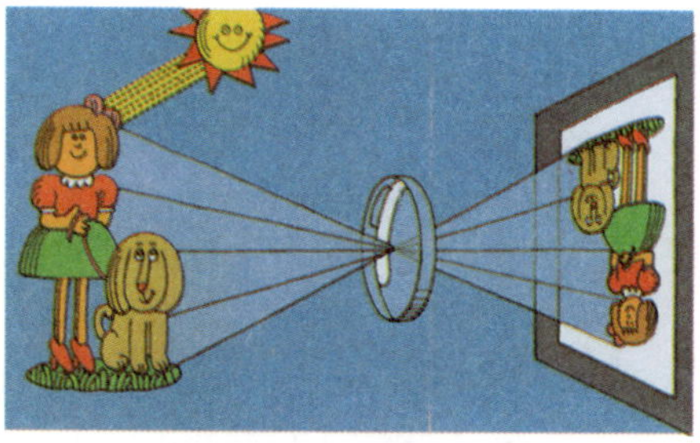

Fotografie: Die Lichtstrahlen eines beleuchteten Gegenstandes werden durch die Linse der Kamera auf den Film geworfen

Fotografieren – heute kinderleicht

Foul: Regelwidriges oder unfaires Verhalten im Sport, z.B. Anrempeln eines Mitspielers beim Fußball.

Franken: Ein westgermanischer Volksstamm, der während der →Völkerwanderung nach Westen vordrang und dort ein Reich errichtete, das unter Karl dem Großen am mächtigsten war. Später wurde dieses **Frankenreich** geteilt: Aus der östlichen Hälfte ging letzten Endes Deutschland, aus der westlichen **Frankreich** hervor.

Französische Revolution: „Die Freiheit oder den Tod"

Französische Revolution: Ein großer Volksaufstand, der 1789 in Frankreich ausbrach und die Gesellschaftsordnung nicht nur dort, sondern in ganz Europa grundlegend veränderte. Einerseits entstand diese Revolution aus der Armut der einfachen Bevölkerung; sie wurde aber vom Bürgertum angeführt, das mehr Rechte erhalten und die Alleinherrschaft des Königs und Adels beenden wollte. Die Französische Revolution begann mit dem Sturm auf die Bastille – das war ein Staatsgefängnis in Paris – und verlief sehr blutig: Adelige wurde unter die Guillotine gelegt und geköpft, verschiedene Revolutionsführer und ihre Anhänger bekriegten sich gegenseitig, eine Zeitlang herrschte eine Schreckensherrschaft mit Mord und Totschlag. Am Ende entstand eine neue, bürgerliche Gesellschaftsordnung.

Freilauf: Eine Vorrichtung, die es ermöglicht, daß ein →Fahrrad weiterfährt, ohne daß sich die Pedale mitdrehen. Ohne Freilauf müßte sich ein Fahrradfahrer unnötig „abstrampeln", z.B. wenn es den Berg hinunter geht.

Freischwimmer: Vom Bademeister abgenommene Schwimmprüfung, bei der man 15 Minuten lang Dauerschwimmen und einen Sprung vom 1-m-Brett vollführen muß.

Freistoß: Eine Strafe bei verschiedenen Ballspielen, z.B. beim Handball. Hat ein Spieler der einen Mannschaft gegen die Spielregeln verstoßen, so bekommt die andere Mannschaft den Freistoß zugesprochen.

Freizeit: Ein Begriff, der eingeführt wurde, seitdem es gesetzlich fest geregelte Arbeitszeiten gibt und der heute immer größere Bedeutung erlangt. Manche Menschen wissen nicht, was sie mit ihrer vielen Freizeit anfangen sollen; die meisten bemühen sich aber, sinnvolle oder spannende **Freizeitbeschäftigungen** zu finden – z.B. im Sport, in der Natur, beim Basteln oder Heimwerken usw. Durch diese neuen Bedürfnisse ist eine regelrechte **Freizeitindustrie** entstanden.

Freizeit im Freien

Fremdwort: Ein Wort, das aus einer anderen in die eigene Sprache übernommen wurde. Früher waren das oft lateinische Wörter, dann kamen französische und seit neuerer Zeit mehr und mehr englische Wörter dazu. Für manche Fremdwörter, z.B. aus neuen Bereichen wie der Computertechnik, gibt es gar kein eigenes deutsches Wort.

Frequenz: Eine Anzahl von Schwingungen, z.B. bei Tönen.

Fresko

Fresko

Sie wird in Hertz (Hz) gemessen. Ein Hertz entspricht einer Schwingung pro Sekunde.

Fresko: Eine Technik der Wand- und Deckenmalerei, bei der die Farbe auf den noch nassen Putz aufgetragen wird.

Frieden: Eine Zeit, in der Auseinandersetzungen ohne Waffengewalt oder Krieg gelöst werden. Wenn man allein die Geschichte Europas zurückverfolgt, so gab es kaum jemals Friedenszeiten, die länger als 40 Jahre anhielten; und auch heute brechen an allen möglichen Ecken und Enden der Welt Kriege aus – oft zwischen sehr kleinen Staaten. Die Großmächte dagegen sind, trotz großer politischer Gegensätze, heute gesprächsbereiter und haben

Frosch beim Sprung

zum Teil sogar mit einer systematischen →Abrüstung begonnen. Für besondere Leistungen auf dem Gebiet des Völkerfriedens wird der **Friedensnobelpreis** verliehen.

Frösche: Schwanzlose →Amphibien mit vielen verschiedenen Arten. Bei uns kommt vor allem der **Laubfrosch,** der **Grasfrosch** und der **Wasserfrosch** vor. Der amerikanische **Ochsenfrosch** wird bis zu 20 cm groß. Man unterteilt die Frösche in die **Echten Frösche** und die **Froschlurche**; zu letzteren gehören z.B. die Erdkröte und die Gelbbauchunke. Besonders zur Zeit ihrer Fortpflanzung leben die Frösche im und am Wasser. Die Weibchen legen ihre Eier im Wasser ab und lassen sie dann von den Männchen befruchten. Anschließend entwickeln sich aus den Eiern die Kaulquappen mit langem Schwanz und kleinen Beinansätzen. Erst die Froschlarven haben Vorder- und Hinterbeine. Nach drei Monaten sind daraus erwachsene Frösche geworden. Sie atmen über die Lunge und pumpen diese mit Luft so voll, daß sie Minuten lang unter Wasser tauchen können. Deshalb nennt man einen Taucher auch **Froschmann.**

Früchte gehen aus Blüten hervor

Frucht: Das Organ der Pflanzen, in dem die Samen heranreifen, mit denen sich die Pflanze vermehren kann. Die Frucht geht aus der Blüte hervor.

Fruchtwasser: Die Flüssigkeit, die sich bei einer Schwangerschaft in der →Gebärmutter in einer Fruchtblase bildet. Der Embryo bzw. der Fötus schwimmt bis zur Geburt darin.

Füchse: Raubtiere, die zu den Hundeartigen gehören. In Europa lebt vor allem der Rotfuchs. Er lebt in einem **Fuchsbau** und ist ein guter Mäusejäger. Weil Füchse die Tollwut übertragen, sollte man niemals einen Fuchs in freier Natur anfassen.

Fudschijama: Ein tätiger Vulkan südlich von Tokio. Mit seinem schneebedeckten Krater ist er der höchste Berg Japans. Die Japaner verehren ihn als heiligen Berg.

Führerschein: Eine Fahrerlaubnis für Motorräder, Personen- oder Lastkraftwagen.

Funktechnik: Die Übermittlung von Nachrichten mit elektromagnetischen Wellen, d.h. drahtlos. So kann man z.B. mit **Funksprechgeräten** zu Schiffen weit draußen auf dem Meer, zu Flugzeugen oder fahrenden Taxis Kontakt aufnehmen. Auch Rundfunk, Fernsehen und die drahtlose Telegrafie werden per Funk übermittelt.

funktionieren: Arbeiten, ablaufen. Jemand der eine wichtige **Funktion** hat, erfüllt eine wichtige Aufgabe.

Fußball: Ein Ballspiel mit zwei Mannschaften. Jede Mannschaft hat 10 Feldspieler und einen Torwart (daher kommt auch der Name „Fußball-Elf"). Das Spiel, bei dem versucht wird, den Ball so oft wie möglich in das Tor der Gegenmannschaft zu schießen (mit Fuß oder Kopf) und gleichzeitig das eigene Tor zu verteidigen, besteht aus zwei Spielhälften (Halbzeiten) mit je 45 Minuten. Ein Schiedsrichter paßt auf, daß genau nach den Regeln gespielt wird – wenn nicht, vergibt er Strafen. Fußball ist das beliebteste Ballspiel der Welt. Alle vier Jahre finden **Fußball-Weltmeisterschaften** statt. Die besten Mannschaften Deutschlands spielen in der →Bundesliga.

Fußballschuhe

Fußnote: Eine Anmerkung zum Text; sie wird unten am Ende einer Seite oder hinten im Buch angebracht.

G

Galapagosinseln: Leguan

Galapagosinseln: Auf dieser Inselgruppe im Pazifik gibt es eine einzigartige Tier- und Pflanzenwelt, die sich seit Jahrtausenden unverändert erhalten hat (z.B. mit Riesenschildkröten, Riesenechsen und Vögeln wie sonst nirgendwo auf der Welt). Der berühmte Verhaltensforscher *Charles Darwin* (→Abstammungslehre) hat hier wichtige Untersuchungen durchgeführt.

Galaxis: Bezeichnung für das Milchstraßensystem (→Milchstraße). Außer unserer eigenen gibt es noch viele andere **Galaxien** im Weltall: Sternensysteme mit bis zu 200 Milliarden Sternen, die eine Einheit bilden. →Spiralnebel.

Galeere: Ein großes Ruderschiff mit bis zu 500 Ruderplätzen, auf denen oft Sklaven oder Verurteilte Dienst tun mußten.

Graugänse

Galerie: Ein überdeckter Säulengang mit Fenstern oder Mauerbögen an einer Seite. Auch eine Kunsthandlung oder ein Raum, in dem Kunst ausgestellt ist, wird Galerie genannt.

Galle: Eine Flüssigkeit, die in der →Leber hergestellt wird, sich in der **Gallenblase** sammelt und in den Dünndarm ausgeschüttet wird. Sie ist wichtig für die Verdauung von Fett.

Gallien: Ein Gebiet zwischen Rhein, Alpen und Pyrenäen, das ab dem 7. Jahrhundert vor Christus von den **Galliern,** einem Hauptstamm der →Kelten, bewohnt war. Im **Gallischen Krieg** wurde Gallien von Cäsar erobert.

Galopp: Die schnellste Gangart der Pferde.

Ganges: Dieser Strom, der vom →Himalaya zum Golf von Bengalen durch Nordindien fließt, wird von den Anhängern des →Hinduismus als Heiliger Fluß verehrt. Sie glauben an die reinigende Wirkung seines Wassers für die Seele und waschen sich deshalb darin.

Gänse: Diese Wasservögel gehören zu den →Entenvögeln; von den Enten selbst unterscheiden sie sich z.B. durch ihren längeren Hals und den keilförmigen Schnabel. Manche Gänse sind Zugvögel, ihre Fluganordnung sieht wie ein Keil oder eine Spitze aus. Der Forscher *Konrad Lorenz* hat das Verhalten der **Graugänse** genau studiert. Dabei stellte er fest, daß frisch aus dem Ei geschlüpfte Tiere dasjenige Lebewesen, das sie zuerst erblicken, als ihre Mutter ansehen und ihm nachfolgen.

Gänsehaut: So wie ein Vogel bei Kälte seine Federn aufplustert, so stellen sich auch bei Tieren und beim Menschen die Haare auf; dabei treten die Follikel, die jede einzelne Haarwurzel umgeben, aus der Haut heraus. Das diente ursprünglich dem Wärmeschutz; eine Gänsehaut kann man auch bei Auf-

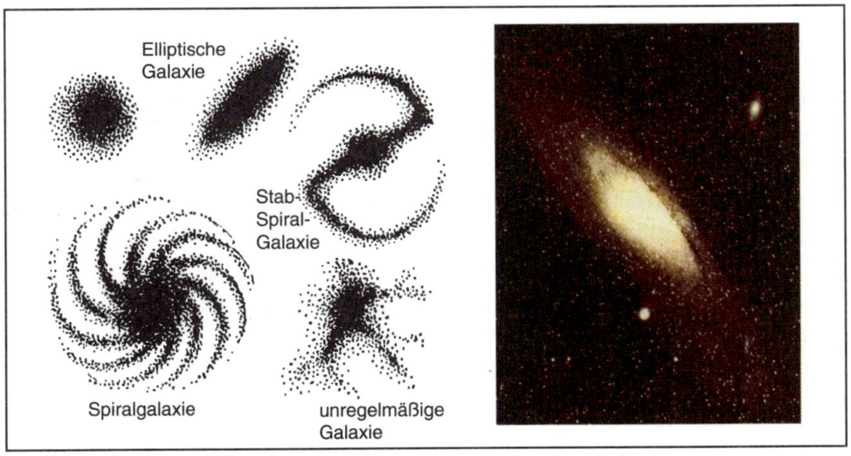

Galaxie

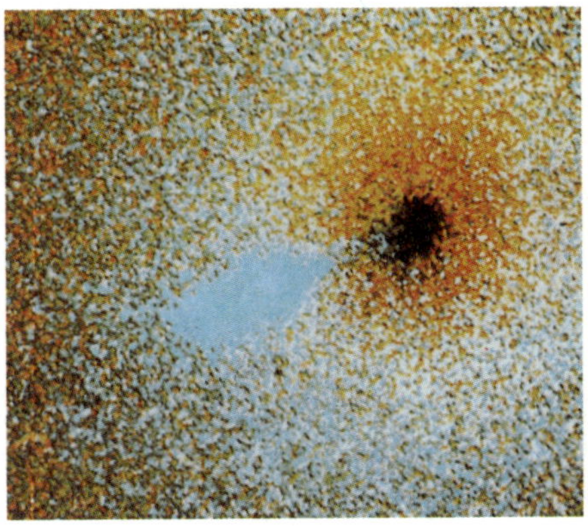

Galaxis

regung oder Erschrecken bekommen.

Garantie: Eine Bürgschaft oder Gewähr. Für manche Gegenstände wie ein Auto, eine Uhr oder eine Waschmaschine, übernimmt der Händler oder Hersteller die Garantie, daß Teile des Gegenstandes bis zum Ablauf der **Garantiezeit** nicht kaputtgehen. Deshalb sollte man die Quittung zusammen mit dem **Garantieschein** gut aufbewahren.

Gärung: Ein chemischer Vorgang, bei dem Kohlenhydrate abgebaut und z.B. in Alkohol oder Milchsäure umgewandelt werden. Dieser Vorgang läuft ohne Sauerstoff ab. Alkohol, Sauerkraut und die Löcher im Schweizer Käse werden mit Hilfe von Gärung erzeugt.

Gas: Ein luftähnlicher Stoff, der aber nicht immer gasförmig sein muß; kühlt man bestimmte Gase sehr stark ab (auf viele Minusgrade), so können sie auch flüssig werden. Bei Erwärmung oder Erhitzung werden sie immer leichter und steigen nach oben. Viele Gase sind sehr giftig, manche können auch explodieren.

Gastarbeiter: Menschen aus anderen Ländern, die man eingeladen hat, im Gastland zu arbeiten, weil dort zuwenige Arbeiter zur Verfügung stehen. In den 60er Jahren kamen viele Gastarbeiter, auch **Fremdarbeiter** genannt, aus Italien, Jugoslawien, der Türkei oder Griechenland in die Bundesrepublik Deutschland. Manche sind wieder in ihre Heimat zurückgekehrt, andere blieben, holten ihre Familien nach oder gründeten hier eine Familie. Vor allem die Kinder dieser Gastarbeiter, die meist sogar in Deutschland geboren sind, haben sich dem Gastland völlig angepaßt; manche sprechen nur Deutsch und nicht die Muttersprache ihrer Eltern. Für sie ist Deutschland die Heimat, und in dem Heimatland ihrer Eltern kommen sie sich wie Fremde vor.

Gebirge: Mont Blanc

Gattung: In der Tier- und Pflanzenkunde die Zusammenfassung engverwandter →Arten. Die Gattungen wiederum sind in Familien zusammengefaßt, und diese in Ordnungen.

Gebärmutter: Bei Säugetieren und Menschen ein Organ im unteren Bauch. Bei der Frau ist die Gebärmutter etwa faustgroß. Hat sich hier ein befruchtetes Ei eingenistet, so dehnt sich die Gebärmutter mit dem wachsenden Baby mehr und mehr aus. Das Baby schwimmt dabei in der →Fruchtblase.

Gebirge: Größere Erhebungen der Erdoberfläche. Sie sind auf ganz verschiedene Weise entstanden, z.B. durch den Zusammenstoß riesiger Erdplatten (→Faltengebirge) oder durch Vulkanausbrüche. Ihre Oberflächenform mit Tälern und Senken haben sie durch die abtragende Kraft des Wassers oder durch →Gletscher erhalten. Außer nach ihrer Entstehungsweise unterscheidet man die Gebirge noch nach ihrer Höhe (Mittelgebirge, Hochgebirge) und nach ihrer äußeren Form (z.B. Kammgebirge, Kettengebirge). Auch unter dem Meer gibt es Gebirge; die Spitzen, die herausragen, sind die Inseln.

Geburt: Beim Menschen stellt sich der Körper normalerweise nach neun Monaten Schwangerschaft auf die Geburt des Babys ein. Dann zieht sich die →Gebärmutter zusammen, was Schmerzen verursacht. Diese **Wehen** können viele Stunden lang dauern; dabei öffnet sich der Muttermund der Frau Zentimeter für Zentimeter, und das Baby drückt mit seinem Kopf dagegen. Schließlich wird das Kind unter dem Druck der Preßwehen mit dem Hinterkopf voran ausgestoßen. Nach der Geburt wird die Nabelschnur durchtrennt, das Baby kann jetzt selbst über die Lunge atmen und beginnt bald, an der Mutterbrust zu saugen. Es wird der Mutter gemütlich auf den Bauch gelegt, und beide können schmusen und sich „kennenlernen". Dann sind die Anstrengungen der Geburt für beide schnell vergessen. Nicht alle Babys kommen aber auf diesem natürlichen Weg zur Welt, manche müssen auch durch eine Operation, den Kaiserschnitt, geholt werden.

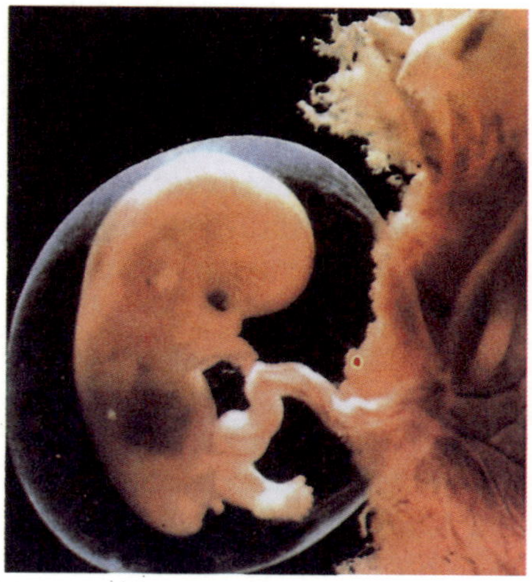

Embryo acht Monate vor der Geburt

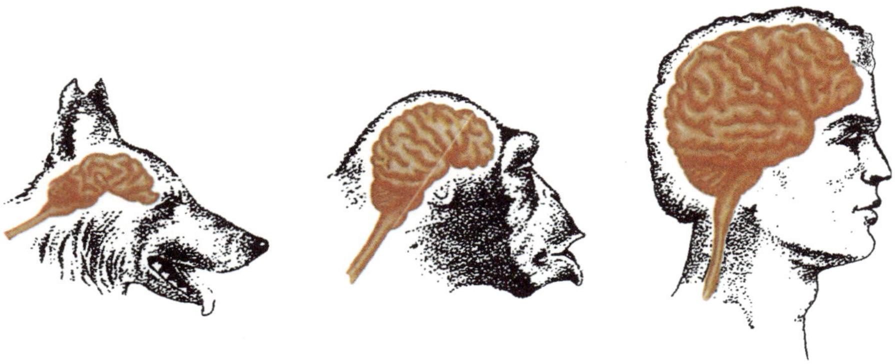

Gehirn: Größenverhältnis beim Hund, beim Affen und beim Menschen

Geburtenkontrolle: →Familienplanung. Man sagt auch **Geburtenregelung** dazu.

Gedächtnis: Die Fähigkeit, Erfahrungen im Gehirn zu speichern und sich an diese Erfahrungen zu erinnern. Das Gedächtnis kann durch Wiederholen trainiert werden (z.B. beim Lernen in der Schule). Manchmal wird man – z.B. durch einen Geruch oder ein Geräusch – auch ganz spontan an etwas erinnert, das man für lange Zeit völlig vergessen hatte. Einige, eher unwichtige Dinge speichert man nur ganz kurz im Gedächtnis, andere behält man ein Leben lang. Deshalb spricht man auch von **Kurzzeitgedächtnis** und **Langzeitgedächtnis.** Die schnellste Aufnahmefähigkeit haben Kinder während der Schulzeit.

Gefahrensymbole: Zeichen auf Verpackungen, die bildlich zeigen, daß die Inhalte gefährlich (z.B. leicht brennbar oder ätzend) sind. Mit diesen Stoffen muß man sehr vorsichtig umgehen.

Gefängnis: Ein Ort, an dem man eine bestimmte Zeitlang eingesperrt wird, wenn man von einem Gericht dazu verurteilt wurde. Im Gefängnis soll man für eine Straftat büßen, die man begangen hat (z.B. Bankraub). Es ist wichtig, daß den Gefangenen Möglichkeiten aufgezeigt werden, wie sie in Zukunft straffrei leben können. Deshalb kann man im Gefängnis z.B. auch einen Beruf erlernen.

Gefrierpunkt: Die Temperatur, bei der Wasser zu Eis gefriert. Sie liegt bei Null Grad Celsius.

Gehalt: Arbeitslohn eines Angestellten.

Geheimschrift: Entweder eine Schrift, die verschlüsselt ist und die nur Eingeweihte verstehen können, oder eine Schrift, die mit „unsichtbarer" Tinte geschrieben wurde und erst durch Erwärmen des Papiers sichtbar gemacht werden kann.

Gehirn: Beim Menschen und bei hochentwickelten Wirbeltieren die Haupt-Befehlszentrale, von der aus alle lebenswichtigen Vorgänge des Körpers gesteuert und aufeinander abgestimmt werden. Dabei übernehmen verschiedene Teile des Gehirns verschiedene Aufgaben: Ein Teil ist z.B. für das Denken, die Sprache, das Gedächtnis zuständig, ein anderer für Gefühle und Empfindungen, wieder ein anderer für das Steuern aller Bewegungen, für das Gleichgewicht oder für die Aufnahme und Verarbeitung von Sinneseindrücken; sogar der Blutdruck, die Atmung, die Körpertemperatur werden vom Gehirn gesteuert.

Geier: Große Vögel, die sich hauptsächlich von Aas ernähren. In Europa lebt vereinzelt der **Gänsegeier** und der **Mönchsgeier.**

Geige: Anderes Wort für Violine, das höchste Streichinstrument mit vier Saiten.

Geigerzähler: Ein Gerät, mit dem man messen kann, ob ein Gegenstand radioaktiv strahlt.

Geisha: Eine japanische Gesellschaftsdame. Sie ist traditionell mit einem →Kimono bekleidet, serviert den Tee nach altüberlieferten Regeln und ist in Tanz, Musik und Gesang ausgebildet.

Geländefahrzeug: Ein Auto oder Motorrad, das sich abseits

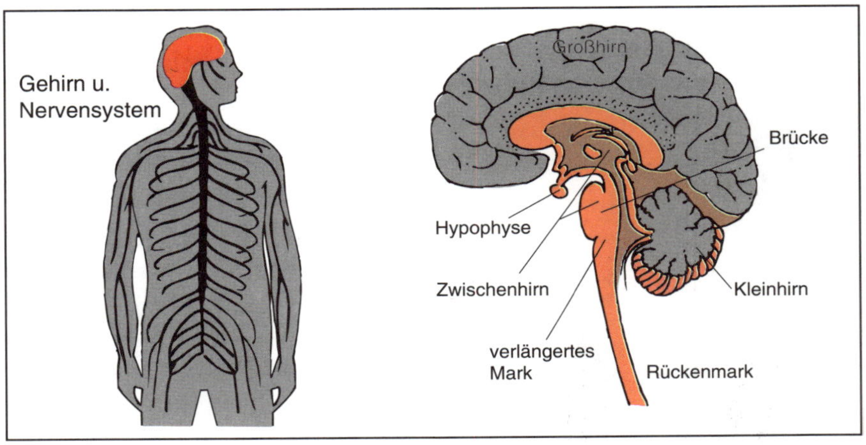

Gehirn

Geländefahrzeug

der festen Straßen im unwegsamen oder steilen Gelände gut vorwärtsbewegen kann. Es ist meistens höher gebaut als andere Fahrzeuge, hat besonders griffige Stollenreifen und beim Auto einen Antrieb, der auf alle vier Räder direkt wirkt.

Gelbsucht: Eine Krankheit, die bewirkt, daß die Gallenflüssigkeit ins Blut statt in den Dünndarm ausgeschüttet wird. Haut und Augäpfel verfärben sich dann gelb.

Geld: Ein Mittel, mit dem man etwas eintauschen oder bezahlen kann. Nicht immer wurde Geld in Form von Geldscheinen oder Metallmünzen verwendet: Im Altertum – bei einigen Naturvölkern auch heute noch – wurden auch Steine oder Muscheln wie die Kaurischnecke als Geld benutzt. Lange Zeit wurden auch Waren direkt gegen andere Waren getauscht. Doch dies hat den Nachteil, daß Waren mühsam zu transportieren und oft auch verderblich sind.

Gelenke: Die Stellen im Körper, an denen zwei Knochenenden so miteinander verbunden werden, daß sie wie Scharniere gegeneinander beweglich sind. Die Knochenenden sind von einer Gelenkkapsel umschlossen. Zwischen zwei Gelenkstücken befindet sich eine ölige Flüssigkeit.

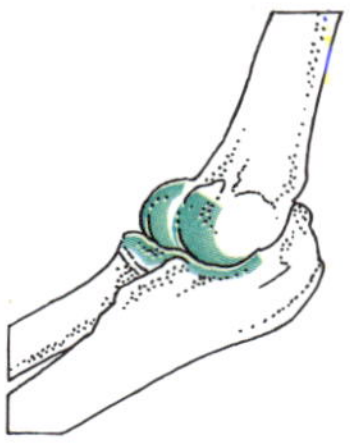

Gelenk

Gemeinde: Eine Stadt oder ein Dorf, das im Staat eine kleine Verwaltungseinheit bildet (mit Stadtrat, Bürgermeister usw.).

Gemse: Ein etwa rehgroßes Tier, das in den Hochgebirgen Europas lebt und leichtfüßig steile und vereiste Bergwände überwinden kann. Beide Geschlechter tragen ein kurzes, gebogenes Gehörn. Der **Gamsbart,** den manche Männer an ihrem Trachtenhut tragen, wird aber nicht aus dem Bart der Gams, sondern aus ihren Nackenhaaren gemacht.

Gen: Der Teil einer Körperzelle, der die Erbinformationen enthält und für die Vererbung bestimmter Merkmale und Eigenschaften verantwortlich ist. Der Mensch besitzt bis zu 200 000 verschiedene Gene.

Generation: Die einzelnen Glieder einer Geschlechterfolge, z.B. Großeltern, Eltern, Kinder, Enkel oder Urenkel. Beim Menschen setzt man für „eine Generation" einen Zeitraum von etwa 30 Jahren an – von der Geburt der Eltern bis zur Geburt von deren Kindern.

Generator: Eine Maschine, die mechanische Energie (Bewegungsenergie) in elektrische Energie (meistens Drehstrom) umwandelt, z.B. der →Dynamo am Fahrrad.

Genie: Bezeichnung für jemanden, der außergewöhnliche Begabungen und Fähigkeiten hat.

Genußmittel: Getränke, Tabak, Gewürze oder Bestandteile in Lebensmitteln, die anregende Wirkung haben.

Geo...: In Wortzusammensetzungen mit der Bedeutung „Erde".

Geografie: Die Wissenschaft, die die Land- und Meeresräume der Erde untersucht (Erdkunde).

Geologie: Die Wissenschaft, die sich mit der Zusammensetzung, dem Bau und der Entstehungsgeschichte der Erdkruste beschäftigt.

Die Geologie erforscht die Erdkruste

Gepard: Diese schwarz-gelb gefleckte, hochbeinige Großkatze lebt in Afrika und Indien. Das Raubtier ist das schnellste Säugetier der Welt – es erreicht

Genie: Wolfgang Amadeus Mozart als „Wunderkind"

in flachem Gelände bis zu 100 km/h. Deshalb wurde der Gepard früher sogar zur Antilopenjagd abgerichtet.

Gerade: Eine Strecke oder Linie ohne Kurve.

Gericht: Eine staatliche Behörde, in der nach den Gesetzen Recht gesprochen wird. Wurde jemand z.B. eines Vergehens oder Verbrechens angeklagt, so kann er in demokratischen Staaten nicht einfach ins Gefängnis gesteckt, sondern muß erst einem Richter vorgeführt werden. Zu einer **Gerichtsverhandlung** werden nicht nur der Angeklagte, sondern auch mögliche Zeugen geladen. Der Angeklagte kann sich (meist mit Hilfe eines Rechtsanwalts) verteidigen. Erst ganz am Ende, wenn der Sachverhalt möglichst vollständig geklärt und jeder zu Wort gekommen ist, entscheidet der Richter, ob der Angeklagte schuldig ist oder nicht und ob und welche Strafe er erhalten soll. Es ist ganz wichtig, daß der Richter unvoreingenommen und unparteiisch ist. Vor Gericht wird nicht nur über Straftaten, sondern auch über andere Rechtsstreitigkeiten verhandelt.

Germanen: Eine große Völkergruppe, die man mit ihren vielen einzelnen Stämmen noch in **Nordgermanen** (Normannen), **Westgermanen** (z.B. Franken, Alemannen, Cherusker) und **Ostgermanen** (z.B. Wandalen, Goten und Langobarden) unterteilt. Nachdem sich die Germanen in Nordeuropa angesiedelt hatten, breiteten sie sich ab dem 9. Jahrhundert vor Christus über Norddeutschland, dann Süddeutschland und im 2. Jahrhundert vor Christus sogar über den →Limes bis ins Römische Reich aus. Dort gründeten sie eigene Reiche, wovon das Frankenreich das mächtigste wurde. Die alten Germanen verehrten eigene Götter, z.B. Odin und Thor, denen sie auch Menschenopfer darbrachten. Sie schufen aus Bronze spiralenförmige Schmuckgegenstände und verzierten Streitäxte oder Lanzen mit verschiedenen Mustern. Die Häuser der Germanen waren oft strohbedeckt, und Menschen und Vieh lebten unter einem Dach.

Gerstenkorn: Eine Entzündung am Augenlid, die z.B. durch Zugluft entstehen kann.

Gesamtschule: Eine Schule, in der Hauptschule, Realschule und Gymnasium zu einer Einheit zusammengefaßt sind.

Geschlechtsorgane: Die Organe bei männlichen und weiblichen Lebewesen, die die Fortpflanzung ermöglichen. Bei den Jungen und Männern sind dies das Glied/der Penis, die Hoden und Samenleiter, bei Mädchen und Frauen der innere und äußere Scheidenbereich mit Schamlippen und Klitoris sowie die Eileiter, Eierstöcke und die Gebärmutter. Die äußeren, d.h. die sichtbaren Geschlechtsorgane sind Körperbereiche, an denen die Menschen ein schönes Gefühl empfinden, wenn sie freiwillig miteinander schmusen und sich körperlich vereinigen. Bei der körperlichen Vereinigung kann es passieren, daß eine →Befruchtung stattfindet. Für die einzelnen, vor allem die sichtbaren Geschlechts- oder **Sexualorgane** gibt es unterschiedliche Namen; es ist aber gut, wenn man – z.B. für den Arztbesuch – daneben auch die hier aufgeführten Wörter kennt.

Gesellschaft: Eine Gemeinschaft von Pflanzen, Tieren oder

Germanische Fibel

Menschen und der gesamte, zusammenhängende Ablauf der Beziehungen der einzelnen Mitglieder dieser Gemeinschaft untereinander. Das können staatliche, familiäre oder andere Gruppenbeziehungen sein. Heute hört man manchmal das Schlagwort von der **Industriegesellschaft** oder von der **Konsumgesellschaft:** Damit ist gemeint, daß unser menschliches Zusammenleben hier und heute (im Gegensatz zu anderen Zeiten oder zu Naturvölkern) stark von der Industrie (mit allen Vor- und Nachteilen) oder dem Wunsch, möglichst viel zu kaufen, zu besitzen und zu verbrauchen, beeinflußt wird.

Getreide: Pflanzen, die man schon seit Tausenden von Jahren aus wilden Gräsern gezüchtet hat und deren Körner für unsere Ernährung wichtig sind (sie enthalten viel Eiweiß und Stärke). Weizen, Gerste und Roggen haben den Blütenstand in Ähren angeordnet, Hafer und Hirse in Rispenform.

Getriebe: Eine technische Einrichtung zur Übertragung von Bewegung von einem Teil auf ein anderes oder zur Umfor-

Getreide: Mähdrescher

Getreidefeld

Gewässer in einem Naturschutzgebiet

Getreide: Schon vor 3000 Jahren wurde daraus Brot gebacken

mung von Kraft in Bewegung. Mit einem Automotor und Rädern allein kann ein Auto z.B. nicht fahren – es braucht noch ein Getriebe, das die Kraft des Motors über Antriebswellen und Zahnräder auf die Achsen und damit auf die Räder überträgt. Es gibt verschiedene Getriebearten, z.B. das **Schneckengetriebe** oder **Zahnradgetriebe.**

Gewässer: Seen, Weiher, Flüsse oder Bäche. Sie bilden mit ihren Uferbereichen wichtige Lebensräume für Tiere und Pflanzen, werden aber durch übermäßige Nutzung und Verschmutzung oft stark belastet. Deshalb gibt es Gesetze und besondere Maßnahmen zum **Gewässerschutz.**

Gewissen: Ein gefühlsmäßiges, sehr persönliches, aber auch durch die Erziehung geprägtes Empfinden für das, was gut oder böse, richtig oder falsch ist. **Gewissensfreiheit** ist ein in vielen Verfassungen festgeschriebenes Menschenrecht, das besagt, daß jeder Bürger nach seinem eigenen Gewissen frei entscheiden kann bzw. nicht gezwungen werden darf, etwas gegen sein Gewissen zu tun.

Gewitter: Es entsteht, wenn kalte und warme Luftmassen aufeinanderprallen, z.B. wenn im Sommer feuchte, stark erhitzte Luft nach oben steigt und dort Kaltluftmassen eindringen. Dann bilden sich riesige Gewitterwolken, von denen einige positiv, einige negativ elektrisch geladen sind. Zwischen gegensätzlich geladenen Wolken entsteht eine starke elektrische Spannung ,die sich unter lautem Knall (→Donner) in →Blitzen entlädt.

Gewürze: Teile von Pflanzen oder Kräutern, die dem Essen einen besonderen Geschmack verleihen. Früher war ein Gewürz wie der Pfeffer so kostbar, daß deswegen fremde Länder erobert wurden und sogar Kriege entbrannten.

Geysir: Eine heiße Quelle in vulkanischem Gestein, die aus der Erde heraussprudelt. Besonders viele Geysire oder **Geiser** gibt es auf Island und Neuseeland.

Gezeiten: →Ebbe und Flut.

Gezeitenkraftwerk: Ein Kraftwerk, das die Strömung des Wassers bei →Ebbe und Flut ausnutzt, um damit Turbinen anzutreiben. Über →Generatoren wird die Bewegungsenergie in elektrischen Strom verwandelt.

Gibraltar: Eine Halbinsel ganz im Süden Spaniens. Sie besteht aus einem riesigen Kalkfelsen und ist die einzige Stelle in Europa, an der →Affen wild leben. Die Meeresenge zwischen Nordafrika und Spanien wird **Straße von Gibraltar** genannt. Sie führt vom Atlantik ins Mittelmeer.

Gifte: Sehr schädliche oder sogar tödliche Stoffe, die man aus Pflanzen oder von Tieren gewinnen oder künstlich herstellen kann. Die Wirkung eines Giftes ist meist von der Menge abhängig, die in den Organismus gelangt. Bei richtiger Dosierung sind manche Gifte auch als Heilmittel wirksam. Viele **Giftpflanzen** stehen in unserer nächsten Umgebung, z.B. Fingerhut oder Efeu, aber auch zahlreiche Giftpilze.

Giftpilz

Giftmüll: Abfälle, die gesundheitsschädliche Rückstände enthalten und die erst recht gefährlich werden können, wenn sie zusammen mit normalem Hausmüll gelagert oder verbrannt werden. Dazu gehören Farbreste ebenso wie z.B. Fieberthermometer (Quecksilber!) oder cadmiumhaltige Batterien. Die Gifte können in die Atemluft oder in das Trinkwasser gelangen. Deshalb muß Gift- oder Sondermüll von normalem →Abfall getrennt und bei den entsprechenden Sondermüll-Sammelstellen abgegeben werden.

Giftschlangen: Schlangen, die ihre Beute durch Beißen mit Gift töten. Dazu gehören z.B. die Klapperschlange oder die Kreuzotter. Das Gift wird zur Herstellung von Medikamenten oder Gegengiften auch abgezapft. Auch andere Tiere können giftig sein, z.B. manche Spinnentiere.

gigantisch: riesig groß.

Gips: Ein Mineral, das erhärtet, nachdem es mit Wasser angerührt wurde. Beim Bauen und Ausbessern wird oft Gips oder Mörtel als Bindemittel verwendet.

Giraffen: Mit einer Höhe von fast 6 Metern die höchsten lebenden Tiere der Erde. Sie leben in den Baum- und Buschsteppen Afrikas. Obwohl ihr Hals so lang ist, hat er trotzdem nicht mehr Halswirbel als der Mensch, nämlich sieben.

Girokonto: Die übliche Form des Kundenkontos bei einer Bank. Auf ein solches Konto wird z.B. das monatliche Gehalt überwiesen, oder es werden hiervon Rechnungen per Dauerauftrag oder Überweisung bezahlt. Bei einem Sparkonto ist dies nicht möglich.

Gitarre: Ein Zupfinstrument, meist mit sechs Saiten.

Gladiatoren: Schaukämpfer im alten Rom. Es waren meist Kriegsgefangene, Sklaven oder Verbrecher, die in der →Arena entweder gegeneinander oder gegen Löwen und andere Raubtiere antreten mußten, bis der Tod über den Sieg entschied.

Glas: Schmelzofen

Glas: Es wird durch das Schmelzen verschiedener Ausgangsstoffe wie z.B. Quarzsand, Kalk, Pottasche, Kieselsäure oder Soda gewonnen. Bei Schmelztemperaturen von bis zu 1200 Grad entsteht daraus eine zähflüssige Masse. Solange diese noch heiß ist, kann man sie zu Fensterscheiben auswal-

Mundgeblasenes Kunstwerk aus Glas

zen oder zu Vasen und anderen Gefäßen pressen. Sehr kunstvolle Glasgegenstände werden auch „mundgeblasen". Dabei bläst der **Glasbläser** durch ein Rohr, an dessen Ende etwas heiße Glasmasse klebt. Das Glas wird so aufgeblasen wie ein Luftballon und erhält durch schnelles Drehen seine Form. Schon die alten Ägypter stellten um 1500 vor Christus farbige Glasgegenstände her. Bei der **Glasmalerei** werden verschiedenfarbige Glasstücke miteinander verbunden und zu einem Bild zusammengesetzt, z.B. für Kirchenfenster.

Gleichberechtigung: Meistens meint man damit die gleiche Behandlung von Mann und Frau in allen Lebensbereichen, vor allem aber bei den grundlegenden Rechten (z.B. beim Wahlrecht) oder am Arbeitsplatz (z.B. gleiches Gehalt für gleiche Leistung). In vielen Ländern (z.B. islamischen) haben die Frauen auch heute nicht die gleichen Rechte wie die Männer.

Gleichgewicht: Ein Zustand, bei dem ein Gegenstand eine „stabile" Lage einnimmt, d.h. nicht wackelt oder umfällt. Der Gleichgewichtssinn des Menschen macht es möglich, daß wir aufrecht gehen oder uns bücken können und dabei nicht umfallen. Das **Gleichgewichtsorgan** liegt im Ohr.

Gletscher: Riesige Eismassen in der Arktis und Antarktis oder in Gebirgen oberhalb der Schneegrenze, die sich langsam talabwärts bewegen und unterhalb der Schneegrenze wieder schmelzen. Die Gletscher schürfen den Boden ab und führen große Gesteinsbrocken und Geröllmassen mit sich. Dadurch, aber auch durch die Wassermassen, die sie nach dem Abschmelzen hinterlassen, können Gletscher die Landschaft stark verformen. Es entstehen z.B. **Gletschertäler** und **Gletscherseen.** →Eiszeit.

Gletscher

Gliedertiere: Tiere, deren Körper in hintereinanderliegende Abschnitte gegliedert ist. Zu ihnen gehören die **Gliederfüßer** (z.B. Insekten, Krebse, Spinnentiere) und die Ringelwürmer.

Globus: Eine kugelförmige, verkleinerte Nachbildung der Erde, aber auch von anderen Planeten. Der erste Erdglobus wurde 1492 gefertigt – in dem Jahr, in dem Kolumbus nach Amerika segelte.

Glocken: Kelchförmige Klanginstrumente. Sie werden aus Metall gegossen und mit einem Klöppel zum Klingen gebracht. Die schwierige Kunst des Glockengießens hat sich seit Jahrhunderten kaum verändert.

Glühlampe: Eine Lichtquelle, die aus einem luftleeren, oft birnenförmigen Glaskörper besteht (daher auch **„Glühbirne"**); darin befindet sich ein dünner Heizdraht. Schaltet man das Licht ein, so wird der Glühfaden auf über 2000 Grad Celsius erhitzt und glüht weiß. *Thomas Alva Edison* war der Erfinder der ersten brauchbaren Glühlampe.

Glühlampe

Glühwürmchen: Ein Leuchtkäfer, der über ein Leuchtorgan *kaltes* Licht ausstrahlen kann. Dieses Licht entsteht durch einen chemischen Vorgang. Die Glühwürmchen, die man an Abenden im Juni fliegen sieht, sind die Männchen; die Weibchen haben keine Flügel. →Leuchtorganismen.

Gobi: Wüste in Asien, und zwar in China und in der Mongolei. Sie ist über 1500 km lang, bis 250 km breit und liegt in einer 1000 m hohen Beckenlandschaft. Manchmal regnet es hier viele Jahre lang nicht. Trotzdem leben →Nomaden in der Wüste Gobi, und eine wichtige Eisenbahnlinie führt mitten durch sie hindurch bis nach Beijing (Peking).

Go-Kart: Ein kleines, vierrädriges Sportfahrzeug, das nur aus einem Metallrahmen, einem Sitz und dahinter einem Motor besteht. Bei Go-Kart-Rennen können die kleinen Flitzer bis zu 200 km/h schnell fahren.

Gold: Ein Edelmetall, das zwar nicht besonders hart, dafür aber säurebeständig ist. Weil Gold selten zu finden ist (z.B. in Flußsand und eingeschlossen in Golderzen), ist es sehr wertvoll

Gold wird zu Barren gegossen

und teuer. Man kennt es schon seit 7000 Jahren; im Mittelalter versuchten die →Alchimisten vergeblich, Gold künstlich herzustellen. Fand jemand irgendwo eine **Goldmine,** so löste dies oft einen regelrechten **Goldrausch** aus: In Nordamerika kamen die **Goldgräber** in Scharen von weither geeilt und hofften, reich zu werden. Das meiste Gold liegt aber am tiefen Grund der Ozeane, wo man es nicht herausholen kann. Für die Schmuckverarbeitung wird Gold meistens mit anderen Metallen legiert (vermischt). Es kann auch zu hauchdünnem **Blattgold** ausgewalzt werden, das nur ein Zehntausendstel Millimeter dick ist. Die Reinheit des Goldes wird in →Karat angegeben: Ganz reines Gold hat 24 Karat.

Goldfisch: Ein hübscher Zierfisch, den die Chinesen schon seit dem 10. Jahrhundert züchten. Im 16. Jahrhundert gelangte er nach Europa. Im Laufe seines Lebens verändert der Goldfisch seine Farbe, und zwar meist von rotgold bis golden.

Goldhamster: Ein possierliches Haustier, das vom größeren, wildlebenden Hamster abstammt. Der Winterschläfer wurde aus Syrien eingeführt und ist am liebsten in der Nacht unterwegs. Sein Futter, z.B. Körner, kann der Goldhamster in seinen großen Backentaschen transportieren.

Goldküste: Ein Küstengebiet in Afrika, am Golf von Guinea; es wurde nach dem Gold benannt, das man dort gefunden hatte.

Goldregen: Ein bis zu 6 m hoher giftiger Strauch, der meist in Gärten und Parkanlagen wächst. Seine hängenden Blütentrauben blühen goldgelb im Mai/Juni.

Golf: Bezeichnung für eine große Meeresbucht, aber auch für eine Sportart, die mit Schläger und Ball gespielt wird. Der **Golfstrom** ist eine warme Meeresströmung, die vom Golf von Mexiko durch den Nordatlantik bis ins Nordpolarmeer zieht; sie ist unter anderem der Grund für unser mildes Klima in Europa.

Gorilla: Der größte der Menschenaffen kann aufrecht gehen und bis zu 1,80 m groß werden. Sein Gesicht ist schwarz und unbehaart, das dichte Fell ist sehr dunkel, fast schwarz, die alten Männchen haben einen silbergrauen Rücken. Gorillas leben in kleinen Gruppen in Afrika und ernähren sich von Pflanzen.

Goldmaske

Goten: Ein ostgermanischer Volksstamm, →Germanen. Er spaltete sich um 270 in Ostgoten und Westgoten auf.

Gotik: Eine Stilrichtung, die im Mittelalter nach der →Romanik in ganz Europa vorherrschte. Sie entstand etwa um 1100 und endete, als im 15. Jahrhundert die →Renaissance aufkam. Besonders auffallend sind die mächtigen gotischen Kirchenbauten, die zwar riesige Ausmaße besitzen, aber durch ihre Spitzbögen, bunten Glasfenster und vielen Verzierungen ganz „leicht" und anmutig wirken. Zu den berühmtesten gotischen Kathedralen zählen das Straßburger Münster, der Stephansdom von Wien, der Kölner Dom und Notre Dame in Paris.

Gott: Irgendwann im Leben fragt sich jeder einmal, warum man überhaupt lebt und wer oder was die Erde und das Weltall, die Pflanzen und Tiere hat entstehen lassen. Viele Menschen glauben daher an ein höheres, übermächtiges Wesen, eine große Macht, die dies alles erschaffen hat und die unserem Leben letztendlich einen wichtigen Sinn gibt – an einen Gott. In manchen Religionen, z.B. im Christentum oder Islam, glaubt man an einen einzigen, personhaften Gott; andere Religionen verehren auch mehrere Götter. Der Glaube an Gott ist etwas sehr persönliches, etwas, das man einem Menschen weder aufzwingen noch ausreden kann.

Gottesanbeterin: Eine Stabheuschrecke, die etwa 10 cm lang wird und durch ihren astförmigen Körper perfekt getarnt ist. Fast unsichtbar lauert sie auf Insekten und schnappt mit ihren langen Fangbeinen blitzschnell zu.

Grafik: Ein anderes Wort für Zeichnung. Bei der Gestaltung von Büchern oder von Werbung z.B. sind **Grafiker** am Werk.

Grand Canyon: Das tief eingeschnittene Flußtal des Colorado in Arizona/USA. Der Fluß hat es über eine Länge von 350 km stellenweise bis zu 1800 m tief in den Fels gegraben.

Grand Prix: Ein „Großer Preis", d.h. der Hauptpreis, der bei einem Wettbewerb, z.B. bei einem Autorennen, zu gewinnen ist.

Granit: Ein meist graues, sprichwörtlich hartes Gestein (man „beißt auf Granit").

Graphit: Genau wie →Diamant besteht auch Graphit aus reinem Kohlenstoff – jedoch ist dieses schwarze Mineral im Gegensatz zum Diamanten ganz weich. Graphit wird in Bleistiften als Färbemittel verwendet.

Greifvögel: Raubvögel wie Adler, Falke, Bussard und Sperber, die tagsüber jagen. Sie stürzen im Flug auf ihre Beute und schlagen ihre kräftigen Krallen in das Tier. Weil Greifvögel am Ende einer →Nahrungskette stehen, sind sie besonders gefährdet.

Griechenland: Heute eine moderne Republik in Südosteuropa, früher eine mächtige Hochkultur, von der man sagt, sie sei „die Wiege des Abendlandes" – also auch der Ursprung unserer Kultur – gewesen. Das eigentliche „antike" Griechenland begann um 1200 vor Christus, als die Ioner und Dorer auf den

Gottesanbeterin

Grand Prix-Rennauto

Grand Canyon

Ägäischen Inseln einwanderten und dann nach und nach die gesamte Mittelmeerküste besiedelten. Ihre wichtigsten Städte auf dem Festland hießen Athen, Sparta, Korinth und Theben. Dies waren *Stadtstaaten,* die sich eine Zeitlang gegenseitig bekriegten, dann aber gegen die Perser gemeinsam vorgingen. →Athen erlangte bald die Vorherrschaft. 338 vor Christus wurde Griechenland von den Makedoniern erobert, war Teil des Weltreichs von Alexander dem Großen und wurde im 2. Jahrhundert vor Christus schließlich römische Provinz. Die Griechen gelten als die „Erfinder" der →Demokratie, sie hatten berühmte Gesetzgeber, Philosophen und Naturwissenschaftler, bekannte Dichter, die z.B. das Drama und damit das Theater entwickelten, hervorragende Ärzte und Baumeister, und nicht zuletzt gehen auf sie

Griechenland

auch die Olympischen Spiele zurück.

Grillen: Insekten, die wir selten zu sehen bekommen, dafür in warmen Sommernächten aber um so deutlicher hören, wenn die Männchen zirpen. Dieses Geräusch erzeugen sie mit einem Apparat an den Hinterflügeln. Zu den einheimischen Grillen zählen die **Hausgrille,** die **Maulwurfsgrille** und die **Feldgrille.**

Grippe: Eine schwere, ansteckende Krankheit, die durch einen Virus verursacht und übertragen wird. Sie wird manchmal mit einer Erkältung verwechselt, weil sie sich ähnlich äußert. Da eine Grippe manchmal auch tödlich enden kann, gibt es die Möglichkeit, sich vor dem Winter dagegen impfen zu lassen.

Grönland: Die größte Insel der Erde liegt in der →Antarktis. Sie wurde von den Wikingern entdeckt und „Grünes Land" genannt, obwohl die Insel fast völlig mit einer bis zu 2000 m hohen Eisschicht bedeckt ist. Auf

Grönländerinnen

eisfreien Küstenstreifen leben unter anderem viele →Eskimos. Politisch gehört Grönland zu Dänemark.

Großbritannien: Das Königreich auf den Britischen Inseln umfaßt England, Wales, Schottland und Nordirland (daher als Staat offiziell „Großbritannien und Nordirland" genannt) sowie zahlreiche abhängige Gebiete („Kronkolonien") in aller Welt.

Großer Bär: Ein Sternenbild am Nordhimmel; ein Teil davon wird wegen seiner vier hellen Ecksterne und der drei Deichselsterne auch Großer Wagen genannt.

Großer Ozean: →Pazifik.

Großstadt: Eine Stadt mit mehr als 100 000 Einwohnern.

Großstadt

Grundgesetz: So heißt die Verfassung der Bundesrepublik Deutschland. Auch allgemein wird die schriftliche Niederle-

Gummi: Kautschuk-Gewinnung

gung der grundlegenden Rechte eines Staates als Grundgesetz bezeichnet.

Grundrechenarten: Die vier einfachsten Rechenarten Zusammenzählen, Abziehen, Malnehmen und Teilen.

Grundrechte: Die Freiheits- oder Menschenrechte, die jedem Menschen von Geburt an zustehen. Die Grundrechte sind in Deutschland im →Grundgesetz aufgeschrieben und gelten als unantastbar.

Grundriß: Eine Umrißzeichnung eines Gegenstandes, wie er von oben betrachtet aussieht.

Grundschule: Die vierjährige Grundstufe im deutschen Schulsystem. Nach der Grundschule kann man auf andere Schulen, z.B. auf die Hauptschule oder aufs Gymnasium wechseln.

Grundwasser: So nennt man das sehr langsam fließende Wasservorkommen im Boden und in tiefen Erdschichten. Seine Oberfläche ist der **Grundwasserspiegel.** Beim Versickern durch die oberen Bodenschichten wird das Grundwasser gefiltert und ist deshalb sehr sauber. Es bildet einen Teil (70 Prozent) unseres Trinkwasservorrats, der durch die Eingriffe des Menschen gefährdet ist. Vor allem das Eindringen von Altöl (beim Ölwechsel) und Benzin, aber auch überdüngte Felder vergiften das Grundwasser (schon 1 Liter Erdöl macht 1 Million Liter Trinkwasser zunichte).

Grüne Lunge: So werden Wälder und Parks in der Nähe von Großstädten und Ballungsräumen bezeichnet. Ihre Blätter und Nadeln halten wie Filter Staub zurück und bilden Sauerstoff, den wir zum Atmen brauchen.

Grünordnung: Eine Vorschrift die besagt, daß in Orten bebaute Flächen mit Grünflächen abwechseln müssen.

Guillotine: Die „große Köpfmaschine", die vorwiegend in der →Französischen Revolution für Hinrichtungen verwendet wurde.

Gummi: Ein Material, das aus natürlichem oder künstlichem **Kautschuk** hergestellt wird und das durch Beimengen von mehr oder weniger Schwefel mehr oder weniger weich bzw. hart ist. Natürlicher Kautschuk wird in tropischen Ländern vom Kautschukbaum „abgezapft", indem man tiefe Rillen in die Baumrinde ritzt. Aus diesen Wunden tropft dann ein milchiger, zähflüssiger Saft.

Gymnasium: Eine höhere Schule, die man nach der vierten Grundschulklasse besuchen kann und die zum →Abitur führt. Manche Gymnasien unterrichten schwerpunktmäßig eher die Naturwissenschaften oder die neueren bzw. die alten Sprachen. Bei den alten Griechen war ein Gymnasium eine Art Schule für Körpertraining.

Gymnastik: Sportliche Übungen, die die körperliche Beweglichkeit und die Körperbeherrschung fördern.

H

ha: Abkürzung für →Hektar (100 m mal 100 m).

Haar: Verhornte Gebilde, deren Wurzeln in der Haut von Menschen und Säugetieren liegen. Wie bei den Tieren, so hatte auch beim Menschen das Haar ursprünglich die Aufgabe, den Körper zu wärmen. Daß wir immer noch fast am ganzen Körper feine Haare haben, spüren wir, wenn wir eine →Gänsehaut bekommen. Die meisten Haare, nämlich etwa 100 000, wachsen uns auf dem Kopf. Ob wir lockige oder glatte Haare haben, hängt davon ab, ob die Haarwurzeln leicht gekrümmt oder gerade sind; die Haarfarbe wird durch die Farbpigmente bestimmt, mit zunehmendem Alter verschwinden diese mehr und mehr, und die Haare werden grau. Etwa in der →Pubertät beginnen in der Gegend um die äußeren →Geschlechtsorgane bei Jungen und Mädchen die **Schamhaare** zu wachsen.

Habichte: Über ganz Europa verbreitete →Greifvögel.

Hacker: Jemand, der durch Spielen und Probieren versucht, in fremde Computerprogramme und Computernetze einzudringen, um dort gespeicherte Daten auszukundschaften.

Hades: Die Unterwelt, eine Art Hölle, in der griechischen Götterwelt.

Hadrianswall: nach einem römischen Kaiser benannter Schutz- bzw. Grenzwall in England. Kaiser Hadrian war auch der Erbauer des →Limes sowie der Engelsburg in Rom.

Hafen: Ein Ankerplatz für Schiffe am Meer, an Flüssen oder Seen. Früher hat man sich hierzu Stellen ausgesucht, die von Natur aus eine geschützte Lage hatten (z.B. in einer Bucht). Heute werden Häfen auch künstlich angelegt und für große Schiffe sehr tief ausgehoben. Die Hafeneinfahrt ist meist schmal, weil die Anlegeplätze durch Wellenbrecher und vorgelagerte Dämme gegen die hohen Meereswellen abgeschirmt sind. Manche Häfen, z.B. der von Hamburg, sind viele Quadratkilometer groß; hier werden Schiffe geladen und entladen („gelöscht"), aber auch repariert oder neu angestrichen. Große Hafenanlagen sind meist auch direkt mit einer Eisenbahnlinie verbunden, so daß die Schiffsladungen mit Kränen ohne Zwischentransport in große →Container umgeladen werden können.

Haff: Ein flacher Strandsee, der durch eine schmale Landzunge fast völlig vom Meer getrennt ist.

Haftpflicht: Die Pflicht, einen Schaden zu bezahlen, den man bei anderen angerichtet hat. Besonders bei Autounfällen, aber auch im Alltag können solche Schäden sehr hoch sein; deshalb gibt es eine **Haftpflichtversicherung**.

Hagel: Niederschlag, der in Form von dicken Eiskörnern vom Himmel fällt. Sie entstehen, wenn feuchte Luft schnell nach oben steigt und es dort sehr kalt ist. Dann gefrieren die Wassertröpfchen zu Eis. Hagel kann besonders in der Landwirtschaft großen Schaden anrichten.

Haifisch: Die Zähne dieses Weißen Hais dienen nur zum Reißen, nicht zum Kauen (Text auf Seite 96)

Hafen

Haifische: Diese räuberischen Knorpelfische sind am ehesten in warmen Meeren zu finden. Es gibt viele verschiedene Arten von ihnen, vom nur 50 cm langen Katzenhai bis zum über 15 m langen Raubhai. Besonders die größeren Arten bringen ihre Jungen wie Säugetiere lebend zur Welt, kleinere Arten legen Eier, die man „Seemäuse" nennt. Alle Haifische haben eine besonders hohe Rückenflosse und eine kräftige Schwanzflosse. Ihr Maul sitzt unten und ist mit mehreren Reihen von Reißzähnen besetzt. Haie haben einen sehr guten Geruchssinn, sie können frisches Blut viele Kilometer weit riechen.

Halbaffen: Die nächsten Verwandten der Affen. Sie wohnen wie diese auf Bäumen, haben Greifhände und -füße und auffallend große Augen, weil sie nachts aktiv sind. Einer der kleinsten Halbaffen ist der Mausmaki. Halbaffen leben in Südost-Asien, Ceylon, Afrika und besonders viele auf Madagaskar.

Halbedelsteine: Schöne Steine, die als **Schmucksteine** verwendet werden; sie sind nicht so selten wie die →Edelsteine.

Gefäße aus Halbedelstein

Haltungsfehler: Schäden, die am Skelett, z.B. an der Wirbelsäule entstehen, weil die Skelettmuskeln aus Nachlässigkeit nicht richtig gebraucht werden oder weil sie zu schwach sind. Damit man keinen krummen Rücken bekommt, ist es besser, die Schultasche wie einen Rucksack zu tragen. Mit Heilgymnastik, Schwimmen und viel sportlicher Bewegung kann man Haltungsfehler wieder ausgleichen.

Hand: Sie besteht beim Menschen aus der Handwurzel, der Mittelhand und fünf Fingern. Dadurch, daß der Mensch in der Frühzeit die Hände nicht mehr nur dazu benutzte, um auf Bäume zu klettern oder „auf allen Vieren" zu laufen, sondern sich auch Werkzeuge zunutze machte, entwickelte sich sein Gehirn und damit seine Intelligenz mehr und mehr. Bei anderen Lebewesen wuchsen im Laufe der Jahrtausende mehrere Knochen der vorderen Endglieder zusammen und entwickelten sich zu Flossen, Hufen oder Flügeln.

Handball: Ein Mannschaftsspiel für zwei Mannschaften mit je elf (beim Hallen-Handball sieben) Spielern. Während der zweimal 30 Minuten Spielzeit (für Jugendliche gelten jeweils 25 Minuten) geht es darum, soviele Bälle wie möglich mit der Hand in das Tor der anderen Mannschaft zu werfen.

Halbedelstein

Handwerk: Bäcker früher

Handwerk: Bäcker heute

Handwerk: Obwohl dieser Berufsstand heute nicht mehr ohne Maschinen auskommt, unterscheidet er sich doch sehr von der →Industrie: Handwerkliche Gegenstände werden nicht in Massen produziert, sondern in kleinen Mengen und meist erst auf Bestellung der Kunden. Manche Handwerksberufe haben sich auch auf das Reparieren spezialisiert (z.B. Schuster). Das Handwerk entstand, als die Menschen begannen, Gegenstände wie Waffen oder Hausgerät nicht nur für den Eigengebrauch, sondern für den Tausch oder Verkauf herzustellen – also vor sehr langer Zeit. Ab dem 12. Jahrhundert schlossen sich die Handwerker zu Zünften zusammen, in denen feste Regeln herrschten (→Zunft). Wer heute einen Handwerksberuf erlernt, macht in der Regel eine drei Jahre lange Ausbildung und ist dann Geselle. Wer anschließend einige Jahre Berufserfahrung hat und die Meisterprüfung besteht, darf dann selbst junge Handwerker ausbilden.

Hanse: Ein Zusammenschluß von niederdeutschen Kaufleuten, die sich im Ausland bestimmte Vorrechte sichern wollten. Der Hanse schlossen sich bis ins 15. Jahrhundert mehr und mehr Städte an, Lübeck und Hamburg, aber auch andere erlangten dadurch großen politischen Einfluß und wurden sogar in Kriege verwickelt. Der wichtigste Handelsweg der Kaufleute, die eine eigene Seehandelsflotte hatten, verlief auf der Strecke Nowgorod-Reval-Lübeck-Hamburg-London, wichtige Handelswaren waren z.B. Pelze, Salz, Fisch, Wein und Getreide.

Hardware: Die Teile des →Computers, die man sehen und anfassen kann, z.B. der Bildschirm oder die Computerdisketten, nicht aber das Programm.

Harfe: Ein Musikinstrument, bei dem die senkrecht befestigten Saiten mit beiden Händen angezupft werden. Schon die alten Babylonier und Ägypter bauten dieses Instrument, das damals nur sechs, heute jedoch 46-48 Saiten hat.

Harmonie: Allgemein ein schöner Einklang, eine Eintracht oder ein Ebenmaß. In der Musik meint man damit den Wohlklang von Tönen und Akkorden.

Harmonium: Ein Tasteninstrument mit zwei Blasebälgen, die mit den Füßen betätigt werden. Der Wind wird über Ventile zu den einzelnen Klangzungen geführt und versetzt diese in Schwingung. Das ergibt die Töne.

Harn: Die flüssigen Ausscheidungen der →Nieren enthalten nicht verwertbare Nahrungsbestandteile, aber auch Gifte und Schadstoffe, die der Körper loswerden muß. Der Arzt kann bei der Untersuchung des Harns (auch: Urins) feststellen, ob bestimmte Krankheiten vorliegen.

Harnisch: Die Schutzrüstung (der Panzer) der Ritter. Jemanden in Harnisch bringen bedeutet, jemanden sehr wütend machen.

Harpune: Ein Wurfspieß mit Widerhaken, der schon seit der Jungsteinzeit bei der Jagd verwendet wurde. Heute setzt man dieses Gerät bei der Unterwasserjagd ein; beim Walfang werden Harpunen sogar mit Kanonen abgeschossen.

Harz: Ein klebriger Stoff, der aus Bäumen austritt, wenn man ihre Rinde anritzt. Er wird dann hart und verschließt so die Wunde des Baumes. Harze kann man auch künstlich herstellen, sie werden z.B. Farblacken beigemischt. →Bernstein entstand vor vielen Millionen Jahren aus Harz.

Hasen: Bei uns in Europa sind der **Feldhase** und das **Wildkaninchen** die am meisten verbreiteten Arten der Familie der Hasen. Man kann sie leicht voneinander unterscheiden: Der Feldhase hat einen längeren, spitzeren, sehr „charaktervollen" Kopf und lange Ohren, während das Kaninchen eine rundere Kopfform und kurze Ohren hat. Beide sind gute Hakenschläger bei der Flucht; das Wildkaninchen lebt in Erdröhren und ist die Stammform unserer Hauskaninchen.

Hase: Schneehase

Haustiere: Das sind ehemals wilde Tiere, die der Mensch zähmte und züchtete und mit denen er in enger Gemeinschaft, oft unter einem Dach, lebt. Das älteste Haustier, das sich der Mensch zum Freund und nützli-

Dromedare sind die wichtigsten Haustiere in Wüstenregionen

Haustiere: Rinder sind Milch- und Fleischlieferanten

chen Begleiter aussuchte, war der Hund. Es folgten in der Jungsteinzeit Rinder und Schweine; die alten Ägypter hielten sich Katzen und verehrten sie als heilige Tiere. Auch in kleineren Wohnungen fühlen sich Haustiere wie Meerschweinchen, Hamster oder Vögel wohl, solange man ihnen die nötige Pflege gibt und darauf achtet, daß sie artgemäß leben können. Wer ein Haustier hat, sollte nicht vergessen, daß dieses Tier ganz auf den Menschen angewiesen ist. Es ist deshalb gut, wenn man sich – zum Beispiel in der Tierhandlung oder mit Fachbüchern und Ratgebern – genau über die richtige Haltung, Pflege und Futter informiert.

Haut: Bei einem ausgewachsenen Menschen ist dieses Organ etwa zwei Quadratmeter groß und damit das größte Organ überhaupt. In der obersten Schicht, der **Oberhaut**, werden Haare und Nägel gebildet. In der **Lederhaut** liegen die Nerven, Schweißdrüsen, Lymph- und Blutgefäße. In der **Unterhaut** schützen viele Fettzellen vor Kälte und Druck. Die Haut hat viele Aufgaben: Sie schützt vor Schmutz und Bakterien, vor Austrocknung, Kälte, Hitze und durch die eingelagerten →Pigmente vor schädlichen Strahlen. Sie dient – z.B. durch Schwitzen – der Temperaturregulierung; die Sinneszellen in der Haut vermitteln dem Gehirn Eindrücke von der Umwelt. Umgekehrt äußern sich seelische Vorgänge, aber auch →Allergien oft über die Haut.

Heilpflanze: Arnika

Hautflügler: Das sind Insekten mit zwei dünnhäutigen Flügelpaaren und beißenden oder leckend-saugenden Mundwerkzeugen. Zu ihnen gehören Pflanzenwespen, Schlupfwespen und Stechimmen.

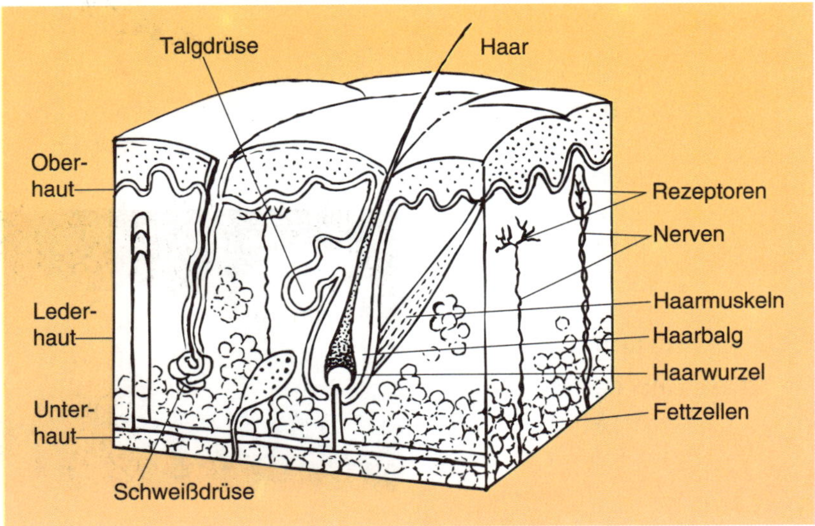

Haut

Hebamme: Eine Person (meist eine Frau), die den Frauen dabei hilft, ein Kind zu gebären. Sie ist hierfür besonders ausgebildet.

Hebel: Ein starrer Körper, der um eine Achse drehbar ist und der dabei hilft, schwere Lasten mit geringem Kraftaufwand zu heben oder zu bewegen. Legt man z.B. eine lange Stange so auf einen Stein, daß ein Ende der Stange viel länger ist als das andere, und legt man eine schwere Last auf das kürzere Ende, so kann man, wenn man ganz hinten am langen Ende anpackt, diese Last leicht hochheben. Eine Wippe auf dem Spielplatz funktioniert wie ein Hebel: Sitzt auf der einen Seite ein schwereres, größeres Kind, so muß sich dieses mehr zur Mitte hin setzen, damit ein leichtes Kind ganz außen auf der anderen Seite mitschaukeln kann. Anderenfalls würde das leichtere Kind immer nur „in der Luft hängen", und das schwere Kind käme nicht hoch. Diese **Hebelgesetze** haben sich schon ganz alte Kulturen zunutze gemacht, als sie ihre Häuser, Pyramiden und Paläste bauten. Auch ein Nußknacker, eine Zange, eine Türklinke oder eine Schere sind Hebel.

Hebriden: Eine Inselgruppe vor der schottischen Westküste.

Hecht: Ein bis zu 1,50 m langer und bis zu 35 kg schwerer Knochenfisch. Man erkennt diesen Raubfisch an seinem langen, abgeflachten Maul mit den vielen Zähnen. Hechte leben in den Seen und Flüssen Europas, Asiens und Nordamerikas. Sie fressen nicht nur Fische, sondern auch Frösche und sogar kleinere Wasservögel.

Heck: Der hintere Teil eines Schiffs oder Autos.

Hefen: Winzig kleine, einzellige Schlauchpilze. Sie bauen Zucker ab und erzeugen dabei Kohlendioxid. Für die Herstellung von Lebensmitteln und Getränken, z.B. Bier, Wein oder Backpulver, werden sie eigens gezüchtet. Die Zellen der Hefen enthalten viele Vitamine, vor allem Vitamin B.

Heilpflanzen: Diese Pflanzen enthalten bestimmte Stoffe, die bei der Verhütung und Heilung von Krankheiten wirksam sind. Es sind die ältesten Arzneimittel. Zu ihnen gehören z.B. Kamille und Pfefferminze, Holunder, Beifuß oder Spitzwegerich. Auch viele Pflanzen, die als „Unkraut" vernichtet werden, sind Heilpflanzen.

Heilpraktiker: Jemand, der einen Heilberuf ausübt und hierzu besonders ausgebildet wurde. Heilpraktiker verwenden oft natürliche Arzneien und Heilmethoden wie die →Akupunktur. Sie sind keine Ärzte.

Heimcomputer: Kleinere →Computer für den privaten Gebrauch.

Heißluftballon: Ein →Ballon, der durch erhitzte Luft zum Schweben gebracht wird. Der Ofen zum Erhitzen befindet sich auf einer Plattform unter dem Ballon, auf dem auch Passagiere Platz haben. Als Erfinder des Heißluftballons gelten die Gebrüder Montgolfier (1783). Deshalb werden solche Ballons auch **Montgolfieren** genannt.

Heck wird der hintere Teil eines Schiffes genannt, Bug der vordere

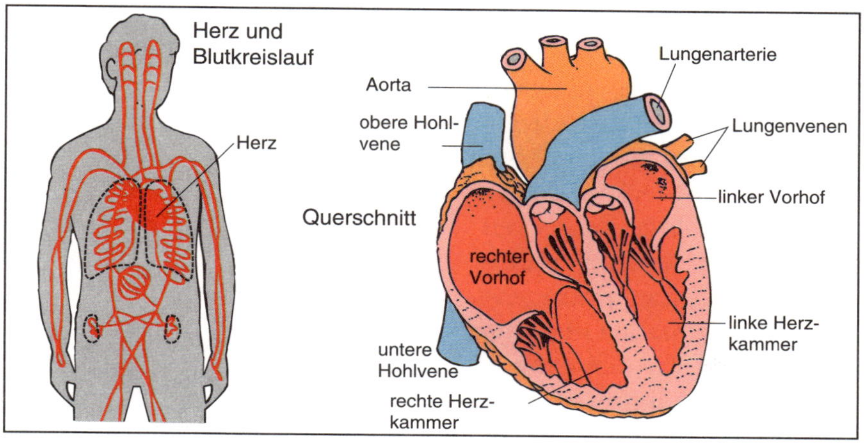

Herz

Hektar: Eine Fläche von 10 000 Quadratmetern. Abkürzung →**ha**.

Hektoliter: 100 Liter. Abkürzung: **hl**.

Helgoland: Eine kleine Doppelinsel in der Deutschen Bucht (Nordsee). Das steile Kliff besteht aus Buntsandstein und ragt bis 56 m über das Meer hinaus.

Helikopter: →Hubschrauber.

Helium: Ein gasförmiges, nicht brennbares Element. Man verwendet es z.B. zur Füllung von →Ballons.

Hellas: Ein alter Name für Griechenland.

Hemisphäre: Eine Halbkugel (z.B. der Erde).

Herbarium: Eine Sammlung gepreßter und getrockneter Pflanzen, die nach bestimmten Gesichtspunkten geordnet und auf Papier aufgeklebt sind. Wer selbst Pflanzen pressen möchte, braucht hierzu ein dickes Buch; die Pflanzen legt man vorsichtig zwischen zwei Löschpapierblätter in das Buch hinein und beschwert dieses am besten noch mit anderen Gegenständen. Wenn die Blüten und Blätter schnell genug trocknen können, welken sie nicht und behalten ihre schönen Farben. Am besten, man klebt sie anschließend in ein Album und schreibt noch ihren Namen dazu.

Herrentiere: Bezeichnung für die höchstentwickelten Säugetiere: Menschen, Affen, Halbaffen und Menschenaffen. Man sagt auch **Primaten** dazu.

Herz: Ein Muskel, der das Blut durch den Körper pumpt. Beim Menschen besteht das Herz aus zwei Hälften, die beide nochmals in einen Vorhof und eine Kammer unterteilt sind; dazwischen befinden sich die Herzklappen. Auf der einen Seite wird das verbrauchte, sauerstoffarme Blut angesaugt und in die Lungen gepreßt; auf der anderen Seite wird das nun frische, mit Sauerstoff angereicherte Blut durch die große Hauptschlagader (Aorta) bis in den dicken Zeh, den kleinen Finger und den letzten Winkel unseres Körpers gepumpt. Diese Arbeit des Herzens spüren und hören wir als Herzklopfen. Bei einem erwachsenen Menschen schlägt das Herz etwa siebzigmal in einer Minute, bei einem Kolibri sogar tausendmal.

Heuschnupfen: Eine →Allergie gegen Blütenstaub. Der Körper reagiert darauf wie bei einer Erkältung mit Niesen, tränenden

Augen, manchmal sogar mit Fieber.

Heuschrecken: Von diesen Insekten gibt es weltweit über 10 000 Arten; zu ihnen gehören die Laubheuschrecken, die Grillen und die Feldheuschrecken mit den gefürchteten Wanderheuschrecken, die in riesigen Schwärmen einfallen und innerhalb weniger Stunden ganze Landschaften kahlfressen. Das Zirpen der Heuschrecken erzeugen nur die Männchen, um damit Weibchen anzulocken. Diese haben ein besonderes Hörorgan nicht am Kopf, sondern an den Beinen.

Hexen: Einem alten →Aberglauben nach böse Zauberwesen. Im Mittelalter wurde der Glaube an Hexerei und böse Kräfte vielen Menschen, vor allem Frauen, zum Verhängnis; während der Hexenverfolgungen wurden Zehntausende gefoltert und getötet.

Hierarchie: Eine festgelegte Rangordnung, bei der sich alle jeweils nach dem Nächsthöheren zu richten haben.

Hieroglyphen: Schriftzeichen, die wie die ägyptische Schrift die Form von Bildern haben (→Bilderschrift). Das Geheimnis der 5000 Jahre alten ägyptischen Hieroglyphen wurde 1822 gelüftet, als man in der ägyptischen Hafenstadt Rosette einen Stein mit einer Inschrift in mehreren Sprachen fand – darunter „Ägyptisch" und Griechisch. Seitdem kann man die Hieroglyphen entziffern.

Hieroglyphen

Hi-Fi: Die Abkürzung für **High Fidelity**, was soviel bedeutet wie „hohe Wiedergabetreue" bei der Übertragung von Musik auf verschiedenen Tonträgern und Geräten, z.B. Kassettenrekorder oder CD-Player.

Himalaya: Das höchste Gebirge und das mächtigste Gebirgssystem der Erde ist 2500 km lang. Es trennt das nordindische Tiefland vom Hochland von Tibet. Nicht nur der höchste Berg der Welt (Mount Everest mit 8848 m Höhe), sondern noch weitere neun „Achttausender" liegen im Himalaya. Die Schneegrenze liegt bei 5000 bis 6000 m Höhe, und auf der Südseite gibt es nach der Schneeschmelze und durch starke Monsunregen oft gefährliches Hochwasser. Von den Bewohnern des Himalaya sind – außer Yeti, dem sagenhaften Schneemenschen – die Lastenträger (Sherpa) berühmt geworden, die ausländische Expeditionen bis zu den höchsten Berggipfeln begleitet haben.

Himalaya: Tempel in Tibet

Himalaya

Himmelskunde: Die Wissenschaft der →Astronomie.

Himmelsrichtungen: Mit einem →Kompaß, dessen Nadel immer auf die Nord-Süd-Richtung ausgerichtet ist, kann man die Richtung ablesen, in der sich ein beliebiger Punkt am Horizont der Erde befindet. Außer den Richtungen Nord (N), Süd (S), West (W) und Ost (O) gibt es noch viele Zwischengrade wie WNO, NNW und so weiter. Bei Landkarten ist der Norden immer angegeben; meistens liegt er oben. Der Westen ist dann links auf der Karte, der Osten rechts.

Hindi: Die Landessprache Indiens; sie ist noch in viele Dialekte unterteilt und wird von 174 Millionen Menschen gesprochen.

Hinduismus: Eine der großen Weltreligionen, die vor allem in Indien ausgeübt wird. Die Hauptgötter heißen Brahma, Schiwa und Wischnu, aber noch viele andere Gottheiten und auch Naturerscheinungen wie Sonne, Mond und Wind werden verehrt. Wie beim →Buddhismus glauben die Menschen daran, daß sie so oft wiedergeboren werden, bis sie von diesem ewigen Kreislauf erlöst sind. Weil man sich vorstellt, daß man

Hinduistische Gottheit

auch als Tier wiedergeboren wird, ist ein wichtiges Gebot des Hinduismus der Schutz alles Lebendigen; deshalb werden z.B. auch die Rinder als heilige Tiere verehrt, und viele Anhänger dieser Religion essen überhaupt kein Fleisch. Zum Hinduismus gehört eine strenge Gliederung der Menschen in vier Kasten: die Priester (Brahmanen), die Krieger, die Bauern und die Knechte. Ein Wechsel von einer Kaste in eine andere ist nicht möglich, denn man wird in „seine“ Kaste hineingeboren.

Hirnhautentzündung: Diese schwere Krankheit, bei der die Umhüllung des Gehirns z.B. durch Bakterien angegriffen wird, äußert sich durch Fieber, Erbrechen, Starre des Genicks und starke Kopfschmerzen. Sie kann durch Zeckenbisse übertragen werden. Wer viel in der freien Natur spielt oder wandert, sollte sich deshalb dagegen impfen lassen. Ohne Behandlung führt eine Hirnhautentzündung zum Tod.

Hiroschima: Über dieser japanischen Hafenstadt wurde von den Amerikanern im August 1945 die erste Atombombe abgeworfen. Mehr als 200 000 Menschen starben auch noch Jahrzehnte später an den Strahlenschäden, die Stadt wurde bis auf ein einziges Gebäude (das Rathaus) vollkommen zerstört.

Hirsche: Zu dieser Tierfamilie, die weltweit mit über 40 Arten verbreitet ist, gehören z.B. das Reh, der Elch oder das Ren. Bei uns ist vor allem der Rothirsch mit seinem vielendigen Geweih ein typischer Vertreter. Der „Kopfschmuck“, der in der Brunftzeit bei Kämpfen zwischen männlichen Rivalen eingesetzt wird, wird einmal im Jahr ganz abgestoßen und wächst dann wieder nach. Nur beim Rentier haben auch die Weibchen ein Geweih.

Hirsche

Hirschkäfer: Das, was bei diesen Blatthornkäfern an ein Geweih erinnert, ist in Wirklichkeit ein verlängerter Oberkiefer mit geweihartigen Zangen; sie werden von den Männchen zum Kampf eingesetzt. Mit bis zu 8 cm Länge ist der Eurasische Hirschkäfer der größte Käfer, den man in Europa finden kann. Er braucht für seine Entwicklung vom Ei über die Larve bis zum fertigen Käfer fünf bis acht Jahre. Als Larve frißt er Holz, als Käfer leckt er Eichensaft. Das Tier ist sehr selten geworden und daher geschützt.

Hit: Ein Schlager, ein erfolgreiches Musikstück oder etwas anderes, das sich besonders erfolgreich verkauft.

Hitzschlag: Ein Wärmestau, der meistens durch zuviel Sonneneinstrahlung auftritt. Erste Anzeichen sind Kopfschmerzen und Erbrechen, später Schwindelgefühl und Bewußtlosigkeit. Jemand, der einen Hitzschlag hat, muß sofort in eine kühle Umgebung gebracht werden.

Hobby: Eine Freizeitbeschäftigung.

Hochkulturen: So nennt man Gesellschaften und Völker, die schon sehr früh einen hohen Entwicklungsstand hatten, d.h. die z.B. in der Baukunst, in der Wissenschaft, in der Schrift, in der Landwirtschaft oder in der Technik große Leistungen vollbrachten. Erste Hochkulturen, die uns heute bekannt sind, gab es schon im 3. Jahrtausend vor Christus bei den Sumerern und Ägyptern, in Indien und China.

Hochspannung: Eine besonders starke Stromspannung von über 1000 Volt.

Zeugnis einer frühen Hochkultur

Hockey: Ein Mannschaftsspiel, bei dem ein Ball mit einem Stock ins Tor der anderen Spielpartei getrieben wird.

Hoden: Die beiden eiförmigen Keimdrüsen bei Jungen und Männern, in denen die Samenzellen und Geschlechtshormone gebildet werden. Weil die Hoden sehr wärmeempfindlich sind, liegen sie nicht, wie die Eierstöcke der Frau, innerhalb des Bauchbereichs, sondern außen im **Hodensack**. Eine Überhitzung, z.B. durch das Tragen zu enger Jeans bei gleichzeitiger körperlicher Anstrengung (wie etwa bei einer langen Fahrradtour) kann zu einer schmerzhaften Entzündung der Hoden führen.

Höhlen: Die großen Hohlräume im Gestein sind durch natürliche Vorgänge entstanden, z.B. durch Auswaschung. Die Höhlenforscher haben zum Teil kilometerlange Höhlensysteme ausgekundschaftet, was manchmal sehr gefährlich sein kann. Es gibt aber viele Schauhöhlen, besonders →Tropfsteinhöhlen, die unter Aufsicht begehbar gemacht worden sind. Manche **Höhlenmalereien**, z.B. in Lascaux (Frankreich) oder Altamira (Spanien), wurden seit dem Ende der Altsteinzeit von unseren Vorfahren mit Erdfarben an die Wände gemalt. Sie zeigen oft die Tiere, die damals gejagt wurden.

Höhlenmalerei

Hollywood: Die Filmstadt in der Nähe von Los Angeles; hier befinden sich die meisten und größten Produktionsstätten der Filmindustrie.

Holographie: Ein fotografisches Verfahren, bei dem ein Gegenstand mit Hilfe von Laserstrahlen so aufgenommen und abgebildet wird, daß er beim Betrachten nicht flach, sondern räumlich erscheint.

Holz: Das innere, harte Pflanzengewebe von Bäumen wird wegen seiner hohen Belastbarkeit, Brennbarkeit und wegen vieler anderer Eigenschaften (z.B. auch weil es ziemlich leicht zu bearbeiten ist) schon seit Jahrtausenden vom Menschen genutzt. Es wächst um den Kern eines Baumes in deutlich sichtbaren Jahresringen, wobei das Holz der äußeren Ringe immer weicher ist als das in der Mitte. Weil manche Hölzer sehr selten und teuer sind, schneidet man daraus hauchdünne Furnierplatten, mit denen man billigeres Holz (z.B. bei Möbeln) außen verkleidet. Riesige Mengen von Holz werden auch für die Papierproduktion verbraucht. Nutzholz wird meist in großen

Die Arbeit der Höhlenforscher …

… ist manchmal gefährlich

Frisch geschlagenes Holz

Holz: So wird ein Stamm zu Brettern zersägt

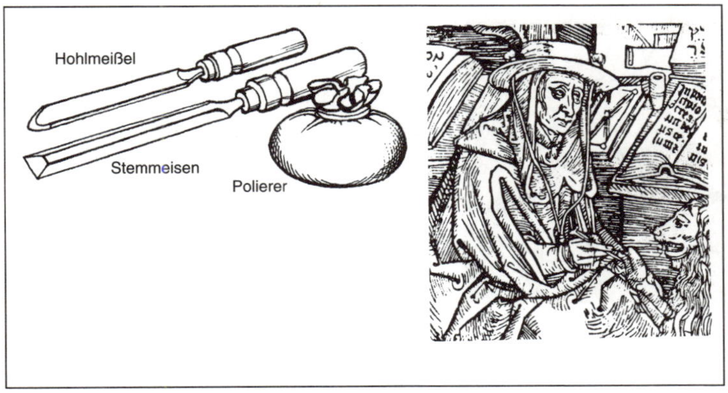

Holzschnitt

Wäldern „angebaut", und es dauert viele Jahre oder sogar Jahrzehnte, bevor man es schlagen kann. Da man heute weiß, daß dieser nachwachsende Rohstoff auf Dauer doch nicht beliebig verfügbar ist, greift man immer mehr auf die Möglichkeiten des →Recycling zurück. Edelhölzer aus tropischen Regenwäldern sollte man überhaupt nicht mehr verwenden.

Holzkohle: Ein Brennstoff, der durch Verschwelen von Holz unter Luftabschluß entsteht.

Holzschnitt: Für dieses künstlerische Druckverfahren werden aus einer Holzplatte alle die Teile herausgeschnitzt, die keine Farbe abgeben sollen. Schon seit dem 4. Jahrhundert hat man auf diese Weise Stempel mit verschiedenen Mustern zum Bedrucken von Stoff hergestellt.

Homecomputer: →Heimcomputer.

Honig: Das klebrige, süße und sehr wertvolle Nahrungsmittel wird von **Honigbienen** hergestellt. Die Arbeiterinnen sammeln den Blütennektar in ihrem Honigmagen und fügen ein enzymhaltiges Sekret hinzu. Dann speichern sie den Honig in Waben aus Wachs, wo er durch Wasserverdunstung eindickt. Für die Herstellung von nur einem Kilo Honig müssen die Bienen mehrere Millionen Blüten anfliegen. Honig ist nicht nur ein Nahrungs-, sondern wegen seiner entzündungshemmenden Wirkung auch ein Heilmittel.

Horizont: Die sichtbare Grenzlinie, an der Erdoberfläche und Himmel scheinbar aneinanderstoßen.

Hormone: Chemische Stoffe in unserem Körper, die die Tätigkeiten der verschiedenen Organe anregen und steuern.

Horoskop: Die Deutung des Charakters und des Schicksals eines Menschen nach dem Stand der Sterne und Planeten zur Geburtszeit dieses Menschen. Horoskope gehören in den Bereich der →Astrologie. Besonders die Tageshoroskope in manchen Zeitungen sind so unverbindlich formuliert, daß sie oft tatsächlich zutreffen („Laufen Sie heute nicht bei Rot über die Straße, sonst könnten Sie überfahren werden!").

Hostess: Eine ausgebildete weibliche Betreuerin von Gästen, z.B. im Flugzeug.

Hottentotten: Ein Volk einer eigenen Rasse in Südafrika, das wegen seiner Sprache von den Holländern „Stotterer" genannt wurde. Die Hirtennomaden leben heute in Namibia und nennen sich selbst Khoi-Khoin („Menschen der Menschen").

Hubschrauber

Hubschrauber: Ein Flugzeug, das durch einen sich schnell drehenden Rotor (Propeller) senkrecht in die Luft steigen und dort sogar „stehen" kann. Weil für Hubschrauber (**Helikopter**) keine langen, befestigten Start- und Landebahnen nötig sind, setzt man sie oft als Rettungsflugzeuge ein.

Huftiere: Säugetiere mit Hufen oder Klauen aus Horn an der Lauffläche der Füße. Dazu gehören z.B. Pferd, Rind, Schwein, Nashorn oder Reh.

Huftiere: Wasserbüffel

Huftiere: Pferd

Hunde: Zwergpinscher

Hühnervögel: Nicht nur unser Haushuhn, sondern noch 260 andere Arten gehören zu diesen Bodenvögeln, z.B. der Fasan, die Wachtel oder das Birkhuhn.

Humanität: Menschlichkeit.

Hummeln: Die plumpen, oft bunten „Brummer" gehören eigentlich zu den →Bienen und sind wie diese fleißige Blütenbestäuber. Sie leben in Staaten von bis zu 500 Tieren. Ihre Nester bauen sie in Erdhöhlen oder in unbewohnte Vogelnester.

Humus: Abgestorbene tierische und pflanzliche Reste in der obersten Bodenschicht, die von Kleinstlebewesen gefressen, mit wertvollen Vitaminen, Hormonen und anderen Stoffen angereichert und dann wieder ausgeschieden werden. Mit Humus durchsetzter Boden ist sehr fruchtbar.

Hunde: Obwohl es heute – vom Zwergpinscher bis zur Riesendogge – Hunderte verschiedener Hunderassen gibt, stammen sie doch alle vom Wolf ab. Schon in der Mittelsteinzeit (vor 15 000 Jahren) haben Menschen gezähmte Hunde als Jagdhelfer eingesetzt und seitdem auch zu verschiedenen Formen gezüchtet, ja manchmal so sehr verunstaltet, daß ihnen wichtige Eigenschaften verlorengegangen sind und manche Rassen „wegen der Schönheit" unter schlimmen Verkrüppelungen leiden müssen. Sehr ursprüngliche Hunderassen sind z.B. Schlitten- und Polarhund. In der Wildnis leben Hunde und Hundeartige (zu ihnen zählen z.B. Füchse und Schakale) als Raubtiere gerne in Rudeln; sie veranstalten ihre Hetzjagden oft gemeinsam und orientieren sich vor allem mittels Geruchs- und Gehörsinn.

Hunde: Schlittenhunde

Hunde: Schäferhund

Hunger: Ein lebenswichtiges Gefühl „in der Magengrube", das signalisiert, daß der Körper Nahrung (Vitamine, Minerale, Energielieferanten) braucht. Man kann zwar einige Tage ohne Essen überleben, weil der Körper bestimmte Reserven, vor allem Fettreserven, hat; doch sterben auch heute noch viele Hunderttausende von Menschen an Hunger, wenn – vor allem in Ländern der →Dritten Welt – Mißernten, Kriege oder andere Katastrophen zu großen **Hungersnöten** führen.

Hunnen: Ein kriegerisches Nomaden- und Reitervolk, das von 209-174 vor Christus ein Großreich in der Mongolei besaß. Die Hunnen fielen aber dann in riesigen Schwärmen zuerst in China, 375 nach Christus auch in Europa ein. Damit lösten sie die Völkerwanderung aus. Der wohl berühmteste Hunnenkönig war Attila (Etzel); er drang mit seinen Mannen bis nach Italien vor, kehrte aber kurz vor Rom wieder um.

Hürde: Ein Hindernis, das zu überwinden ist. Beim **Hürdenlauf** in der Leichtathletik müssen Hürden bis zu etwa 1 m Höhe übersprungen werden.

Hurrikan: Tropischer Wirbelsturm im Bereich der Karibik mit einem Durchmesser von mehreren hundert Kilometern; dabei werden Geschwindigkeiten von über 200 km/h erreicht. Ein Hurrikan entsteht immer über dem Meer.

hydraulisch: So nennt man eine Vorrichtung, bei der Kräfte mit Hilfe des Druckes von Flüssigkeiten erzeugt werden.

Hygiene: Sauberkeit, Gesundheitspflege, Körperpflege, aber auch das allgemeine, öffentliche Sauberhalten von Gebieten, in denen sich Menschen aufhalten. Viele Seuchen, z.B. die Cholera und auch die Pest des Mittelalters, können wegen unhygienischer Zustände ausbrechen.

hyper...: Hat eine ähnliche Bedeutung wie „Super": über-, übermäßig.

Hypothek: Das Pfandrecht an einem Grundstück. Es dient z.B. einer Bank als Sicherheit für einen Kredit, der z.B. für einen Hausbau vergeben worden ist. Wenn der Kredit nicht zurückbezahlt werden kann, darf die Bank das Haus verkaufen und sich das ausgeliehene Geld auf diese Weise zurückholen.

I/J

Iberische Halbinsel: Ausgangspunkt für Entdeckerfahrten

Iberische Halbinsel: Südwestliche Halbinsel Europas mit den Staaten Spanien und Portugal; sie wird auch **Pyrenäenhalbinsel** genannt.

Ideal: Wunschbild, Vorbild, erstrebenswertes Ziel. Mit **Idealismus** ist das – oft mit persönlichen Opfern verbundene – Streben nach einem Ideal gemeint.

Idee: Einfall, Eingebung, Geistesblitz.

identifizieren: Erkennen. Wenn man sich mit einer Person oder Filmfigur identifiziert, dann denkt und fühlt man so ähnlich wie diese und stellt sich ganz auf ihre Seite.

Idol: Ein Vorbild, dem man nachzueifern versucht. Oft werden Idole wie z.B. Filmstars verklärt und unkritisch gesehen.

Igel: Das 30 cm lange Säugetier trägt auf dem Rücken ein Stachelkleid, am Bauch ist es pelzig weich. Wenn es angegriffen wird, rollt es sich zu einer Kugel zusammen und stellt die Stacheln auf. Der Igel lebt in Wiesen, Feldern und in „unordentlichen" Ecken im Garten. Er frißt Insekten, Schnecken oder Würmer. Tagsüber schläft der Igel, nachts ist er unterwegs. Von Ende Oktober bis Ende März hält der Igel Winterschlaf in seinem Nest aus Moos und Blättern. Die größte Gefahr für den Igel ist der Straßenverkehr, er ist deshalb selten geworden und geschützt.

Iglu: Das kreisrunde, kuppelförmige Schneehaus der →Eskimos.

ignorieren: Nicht kennen (wollen), nicht wahrnehmen (wollen). **Ignoranz** wird mit Dummheit gleichgesetzt.

Ikarus: Der wahrscheinlich erste Flugpionier der Weltgeschichte, jedenfalls der griechischen Legende nach: Ikarus floh zusammen mit Dädalus vor dem König Minos mit selbstgebauten Flügeln, deren Federn mit Wachs zusammengehalten wurden. Weil er aber der Sonne zu nah kam, schmolz das Wachs, und Ikarus stürzte ins Meer.

Igel: Spitze Schnauze (1), aufrichtbare Stacheln (2), kleiner Schwanz (3), und kurze Füße (4). Bei Angriffen schützt er seinen weichen Bauch (5) durch Zusammenrollen

Illusion: Eine Einbildung oder Sinnestäuschung.

Illustration: Bebilderung, z.B. einer Geschichte in einem Buch.

Iltisse: Bis zu 45 cm lange Marder mit langem Schwanz. Das braune Raubtier kann Säugetiere bis zur Größe eines Hasen töten und vertilgen. Bei Gefahr scheidet der Iltis eine stinkende Flüssigkeit aus der Schwanzdrüse aus. Beim Steppeniltis färbt sich das Fell im Winter weiß.

immun: Nicht anfällig für etwas, z.B. für eine Krankheit. Das **Immunsystem** des Körpers ist das Abwehrsystem gegen eindringende Krankheitserreger.

Impfung: Das Unempfindlichmachen des Körpers gegen bestimmte übertragbare Krankheiten wie Kinderlähmung, Wundstarrkrampf, Röteln, Cholera usw. Dabei wird ein abgetöteter, abgeschwächter oder noch lebender Krankheitserreger in winzigen, nicht schädlichen Mengen eingenommen oder in die Blutbahn gespritzt. Das regt den Körper an, Abwehrstoffe gegen den Krankheitserreger zu bilden. Manche Impfungen, wie z.B. gegen Wundstarrkrampf (Tetanus) oder Kinderlähmung („Schluckimpfung), muß man mehrmals wiederholen („auffrischen"), damit sie wirksam bleiben.

Import: Die Einfuhr von Waren aus dem Ausland ins Inland.

Indianer: Als Kolumbus in Amerika landete, aber glaubte, in Indien zu sein, nannte er die Ureinwohner Amerikas „Indianer". Diese Ureinwohner sind wahrscheinlich vor mehr als 10 000 Jahren während einer Eiszeit von Asien her eingewan-

Alte indianische Aufzeichnung

Indianer heute

dert. Sie besiedelten den Kontinente von Alaska bis Feuerland, bildeten eigene Stämme und Lebensformen und lebten in Nordamerika sehr naturverbunden als Jäger, in Südamerika entwickelten sie bedeutende →Hochkulturen (→Azteken, →Inka, →Maya). Sobald die Europäer ihr Land eroberten und besiedelten, wurden die Indianer gnadenlos verfolgt und immer weiter zurückgedrängt. Heute leben die etwa 1 Million Indianer Nordamerikas völlig macht- und rechtlos in kleinen Reservaten (vor der Besetzung

Indianischer Kalender

Indianer auf Bison-Jagd

durch die Weißen waren es 13 Millionen), die Indianer Südamerikas, vor allem die im Bereich des Amazonasbeckens, werden zum Teil weiterhin verfolgt, vertrieben oder umgebracht.

Indien: Nach China ist Indien das bevölkerungsreichste Land der Erde. Es erstreckt sich nicht nur über die dreiecksförmige, riesige Halbinsel, die so groß ist, daß man sie auch als Subkontinent bezeichnet, sondern reicht hinauf bis zum →Himalaya. Das Klima ist subtropisch bis tropisch und wird vor allem durch den →Monsun bestimmt. Die meisten Einwohner Indiens arbeiten in der Landwirtschaft, aber die Ernten halten nicht

Indien: Das Tadsch Mahal in Agra

Amazonas-Indianer

Schritt mit dem schnellen Anwachsen der Bevölkerung, die jedes Jahr um 13-14 Millionen Menschen zunimmt. Weil außerdem aus religiösen Gründen (→Hinduismus) die Rinder nicht geschlachtet werden dürfen, haben viele Menschen in Indien nicht genügend zu essen. Seit dem 2. Jahrtausend vor Christus wurde Indien von fremden Völkern unterwandert. Es wurde zeitweise von Arabern und Mongolen beherrscht, die hier im 16. Jahrhundert ein mächtiges Reich gründeten. Europäer, vor allem die Portugiesen, waren schon früh Kolonialherren an den Küsten, und schließlich wurde Indien von Großbritannien beherrscht. Erst im 20. Jahrhundert wurde Indien wieder unabhängig und ist heute eine Republik.

Indio: Spanischer Name für die →Indianer Süd- und Mittelamerikas.

Indischer Ozean: Er ist der kleinste der drei Ozeane und liegt zwischen Afrika, Asien, Australien und der Antarktis.

Individuum: Einzelwesen.

individuell: Auf das Einzelwesen bezogen, nach eigenem Geschmack.

Indus: Der größte Strom auf dem indischen Subkontinent; er fließt vor allem durch Pakistan und mündet bei Karatschi in das Arabische Meer.

Industrie: Die Verarbeitung von Rohstoffen und die maschinelle Fertigung von Massenwaren in Großbetrieben. Der Einsatz von Maschinen bei der Herstellung setzte nach der Erfindung der →Dampfmaschine ein und veränderte das Leben der Menschen so grundlegend und plötzlich, daß man diesen Vorgang der **Industrialisierung** auch als **Industrielle Revolution** bezeichnet. Der Übergang von der handwerklichen zur maschinellen Fertigung führte zur modernen **Industriegesellschaft**.

Industrie: Fertigung von Automobilen

Infektion: Eine Krankheit, die durch Übertragung von →Bakterien oder →Viren entsteht. **Infektionskrankheiten** wie die Grippe werden von Menschen, die Tollwut von Tieren, andere aber auch durch Nahrungsmittel übertragen.

Inflation: Eine schnelle Abnahme des Geldwerts, d.h. Lebensmittel und andere Waren werden immer teurer.

Infrarot: Eine für das menschliche Auge nicht, für manche Tiere aber wohl sichtbare Wärmestrahlung. Infrarot-Kameras können diese Wärmestrahlung in sichtbares Licht umwandeln; deshalb kann man damit z.B. bei Nacht und Nebel fotografieren.

Ingenieur: Ein wissenschaftlich ausgebildeter Fachmann/eine Fachfrau in technischen Arbeitsbereichen.

Initiative: Entschlußkraft, auch: das „Ingangsetzen“ von etwas; beispielsweise bemühen sich **Elterninitiativen** darum, daß bestimmte Einrichtungen für ihre Kinder gestellt werden, oder **Bürgerinitiativen**, daß bestimmte Mißstände abgeschafft werden. Wer die Initiative ergreift, der nimmt eine ihm wichtige Sache selbst in die Hand.

Inka: Indianisches Hochkulturvolk in Peru. Es errichtete nach 1100 durch weite Eroberungen ein Reich, das die heutigen Länder Peru, Ecuador, Bolivien, Nordchile, Nordargentinien und Teile Mexikos umfaßte. Die Inka hatten städtische Siedlungen mit zahlreichen Befestigungen und mit Tempelbauten, die über und über mit Gold bedeckt waren. Sie hatten ein festes gesellschaftliches Gefüge mit Adeligen und Priestern an der Spitze, wobei der oberste Herrscher der Inka jeweils als Gott verehrt wurde. Sogar das Verkehrsnetz war vorbildlich ausgebaut; Nachrichten und Mitteilungen, aber auch z.B. die Bestandsaufnahmen der Getreidespeicher wurden zwar mündlich weitergesagt, aber gleichzeitig mittels einer „Knotenschrift“ auf sogenannten Quipus (verschiedenfarbigen Schnüren) festgehalten. 1532 wurde das **Inkareich** aus Gold- und Besitzgier von den Spaniern erobert, der letzte Inkaherrscher Atahualpa trotz Zahlung eines hohen Lösegeldes ermordet.

Inka: Knotenschrift (Quipu)

inkognito: Gewollt unerkannt.

Inkubationszeit: Die Zeit von der Ansteckung bis zum offensichtlichen Ausbruch einer Krankheit.

Inquisition: Ein grausamer Verfolgungskampf der katholischen Kirche im Spätmittelalter gegen sogenannte Ketzer, Andersdenkende und als „Hexen“ verleumdete Menschen.

Insekten: Eine Klasse von Gliederfüßern, die weltweit mit über 775 000 verschiedenen Arten vorkommen. Zu ihnen gehören z.B. die Käfer, Libellen, Heuschrecken oder Schmetterlinge. Der Körper der Insekten gliedert sich in drei Abschnitte (Kopf-Brust-Hinterleib). Meistens haben Insekten zwei Flügelpaare, sechs Beine und am Kopf große →Facettenaugen, außerdem ein Paar Fühler und leckende oder beißende Mundwerkzeuge. Die Atmung erfolgt über Tracheen, das sind winzige Löcher und Röhrchen, die von der Körperoberfläche nach innen gehen. Die Entwicklung vom Ei bis zum fertigen Insekt kann manchmal Jahre dauern: Zuerst schlüpft aus dem Ei eine meist sehr gefräßige Larve oder Raupe (oft Schädlinge in der Land- und Forstwirtschaft);

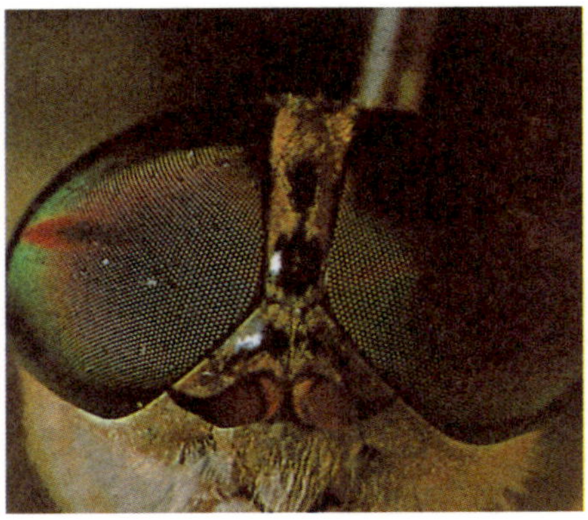

Insektenauge

nach einiger Zeit (das kann aber auch Jahre dauern) verpuppt sich die Larve, d.h. sie spinnt sich, wie z.B. die Seidenraupe, in einen festen Faden ein und rührt sich nicht mehr; zuletzt schlüpft aus dieser Puppe ein Insekt, das plötzlich eine ganz andere, manchmal sehr schillernde Gestalt angenommen hat (wie z.B. Schmetterling). Treten bestimmte Insekten in großen Massen auf, so können sie große Schäden anrichten; deshalb werden oft giftige **Insektizide** eingesetzt, die aber letztendlich auch in das Essen und das

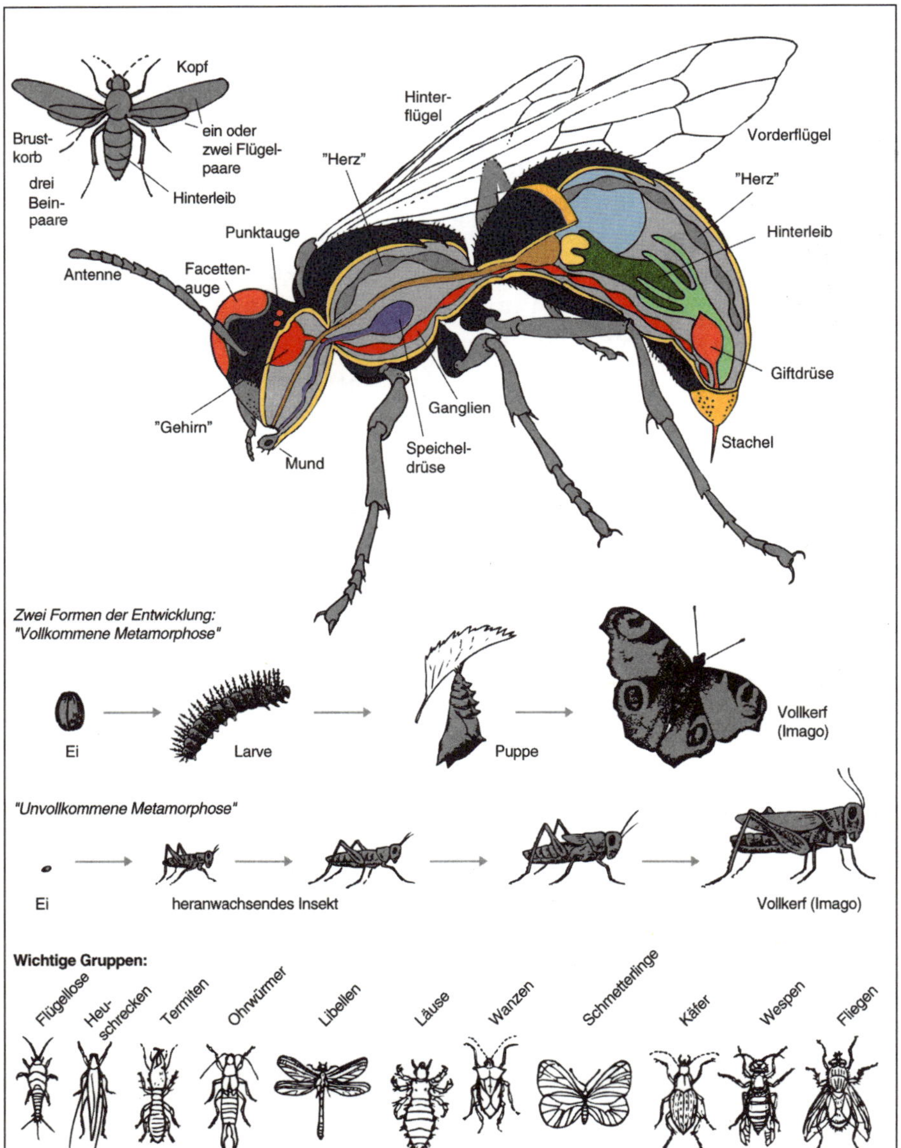

Insekten

Insekten: Schmetterling

Trinkwasser des Menschen gelangen. Dort, wo bestimmte Insekten ganz oder fast ganz ausgerottet werden, müssen auch alle anderen Tiere aussterben, die sich auf dieses Insekt als Nahrung spezialisiert haben.

Inserat: Eine Anzeige in der Zeitung (→Annonce).

Instinkt: Eine angeborene Reaktion bei Mensch und Tier auf bestimmte Reize, d.h. eine vererbte und angeborene Verhaltensweise. Daß wir z.B. babyhafte Körperformen (verhältnismäßig großer Kopf im Vergleich zum Körper) „süß und niedlich" finden, verdanken wir dem Mutterinstinkt. Auch der Nestbau der Vögel ist eine **instinktive** Handlung.

Intelligenz: Die Fähigkeit, Vorgänge zu begreifen, zu verarbeiten und daraus Folgen zu ziehen. Die Intelligenz wird nicht nur durch Vererbung, sondern auch durch die Erziehung (vor

Intelligenz: Karikatur von 1900

Intelligenz: Schimpansen verwenden Werkzeuge

allem im frühkindlichen Lebensalter) und durch andere äußere Einflüsse bestimmt.

intensiv: Stark, gründlich.

intern: vertraulich, innerlich.

Internat: Eine Schule mit angeschlossenen Wohngebäuden, wo die Schüler ständig (außer beispielsweise in den Ferien) untergebracht sind.

international: Auf mehrere Nationen (Länder) bezogen.

Interview: Ein Gespräch, bei dem der eine Gesprächspartner (z.B. ein Zeitungsreporter) den anderen (z.B. eine bekannte Persönlichkeit) zu einer bestimmten Sache befragt.

Ironie: Etwas Gesagtes, das in Worten das genaue Gegenteil von dem ausdrückt, was man tatsächlich meint (z.B. ein „Bravo!"-Ruf, wenn jemand gerade eine kostbare Vase zertrümmert hat).

Islam: Die von →Mohammed im Jahr 622 gestiftete Weltreligion, die allein Allah als Gott anerkennt. Die Gesetze des Islam sind im Koran niedergeschrieben und sehr streng. Sie haben auch für alle weltlichen (so auch politischen und gesellschaftlichen) Fragen Gültigkeit und reichen weit in das Alltagsleben der Moslems, der Anhänger dieser Religion hinein. Das Leben jedes einzelnen Menschen gilt als von Allah vorbestimmt, zur Ausübung der Religion gehört unter anderem tägliches, fünfmaliges Beten, vollständiges Fasten im Monat Ramadan und einmal im Leben eine Wallfahrt zu dem Heiligtum (→Kaaba) nach →Mekka. Der Genuß von Alkohol und Schweinefleisch ist für Moslems streng verboten.

isolieren: Absondern, vereinzeln, fernhalten von etwas oder jemandem. Elektrische Kabel werden durch nichtleitendes **Isolierband** oder durch einen Plastikmantel gesichert; die **Isolation** an Häusern bietet Schutz vor Wärmeverlusten; manche Menschen leben ganz einsam in der Isolation.

Jagd: Schon in der Altsteinzeit lebten die Menschen vom Erlegen des Wildes; heute ist die Jagd auf Tiere teilweise ein Sport, teilweise eine Notwendigkeit, weil natürliche Feinde fehlen, die früher den Wildbestand in einem bestimmten Gebiet nicht übermäßig groß werden ließen. Die Jagd ist bei uns durch Gesetze geregelt: Nicht jedes Wild darf erlegt werden, und meist gelten auch festgelegte Schonzeiten für bestimmte Wildarten.

Jaguar: Die rötlichgelbe Großkatze mit den schwarzen Ringelflecken lebt in Mittel- und Südamerika. Der Jaguar lebt meist in der Nähe von Gewässern; er jagt Vögel, Reptilien und Säugetiere und gilt als ein guter Schwimmer. Wegen seines schönen Fells wurde das Tier in vielen Gebieten ganz ausgerottet.

Jahr: Die Zeit, die die Erde braucht, um die Sonne einmal ganz zu umkreisen. Das dauert nach unserem Kalender 365 Tage. Weil es aber eine ganz kleine Abweichung gibt, hat man zur Korrektur alle vier Jahre ein **Schaltjahr** eingeschoben – dieses ist um einen Tag länger (im Februar). Im Laufe eines Jahres wechseln sich in unseren Breiten vier verschiedene **Jahreszeiten** ab. Die Klimaunterschiede von Frühling, Sommer, Herbst und Winter kommen von der unterschiedlichen Dauer und dem sich verändernden Einfallwinkel der Sonnenstrahlung. Auf der nördlichen und südlichen Halbkugel der Erde finden die Jah-

Jahreszeiten: Altes Kalenderblatt

Jahreszeiten: Frühling

reszeiten sozusagen genau entgegengesetzt statt: hier Sommer, dort Winter, hier Frühling, dort Herbst.

Versteinerter Baum: Deutlich zu erkennen sind die Jahesringe

Jahresring: Bei einem durchgesägten Baumstamm die sichtbaren, kreisrunden Schattierungen, an denen man ablesen kann, wie viele Jahre der Baum alt ist. →Holz.

Jangtsekiang: Mit 6300 km der längste Fluß Asiens. Er entspringt im Hochland von Tibet, fließt durch China und mündet bei Schanghai in das Ostchinesische Meer.

Janus: Eine doppelgesichtige Göttergestalt der Römer.

Japan: Dieser Staat vor dem asiatischen Festland liegt auf einer Inselkette mit etwa 3500 größeren und kleineren Inseln, die über 12 000 m vom Meeresboden aufsteigen. Auch heute

Japan: Fudschijama

noch gibt es hier 36 tätige Vulkane und jedes Jahr bis zu 5000 Erdbeben; fast 600 Berge Japans sind über 2000 m hoch, der →Fudschijama, ebenfalls ein Vulkan, ist mit 3776 m der höchste Gipfel. Die Hauptinsel Japans heißt Hondo (mit der Hauptstadt Tokio). Japan hat eine hochentwickelte Industrie (z.B. Computer, Autos), drei Viertel der Bevölkerung wohnt in Städten. Früher wurde Japan von Shogunen (Feldherren) regiert, später von Kaisern. Dem heutigen Kaiser (Tenno) von Japan steht aber ein Parlament zur Seite, und das Land wird demokratisch regiert.

Jazz: Eine Musikrichtung, die um die Jahrhundertwende in den Südstaaten der USA entstand. Sie wurde von schwarzen Musikern geschaffen, später dann auch von den Weißen übernommen und verändert. Die berühmtesten Jazzmusiker sind aber immer noch Farbige.

Jesus Christus

Jazzmusik: Hier bei einer Beerdigung

Jesus Christus: Der Begründer des →Christentums wurde zwischen 8 und 6 vor unserer Zeitrechnung („vor Christus") geboren. Er wirkte als Wanderprediger in Galiläa und wählte aus seinen Anhängern zwölf Schüler („Jünger") als Begleiter aus. Jesus verkündete, daß das „Reich Gottes" nicht irgendwann später komme, sondern daß Gottes Herrschaft schon jetzt wirksam sei. In vieler Hinsicht – nicht nur, weil er sich als „Sohn Gottes" bezeichnete – mußte Jesus den Menschen von damals als unbequemer „Revolutionär" erscheinen: Denn er stellte sich auf die Seite der Armen, der Kranken, der Sünder und der Geächteten. Außerdem heilte er Kranke, die sonst keiner mehr anrühren wollte, und er predigte nicht nur die Liebe zu Gott, sondern auch Nächstenliebe. Als seine Anhängerschaft immer größer wurde, verhafteten ihn die Pharisäer und übergaben Jesus den Römern, die ihn wegen Gotteslästerung und Hochverrats zum Tod am Kreuz verurteilten. Die Christen glauben, daß Jesus von den Toten auferstanden ist und den Menschen dadurch Erlösung gebracht hat.

Jet: Düsenflugzeug.

Jiu-Jitsu: Japanische Kunst der Selbstverteidigung ohne Waffen, aber mit bestimmten Handgriffen und Schlägen.

Job: Gelegenheitsarbeit, kurze Nebenbeschäftigung, umgangssprachlicher Ausdruck für berufliche Tätigkeit.

Jockey: Reiter bei Pferderennen.

Jogging: Leichter Dauerlauf.

Joule: Einheit für Energie; sie wird heute oft anstelle der Kalorie verwendet.

Journalist: Jemand, der bei einer Zeitung oder Zeitschrift, im Rundfunk oder Fernsehen Berichte schreibt und Reportagen macht.

Juden: Ursprünglich die Angehörigen eines Volksstammes, der zu den Israeliten gehörte. Diese waren nach der Bibel zuerst in Babylonien heimisch, zogen dann nach Ägypten und wanderten schließlich nach Palästina. Dort gründeten sie ein Reich, das später geteilt wurde; 926 vor Christus hieß einer dieser Teilstaaten Juda, die Hauptstadt war Jerusalem. Das

Siebenarmiger Leuchter: Symbol für das Judentum

Ein Mitglied der jüdischen Glaubensgemeinschaft an der Klagemauer in Jerusalem

Königreich wurde in der Folgezeit von den Assyrern, Babyloniern, Persern und Römern besetzt, und die meisten Juden wanderten in viele verschiedene Länder dieser Welt aus. Durch ihre Glaubensgemeinschaft, das **Judentum**, aber auch durch ihr Brauchtum blieben sie jedoch stark untereinander verbunden. Ihre Religion war die erste, die einen einzigen Gott anerkannte, und sie hat mit dem Christentum, aber auch mit dem Islam viele Gemeinsamkeiten. Das Judentum glaubt heute noch an die Ankunft eines Messias, erkennt also →Jesus Christus nicht als Sohn Gottes und Erlöser an. Da die Juden in vielen Ländern der Welt in eigenen Stadtvierteln (Gettos) beieinander wohnten, an ihrem Brauchtum und ihren Eigenarten festhielten und darüber hinaus lange Zeit in „ehrbaren" Berufen nicht arbeiten durften, in anderen dafür aber sehr erfolgreich waren (vor allem im Handel und im Bankwesen), kam es im Laufe der Geschichte immer wieder zu Neid und Feindseligkeit gegen sie (**Antisemitismus**). Die letzte große **Judenverfolgung** fand im →Dritten Reich statt, als viele Millionen Juden in Konzentrationslagern ermordet wurden. Nach dem Zweiten Weltkrieg kehrten viele Juden nach Palästina zurück und gründeten dort einen neuen Staat Israel. Seitdem gibt es zwischen den dort angestammten Palästinensern, den umliegenden arabischen Staaten und den Israelis immer wieder Grenzstreitigkeiten und Kriege.

Judo: Ein sportlicher Zweikampf aus Japan, bei dem es darum geht, die Angriffe des Gegners geschickt abzuwehren, den Gegner auf den Rücken zu werfen und 30 Sekunden lang festzuhalten. Schläge dürfen beim Judo nicht ausgeteilt werden.

Jugendamt: Eine Behörde, die sich besonders um die Belange von Kindern und Jugendlichen kümmert. Das Jugendamt vermittelt z.B. Pflegeeltern (→Adoption) und Tagesmütter, berät Eltern bei Erziehungsproblemen oder hilft Alleinerziehenden, Unterhaltsgelder für ihre Kinder zu bekommen. Auch die Überwachung des **Jugendschutzes**, der z.B. gesetzlich regelt, daß Kinder nicht arbeiten oder Eltern ihre Kinder nicht vernachlässigen und verwahrlosen lassen dürfen, gehört in den Bereich der Jugendämter.

Jumbo-Jet: Bezeichnung für das Großraumflugzeug Boeing 747. Der Name Jumbo wird sonst oft Elefanten gegeben.

Jupiter: Römischer Himmelsgott, der Schirmherr des römischen Staates (bei den Griechen →Zeus). Jupiter heißt auch der 5. und größte Planet unseres Sonnensystems.

Jury: Eine Gruppe von Sachverständigen, die bei Wettbewerben (z.B. im Sport, bei Frage- und Antwortspielen oder bei Musikveranstaltungen) die Leistungen bewertet.

K

Kaaba: Das Heiligtum der Moslems in Mekka. Es ist ein würfelförmiges Bauwerk aus Stein, in dem ein schwarzer Meteorit eingemauert ist.

Kabelfernsehen: Der Empfang von Fernsehprogrammen nicht über die →Antenne, sondern über unterirdisch verlegte Breitbandkabel. Diese Programme kann also nur derjenige sehen, dessen Haushalt „verkabelt“ ist.

Kadaver: Tierleiche.

Käfer: Etwa 5700 Arten dieser schillernden und vielfältigen →Insekten kommen allein in Europa vor – weltweit sind es 350 000 Arten. Fliegen können die Käfer nur mit ihren dünnen Hinterflügeln, die aber beim Krabbeln oder in Ruhestellung unter den harten, gepanzerten Vorderflügeln versteckt sind. Wie alle →Insekten, so haben auch die Käfer den deutlich dreigeteilten Körperbau, wobei aber der mittlere und hintere Teil der Brust mit dem Hinterleib starr verbunden ist. Die Beine mancher Käfer haben sich aufs Graben, Schwimmen, Springen oder Krabbeln spezialisiert. Der „Pillendreher“ z.B., der schon von den alten Ägyptern als heilig verehrt wurde, kann aus Erde oder Mist schöne, runde Kugeln formen. Alle Käfer verwandeln sich im Laufe ihres Lebens vom Ei zur Larve, dann zur Puppe und schließlich zum fertigen Insekt. Der größte europäische Käfer ist der →Hirschkäfer.

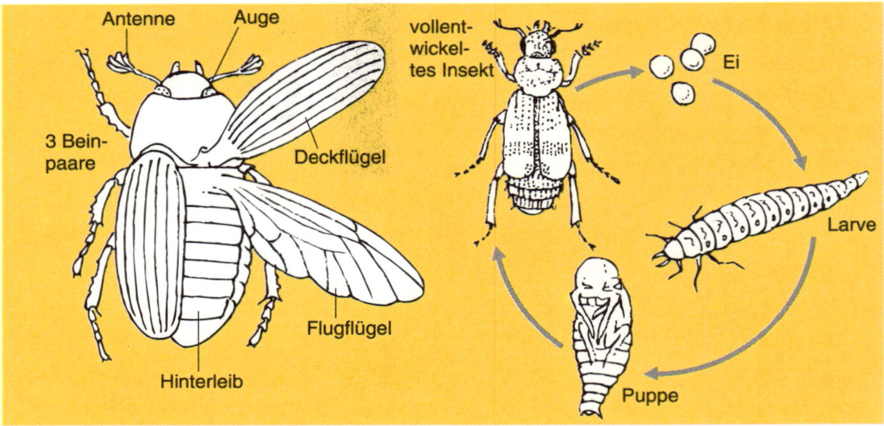

Käfer

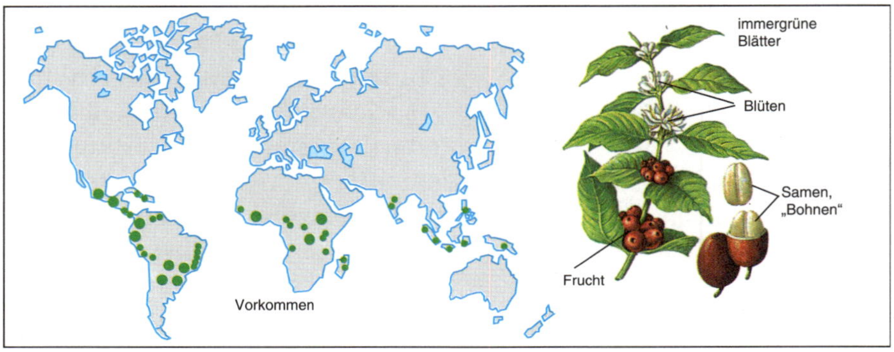

Kaffee

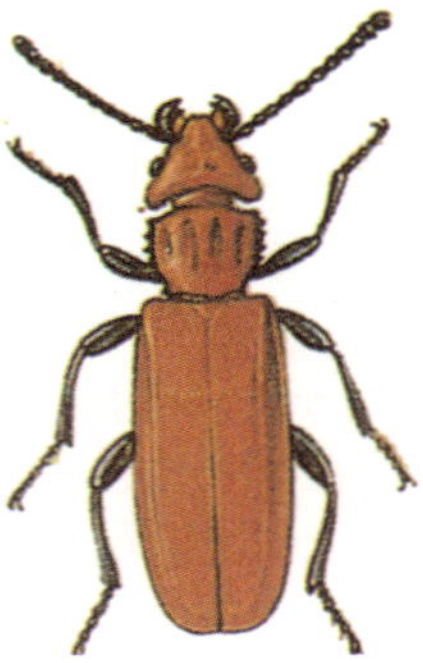

Scharlachkäfer

Fichtenrüßler

Rosenkäfer

Kapuzinerkäfer

Kaffee: Die Gewohnheit des Kaffeetrinkens hinterließen die Türken nach der Belagerung Wiens (in den Türkenkriegen) in Europa – Araber kannten diesen Brauch schon viel früher, denn sie hatten ihn über ihre Handelsstraßen aus Äthiopien (Afrika) eingeführt. Kaffeebohnen sind die Samen der Kaffeepflanze; sie müssen geröstet werden, bevor man sie mahlen und aufbrühen kann. Das Koffein im Kaffee wirkt anregend, ist aber für Kinder nicht gesund.

Kaiser: Der höchste weltliche Herrschertitel, der auf den Namen des Julius **Cäsar** zurückgeht.

Kaiserschnitt: →Geburt.
Kajak: Boot der →Eskimos.
Kakadus: Eine Unterfamilie der Papageien; man erkennt sie an dem aufrichtbaren Federschopf oben an ihrem Kopf. Kakadus sind meist weiß oder rosarot.

Kakadu

Kakao: Diese Pflanze haben die Europäer ursprünglich von den →Azteken eingeführt. Wie beim →Kaffee, werden die Samen des Kakaobaumes geröstet und dann vermahlen. Kakaopulver enthält viel Fett (**Kakaobutter**) und ist die Grundlage für Schokolade.
Kakteen: Eine Pflanzenfamilie, die auch noch in Wüsten und

Kakteen

Steppen (vor allem in Amerika) gut gedeiht, weil die Kaktusgewächse Wasser speichern können. Es gibt viele verschiedene Arten, manche sind winzig klein, andere werden bis zu 20 m hoch, und fast alle tragen Haare, Wolle oder Stacheln. Ihre Blüten werden nicht nur von Vögeln und Insekten, sondern sogar von Fledermäusen bestäubt.
Kalahari: Trockene Beckenlandschaft (Savanne) in Südafrika. Die Kalahari hat einen reichen Wildbestand und ist Rückzugsgebiet für die →Buschmänner und →Bantu-Stämme.

Kalahari-Gemsbock

Kaleidoskop: Spielzeug mit bunten Scherben, die sich durch Spiegelung zu regelmäßigen Figuren anordnen und immer wieder verändern lassen.
Kalender: Der Tag, der Monat und das Jahr sind natürliche Zeiteinheiten, da sie sich nach der Bewegung der Erde um die Sonne und nach der Stellung des Mondes richten. Wir rechnen heute nach dem **Gregorianischen Kalender**, der auf die alten Ägypter zurückgeht. Schon diese teilten ein Jahr nach der Zeit ein, die die Erde braucht, um die Sonne einmal vollständig zu umrunden. Andere Völker rechnen jedoch nicht nach Sonnen-, sondern nach Mondjahren, und außerdem setzen sie – meist je nach ihrer Religion – das Jahr „Null" nicht mit unserem gleich.
Kalif: Ehemaliger islamischer Herrschertitel.
Kalk: Eine chemische Verbindung, die in Muscheln, in den Knochen und Zähnen oder in Eierschalen vorkommt, und ein Gestein, das sich aus abgestorbenen Muscheln und Schnecken gebildet und abgelagert hat, als in früheren Erdzeitaltern z.B. ganz Europa „unter (Meeres-) Wasser stand". Dieser Vorgang der Ablagerung dauerte viele Jahrtausende, und dabei wurden nach und nach ganze Gebirge aus Kalkstein aufgetürmt, z.B. die Kalkalpen und der Jura. Wenn man Kalk mit Sand vermischt oder in Öfen brennt, erhält er ganz neue Eigenschaften, die vor allem beim Bauen (Mörtel) und in der Landwirtschaft (Düngen und Entsäuern des Bodens) genutzt werden.
Kalorie: Die frühere Einheit für Energie, heute →Joule.
Kalzium: Ein metallisches →Element, das nur in Verbindungen vorkommt, z.B. in Kalkstein oder →Gips. Kalziumphosphate sind für den Aufbau der Knochen sehr wichtig; sie kommen z.B. in der Milch reichlich vor.
Kamele: Nicht nur das zweihöckrige Kamel und das einhöckrige →Dromedar, sondern auch das Lama gehört unter anderen zu dieser Tierfamilie. Kamele sind seit Jahrtausenden ausdauernde und genügsame Nutztiere vor allem in Wüstengegenden; sie liefern Wolle, Milch und Fleisch und sind vor allem gute Lastenträger (bis zu 500 Kilo). In ihrem Höcker speichern Kamele nicht Wasser, sondern Fett, und bei Sandstürmen

Kamele: Dromedar

können sie ihre Nasenlöcher verschließen.

Kamera: Aufnahmegeräte für →Film, →Fernsehen und →Fotografie.

Kanal: Eine schmale Meeresstraße (z.B. →Ärmelkanal) oder eine künstlich angelegte Wasserstraße (wie →Suezkanal oder Panamakanal) für die Durchfahrt größerer Schiffe.

Kanal: Künstlich angelegter Schiffahrtsweg

Kanarische Inseln: Ein beliebtes Urlaubsziel vor der Westküste Afrikas, das zu Spanien gehört.

Kandidat: Jemand, der an einer Prüfung, an einem Quiz oder an einer Wahl teilnimmt.

Känguruhs: Die wohl bekannteste Familie der →Beuteltiere. Sie leben vor allem in Australien. Känguruhs können mannshoch werden, ihr Schwanz ist lang und kräftig ebenso wie die Hinterbeine, während die Vorderbeine ganz kurz sind. Känguruhs bewegen sich springend vorwärts (das Riesenkänguruh kann ohne weiteres Zehn-Meter-Sprünge vollführen). Der kleine, lebendgeborene Embryo eines Känguruhs ist noch nicht lebensfähig; er muß aus eigener Kraft in den Beutel der Mutter kriechen und wird dort gesäugt.

Kaninchen: Sie gehören zu den →Hasen, haben einen runderen Kopf und kürzere Ohren als diese und leben in selbstgegrabenen Erdröhrensystemen (wenn sie nicht als Haustiere im Käfig sitzen müssen).

Kannibalen: Menschenfresser.

Kanton: Bezeichnung für einen Gliedstaat der Schweizerischen Eidgenossenschaft.

Kanu: Leichtes Paddelboot der Indianer. Im **Kanusport** werden →Kajaks, Kanadier (Kanus) und Faltboote verwendet; zu diesem Sport gehören auch die Wildwasserrennen.

Kap: Die Spitze einer Felsenküste. Das **Kap der Guten Hoffnung** ist die Südspitze Afrikas.

Kaninchen

Känguruhs

Karat: Gewichtseinheit für →Edelsteine und das Maß für den Reinheitsgrad von →Gold. Das Karat leitet sich ab von den Samen des Johannisbrotbaumes, mit denen früher abgewogen wurde.

Karate: Eine Zweikampfsportart mit Schlag-, Stoß- und Tritt-Techniken.

Karawane: Transportkolonne – meist mit Kamelen als Last- und Reittieren – über weite Strecken, im Orient z.B. oft durch Wüstengebiete. An der **Karawanserei** (Herberge) wurde Rast gemacht.

Karibik: Kurzbezeichnung für die Inseln im **Karibischen Meer** vor der Küste Mittel- und Südamerikas. Hier herrscht tropisches Passatklima.

Karies: Zahnfäule. Sie entsteht dadurch, daß der harte, schützende Zahnschmelz durch Säuren zerfressen wird. Diese Säuren entstehen vor allem dann, wenn man Süßigkeiten ißt (besonders die klebrigen, die lange mit den Zähnen in Kontakt sind) oder süße Getränke (Limonade, Cola, Honigmilch) trinkt und sich nicht gleich danach die Zähne putzt. Regelmäßige, gründliche Zahnpflege (dreimal täglich drei Minuten) ist der beste Schutz gegen Karies, außerdem ein Besuch beim Zahnarzt alle sechs Monate. Sollte der Zahnarzt dann trotzdem mal ein Löchlein entdecken, so ist dies schneller und schmerzloser repariert als ein Zahn, der schon bis zur Wurzel durchgefault ist.

Karikatur: Eine verzerrende, witzige Zeichnung (z.B. von Personen oder Ereignissen).

Karikatur

Karosserie: Der Blech- oder Stahlaufbau und das Fahrgestell eines Autos.

Karriere: Beruflicher Aufstieg.

Kartoffel: Noch eine „Erbschaft", die wir von den Indianern (Südamerikas) übernommen haben. Das →Nachtschattengewächs wurde um 1560 von den europäischen Eroberern nach Europa gebracht und lange Zeit als Zierpflanze verkannt. Seitdem Friedrich der Große den Anbau der Kartoffel anordnete und damit Preußen vor einer Hungersnot bewahrte, ist sie eines unserer wichtigsten Grundnahrungsmittel. Kartoffeln enthalten unter anderem Stärke, Vitamine und Eiweiß. Der größte Schädling der Kartoffelpflanze, der schwarz-gelb-gestreifte **Kartoffelkäfer**, wurde erst in unserem Jahrhundet aus Amerika eingeschleppt.

Kartoffelkäfer

Kaspisches Meer: Kein Meer, sondern der größte abflußlose See der Erde. Er liegt im Südwesten der ehemaligen UdSSR und wird von Flüssen des Kaukasus und von Wolga und Ural gespeist. Wegen starker Verdunstung sinkt sein Wasserspiegel immer mehr bei zunehmendem Salzgehalt.

Kastagnetten: Ein Instrument aus zwei Holzschalen, die in einer Hand gehalten und rhythmisch aneinandergeschlagen werden.

Katalysator: In der Chemie ein Stoff, der chemische Vorgänge (Reaktionen) beschleunigt, ohne sich dabei selbst zu verändern. Beim Kraftfahrzeug ein Keramikkörper mit vielen feinen, platinüberzogenen Kanälen. Sie wandeln die schädlichen Abgase in weniger gefährliches Kohlendioxid, Stickstoff und Wasserdampf um und helfen, die Umwelt zu entlasten. **Kat-Autos** werden mit bleifreiem Benzin angetrieben.

Katamaran: Ein schnelles Segelboot mit zwei Bootskörpern (Rümpfen). Es ist dadurch vor dem Kentern geschützt.

Katastrophe: Ein Ereignis, das sehr schlimme Folgen für die Menschen oder für die Natur hat, z.B. Erdbeben, Krieg, Vulkanausbruch, Atomunfall.

Kathedrale: Ein sehr großer Kirchenbau, und zwar immer der Hauptdom einer Stadt. Die schönsten Kathedralen wurden im gotischen Stil erbaut (→Architektur).

Katzen: Raubtierfamilie mit 36 verschiedenen Arten, zu denen z.B. der →Gepard, der →Löwe und andere Großkatzen wie →Tiger, →Leopard und →Puma und natürlich unsere Hauskatzen gehören. Im Gegensatz zu den →Hunden sind Katzen meist Einzelgänger (nur die Löwen leben und jagen gerne in Gruppen). Die **Hauskatze** stammt von der ägyptischen Falbkatze ab (die Ägypter hielten Katzen schon vor vielen tau-

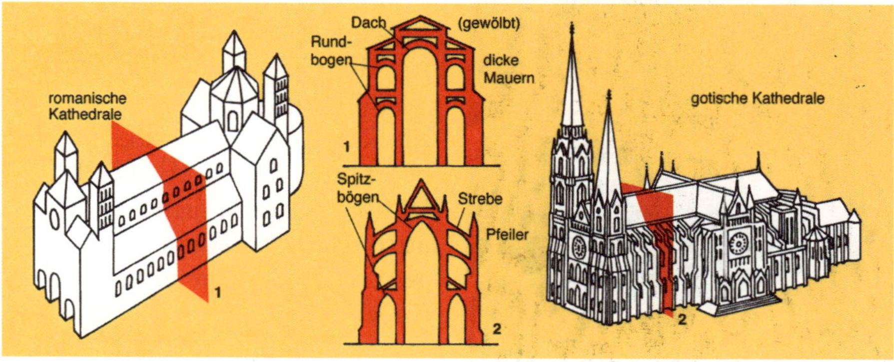

Kathedrale

Kathedrale im gotischen Stil: Viele Handwerker und Künstler waren an einer Dombauhütte beschäftigt (Text siehe Seite 115)

Katzen: Fell eines Ozelots

send Jahren als heilige Tiere). Katzen können auch in der Dämmerung noch sehr gut sehen; auch ihre Schnurrhaare dienen der Orientierung. Anders als der Hund, unterwirft sich die Katze dem Menschen nicht bedingungslos. Und: „Die Katze läßt das Mausen nicht" und auch nicht das Töten von Vögeln. Wer also eine Futterstelle für Vögel anlegt, der sollte darauf achten, daß dieser Platz für Katzen nicht allzuleicht „aus dem Hinterhalt" erreichbar ist.

Katzen: Fell des Jaguars

Katzen: Tiger

Kaukasus: Faltengebirge zwischen →Europa und →Asien (verläuft zischen dem →Kaspischen und dem →Schwarzen Meer).

Kaulquappen: Die Larven der →Frösche und Froschlurche. Sie leben im Wasser und bestehen nur aus einem dicken Kopf und einem kräftigen Schwanz. Erst später wachsen die Beine nach.

Kautschuk: Grundstoff für die Herstellung von →Gummi.

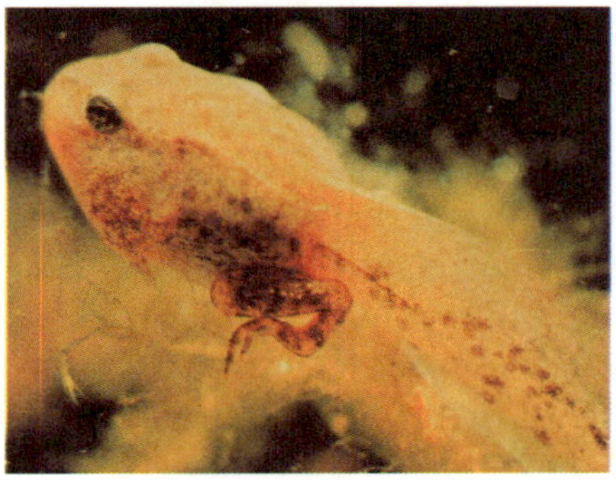

Kaulquappen: Erst nach dem Kaulquappenstadium wachsen bei Fröschen die Beine

Keilschrift: Die keilförmigen Striche dieser aus Bildern entwickelten Schrift ergaben sich daraus, daß die Wörter und Silben mit einem Griffel in weiche Tontafeln eingeritzt wurden. Die Keilschrift stammt vermutlich von den Sumerern (3000 vor Christus) und wurde von anderen Völkern übernommen.

Keim: Ein junger Pflanzentrieb, aus dem eine neue Pflanze wächst, aber auch eine befruchtete Eizelle und ein nur wenige Wochen alter Embryo. In der Medizin werden auch Krankheitserreger wie →Bakterien Keime genannt.

Kelten: Eine Volksgruppe, die etwa seit dem 8. Jahrhundert vor Christus in Süddeutschland, Gallien und West-Spanien ansässig war und sich später auch in Britannien, Italien und bis nach Dalmatien ausbreitete. Die Kelten gründeten keine eigenen Reiche; sie wurden von den Germanen und Römern verdrängt oder vermischten sich teilweise mit ihnen. Die bekannteste Kulturepoche der jüngeren Eisenzeit, die Latène-Kultur (500-400 vor Christus) wurde hauptsächlich von den Kelten geprägt.

Kelten: Keltischer Schild

Kelvin: Eine andere Maßeinheit für die Temperatur als →Celsius oder →Fahrenheit. Bei der Kelvinskala liegt der Nullpunkt bei minus 273,15 Grad Celsius.

Keramik: Töpferkunst. Gegenstände aus gebranntem Ton wurden schon im 8. Jahrtausend vor Christus angefertigt, die Töpferscheibe – noch ohne Fußantrieb – wurde im 4. Jahrtausend vor Christus in Mesopotamien verwendet, später durch die Ägypter verbessert (mit Fußantrieb). Nach den typischen Mustern und Formen ihrer keramischen Arbeiten (z.B. **Schnurkeramik**, bei der Muster mit gedrehten Schnüren in den weichen Ton eingedrückt wurden) werden oft frühe Kulturen in ihrem Entwicklungsstand voneinander unterschieden.

Keramik

Keramik

Kernenergie: →Atomenergie.

Kernkraftwerk: → Atomenergie.

Kfz: Abkürzung für **Kraftfahrzeug**. Damit sind z.B. Autos, Motorräder oder Lastkraftwagen gemeint. →Auto.

Kiemen: Die Atmungsorgane der →Fische. Das sind dünne, gut durchblutete Häutchen, die die Sauerstoffaufnahme aus dem Wasser ermöglichen.

Kilimandscharo: Das höchste Bergmassiv von →Afrika besteht aus drei Vulkanen; der höchste von ihnen ist 5895 m hoch und ist von →Gletschern bedeckt.

Kilo...: Diese Bezeichnung steht immer für das Tausendfache einer Einheit. So ist z.B.
1 **Kilogramm** = 1000 Gramm,
1 **Kilometer** = 1000 Meter,
1 **Kilowatt** = 1000 Watt.

Kimono: Ein japanisches Obergewand mit weiten Ärmeln; es wird mit einem breiten Gürtel, Obi, zusammengehalten.

Kinderarbeit: In modernen Staaten ist die Kinderarbeit (in der Bundesrepublik Deutschland z.B. bis zum 14. Lebensjahr) gesetzlich verboten. Früher mußten Kinder nicht nur in der

Kinderarbeit im 19. Jahrhundert: Schwerstarbeit im Bergwerk

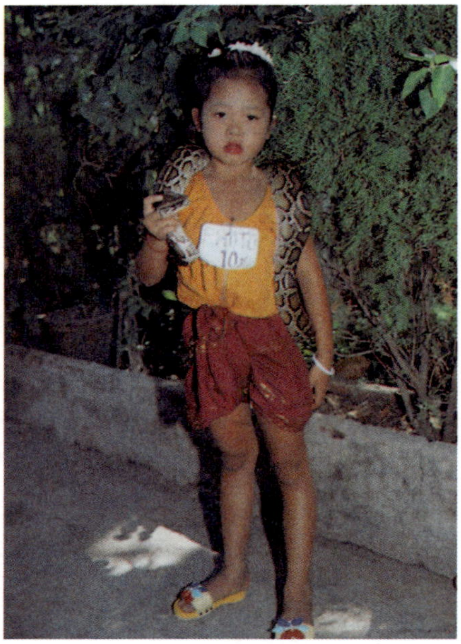

Kinderarbeit: Vierjähriges Mädchen in Thailand steht für wenige Pfennige pro Foto für Touristen Modell

Landwirtschaft, sondern vor allem in den ersten →Fabriken oder im Bergbau manchmal mehr als zehn Stunden täglich sehr hart arbeiten. Der Besuch einer Schule war dabei natürlich unmöglich. Die Kinderhilfsorganisationen beobachten auch heute noch in vielen, vor allem in den armen und ärmsten Ländern, daß Kinder mit sechs, acht und zehn Jahren von ihren Eltern an „Arbeitgeber" regelrecht verkauft werden. Dies geschieht natürlich nicht aus Herzlosigkeit, sondern meist aus purer Not. Weltliche und kirchliche Hilfsorganisationen bemühen sich darum, diesen Kindern zu helfen, indem sie in den →Entwicklungsländern z.B. Schulen und Ausbildungsstätten errichten.

Kindergeld: Ein Geldbetrag, der in Deutschland vom Staat in regelmäßigen Abständen an alle Eltern bezahlt wird, bis die Kinder ihre Ausbildung beendet haben und selbst einen Beruf ergreifen.

Kinderkrankheiten: Sie treten meist im Kindesalter auf, sind aber teilweise gar nicht harmlos. Die meisten Kinderkrankheiten (wie Röteln, Masern, Mumps) sind ansteckend, gegen einige kann man sich impfen lassen. Wenn man eine bestimmte Kinderkrankheit einmal hatte, ist man anschließend meist →immun dagegen.

Kinderlähmung: Eine Viruserkrankung, die auch **Polio** genannt wird. Sie führt zu Lähmungen. Gegen diese gefährliche Krankheit wurde die Schluckimpfung eingeführt, die während der Kindheit mehrere Male wiederholt werden muß.

Kindesmißbrauch: Darunter versteht man die sexuelle Belästigung von Kindern durch Erwachsene. Sie kann ein ganzes Leben lang große seelische Schäden hinterlassen. Oft werden kleine Mädchen oder Jungen von ihren eigenen Verwandten zu sexuellen „Spielen" benutzt. Wenn man das Gefühl hat, daß heimliche körperliche Berührungen von Erwachsenen zu weit gehen, dann hat es gar keinen Zweck, aus Scham oder aus Angst vor Bestrafung hierüber zu schweigen. Man muß unbedingt mit einer Person, der man vertraut (Vater, Mutter, Lehrerin, Freund, Pastor), darüber sprechen und sich Hilfe suchen, und zwar so schnell wie möglich. Es gibt auch Organisationen und Sorgentelefone, wo man *hundertprozentig vertraulich* über solche Probleme reden und sich beraten lassen kann. Wenn man die Adressen nicht selbst herausfindet, sollte man einfach bei der Redaktion einer der bekannten Frauen- oder Elternzeitschriften anrufen und nach der nächstgelegenen Hilfsstelle fragen.

Kindesmißhandlung: Manchmal werden Kinder von ihren eigenen Eltern schwer mißhandelt, d.h. zum Beispiel so geschlagen, daß Verletzungen entstehen, oder sonstwie gequält. Meist stecken diese Eltern in einer ausweglos scheinenden, schwierigen Situation, und die Kinder, die ihre Eltern ja trotzdem liebhaben und nicht verlieren wollen, schweigen über ihre Qualen. In so einem Fall kann man sich ohne Angst an den Kinderschutzbund oder an das →Jugendamt wenden; denn hier werden die Eltern nicht einfach bestraft oder ins Gefängnis gesteckt, sondern es wird versucht, den überforderten Vätern oder Müttern durch Gespräche oder Therapien (z.B. gegen Alkoholsucht) so zu helfen, daß sie bald wieder liebevoll und normal mit ihren Kindern umgehen können.

Kirche: Ein christliches Gotteshaus, aber auch die in der **Katholischen Kirche**, der **Evangelischen Kirche** oder in anderen Kirchen organisierte Gemeinschaft der Christen.

Kiwi: Eine eiergroße grüne Frücht. Sie ist saftig und enthält viel Vitamin C. **Kiwis** sind Laufvögel aus Neuseeland. Sie haben einen schnepfenähnlichen, langen Schnabel und können nicht fliegen.

Klapperschlangen: Diese sehr gefährlichen Giftschlangen leben in Amerika. An ihrem Schwanzende haben sie einige lose Hornringe, mit denen sie das helle Rassel- oder Klappergeräusch erzeugen.

Kläranlage: Reinigungsanlage für →Abwasser. Hier werden Verschmutzungen ausgesiebt und gefiltert, mit Bakterien zersetzt und chemisch entgiftet.

Klarinette: Ein Holzblasinstrument mit einem Klappenmechanismus, durch den die verschiedenen Töne erzeugt werden.
Klassik: Eine ausgewogene, meist als vorbildhaft angesehene Stilrichtung in der Kunst, Musik oder Literatur. Im engeren Sinne meint man mit Klassik die griechische und römische Kunst und Kultur.
Klavier: Ein Tasteninstrument, dessen Saiten nicht gezupft, sondern mit Hämmerchen angeschlagen werden. Zu den Klavieren gehört auch der **Flügel**.

Klavier: Auch der Flügel gehört zu den Klavieren

Kleinasien: Bezeichnung für die Halbinsel zwischen dem Schwarzen Meer und dem Mittelmeer.
Kleiner Bär: →Großer Bär.
Klima: Die vorherrschenden Wetter- und Luftverhältnisse in landschaftlichen Großräumen.

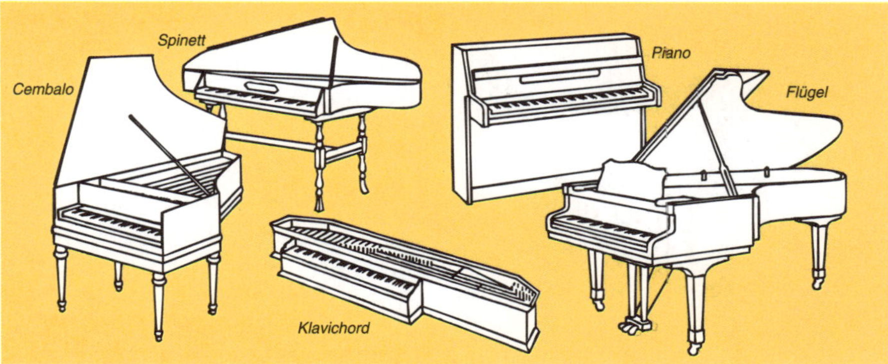

Klavierinstrumente

Das Klima ist abhängig von Art und Menge der Niederschläge, Luftdruck und häufigster Windrichtung, Entfernung zum Meer und Meeresströmungen, Höhe, Pflanzen und anderen Einflüssen. Die Erde ist in verschiedene **Klimazonen** unterteilt. Um den Äquator herum zieht sich ein **Klimagürtel**: Hier herrscht feucht-heißes**, tropisches Klima**. Außerdem unterscheidet man **subtropisches Klima** (Sommer heiß, Winter kalt; Trockenzonen), **gemäßigtes Klima** (wie in Mitteleuropa) und schließlich **polares Eisklima** an den Polen. In den letzten Jahren hat man eine beginnende **Klimaverschiebung** festgestellt, die weiter zunehmen wird. Es handelt sich um das sogenannte „**Treibhausklima**“, das mit einer Erwärmung der gesamten Atmosphäre durch →Abgase zu tun hat. Auch das →Ozonloch hat einen schlechten Einfluß auf das Klima der Erde (bei zu starker Erwärmung können die Eismassen der Pole zu schmelzen beginnen, die Meeresspiegel steigen); und schließlich hat das Abholzen großer Teile des tropischen Regenwaldes (vor allem am →Amazonas) verheerende Folgen.

Klima: Am Äquator zieht sich ein tropischer Klimagürtel um die Erde

Knallgas: Wenn ein Gemisch aus →Wasserstoff und →Sauerstoff bzw. Luft entzündet wird, entsteht Knallgas: Es gibt eine heftige Explosion und starke Wärmeentwicklung – und übrig bleibt lediglich Wasserdampf. Knallgas bzw. →Wasserstoff ist deshalb für die Zukunft eine umweltfreundliche Alternative zu Benzin oder anderen Treibstoffen.
Knochen: Das feste Gerüst oder **Skelett** der Wirbeltiere und des Menschen. Knochen bestehen unter anderem aus Kalk und Phosphat. In der Mitte befindet sich das **Knochenmark,** außen sind die Knochen von der durchbluteten **Knochenhaut** umgeben.
Knochenfische: Die größte Unterordnung der →Fische. Ihr

Knochenfisch: Versteinerung

Skelett ist weitgehend verknöchert (Gräten), im Gegensatz zu den **Knorpelfischen** wie →Haie oder Rochen, bei denen das Skelett nicht verknöchert ist.

Knoten: In der Seefahrt die Einheit für die Angabe der Geschwindigkeit (1 Knoten = 1 Seemeile pro Stunde = rund 1,8 km/h).

Koala: Ein Beuteltier →Australiens, das sich ausschließlich von →Eukalyptus ernährt. Sein

Koala: Das Beuteltier lebt in Australien

Name bedeutet „trinkt nicht" – und tatsächlich trinkt der Koala sein Leben lang keinen einzigen Tropfen Wasser.

Kobra: Diese Giftschlange wird wegen ihres auffälligen, brillenartigen Musters am Hals auch **Brillenschlange** genannt. Sie kann über 4 m lang werden und ihren Hals flach auseinanderspreizen. Der Biß einer Kobra ist meist tödlich. Kobras ernähren sich von kleinen Wirbeltieren.

Kohle: Dieser Brennstoff entstand im Laufe von vielen Millionen Jahren unter großem Druck darüberliegender Erdmassen aus versunkenen Urwäldern. Weil die Pflanzen unter Luftabschluß standen, konnten sie nicht richtig verrotten, sondern verwandelten sich zunächst in Torfmoore, dann in **Braunkohle** und schließlich in **Steinkohle**. Kohle wird im →Bergbau abgebaut.

Kohlenmonoxid: Ein geruchloses, giftiges Gas, das bei unvollständiger Verbrennung (z.B. in Heizungen und →Autos) entsteht. Beim Einatmen behindert es den Sauerstofftransport des →Blutes und führt deshalb zum Ersticken. Wegen der Vergiftungsgefahr ist es z.B. verboten, Automotoren in Garagen länger laufen zu lassen.

Kohlensäure: Ist unter anderem in Mineralwasser enthalten. Sie entsteht, wenn Kohlendioxid (natürlicher Bestandteil der Luft) in Wasser gelöst wird.

Kokon: Das Gespinst, in dem sich die Seidenspinner-Raupe einwickelt und verpuppt. Wirft man den Kokon in kochendes Wasser und wickelt ihn auf, so bekommt man reine →Seide.

Kolibris: Manche Arten dieser winzigen Vögel sind nur so

Kolibri

groß wie eine Hummel und wiegen eben gerade zwei Gramm. Sie leben vorwiegend in Mittel- und Südamerika. Ihre Nahrung ist der Blütennektar, den sie im „Standflug" aus der Blüte saugen. Dabei vollführen sie bis zu 80 Flügelschläge in der *Sekunde*! Kolibris sind die einzigen Vögel, die sogar rückwärts fliegen können.

Kollege: Mitarbeiter oder jemand, der den gleichen Beruf wie man selber hat.

Kolonie: Eine große Ansammlung von gleichartigen Tieren mit ihren Brutstätten an einer bestimmten Stelle in der Natur, aber auch die Fremdherrschaft eines bestimmten Landes über ein anderes. Die Zeit der **Kolonialisierung** vieler Länder dieser Erde brach mit den großen

Kolonien: Pinguine leben und brüten in Kolonien

Ein Kolonialherr läßt sich von Einheimischen tragen

Entdeckungsfahrten der Spanier, Portugiesen und anderer im 15. Jahrhundert an. Die europäischen **Kolonialmächte** machten sich durch brutale Unterwerfung mit Waffengewalt ganze Kontinente untertan und führten gleichzeitig untereinander Kriege um die besetzten Länder, die sie noch bis in unser Jahrhundert hinein ausbeuteten (Gold, Diamanten, Rohstoffe, billige Arbeitskräfte). Die meisten ehemaligen Kolonien gehören heute zu den armen Ländern der →Dritten Welt.

Kolosseum: Das größte Amphitheater →Roms; es war mehrstöckig, 188 m lang und faßte bis zu 50 000 Zuschauer. Das Kolosseum wurde 80 nach Christus unter Kaiser Titus mit 100 Tage dauernden Spielen eröffnet.

Komantschen: Nordamerikanische Prärie-Indianer in New Mexico und Texas. →Indianer.

Komet: Ein Himmelskörper, der auf einer langen, elliptischen Bahn durch das Sonnensystem zieht. Er besteht aus verdichteten Teilchen, die von gefrorenen Gasen umhüllt sind. In Sonnennähe verdampfen diese äußeren Schichten, und es kommt zu einem Ausbruch leuchtender Gasmassen. Da diese vom Strahlendruck der Sonne „weggedrückt" werden, ist der weithin sichtbare **Kometenschweif** immer der Sonne abgewandt. Ein Kometenschweif kann viele Millionen Kilometer lang sein.

Komödie: Ein →Drama (Theaterstück) mit komischem Inhalt.

Kolosseum: das größte Amphitheater Roms

Kompaß: Hilfsgerät zur Bestimmung der →Himmelsrichtung. Beim **Magnetkompaß** richtet sich die Kompaß-Nadel immer automatisch in Nord-Süd-Richtung ein; daneben gibt es den **Kreiselkompaß**, bei dem sich eine Scheibe um eine Achse dreht und sich von selbst in Nord-Süd-Richtung einstellt.

Komponist: Jemand, der Musikstücke erfindet und seine **Komposition** meist auf Notenblättern aufschreibt (oder neuerdings auch einfach im →Computer speichert). Eine Komposition kann auch die künstlerische Zusammenstellung von Gegenständen, Farben usw. sein.

Kompost: Hochwertiger →Humus, der beim Verrotten von organischen Abfällen (etwa Haus- und Gartenabfällen) durch Bakterien auf dem **Komposthaufen** entsteht.

Kondensation: Der Übergang von einem gasförmigen in einen flüssigen Stoff, z.B. wenn warme Luft sich an einer kalten Fensterscheibe absetzt und sich dort in **Kondenswasser** verwandelt.

Konfession: Die Zugehörigkeit zu einer Religionsgemeinschaft.

Konflikt: Streit, Streitigkeit, Zwiespalt.

Kongo: Der wasserreichste Fluß und zweitlängste Strom Afrikas. Er fließt durch das **Kongobecken** und mündet in den Atlantik.

konkret: Greifbar, (an-)faßbar, fest. Das Gegenteil von konkret ist **abstrakt**.

Konkurrenz: Eine Person oder Firma, die sich im Wettbewerb um die gleichen Ziele wie man selbst bemüht (z.B. die meisten Kunden gewinnen, die besseren oder billigeren Produkte herstellen, den Sieg im Sport erringen).

konsequent: Folgerichtig, nicht abweichend von einem Vorhaben, bei dem bleiben und nach dem handeln, was man will; **Konsequenz** ist die Wirkung oder Folge (z.B. einer Handlung).

konservativ: So bezeichnet man eine Geisteshaltung, die das Bestehende schützen und erhalten will. Unter **Konservierung** versteht man verschiedene Maßnahmen, um etwas (z.B. Lebensmittel, Kunstdenkmäler) zu erhalten oder haltbar zu machen.

Konstruktion: Bau, Aufbau, Entwurf.

Konsum: Der Verbrauch von Gebrauchs- und Luxuswaren (**Konsumwaren**). Strenggenommen ist jeder, der auch nur etwas ißt, bereits ein **Konsument** (also jeder Mensch). Der heutigen **Konsumgesellschaft** wird aber vorgeworfen, daß sie zuviel kauft – verbraucht – wegwirft und wieder kauft – verbraucht – wegwirft, um damit immer mehr *scheinbare* Bedürfnisse zu befriedigen, während die *echten* Bedürfnisse (z.B. nach liebevoller Zuwendung) teilweise „auf der Strecke bleiben".

Kontakt: Verbindung, Berührung.

Kontinente: Die Erdteile, d.h. die großen, zusammenhängenden Landmassen der Erde. Das sind →Europa und →Asien (zusammenhängend, daher auch Eurasien genannt), →Afrika, →Amerika (Nord- und Süd), →Australien und die →Antarktis. Grönland wird nicht als Kontinent, aber als die größte Insel der Welt gewertet. Vor undenkbar langer Zeit waren die einzelnen Erdteile noch miteinander verbunden, dann entstanden ein riesiger Süd- und ein Nordkontinent, und diese beiden Landmassen wurden schließlich in weitere Einzelteile zerrissen, die dann auseinanderdrifteten. Daß z.B. Afrika und Südamerika einmal zusammengehörten, kann man heute noch deutlich an der Küstenform erkennen (West-Afrika paßt wie ein Puzzle-Stück genau an die Ostseite Südamerikas).

Konto: →Girokonto.

kontra: Gegen, entgegen.

Kontrabaß: Das tiefste der Streichinstrumente. Der Kontrabaß hat vier Saiten, die gestrichen oder gezupft werden.

Kontrast: Gegensatz.

Kopie: Vervielfältigung, z.B. durch Abmalen, Abschreiben oder →Fotokopie.

Kontinente: Sie entstanden aus einem einzigen Erdteil

Korallen: Gemeinsame Wohngebäude von Korallentieren in warmen Meeren, aber auch die Korallen- oder Blumentiere selbst. Der **Korallenstock** besteht aus hartem Kalk und ist oft bunt gefärbt. Die **Korallentiere** sind Hohltiere, die fest auf dem Korallenstock aufsitzen und wenige Millimeter bis 1,50 m groß sein können. Ihre Nahrung fächern sie mit beweglichen Fangarmen (Tentakeln) in ihre Mundhöhle. Das größte **Korallenriff** der Erde ist das Great Barrier-Riff vor der Küste Australiens. →Atolle werden von nachwachsenden Korallen gebildet.

Koralleninsel

Koran: Das heilige Buch des →Islam mit den Offenbarungen →Mohammeds.

Koran

Korbball: Ballspiel, das ähnlich wie →Basketball funktioniert.

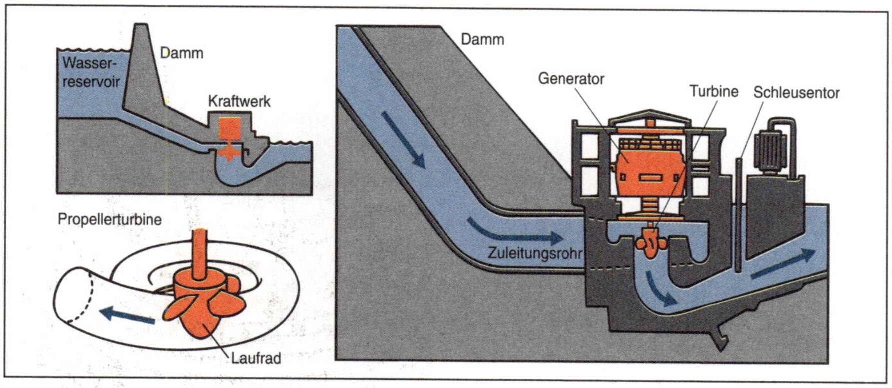

Kraftwerk

Kordilleren: Ein Gebirgssystem, das sich an der Westküste über ganz Süd- und Nordamerika erstreckt (von Alaska bis Feuerland). Zu diesem Gebirgssystem gehören auch die →Anden und die →Rocky Mountains.

Kosmonaut: Russischer Name für →Astronaut.

Kosmos: Weltall, Universum.

Kraftwerk: Eine große Anlage zur Erzeugung von Elektrizität oder Heizwärme.

Kraken: Achtarmige **Tintenfische**, auch **Polypen** oder **Oktopusse** genannt. Das sind bis zu 3 m lange Kopffüßer mit Saugnäpfen an ihren Fangarmen; damit können sie Tiere fangen und sich an den felsigen Küsten, wo sie meistens leben, festhalten. Kraken kommen in allen Meeren vor.

Gemeiner Krake

Kran: Eine meist fahrbare Hebevorrichtung, mit der Lasten nicht nur von unten nach oben, sondern auch seitlich bewegt werden können. Je nach Einsatzbereich gibt es ganz verschiedene Krane, z.B. Brücken- oder **Laufkrane**, die wie eine Brücke aussehen und in deren Mitte eine „Laufkatze" hin- und herbewegt wird, oder **Drehkrane** mit langen, schwenkbaren Auslegern; in Häfen gibt es sogar schwimmende Krane.

Krankenhaus: Wenn ein Hausarzt oder Facharzt allein einen Kranken nicht gesundmachen kann oder wenn ein Kranker ganz besonders viel Pflege und Überwachung braucht, dann wird er in ein Krankenhaus überwiesen: Denn hier arbeiten auf einzelnen **Stationen** viele Fachärzte, Krankenschwestern und -pfleger zusammen, der Kranke wird rund um die Uhr gut versorgt. Besonders bei nötigen Operationen, aber auch z.B. bei Infektionskrankheiten mit sehr hohem Fieber, bei ungeklärten Ursachen für eine schwere Krankheit und heute meist auch bei einer bevorstehenden Geburt kommt man also ins Krankenhaus. Für Kinder gibt es natürlich eigene Stationen, die auch meist etwas fröhlicher eingerichtet sind. In vielen Krankenhäusern ist es auch möglich, daß die Eltern der kleinen Patienten dort mit ihrem Kind in einem Zimmer schlafen („Station Mutter und Kind"). Wenn die Eltern und Geschwister nicht oft zu Besuch kommen können (z.B. weil sie arbeiten müssen oder weil das Krankenhaus in einer anderen Stadt liegt), dann gibt es auch andere Erwachsene, die freiwillig den Besuchsdienst übernehmen, mit den Kindern spielen, ihnen etwas vorlesen und sie bei guter Laune halten – denn das ist ganz wichtig für eine schnelle Genesung.

Kran

Krankenversicherung: Eine Versicherung, die die Behandlungskosten und Kosten für Medikamente im Krankheitsfall bezahlt. In manchen Ländern, z.B. auch in Deutschland, ist die Krankenversicherung gesetzlich vorgeschrieben bzw. geregelt. Es gibt private Krankenversicherungen und gesetzliche **Krankenkassen**. Kinder sind meist über ihre Eltern mitversichert.

Kreativität: Schöpferkraft, Einfallsreichtum.
Kreatur: Anderes Wort für Lebewesen.
Krebs: Eine Krankheit, die die Körperzellen befällt und diese zu unkontrolliertem Wachstum anregt. Das kann sich zum Beispiel in einer Geschwulst sichtbar äußern, aber auch lange Zeit ganz unbemerkt geschehen. Solange die **Krebszellen** sich nicht über die Blutbahn überall im Körper ausbreiten, gibt es, besonders bei rechtzeitigem Entdecken der Krankheit, Heilungschancen. Man kennt inzwischen auch viele **krebserregende Stoffe**, so z.B. viele der Stoffe, die im Rauch einer Zigarette enthalten sind. Auch Kinder von rauchenden Eltern haben deshalb schon ein erhöhtes **Krebsrisiko**, wenn sie viel Zigarettenrauch einatmen müssen. Eine zunehmende Gefahr droht aus den Sonnenstrahlen, deren schädliche Bestandteile wegen des wachsenden →Ozonlochs immer mehr ungefiltert in die obersten Hautschichten eindringen. Deshalb sollten auch Kinder unbedingt jeden Sonnenbrand vermeiden (im Sommer also alle unbedeckten Körperteile gut mit einer starken Sonnenschutzcreme einschmieren und den Sonnenschutz nach jedem Baden im Meer oder Schwimmbad sofort erneuern).
Krebstiere: Das sind Krustentiere, die vorwiegend im Wasser (Meer- oder Süßwasser) leben. Ihre Brustringe sind meist verwachsen, und ihr Körper ist durch einen harten Panzer geschützt. Die Beine der Krebse haben sich verschiedenen Aufgaben angepaßt, die vorderen sind z.B. bei vielen Arten Fühler und Scheren. Zu den Krebstieren gehören z.B. Flußkrebs, Hummer, Krabben, Garnelen, aber auch die Asseln oder der Wasserfloh.
Kredit: Ein Darlehen, d.h. Geld, das man z.B. von einer Bank oder einem **Kreditinstitut** geliehen bekommt. Mit **Kreditkarten** kann man heute vieles bequem ohne Bargeld und sogar ohne Schecks bezahlen.
Kreidezeit: Der letzte Zeitabschnitt des Erdmittelalters (→Erdgeschichte). Bis zum Ende der Kreidezeit verschwanden die →Dinosaurier von der Erde, dafür entwickelten sich neue Tiere und Pflanzen.

Kreidefelsen

Kreuzotter: Eine der wenigen bei uns heimischen Giftschlangen. Sie ist etwa 1 m lang und hat einen breiten Kopf mit einem Kreuz darauf. Über den ganzen Rücken läuft ein dunkles Zickzack-Band. Die Kreuzotter vertilgt kleine Säugetiere, Frösche und Insekten. Den Menschen beißt sie nur, wenn sie sich bedroht oder gestört fühlt. Man findet sie an sonnigen Plätzen in der Nähe von Bächen, manchmal auch unter Asthaufen.
Kreuzzüge: Das waren Kriegs- und Beutezüge, die die **Kreuzritter** des →Mittelalters bis ins Heilige Land unternahmen – zuerst, um Jerusalem von den „Ungläubigen", d.h. von →islamischer Herrschaft zu befreien, dann zum Teil aber auch aus Besitzgier und Abenteuerlust. Ein Papst hatte zu diesem Heiligen Krieg gegen die Heiden aufgerufen, und die meisten christlichen Länder Europas beteiligten sich zwischen dem 11. und 13. Jahrhundert daran. Auf ihrem langen Weg nach Palästina benahmen sich die **Kreuzfahrer** nicht immer sehr „ritterlich" – sie brannten z.B. die Stadt By-

Kreuzfahrer

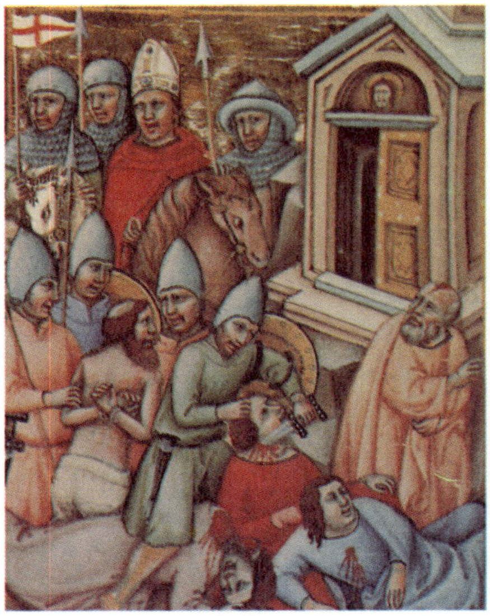

Kreuzritter im Mittelalter

zanz nieder, raubten und plünderten Dörfer und Städte aus und führten schon unterwegs viele Schlachten, um fremdes Land zu erobern. 1212 schlossen sich sogar Tausende von Kindern zu einem **Kinderkreuzzug** zusammen – die Zehn- bis Fünfzehnjährigen starben fast alle unterwegs, oder sie wurden als Sklaven verschleppt. Ihr eigentliches Ziel – die Rückeroberung Jerusalems von den Moslems – erreichten die Kreuzfahrer letztendlich nicht, obwohl einige Städte in Palästina immer wieder mal kurzzeitig in christlicher Hand waren und sich der eine oder andere christliche Herrscher sogar kurz „König von Jerusalem" nennen konnte.

Kricket: Altes englisches Schlagballspiel zwischen zwei Mannschaften (je elf Spieler).

Kriechtiere: →Reptilien.

Kristalle: Feste Stoffe, die eine ganz regelmäßige, „kristalline" Gestalt haben: Die Bausteine dieser Stoffe, nämlich Atome, Moleküle und Ionen, sind gitterförmig und so regelmäßig angeordnet, daß sie außen wie ein geschliffener Edelstein aussehen. Wenn z.B. das Wasser in einer Kochsalzlösung vollständig

Kriechtiere: Die Kragenechse gehört dazu

verdunstet, bleiben zum Schluß lauter winzig kleine **Salzkristalle** übrig.

Kritik: Eine Beurteilung oder Bewertung von etwas; wenn man etwas **kritisch** beobachtet, so betrachtet man sowohl die guten als auch die schlechten Seiten, um sich dann ein Urteil bilden zu können.

Krocket: Ein Rasenspiel, bei dem Kugeln mit Holzhämmern durch abgesteckte Tore getrieben werden.

Krokodile: Diese Kriechtiere (→Reptilien), zu denen auch die →Alligatoren gehören, leben vor allem in tropischen Gewässern (Süßwasser). Die räuberischen Panzerechsen fressen Fische, Vögel und Säugetiere; sie können bis zu 7 m lang und mehrere Tonnen schwer werden. Die alten Ägypter verehrten Krokodile als heilige Tiere; sie glaubten, ein Wassergott erscheine in Krokodilsgestalt.

Krokodile: Die Jungen schlüpen aus dem Ei

Krokodil

Kuckuck: Dieser Zugvogel baut kein eigenes Nest, sondern legt seine Eier einfach einzeln in fremde Nester ab und überläßt

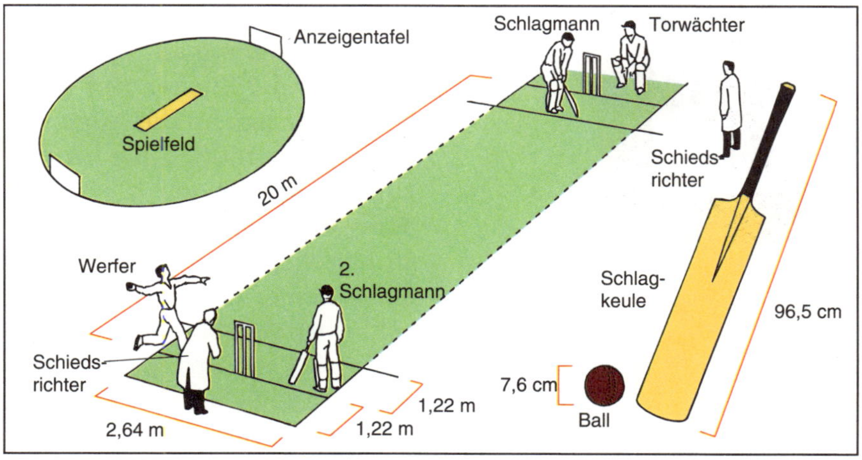

Kricket

Kuckuck im fremden Nest

die mühsame Brutpflege den anderen. Dabei sind schon die jungen Kuckucke meist viel größer und stärker als die anderen Vogelarten, und so gelingt es ihnen mühelos, jeglichen Konkurrenten aus dem Nest zu stoßen oder sich beim Füttern vorzudrängeln. Vom Aussehen ist der Kuckuck recht unauffällig, seinen Ruf kann man aber sehr weit hören.

Kultur: Das, was eine menschliche Gesellschaft über längere Zeiträume an Werten entwickelt; dazu gehören sowohl Ausdrucksformen der Kunst und Baukunst, Musik und Literatur als auch die Art und Weise, mit der man miteinander umgeht, das politische, wirtschaftliche und religiöse Gefüge einer Gemeinschaft als auch die allgemeine Lebensgestaltung und Gestaltung der Umwelt. **Kulturlandschaft** ist im Gegensatz zur Naturlandschaft eine Landschaft, die der Mensch verändert hat, um sie zu nutzen (z.B. in der Landwirtschaft).

Kunst: Im weitesten Sinne alles, was der Mensch schöpferisch herstellt und was einen reinen Gebrauchs- und Nutzwert übersteigt. Ausdrucksformen der Kunst sind z.B. die Malerei und Bildhauerei, Baukunst, Musik und Tanz oder Theater.

Kunst an der Grenze zum Kitsch

Kunst: Malerei aus der Renaissance

Kunst: Bildhauerei

Kunststoff: Allgemeine Bezeichnung für alle chemisch hergestellten Stoffe, z.B. Plastik. Viele Gebrauchsgegenstände, die früher aus natürlichen Materialen wie Holz, Ton, Porzellan, Wolle oder Baumwolle gefertigt waren, sind heute aus Kunststoff wie PVC, Styropor oder Chemiefasern. Das ist zum Teil angenehm, bringt aber auch Umweltbelastung mit sich.

Kupfer: Ein weiches Schwermetall, das Wärme und Elektrizität sehr gut leitet und deshalb oft in der Elektroindustrie verwendet wird (z.B. als Kupferdraht). Legiert (mischt) man Kupfer mit Zinn, so erhält man Bronze; Kupfer und Zink ergibt Messing.

Kür: Eine Wahlübung bei einem sportlichen Wettbewerb, bei der man die vorgeführten Übungen selbst zusammenstellen und gestalten kann (z.B. beim Eistanz).

Kurzschluß: Das Überfließen von elektrischem Strom von einem Stromleiter in einen anderen, wo er aber nicht hingehört. Tritt in einem elektrischen Haushaltsgerät ein Kurzschluß auf, so fliegt meist die Sicherung heraus.

Kurzsichtigkeit: Eine Sehstörung, bei der man entfernte Dinge, z.B. die Buchstaben an der Schultafel, nicht scharf erkennen kann. Mit einer →Brille oder mit Haftschalen kann man diesen Mangel vollständig ausgleichen. Wenn man oft Kopfweh hat oder Bücher und Schulhefte ganz nah an die Augen heranhalten muß, sollte man zum Augenarzt gehen.

Kurzstreckenlauf: Ein leichtathletischer Wettbewerb im Laufen auf einer flachen Bahn. Er geht über eine Strecke von 100 m, 200 m oder 400 m.

Kurzwaren: Darunter versteht man all die Gegenstände, die zum Nähen benötigt werden, z.B. Faden und Nadel.

L

Labor: Versuchsraum für Forschungszwecke, der mit den entsprechenden Geräten für wissenschaftliche Untersuchungen ausgerüstet ist; z.B. ein **Chemielabor**.

Labyrinth: Ein verschlungenes Gewirr aus Gängen, die sich kreuzen. Man sagt auch **Irrgarten** dazu.

Lagune: Strandsee, d.h. ein Stück vom Meer, das durch eine vorgelagerte Landzunge vom offenen Ozean teilweise abgeschnitten ist. Die Stadt Venedig liegt z.B. an einer Lagune.

Laich: Fischeier.

Lama: Das südamerikanische Kleinkamel (→Kamele) lebt meist in kleinen Herden; es wird schon seit Jahrhunderten als ausdauerndes Last- und Nutztier eingesetzt. Bei Ärger können Lamas zielsicher mit hochgewürgtem Mageninhalt über eine Entfernung von mehreren Metern auf den „Gegner" spucken.

Lamaismus: Eine Sonderform des →Buddhismus, die vor allem in Tibet ausgeübt wird. Das religiöse und staatliche Oberhaupt wird **Dalai-Lama** genannt.

Landwirtschaft: Viehzucht und →Ackerbau. Wie in anderen Wirtschaftszweigen auch, ist

Lamas

Landwirtschaft: Kartoffelanbau

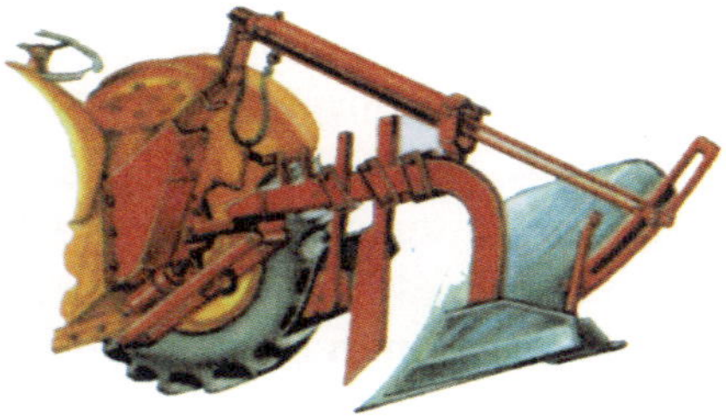

Landwirtschaftliche Geräte

Lagune

landwirtschaftliche Produktion auf Gewinn ausgerichtet. Landwirte haben eine große Verantwortung für unsere Ernährung.

Längengrad: Wie die →Breitenkreise, so gibt es auf der Erde auch gedachte Längslinien, die von einem Pol zum anderen und hinten wieder zurück verlaufen. Diese **Längenkreise** treffen senkrecht auf die Breitenkreise auf, bilden mit diesen ein (gedachtes) Gitternetz und werden ebenfalls in Graden angegeben. Die Längenkreise werden auch **Meridiane** genannt. Man hat festgelegt, daß der Null-Meridian genau durch Greenwich (London) verläuft. So kann man die Lage jedes Ortes auf der Erde durch seine geographische Breite (nördlich oder südlich des Äquators) und Länge (östlich oder westlich des Null-Meridians) genau angeben.

Langlauf: Ein Wintersport, bei dem besonders schmale, lange Skier eingesetzt werden. Die Schuhe sind nur an den Spitzen mit den Skiern verbunden, die Ferse kann sich frei bewegen. Langlauf gehört als Wettbewerb zum Nordischen Skilauf, ist aber auch ein leicht erlernbarer, gesunder Freizeit- und Familiensport. Man fährt nicht steile Pisten hinunter, sondern bewegt sich auf vorgespurten **Loipen**, von denen man der umliegenden Natur zuliebe allerdings auch nicht abweichen sollte.

Langobarden: Ein westgermanischer Volksstamm (ursprünglich an der Unterelbe ansässig), der Österreich und Ungarn besiedelte und seit dem 6. Jahrhundert bis Mittelitalien vordrang. Karl der Große besiegte den letzten Langobardenkönig.

Lärm: Lauter Schall, der nicht nur als störend empfunden wird, sondern auch zu Gesundheitsstörungen führen kann (Taubheit, hoher Blutdruck und seelische Störungen). Lärm wird in dB(A) („Dezibel") gemessen. Auch unnötiger Lärm ist eine Art Umweltverschmutzung, es gibt deshalb sogar gesetzliche **Lärmschutzbestimmungen** (z.B. bezüglich des Verkehrslärms oder des Lärms an Arbeitsplätzen). Das Gehör von Kindern und Jugendlichen wird heute ganz besonders durch zu laute „Dauerberieselung" von Musik (vor allem über Kopfhörer) geschädigt.

Larve: Ein Entwicklungsstadium der →Insekten, →Lurche und anderer Tiere, nachdem sie aus dem Ei ausgeschlüpft sind. Bei den Insekten nennt man Larven auch **Raupen**, bei den Fröschen sind es die →Kaulquappen. Auch eine Fastnachtsmaske, die nur die Augen bedeckt, wird Larve genannt.

Laser: Die Bündelung und damit Verstärkung von →Licht mit einem technischen Verfahren. Ein **Laserstrahl** hat eine sehr hohe Energiedichte, man kann damit schneiden oder zusammenschweißen (auch in der Medizin, z.B. bei Operationen an der Netzhaut der Augen), Informationen übertragen (so wird z.B. die gespeicherte Musik auf einer →CD mit einem Laserstrahl abgetastet) oder Lichteffekte erzielen. In einen Laserstrahl darf man nie direkt hineinschauen (Augenverletzungen!).

Lateinamerika: Andere Bezeichnung für Länder Süd- und Mittelamerikas, in denen lateinische Sprachen (Spanisch, Portugiesisch) gesprochen werden.

Laterna magica: Die „Zauberlampe" ist ein früher Vorgänger des heutigen Diaprojektors – man konnte damit Bilder vergrößert an die Wand werfen (projizieren). In der Mitte dieser Laterne befand sich als Lichtquelle eine Kerze.

Laterna magica

Läuse: Fast 400 verschiedene Arten dieser blutsaugenden Insekten sind über die Erde verbreitet. Die Menschenlaus (Kopf- oder Kleiderlaus) klebt ihre Eier (Nissen) an den Haaren fest. Die Läuse haben einen langen Stechrüssel, mit dem sie Blut saugen. Sie sind auch Krankheitsüberträger.

Lautschrift: Eine Schreibweise, bei der versucht wird, die Aussprache von Wörtern aus einer fremden Sprache wiederzugeben.

Lautsprecher: Ein Gerät, das die elektrische Ströme in Rundfunk- und Fernsehgeräten, Plattenspielern, CDs usw. in hörbare Töne umwandelt. Dabei wird über einen Magneten ein dünnes Häutchen bzw. Metallplättchen (Membran) zum Schwingen gebracht. Diese Schwingungen hören wir als Sprache oder Musik.

Lava: Geschmolzene, glühende Gesteinsmassen, die bei einem Vulkanausbruch an der Erdoberfläche austreten. Beim Abkühlen erstarrt die Lava.

Lawine: Erschütterungen oder schnelle Temperaturwechsel in den Bergen können zum plötzlichen Abrutschen großer Schneemassen führen. Eine Lawine kann eine solche Größe und Wucht erreichen, daß sie alles mit ins Tal reißt, was sich ihr in den Weg stellt – sogar Bäume, Häuser und Brücken. Die Lawinengefahr hat in den Alpen sehr zugenommen, seitdem für den Skisport riesige Hänge kahlgeschlagen und entwaldet wurden. Auch das Abrutschen von Geröll- und Erdmassen wird als Lawine bezeichnet.

Lebendes Fossil: Tiere oder Pflanzen, die sich seit Jahrmillionen nicht weiterentwickelt

Lava tritt aus und bildet eine vulkanische Insel

und verändert haben, die aber bis heute auch nicht ausgestorben sind. →Fossilien.

Leber: Die größte Drüse von Tier und Mensch funktioniert sozusagen wie eine „chemische Waschmaschine“ des Körpers. An einem einzigen Tag filtert und entgiftet dieses Stoffwechselorgan mehrere hundert Liter Blut. Außerdem werden in der

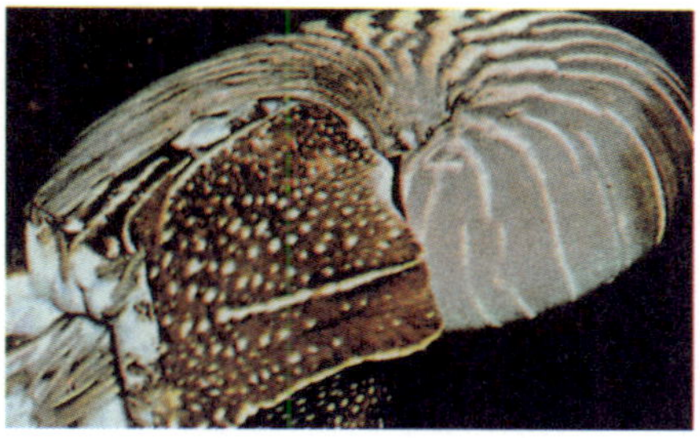
Lebendes Fossil: Der Nautilus lebt schon lange auf der Erde

Lebendes Fossil

Leber →Galle und Harnstoff produziert. **Leberfleck** nennt man einen angeboreren braunschwarzen Hautfleck, der durch Anhäufung von Pigmenten entsteht. Wenn ein Leberfleck (z. B. durch Sonnenstrahlung) plötzlich heller, dunkler oder deutlich größer wird, sollte man ihn einem Arzt zeigen.

Lee: Die dem Wind abgekehrte Seite (Windschatten). Das Gegenteil nennt man Luv.

Legasthenie: Eine Lese- und Rechtschreibschwäche, die mit Intelligenz oder Dummheit gar nichts zu tun hat und unter der sehr viele Kinder und Erwachsene leiden. **Legastheniker** vertauschen und verwechseln beim Schreiben oder Lesen Buchstaben oder sogar ganze Wortteile. Diese Flüchtigkeitsfehler werden aber auch oft gemacht, wenn man sich nicht gut konzentrieren kann. Durch viel Üben und durch Aufmerksamkeitstraining (am besten unter Anleitung) im frühen Schulalter kann man diese Lernstörung nach und nach abbauen.

Legende: Eine Heiligen- oder Sagengeschichte.

Legierung: So nennt man das Ergebnis, das beim Zusammenschmelzen verschiedener →Metalle entsteht. Man kann dadurch die Eigenschaften von bestimmten Metallen verbessern (z.B. →Eisen rostfrei oder →Gold härter machen).

Leibeigenschaft: Eine völlige Abhängigkeit von Personen gegenüber einem Leibherrn, wie sie im Mittelalter entstand und z.B. die Bauern betraf. Leibeigene waren zu Abgaben (z.B. von landwirtschaftlichen Erzeugnissen) und zu Frondiensten verpflichtet, sie durften (ähnlich wie Sklaven) verkauft und verpfändet werden und besaßen nicht die gleichen Rechte wie Freie.

Leichtathletik: Sammelbezeichnung für Sportarten und Sportwettbewerbe im Laufen, Springen und Werfen bzw. Stoßen. Die Leichtathletik ist ein wichtiger Bestandteil der Olympischen Spiele.

Leopard: Das schwarzgefleckte Fell dieses „Löwenpanthers“, ei-

Der Leopard ist ein typischer Einzelgänger

Leopardenfell

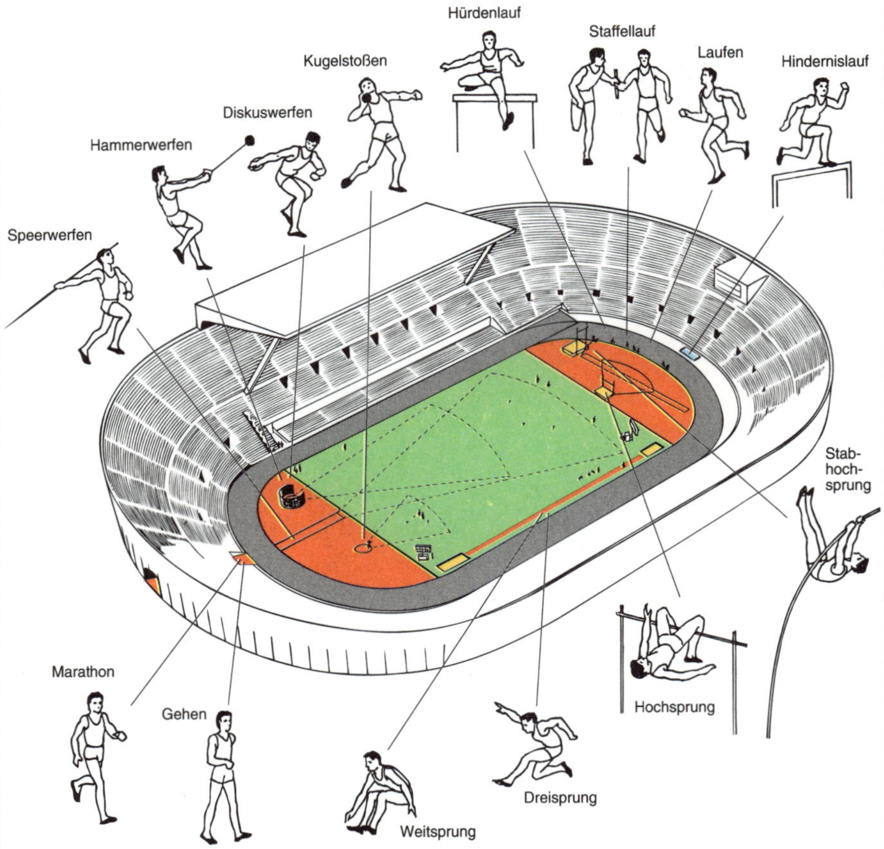

Laufwettbewerbe
Für alle Strecken (von 100 m bis Marathon) gilt die gleiche Ziellinie. Der Marathonlauf, ebenso wie das Gehen, findet zum größten Teil außerhalb des Stadions statt.
Die Stadionrunde ist 400 m lang und in 8 Bahnen unterteilt (für internationale Wettkämpfe).

Sprungwettbewerbe
Der Anlauf befindet sich an der Längsseite des Stadions. Die Anlaufstrecken für Weit- und Dreisprung sind identisch, aber der Absprung für den Dreisprung ist 13 m vor dem Sandkasten. Hoch- und Stabhochsprung finden selten zur gleichen Zeit statt, da sich die langen Anlaufstrecken oft überschneiden.

Wurfwettbewerbe
Speer-, Diskus- und Hammerwerfen sowie Kugelstoßen werden auf der Grasfläche des Stadions ausgetragen, wobei der Anlauf der Speerwerfer auf der Laufbahn beginnt.

Leichtathletik

ner Großkatze, die in Afrika heimisch ist, unterscheidet sich fast nicht von dem des →Jaguars – allerdings sind in den kreisförmigen Tupfen keine Innenflecken. Das Raubtier geht allein jagen, z.B. Antilopen.

Leuchtorganismen: Das sind Tiere oder Pflanzen, die durch chemische Vorgänge *kaltes* Licht erzeugen. Zu ihnen gehören z.B. **Leuchtfische** wie der Laternenangler, **Leuchtkäfer** wie das →Glühwürmchen oder **Leuchtbakterien**. Das Leuchten hat weniger den Zweck, in der Dunkelheit zu sehen, sondern gesehen zu werden; denn damit werden entweder Beutetiere oder Tiere des anderen Geschlechts angelockt.

Leuchtturm: Ein hoher, weithin sichtbarer Turm an Fluß- und Meerufern. An seiner Spitze ist ein starkes, sich drehendes Licht angebracht (**Leuchtfeuer**). Leuchttürme wurden schon in der Antike als Seezeichen gebaut, sie wiesen zu Hafeneinfahrten und warnten vor Riffen oder Untiefen (wie heute noch). Der **Leuchtturm von Pharos** stand bei Alexandria und zählte zu den →Sieben Weltwundern.

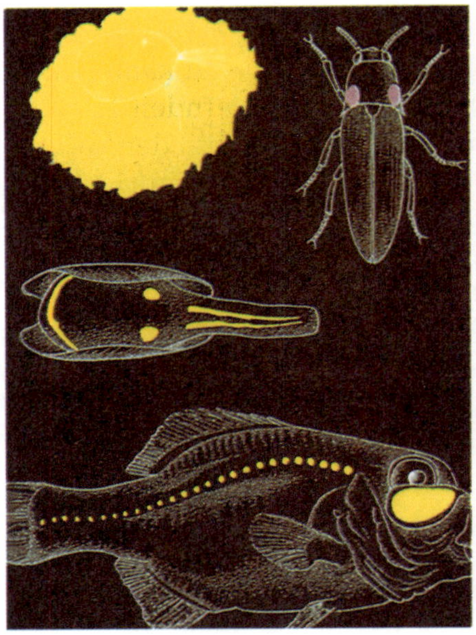

Leuchtorganismen

Leukozyten: Weiße Blutkörperchen. Sie schützen den Körper vor Krankheiten und treten vermehrt auf, wenn Krankheitskeime eingedrungen sind. Deshalb wird beim Arzt manchmal etwas Blut abgezapft, damit man die weißen Blutkörperchen als Hinweis auf eine Infektion zählen kann.

Lexikon: Ein Sachbuch, dessen Inhalt in einzelne Stichwörter gegliedert und von A bis Z angeordnet ist (genau wie bei diesem Kinderlexikon). Es gibt allgemeine **Lexika**, aber auch solche, die sich auf ein bestimmtes Thema beschränken.

Libellen: →Insekten mit langgestrecktem, schlankem Körper und zwei Flügelpaaren. Libellen leben am und entwickeln sich im Wasser. Sie haben beißende

Libelle

Kiefer und ernähren sich von anderen Insekten. Oft kann man die schönen, schillernden Tiere beobachten, wie sie in der Luft stillstehen oder auf dem Hochzeitsflug mit ihrem Partner ein „Rad" bilden.

Licht: Was das menschliche Auge als Licht wahrnimmt, sind in Wirklichkeit elektromagnetische Wellen oder Schwingungen, die von einer **Lichtquelle** ausgesandt werden. Dabei kann die Wellenbewegung ganz unterschiedliche Längen haben – durch diese unterschiedlichen Wellenlängen ergeben sich jeweils andere Farben des Lichtes. Weißes Licht ist eine Mischung von verschiedenen Lichtwellen. Trifft Licht auf einen Gegenstand auf, so wird es von diesem entweder zurückgeworfen (reflektiert) oder verschluckt (absorbiert), →Farben. Manche Gegenstände, wie z.B. Glas oder Wasser, sind aber auch lichtdurchlässig. Außer den für uns sichtbaren Lichtstrahlen gibt es Wellenlängen, die das menschliche Auge nicht wahrnimmt (z.B. Röntgenstrahlen, Infrarotlicht). Das Licht bewegt sich von seiner Ausgangsquelle unvorstellbar schnell weg: Die **Lichtgeschwindigkeit** beträgt rund 300 000 Kilometer in einer *Sekunde* (diese Strecke ist fast so lang wie die Entfernung von der Erde bis zum Mond). In einem Jahr legt das Licht rund 9,46 Billionen Kilometer zurück. Weil die Entfernungen im Weltall sehr groß sind, mißt man sie in **Lichtjahren**. Einige Sterne, die wir heute am Himmel sehen, sind schon vor vielen Hundert und mehr Jahren erloschen – das Licht, das sie vorher ausgesandt hatten, ist aber immer noch unterwegs zu uns.

Lichtschranke: Ein Lichtstrahl, der bei Unterbrechung einen elektrischen Impuls auslöst (z.B. eine Alarmsirene einschaltet, wenn jemand die Lichtschranke durchschreitet).

Liliputaner: Kleinwüchsige Menschen, so benannt nach dem Land der Zwerge (**Liliput**) in dem Buch „Gullivers Reisen" von Jonathan Swift.

Limes: Ein 550 Kilometer langer, doppelter Grenzwall mit Wassergraben, den die Römer im 1. und 2. Jahrhundert nach Christus aus Angst vor den →Germanen zwischen Rhein und Donau errichteten. Schon im 2. Jahrhundert wurde dieser Wall aber von germanischen Stämmen überrannt.

Linkshändigkeit: Ursache für die Gewohnheit, die linke Hand bevorzugt zu gebrauchen (z.B. beim Schreiben), ist die Tatsache, daß bei Linkshändern das Sprachzentrum in der rechten Hirnhälfte (statt wie bei Rechtshändern in der linken) sitzt. Linkshändigkeit bringt keinerlei Nachteile mit sich – außer wenn man sich mit Gewalt auf die rechte Hand umgewöhnen muß.

Literatur: Alle Schriftwerke, z.B. Romane und Gedichte, aber auch Sach- und Fachliteratur.

Live-Sendung: Eine Fernseh- oder Rundfunkübertragung von einem Ereignis, das im gleichen Augenblick stattfindet.

Lokomotive: →Dampfmaschine, →Eisenbahn.

Looping: Beim Kunstflug das Fliegen eines Kreises in senkrechter Ebene.

Lot: Ein an einer Schnur aufgehängtes, unten spitzes Metallstück (Senkblei) – damit kann man die Senkrechte (eine gerade Linie von oben nach unten) bestimmen.

Lotosblume: Bis zu 60 cm und mehr messen die Blätter dieser in Asien weitverbreiteten Pflanze im Durchmesser. Die weißen und rosaroten Blüten werden bis zu 35 cm groß. In der buddhistischen Religion symbolisiert die schöne Pflanze, die aus dem (schmutzigen) Sumpf aufsteigt, die Reinheit. Deshalb sieht man Buddha-Statuen oft mit einer Lotosblüte abgebildet.

Lotusblume

Löwe: Die gelbbraune Großkatze lebt wild in den Steppen Afrikas (in Asien nur noch in einem Reservat) und ist die einzige Katzenart, die sozial (im Familienverband) lebt. Besonders die älteren Weibchen sieht man gemeinsam bei der Jagd. Die dichte Mähne der Männchen schützt vor Verletzungen, wenn Machtkämpfe ausgetragen werden. Löwen töten ihre Beute durch Nackenbiß oder brechen ihr das Genick. Weil der Löwe wegen seiner Größe und Mächtigkeit keine natürlichen Feinde hat, wird er der „König der Tiere" genannt.

Löwe mit Beute

LP: Abkürzung für **Langspielplatte**.

Luchs: Eine Wildkatze mit kurzem Schwanz und den charakteristischen Ohrpinseln (Haarbüscheln an den Ohrenspitzen). Nachdem Luchse gnadenlos gejagt worden waren, versucht man heute, sie in manchen Gebieten wieder anzusiedeln (so z.B. im Bayerischen Wald).

Luft: Das Gasgemisch, das die Erde umgibt (→Atmosphäre). Ohne die Luft gäbe es hier kein Leben. Der Wasserdampfgehalt in der Luft wird **Luftfeuchtigkeit** genannt – er kann mit einem Hygrometer gemessen werden. Wegen der →Schwerkraft der Erde übt Luft auf Flächen einen bestimmten Druck aus, der wie die Temperatur mit zunehmender Höhe über dem Meeresspiegel abnimmt. Dieser **Luftdruck** wird mit einem Barometer gemessen; er ist z.B. für unterschiedliche Großwetterlagen verantwortlich – das, was auf der Wetterkarte als „Hoch" (-druckgebiet) oder „Tief" (-druckgebiet) bezeichnet wird. Die zunehmende **Luftverschmutzung** hat negative Auswirkungen auf die gesamte →Atmosphäre und wird vorwiegend von den →Abgasen verursacht.

Luftkissenfahrzeug: Ein Fahrzeug, das auf einem Luft(-druck)polster in etwa 50 cm Höhe über dem Boden oder dem Wasser schwebt.

Luftschiff: →Zeppelin.

Luftspiegelung: →Fata Morgana.

Luftwiderstand: Der Widerstand, den die Luft einem sich vorwärts bewegenden Körper (Auto, Flugzeug usw.) entgegensetzt. →Aerodynamik.

Lunge: So heißt das Atmungsorgan aller luftatmenden Wirbeltiere. Beim Menschen besteht die Lunge aus zwei Lungenflügeln, die rechts und links im Brustkorb liegen. Beim Einatmen gelangt frische Luft und damit Sauerstoff über die →Bronchien über feinste Verästelungen in Millionen von **Lungenbläschen**. Hier wird der Sauerstoff an das Blut abgegeben, aber auch Kohlendioxid aus dem verbrauchten Blut aufgenommen und anschließend beim Ausatmen wieder ausgestoßen.

Lurche: Als ausgewachsene Tiere leben die Lurche oder →**Amphibien** am Land, meist in feuchten Gegenden – ihre Eiablage findet aber meist im Wasser statt, und auch die Larven wachsen zunächst im Wasser auf. Die Larven haben also noch mehr Ähnlichkeit mit den Fischen. Während des Heranwachsens bilden sich dann die (meist vier) Gliedmaßen und die Lungen. Zu den Lurchen gehören etwa 3000 Tierarten, darunter die →Frösche, die Kröten und die →Salamander.

Luv: Die dem Wind zugewendete Seite, das Gegenteil von →Lee.

Luftverschmutzung zerfrißt Stein und Metall

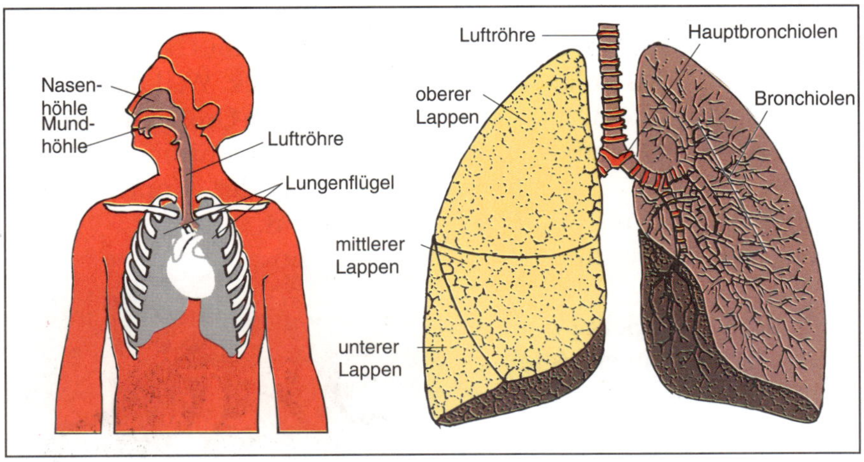

Lunge

Lymphgefäße: Ein Gefäßsystem ähnlich dem Blutgefäßsystem, nur daß hier **Lymphe** (Gewebsflüssigkeit des Körpers) transportiert wird. Lymphe besteht hauptsächlich aus einer bestimmten Form weißer Blutkörperchen, den Lymphozyten. Das **Lymphsystem** ist ein Körper-Abwehrsystem. **Lymphknoten**, z. B. Mandeln, stellen Lymphozyten her, bekämpfen Krankheitserreger und wirken als Schutzfilter.

M

Mäander: Nach einem Fluß in Kleinasien benannte, regelmäßige Flußwindungen. Bäche und Flüsse, die noch in freien, nicht begradigten Kurven fließen, sind ein wichtiges Trinkwasserreservoir und bilden ganz besonders wertvolle Lebensräume (→Biotope) und Rückzugsgebiete für seltene Tiere und Pflanzen.

Maar: Trichterförmiger See, und zwar der mit Wasser gefüllte Krater eines erloschenen Vulkans. In der Eifel gibt es z.B. viele Maare.

Mafia: Ein sizilianischer Geheimbund, der bereits im 17. Jahrhundert gegründet wurde und sich (über italienische Auswanderer) bis nach Amerika ausgebreitet hat. Die **Mafiosi** beschützen sich gegenseitig, üben aber gegen andere schwere Verbrechen aus. Da die Mitglieder dieser „ehrenwerten Gesellschaft" zum Teil hohe politische und andere Ämter (z.B. bei der Polizei) haben, konnte die Verbrecherorganisation bis heute nicht ausgeschaltet werden.

Magazin: Eine regelmäßig erscheinende Zeitschrift oder Rundfunksendung mit aktuellen, gemischten Beiträgen; auch ein Lagerraum.

Magen: Wichtiges Verdauungsorgan, das zwischen Speiseröhre und Dünndarm (→Darm) liegt. Alle Speisen und Getränke gelangen nach dem Hinunterschlucken zuerst in den Magen. Dieser ist mit einer empfindlichen, schützenden **Magenschleimhaut** ausgekleidet und produziert Verdauungssäfte, vor allem Salzsäure. Die Nahrung wird hier kräftig durchgeknetet und mit den **Magensäuren** vermischt. Erst dann gelangt sie in den Darm, wo sie weiterverwertet wird. **Magenschmerzen** können ganz verschiedene Ursachen haben (z.B. verdorbene Speisen, Entzündung der Magenschleimhaut oder ein **Magengeschwür**). Der Magen reagiert auch besonders empfindlich auf seelische Störungen. Wird zuviel Magensäure produziert, so steigt diese die Speiseröhre hinauf und erzeugt ein unangenehm saures Gefühl (Sodbrennen).

Magersucht: Eine Krankheit, die sogar zum Hungertod führen kann. Sie hat seelische Ursachen und kann deshalb auch nur durch Lösung dieser seelischen Probleme geheilt werden. Wer ständigen Ekel vor allem Eßbaren empfindet und sich immer noch zu dick fühlt, obwohl er nur noch „ein Strich in der Landschaft" ist, sollte sich einem Arzt anvertrauen.

Magie: Zauberkunst. In einigen Naturvölkern ist der Glaube, daß man durch „guten" oder „bösen" Zauber (**Schwarze Magie**) die Mächte der Natur beeinflussen und lenken kann, noch ganz fest verankert.

Magma: Flüssiges, rotglühendes und gashaltiges geschmolzenes Gestein, das sich im Erdmantel befindet. Bei →Vulkanausbrüchen tritt es als →Lava an die Erdoberfläche.

Magnet: Ein Gegenstand aus Metall, der andere Metalle anziehen und festhalten kann. Jeder Magnet hat zwei entgegengesetzte Pole, man nennt sie wie

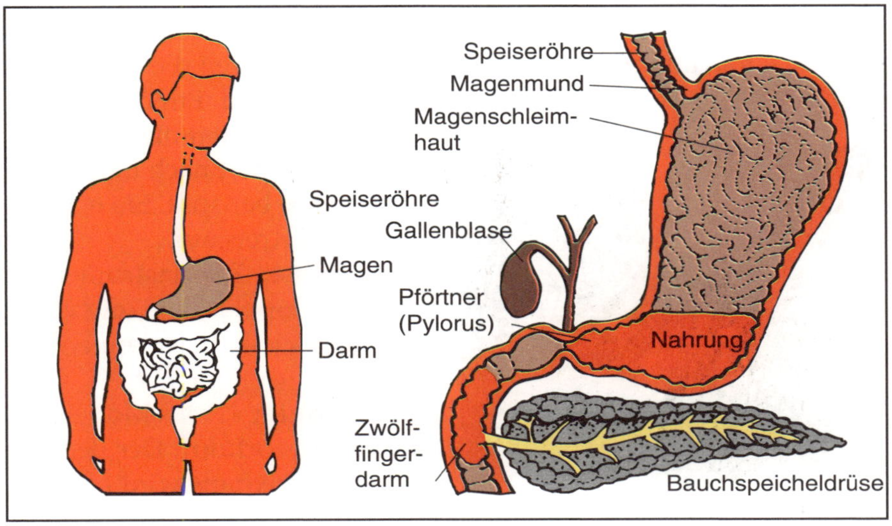

Magen

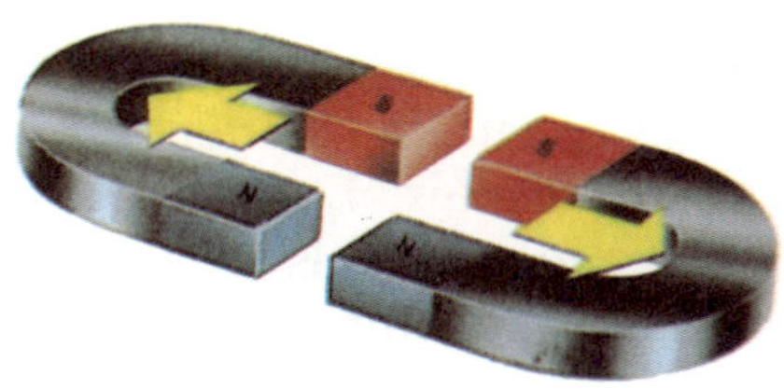

Magnet: Gleiche Pole stoßen sich ab

Magnet: Entgegengesetzte Pole ziehen sich an

die Pole der Erde Nordpol und Südpol. Hält man gleiche Pole zweier Magneten aneinander, so stoßen sich diese voneinander ab – unterschiedliche Pole ziehen sich an. Auch auf der Erde gibt es ein natürliches Magnetfeld, auf das die Magnetnadel im →Kompaß reagiert. Ein **Elektromagnet** ist eine Spule mit einem Weicheisenkern. Fließt Strom durch die Spule, so wird das Eisen magnetisiert.

Magnetfeld der Erde

Maharadscha: Früher der Titel für die indischen Großkönige.

Maikäfer: Früher waren sie fast eine Landplage, heute sieht man sie immer seltener, die braunen, etwa 3 cm langen Laubkäfer mit den großen, bürstenartigen Fühlern. Die Larvenentwicklung dauert vier Jahre. Die **Engerlinge** (Larven) fressen Pflanzenwurzeln, als fertige Käfer (kommen im Mai aus der Erde heraus, daher der Name) fressen sie frische Blätter.

Makrokosmos: Die Welt des Großen, die Welt als großes Ganzes, das Universum. Im Gegensatz dazu steht der **Mikrokosmos**, eine kleine Welt, die in sich aber ebenso großartig und vollkommen geordnet ist (oft meint man mit Mikrokosmos den Menschen).

Malaria: Schlimme Infektionskrankheit, die von der tropischen Stechmücke (Anopheles, „Moskito") übertragen wird. In **Malariagebiete** sollten Kinder möglichst gar nicht einreisen, denn außer Moskitonetzen und vorbeugenden Medikamenten mit schweren Nebenwirkungen gibt es keinen wirksamen Schutz vor Malaria. Wird man auch nur von einer einzigen infizierten Anopheles gestochen, so treten – auch noch nach Jahren der Ansteckung – manchmal tödliche Fieberschübe auf, und die roten Blutkörperchen werden zerstört.

Malerei: Erste Bilder malte der Mensch schon vor 40 000 Jahren mit Erd- und Pflanzenfarben an Fels- und Höhlenwände (→Höhlenmalerei). Seitdem haben sich viele unterschiedliche **Maltechniken** entwickelt, die ihre Wirkung nicht nur durch die verwendeten Materialien (Ölfarben, Wasserfarben usw.) erhalten, sondern auch durch die ganz persönliche Sichtweise eines Künstlers. Bei manchen Stilen der Malerei hat man sich besonders darum bemüht, die „Wirklichkeit" so genau und naturgetreu wie möglich abzubilden – bei anderen ging es mehr darum, bestimmte Stimmungen (z.B. das Zusammenspiel von Licht und Schatten) wiederzugeben oder rein gedankliche (abstrakte) Vorstellungen auszudrücken.

Malerei: Naives Gemälde von Rousseau

Mammut

Mammut: Ausgestorbener Urelefant, der in der letzten →Eiszeit weit verbreitet war. Heute weiß man, wie Mammuts aussahen, weil man in der Dauerfrostzone Sibiriens ganze gefrorene Tiere im Boden fand. Sie waren 4 m hoch, hatten ein zottiges Fell und riesige, gebogene Stoßzähne. Mammuts wurden von den Menschen der Steinzeit in Sümpfe oder Gruben getrieben und erlegt.

Mammutbäume: An der kalifornischen Küste in Nordamerika verbreitete Nadelbäume (Sequoien, Grannenkiefern), die sich seit Jahrmillionen nicht weiterentwickelt haben (→lebendes Fossil) und bis zu 4000 Jahre alt werden können. Diese Baumriesen werden bis zu 100 m hoch.

Manager: Der Leiter oder Geschäftsführer eines Unternehmens oder eines Teils eines Unternehmens. Weil diese meist viel zu viel und unter großem Streß arbeiten, hat man die **Managerkrankheit** nach dieser Berufsgruppe benannt. Sie belastet Herz und Kreislauf.

Mandoline: Zupfinstrument mit vier Doppelsaiten, die von einem Hornplättchen angerissen werden.

Mannequin: (Foto-)Modell, das Mode vorführt. Der Beruf eines Mannequins wird oft als „Traumberuf" gesehen, ist aber sehr anstrengend und stressig.

Marathonlauf: Der längste olympische Langstreckenlauf über mehr als 42 Kilometer. Diese Strecke entspricht der Entfernung von Marathon nach Athen, denn die Siegesnachricht eines athenischen Heeres über die Perser soll 490 vor Christus durch einen Läufer überbracht worden sein, der anschließend tot zusammenbrach.

Märchen: Über Jahrhunderte weitererzählte, wundersame und abenteuerliche Geschichten. Die **Brüder Grimm** haben viele dieser Erzählungen gesammelt und aufgeschrieben. Es gibt aber auch **Kunstmärchen** wie z.B. die von Hans Christian Andersen; sie wurden von einem Schriftsteller eigens neu erfunden.

Marder: Kurzbeinige Raubtiere, die nachts auf die Jagd gehen. Zu ihnen gehören z.B. Wiesel und Iltis, Nerz, Vielfraß, Dachs, Otter oder Zobel.

Margarine: Dieses streichbare Pflanzenfett wurde aufgrund eines Wettbewerbs erfunden, den Napoleon III. im letzten Jahrhundert ausgeschrieben hatte. Er suchte nach einem billigen Butter-Ersatz. Margarine ist eine Mischung aus Wasser oder Magermilch und pflanzlichen Ölen (z.B. Sonnenblumen- oder Sojaöl).

Marianen: Eine Inselgruppe im Pazifischen Ozean. An ihrem Westrand erstreckt sich über 2500 m Länge der tiefste Tiefseegraben der Erde: Der **Marianengraben** ist 11 034 m tief.

Marienkäfer: Jeder kennt die kleinen gelben oder roten Käfer mit den schwarzen Punkten auf dem Rücken. Diese „Glückskäfer" (z.B. der Siebenpunkt) werden gerne als biologische Schädlingsbekämpfer eingesetzt,

Marienkäfer

denn sie vertilgen massenhaft Blattläuse und andere kleine Insekten.

Marionette: Eine Puppe mit beweglichen Gliedmaßen, die an Fäden geführt wird. Schon im Mittelalter waren **Marionettentheater** eine beliebte Attraktion auf Jahrmärkten.

Marionette

Mars: Außer der Erde ist dieser „rote Planet" der einzige unseres Sonnensystems, der eine durchsichtige →Atmosphäre hat; auch sonst ist der Mars der Erde in manchem ähnlich: Es gibt hier Jahreszeiten, der Marstag ist nur wenig länger als der Erdtag, und die Pole des Mars sind von einer Eiskappe (aus echtem Wasser-Eis!) überzogen. Seit der Landung der Raumsonden *Viking* wird der Mars sehr gründlich erforscht. Spuren von Leben hat man bisher nicht gefunden.

Maßstab: Ein angegebenes Verkleinerungs- oder Vergrößerungsverhältnis. Lautet der Maßstab, z.B. für ein nachgebautes Flugzeugmodell, 1:50, so ist das Modell im Vergleich zum Original um das 50fache verkleinert; umgekehrt erkennt man vergrößerte Maßstäbe daran, daß die größere Zahl vor dem Doppelpunkt steht (z.B. 2:1; hier wäre das Modell doppelt so groß wie das Original). Bei Landkarten entspricht 1 cm auf der Karte der Anzahl von cm in der Natur, die hinter dem Doppelpunkt angegeben sind. 1:100 000 = 1 cm:100 000 cm = 1 cm:1000 m = 1 cm:1 km. In diesem Fall entspricht 1 km in der Natur 1 cm auf der Karte.

Mathematik: Die Wissenschaft von Zahlen, ebenen und räumlichen Figuren.

Maulwurf: Hören und sehen kann dieses schwarz-pelzige, etwa 15 cm lange Grabtier so gut wie nichts – dafür ist seine rüsselförmige Schnauze sehr tastempfindlich und der Geruchssinn sehr gut ausgebildet, und der Maulwurf nimmt feinste Erschütterungen in der Erde wahr. Mit seinen vergleichsweise riesigen Händen, die zu Grabschaufeln umgebildet sind, wühlt er lange Gangsysteme unter der Erde und sucht nach Insektenlarven und Regenwürmern. Für den Winter schafft er sich an vielen verschiedenen Stellen Vorratskammern; hierfür befördert er aufgelockerte Erde nach draußen: die **Maulwurfshügel**.

Mauren: So nannten die Spanier die Araber, die vom 8. bis 15. Jahrhundert große Teile ihres Landes eroberten.

Mäuse: Kleine Nagetiere, die sich in Windeseile vermehren und deshalb oft als „Plagetiere" empfunden werden. Größere Mäuse werden Ratten genannt –

sie sind Krankheitsüberträger (z.B. Pest im Mittelalter). Eine überaus nützliche „Maus" ist das kleine Zusatzgerät am Computer, mit dem man über eine Auflagefläche rollt und per Knopfdruck ganz schnelle Befehle an den Computer geben kann. Statt mit der Tastatur wird das Blinklicht auf dem Bildschirm mit der Maus bewegt.

Mauser: Die Erneuerung des Federkleids bei den Vögeln.

maxi...: Verkürzung von **maximal**, das heißt sehr groß, größtmöglich.

Maya: Verschiedene indianische Stämme, die in der Zeit zwischen 1000 vor und 1500 nach Christus in Mittelamerika eine großartige →Hochkultur entwickelten. Die Maya hatten eine weit entwickelte Landwirtschaft (vor allem Anbau von Mais), bauten große Städte mit Palästen und pyramidenartigen Tempelanlagen (Stufenpyramiden) und wurden von Fürsten in verschiedenen Staaten regiert. Ihr Kalender (sie rechneten mit dem Sonnenjahr von 365 Tagen, mit einem Mondhalbjahr von 177 Tagen und einem Venusjahr von 584 Tagen) war genauer als der Gregorianische →Kalender, und sie rechneten mit enorm großen Zahlen, die sie sogar schon durch Potenzen (z.B. 20^9) ausdrücken konnten. Die Schrift der Maya bestand aus Bildern, war aber zugleich eine Silben- und Wortschrift. Ihre Handwerker fertigten kunstvolle Keramik- und Tonarbeiten (z.B. Terrakottafiguren) an, von denen heute noch viele erhalten sind. Der Untergang der Mayakultur begann, als ihre Reiche von den Tolteken, dann von den Spaniern erobert wurden.

Maya-Statue

Maya: Bilderschrift

Mäzen: Ein Förderer der Kunst.

Mäzen: Cosimo de' Medici

Mechanik: Teilgebiet der Physik, das sich mit der Bewegung von Körpern unter dem Einfluß von Kräften beschäftigt. Ein **Mechanismus** ist das Zusammenspiel von verschiedenen Teilen, die sich bewegen; wie bei einem Uhrwerk löst dabei eine Bewegung des ersten Teils automatisch eine ganz bestimmte Bewegung des zweiten Teils, diese Bewegung wiederum die eines dritten Teils aus usw. **Mechanisch** wird oft mit „automatisch" gleichgesetzt.

Medien: Eigentlich: Mittel, Vermittler. Heute meint man damit alle Bereiche, die mit der öffentlichen Verbreitung, Weiterverarbeitung oder Weitergabe von Nachrichten, Meinungen und Informationen zu tun haben. Die **Massenmedien** sind Informationsvermittler, die sehr viele Menschen gleichzeitig erreichen können: Zeitungen und Zeitschriften, Film, Funk und Fernsehen, Unterhaltungselektronik (von der →CD bis zum →Computerspiel), Bücher. **Neue Medien** werden über neue technische Einrichtungen verbreitet (z.B. Kabel- und Satellitenfernsehen, Btx).

Medizin: Ärztliche Heilkunde, Erforschung und Behandlung der Krankheiten von Mensch

Medizin: Hippokrates mit Heilpflanze

und Tier (→Arzt). Auch eine →Arznei wird als Medizin oder **Medikament** bezeichnet.

Medizinmann: Ein Heilkundiger bei Naturvölkern, der Krankheiten mit praktischen Kenntnissen und Erfahrungen, aber auch mit Zauber zu heilen versucht.

Meer: Die zusammenhängende Wasserfläche der Erde (71 % der Erdoberfläche). Außer den drei großen Ozeanen unterscheidet man noch **Mittelmeere** (zwischen Kontinenten), **Binnenmeere** (in Kontinenten) und **Nebenmeere** (am Rand von Kontinenten). Die Wassermassen der Meere sind ständig in Bewegung; dies zeigt sich an den Wellen, den Gezeiten (→Ebbe und Flut) und an den kalten oder warmen **Meeresströmungen**.

Meeresleben vor vielen Millionen Jahren

Meerschweinchen: Schon die Indianerstämme der Maya hielten sich Meerschweinchen als Haustiere (allerdings zum Essen), und so kam dieses „Schweinchen", das eigentlich ein Nagetier ist, übers Meer zu uns. Es ist ein friedlicher und genügsamer Hausgenosse.

Meile: Angelsächsisches Längenmaß. 1 mile = 1,609 km.

Meinungsfreiheit: Ein wichtiges Grundrecht, das in den meisten demokratischen Verfassungen niedergeschrieben ist. Jeder

Meeresströmungen: Rot = warm, blau = kalt

Meereswellen

darf seine Meinung (seine Einstellung zu einer Sachlage) in Wort, Bild und Schrift frei äußern und verbreiten.

Mekka: Stadt in Saudi-Arabien, der Geburtsort →Mohammeds und daher wichtigster Wallfahrtsort der Moslems. →Kaaba.

Menhir: Aus der Jungsteinzeit stammende, bis zu 20 m hohe Steinblöcke, die von den Kelten (besonders in Frankreich) grob behauen und in bestimmten Anordnungen hochkant aufgestellt wurden. Wie und mit welchen Hilfsmitteln sie das zustande brachten, ist bis heute unklar.

Mensch: Die Entwicklung des Menschen vom →Affen fand vor etwa 5 Millionen Jahren statt. Damals begannen die **Urmenschen**, Nachkommen der noch ganz affenähnlichen **Vormenschen**, sich vorwiegend aufrecht gehend zu bewegen, und entsprechend veränderte sich allmählich ihr Körperbau. Dieser aufrechte Gang war ganz wichtig für die Entwicklung der Menschheit: Denn jetzt konnte man die Hände zu mehr gebrauchen, als nur auf Bäume zu klettern. Und je mehr die Hände

Menschen: Kinder in Asien

Mensch: Entwicklung seit Jahrmillionen

gebraucht wurden, um die Welt zu „be-greifen“, etwas Eigenes zu schaffen und die Umwelt zu gestalten, desto mehr wuchs und entwickelte sich das Gehirn (→Faustkeil). Noch viele Entwicklungsstufen und viele Jahrmillionen liegen zwischen dem Urmenschen und den darauffolgenden **Frühmenschen**, **Altmenschen** und **Jetztmenschen**. Die Frühmenschen vor etwa 500 000 Jahren stellten einfache Steinwerkzeuge her und kannten teilweise schon den Gebrauch des Feuers; die Altmenschen (dazu gehörte auch der →**Neandertaler**) fertigten Waffen und viele verschiedene, kompliziertere Werkzeuge an; die Jetztmenschen entwickelten sich in einer großen Zwischeneiszeit – der Cromagnonmensch (vor 40 000 Jahren) war einer der Unterart **Homo sapiens sapiens**, zu der auch wir gehören. Vom Tier unterscheiden wird uns durch das weitentwickelte Denkvermögen, durch die Sprache, aber auch durch unser Handeln (nämlich das Schaffen einer →Kultur und Formen unserer Umwelt nach eigenem Willen). Im Vergleich zum Tier sind unsere Instinkte aber ziemlich verkümmert.

Menschenaffen: Zu diesen dem Menschen am nächsten verwandten Tieren gehören z.B. Schimpanse, Gorilla und Orang-Utan. Besonders die Jungen dieser →Affen aus der Familie der Schmalnasen haben sehr menschenähnliche Gesichtszüge.

Menschenrechte: Grundrechte in der Verfassung, z.B. Recht auf Leben und körperliche Unversehrtheit.

Menstruation: Die Regelblutung oder die „Tage“ einer Frau. Diese etwa einmal im Monat auftretende Blutung bekommt man etwa ab dem 12. Lebensjahr. Sie entsteht dadurch, daß in einem der beiden Eierstöcke ein Ei produziert wurde und dieses Ei in die →Gebärmutter hinuntergewandert ist. Wenn aber keine →Befruchtung stattgefunden hat, kann sich das Ei nicht einnisten, denn die Gebärmutterschleimhaut wird nun abgestoßen (das ist die Blutung). Das dauert drei bis fünf Tage und kann, muß aber nicht schmerzhaft sein. Sobald man seine Periode hat, kann man auch schwanger werden.

Merkur: Der Planet unseres Sonnensystems, der der Sonne am nächsten steht. Er braucht 58 Tage, um die Sonne einmal zu umrunden.

Mesopotamien: →Zweistromland.

Messing: Eine →Legierung aus Kupfer und Zink. Messing ist dadurch weniger rostanfällig.

Met: Honigwein; ein alkoholisches Getränk, das schon die alten Germanen aus vergorenem Honig herstellten.

Metalle: Chemische Elemente (und zwar feste oder flüssige Stoffe) mit ganz bestimmten Eigenschaften: Metalle leiten Wärme und Elektrizität sehr gut, glänzen stark und sind leicht verformbar. Metalle kommen in

Menschenaffe: Orang-Utan

der Natur in →Erzen vor und werden aus dem Gestein herausgeschmolzen und gereinigt. Durch →Legierung lassen sich die Eigenschaften bestimmter Metalle verbessern. Man unterscheidet **Leichtmetalle** und **Schwermetalle** sowie **Edelmetalle** (gehen keine Verbindung mit Luft ein, d.h. sie rosten nicht), **halbedle Metalle** und **unedle Metalle**. Das älteste bekannte Metall ist das →Gold. Quecksilber ist das einzige Metall, das bei Zimmertemperatur flüssig ist.

Meteor: Eine Lichterscheinung, die beim Eindringen kleinster Teilchen in die Erdatmosphäre auftritt. Volkstümlich nennt man Meteore auch **Sternschnuppen**.

Meteorit: Gesteinsbrocken aus dem All, der durch die Erdatmosphäre gedrungen und auf der Erde eingeschlagen ist. Meteorite hinterlassen oft riesig große Einschlagkrater. Der bisher größte Meteorit, der auf der Erde eingeschlagen ist, war ein 60 Tonnen schwerer Eisenklumpen.

Methode: planmäßige Vorgehensweise (nach einem bestimmten System, einer bestimmten Ordnung).

Metronom: Taktgeber in der Musik.

Mikro...: Klein, kleinst...

Mikroben: Kleinste Organismen, z.B. →Bakterien.

Mikrofon: Genau umgekehrt wie der →Lautsprecher, wandelt das Mikrofon Schallschwingungen (für uns hörbare Töne wie Sprache oder Gesang) in elektrische Schwingungen um.

Mikrokosmos: →Makrokosmos.

Mikroorganismen: Bezeichnung für →Bakterien, →Viren und andere mikroskopisch kleine Lebewesen.

Mikroskop: Ein optisches Gerät für die Vergrößerung kleinster Dinge, die man mit bloßem Auge nicht mehr sehen kann. Normale Mikroskope vergrößern bis zum Zweitausendfachen, **Elektronenmikroskope** können sogar zweihunderttausendfach vergrößern.

Mikrowellen: Elektromagnetische Wellen unter 10 cm, die im Bereich zwischen den Radiowellen und →Infrarot liegen. Im **Mikrowellenherd** kann man Speisen innerhalb weniger Minuten auftauen, aufwärmen oder garen.

Milben: Ganz winzig kleine Spinnentierchen mit beißenden, stechenden oder saugenden Freßwerkzeugen. Sie kommen zu Millionen auch im Hausstaub, in Teppichen usw. vor und können als Parasiten Krankheiten bei Mensch und Tier verursachen.

Milch: Sie wird von den weiblichen Säugetieren in den Milchdrüsen erzeugt, sobald und solange Junge da sind, die an der Brust saugen. Die Milch, die wir täglich trinken, stammt von Kühen (es gibt aber auch Ziegenmilch oder Stutenmilch zu kaufen). Sie ist meist entrahmt oder bis zu einem bestimmten Fettgehalt entfettet und erhitzt, sterilisiert oder sonstwie vorbehandelt, damit sie keine krankmachenden Keime enthält, haltbar und leichter verdaulich wird. Milch ist ein besonders hochwertiges Lebensmittel. Aus ihr werden auch Butter und Käse, Sahne, Joghurt und andere Lebensmittel gemacht.

Milch: Alle Säugetiere (hier ein Mufflon) werden im Babyalter damit gesäugt

Milchstraße: Im allgemeinen das Sternsystem, in dem unsere Sonne steht (→Galaxis). Ihm gehören etwa 200 Milliarden Sterne an, von denen nur wenige mit bloßem Auge sichtbar sind. Unser **Milchstraßensystem** hat, von der Seite gesehen, etwa die Form einer fliegenden Untertasse (eine zur Mitte hin etwas verdickte Scheibe), von oben gesehen die Form einer Spirale. Es dreht sich um seinen mittleren Kern herum (die Sonne braucht für einen Umlauf 200 Millionen Jahre) und hat eine Weite von etwa 100 000 Lichtjahren. Nachts sehen wir die Milchstraße als helles, milchigweißes Lichtband am Himmel.

Milli...: In Wortzusammensetzungen mit der Bedeutung von Tausendstel (1 **Milliliter** = 1/1000 l; 1 **Milligramm** = 1/1000 g; 1 **Millimeter** = 1/1000 m).

Milliarde: 1000 Millionen, eine Zahl mit 9 Nullen: 1 000 000 000.

Million: 1000 mal 1000, eine Zahl mit 6 Nullen: 1 000 000.

Mimik: Gesichtsausdruck, Ausdruck durch Gebärden.

Mimikry: Das täuschende Äußere eines ganz harmlosen Tieres, welches das Aussehen eines gefährlichen Tieres nachahmt; so gibt es z.B. stachellose Insekten, die wie Wespen oder Hornissen aussehen. Diese „Warntracht" gaukelt einem möglichen Angreifer vor, er habe es mit einem „bissigen Feind" zu tun. Die Fähigkeit mancher Tiere, ihre Farbe und Form der jeweiligen Umgebung anzupassen („Tarntracht" wie

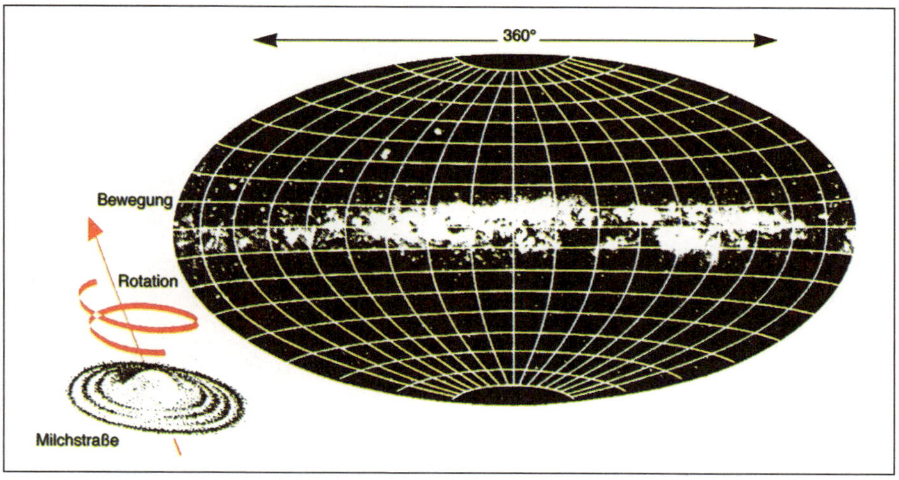

Milchstraße

Mimikry: Dieses Insekt ist perfekt getarnt

beim →Chamäleon), nennt man **Mimese**.

Minderjährig: Noch nicht volljährig (in Deutschland z.B. unter 18 Jahre alt). **Minderjährige** (Kinder und Jugendliche) können manche Geschäfte nur mit Unterschrift und Genehmigung ihrer Eltern tätigen, sie sind noch nicht voll straffähig und unterliegen dem Jugendschutz.

Minerale: Bestandteile von Gesteinen. Manche Minerale sind wichtige Rohstoffe (z.B. →Erze), andere spielen auch in der Ernährung eine wichtige Rolle. Man sagt auch **Mineralien** dazu.

Mini...: Verkürzung von **minimal**, das heißt sehr klein, kleinstmöglich. Eine **Miniatur** ist z.B. eine Abbildung oder ein Modell im Kleinstformat.

Minnesänger: So werden die Dichter genannt, die im Mittelalter an den Fürstenhöfen ihre Lieder (**Minnesang**) vortrugen. Es waren meist arme Kerle, die wie die Gaukler zum fahrenden Volk gehörten, von Hof zu Hof zogen und in Naturalien (Essen, Unterkunft) bezahlt wurden. Ihre Lieder hatten oft die **Minne** (Liebe, wie sie sich im höfischen Rahmen gesellschaftlich „richtig“ abzuspielen hatte) und eine angebetete, höherstehende und daher unerreichbare schöne Dame zum Inhalt. Einer der berühmtesten Minnesänger war *Walther von der Vogelweide*.

Mimikry: Mimese des Chamäleons

Mischwald: →Wald.

Mississippi: Der längste Strom Nordamerikas; er mündet in einem riesigen →Delta in den Golf von Mexiko.

Mistral: Ein kalter Fallwind aus den Alpen, der in Südfrankreich auftritt.

Mitesser: Eine Talgverstopfung in Hautporen, die oft als kleiner schwarzer Punkt sichtbar ist. Im Gesicht sollte man an Mitessern nicht herumdrücken, sonst entzünden sie sich leicht und werden zu Pickeln.

Mittelalter: Ein geschichtlicher Zeitraum des Abendlandes, der 476 mit dem Ende des Weströmischen Reiches begann und im 15. Jahrhundert endete. Diese rund 1000 Jahre unterteilt man noch in **Frühmittelalter** (bis etwa 1000), **Hochmittelalter** (bis etwa 1250) und **Spätmittelalter**. Für die kleinen Leute, die Bauern, die Handwerker, die Leibeigenen war das keine besonders gute Zeit, denn alles hatte sich nach der mächtigen Kirche (Papst) und nach dem Adel (Kaiser, Könige, Feudalherren) zu richten, die sich untereinander auch noch meistens bekriegten (Kaiser gegen Papst, Fürsten gegen Fürsten usw.). Bis in den privatesten Bereich – von der Berufsausübung bis zur Kleiderfarbe! – wurden die Leute bevormundet, so etwas wie freie Entscheidung über sein eigenes Leben gab es eigentlich nicht. Andererseits dachten und fühlten die Menschen auch ganz anders als heute, vor allem waren sie tiefgläubig, und sie fühlten sich sicher aufgehoben in der festgefügten gesellschaftlichen Ordnung. Zu essen gab es meistens nicht genug (wegen der hohen Steuern und Abgaben), unheilbaren Krankheiten wie der Pest standen die Menschen machtlos gegenüber, das durchschnittliche Lebensalter, das man erreichte, lag bei vielleicht 35 Jahren. In „höheren Kreisen“ bildeten sich aber auch gewisse Ideale heraus („edles Rittertum“),

Mittelalterliche Miniatur

Mittelalter

und da man die Kunst ganz in den Dienst Gottes stellte, entstanden gerade während des Mittelalters wunderbare schöpferische Großwerke wie die gotischen Kathedralen. Gegen Ende des Mittelalters begannen manche (sehr reiche) Bürgerfamilien in den Städten, Macht, Einfluß und damit auch Selbstbewußtsein gegenüber dem Adel zu erlangen. Die Geisteshaltung der Menschen wurde insgesamt freier, selbstbewußter, man begann mehr und mehr, nach Ursachen und Zusammenhängen zu fragen, naturwissenschaftlich zu forschen, zu reisen und zu entdecken. Seit der Erfindung des Buchdrucks waren Wissen und „Bildung“ nicht mehr allein den Mönchen vorbehalten und deshalb auch nicht mehr nur religiös geprägt. Und spätestens mit der Entdeckung neuer Welten (Kolumbus und andere) war das „finstere“ Mittelalter zu Ende.

Mittelamerika: So nennt man die Landenge zwischen Atlantik und Pazifik, die schmale Verbindung zwischen Nord- und Südamerika mit den Westindischen Inseln und auch Teilen Mexikos. Die indianische Urbevölkerung Mittelamerikas wurde fast völlig ausgerottet (→Azteken und →Maya hatten hier früher große Hochkulturen geschaffen), heute setzt sich die Bevölkerung aus Nachkommen der (vorwiegend) spanischen Eroberer, Mestizen, →Mulatten, Indios und Schwarzen zusammen.

Mittelmeer: Jedes →Meer zwischen Kontinenten, vor allem aber das Europäische Mittelmeer zwischen Europa und Afrika. Es ist ein Nebenmeer des Atlantik und wird mit die-

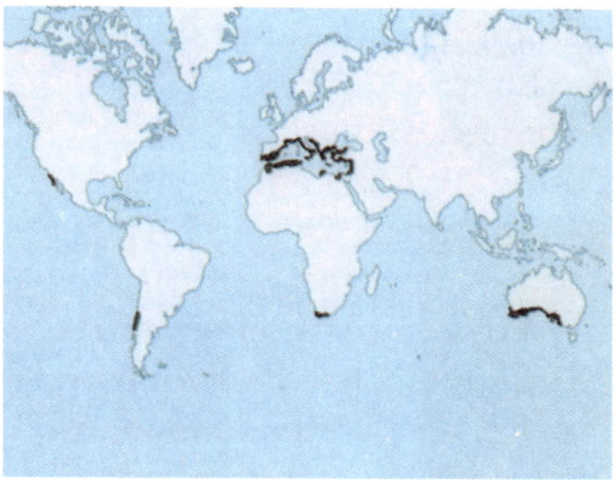

Mittelmeerische Vegetation

sem über die Straße von Gibraltar verbunden. Im Altertum gruppierten sich die damaligen Hochkulturen um das Mittelmeer herum, heute ist es ein Anziehungspunkt für Touristen.

Mitternachtssonne: Die Erscheinung, daß die Sonne von den Polarkreisen bis zu den Polen zu bestimmten Zeiten auch in der Nacht dauernd zu sehen ist. Am nördlichen Polarkreis tritt diese Erscheinung nur am 21. Juni auf, am Nordpol aber aber vom 21. März bis zum 23. September (entsprechend am südlichen Polarkreis am 21. Dezember und am Südpol vom 23. September bis zum 21. März).

Mitternachtssonne

Moderator: Sprecher und Gesprächsleiter bei Funk und Fernsehen.

Mohammed: Der Begründer des →Islam lebte zwischen ca. 570 und 632 nach Christus. Er war eigentlich ein Geschäftsmann, fühlte sich dann aber zum Propheten →Allahs bestimmt. Er zog von seinem Geburtsort →Mekka nach Medina, von wo er die arabische Halbinsel unterwarf. Mekka wurde 630 Mittelpunkt seines Reiches. Die Anhänger des Islam werden **Moslems** genannt.

Molekül: Die Verbindung von zwei →Atomen.

Monarchie: Staatsform mit einem **Monarchen** (König) als alleiniges Staatsoberhaupt. In einer **absoluten Monarchie** ist der Monarch an keine Gesetze oder Zustimmung eines Parlamentes gebunden, sondern bestimmt ganz allein. Wo heute noch Könige oder Königinnen „regieren“, tun sie dies meist in Zusammenarbeit mit einem gewählten Parlament.

Monat: Zeiteinteilung, die sich nach dem Umlauf des Mondes und die Erde richtet. Das Jahr ist in zwölf Monate eingeteilt.

Mond: Dieser Satellit ist der erdnächste Himmelkörper (etwas mehr als eine Lichtsekunde von uns entfernt, genau 384 000 Kilometer). Der Mond umkreist die Erde einmal innerhalb eines Monats und dreht sich dabei auch um seine eigene Achse, wendet der Erde aber immer die gleiche Seite zu. Durch die verschiedenen Beleuchtungswinkel der Sonne erscheint der Mond unterschiedlich (als **Neumond,**

Mond: Verschiedene Mondphasen

Mondgestein

zunehmender Mond, Vollmond oder **abnehmender Mond**). Eine **Mondfinsternis** entsteht, wenn die Erde zwischen Sonne und Mond steht und einen Schatten auf den Mond wirft. Seit der ersten Landung von Menschen auf dem Mond (20. Juli 1969) wurde das Mondgestein genau untersucht. Es gibt kein Leben auf dem Mond, kein Wasser und keine → Atmosphäre. Das, was wir mit bloßem Auge als dunkle Flecken auf dem Mond erkennen, sind große Krater, „Meere" und Gebirge. Auch andere →Planeten als die Erde werden übrigens von Monden (Satelliten) umkreist.

Mongolen: Völkergruppe Zentralasiens. Die **Mongolei** war im frühen 13. Jahrhundert der Mittelpunkt des riesigen Reiches von Dschingis Khan.

Mongolismus: Eine unheilbare, angeborene Krankheit, die durch einen „Baufehler" der Gene ausgelöst wird. Im Gegensatz zum gesunden Menschen haben **Mongoloide** ein Chromosom zuviel. Geistige Behinderung, ein „mongolenähnliches" Aussehen und schwache Organe sind die Folge. Die Wahrscheinlichkeit, ein mongoloides Kind zu bekommen, steigt mit dem Alter der Eltern.

Monitor: Bildschirm.

Mono...: Einzel-, einzeln.

Monokultur: Der großflächige Anbau einer einzigen Pflanzenart, z.B. von Mais, einer einzigen Baumart wie Fichten usw. Das hat den Vorteil, daß man die Felder leichter bearbeiten kann – aber auch den großen Nachteil, daß der Boden einseitig ausgelaugt wird und die Pflanzen für Schädlinge anfälliger werden. In Monokulturen werden deshalb mehr Kunstdünger und mehr chemische Schädlingsbekämpfungsmittel eingesetzt als in gesunden **Mischkulturen**.

Monokultur

Monokultur

Monoton: Eintönig.

Monsun: Ein halbjährlich wechselnder Wind in der äußeren Tropenzone. Im Sommerhalbjahr weht der Monsun vom Meer her landeinwärts und bringt deshalb viel Feuchtigkeit mit sich (Regenzeit). Der trockene Wintermonsun weht vom Land aufs Meer.

Mont Blanc

Mont Blanc: Mit 4807 m der höchste Berg Europas. Er steht in den französischen →Alpen an der italienischen Grenze.

Moor: Ein Feuchtgebiet mit schlammigem Boden, das mit Torf bedeckt ist. Moore entstehen dort, wo mehr Wasser auftritt, als abfließen kann. Unter Luftabschluß zersetzen sich abgestorbene Pflanzenteile nicht vollständig. Moore haben große Bedeutung für den Wasserhaushalt der Landschaft. Sie sind aber bedroht durch Torfabbau (Torf wird im Garten verwendet und mit Blumenerde vermischt), Trockenlegung und Erholungsverkehr.

Moose: Sporenpflanzen, die keine Wurzeln haben und sich leicht vom Boden ablösen lassen. Man unterteilt sie in **Lebermoose** und **Laubmoose.** In feuchten Gebieten kommen sie vor allem in Hochmooren vor, aber sie wachsen auch an Bäumen. In trockeneren Gebieten sind die Moose „dicker", sie bilden ein hübsches, weiches Polster, das auch für den Wasserhaushalt unserer Wälder sehr wichtig ist.

Moral: Eine Haltung, die den gerade gängigen Vorstellungen von Gut und Böse entspricht. Was noch vor 50 Jahren als sehr „unmoralisch" galt, kann heute schon als ganz normal hingenommen werden. Moral nennt man auch das gelehrige Ende oder den lehrhaften Sinn einer Geschichte.

Moräne: Die Ablagerungen von mitgeschlepptem Gestein durch Gletscher. Dort, wo sie nach den Eiszeiten abschmolzen, hinterließen sie zum Teil berghohe Erdwälle, aber auch Gletscherseen.

Morgenland: Anderes Wort für Orient, wo eine ganz andere Kultur als im →Abendland vorherrscht.

Morsen: Die Übermittlung von Nachrichten über Telegraphen mit Hilfe des **Morsealphabets**, das aus Strichen und Punkten besteht. Wird heute kaum noch verwendet.

Mosaik: Bildnis aus vielen einzelnen, kleinen Steinen oder Scherben. Besonders zur Römerzeit hat man Böden und Wände gerne mit Mosaiken geschmückt.

Mosaik: Römische Musikanten

Mosaik: Noah entläßt eine Taube aus seinem Schiff

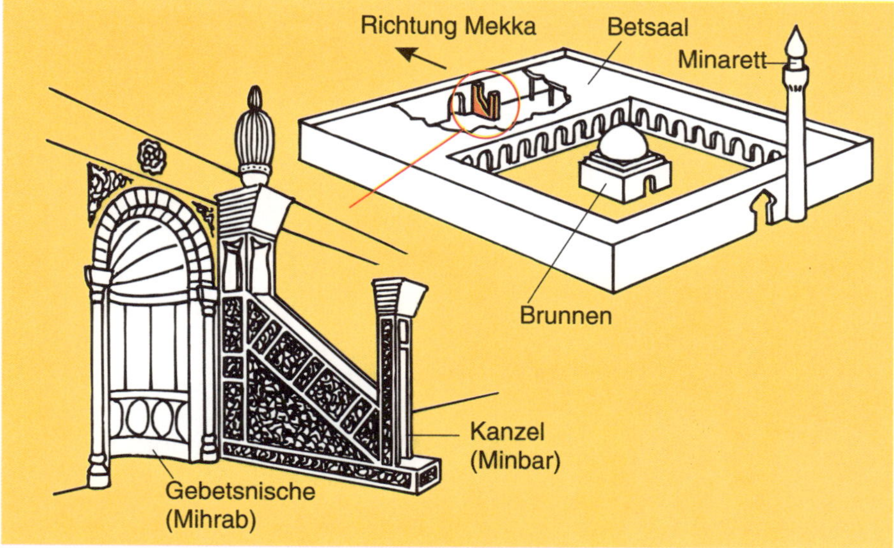

Moschee

Moschee

Moschee: Der religiöse Versammlungsort des →Islam. Außer dem Betsaal und der Gebetsnische, die nach Mekka ausgerichtet ist, gehört zu einer Moschee immer ein kleiner Hof, in dem sich ein Brunnen zum Waschen befindet. Die Türme einer Moschee heißen Minarette.

Moskitos: Stechmücken, die vor allem nachts aktiv werden (nur die Weibchen saugen sich mit Blut voll, die Männchen saugen Pflanzensäfte). Zu ihnen gehört u.a. die Anopheles, die →Malaria überträgt.

Moslem: Anhänger des →Islam (auch **Muslim**).

Motorrad: Motorisiertes Zweirad, für das man einen besonderen →Führerschein braucht. Das erste Motorrad wurde 1885 von *Gottlieb Daimler* gebaut.

Mount Everest: Mit 8848 m der höchste Berg der Erde. Er liegt im →Himalaya und wurde erstmals 1953 durch Sir Edmund Hillary und den Sherpa Tensing Norgay bestiegen.

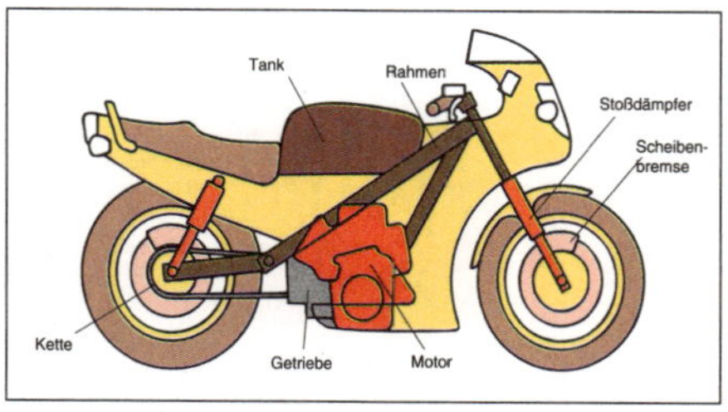

Motorrad

Mulatten: Mischlinge zwischen Weißen und Schwarzen.

Multi...: Mehrfach-, mehr...; ein **Multimillionär** ist z.B. ein mehrfacher Millionär.

Mumie: Eine durch gänzliche Austrocknung „haltbar gemachte" Menschen- oder Tierleiche.

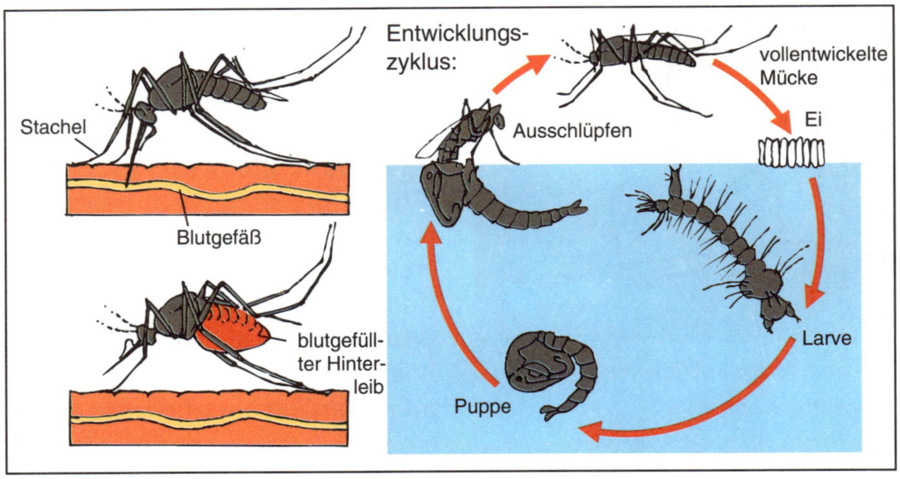

Moskito (Text auf Seite 143)

Muschel in der Schale

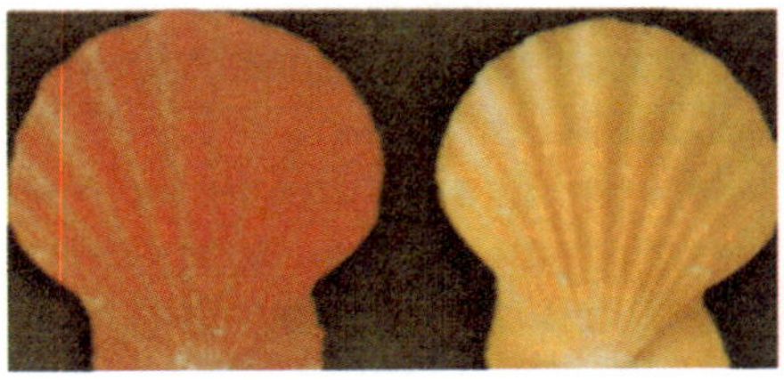

Kamm-Muscheln

Bei verstorbenen ägyptischen Königen wurde dies durch Einbalsamieren erreicht (wozu innere Organe herausgenommen und die Leiche auch innen entsprechend behandelt werden mußte).

Mumien

Mumps: Ziegenpeter. Eine Virusinfektion, die zu den Kinderkrankheiten zählt und nicht nur eine „dicke Backe" hervorruft, sondern für Jungen auch gefährlich werden kann, wenn sie die Geschlechtsdrüsen (und nicht nur die Ohrspeicheldrüse) befällt. Gegen Mumps kann man sich impfen lassen.

Mundharmonika: Bei diesem Musikinstrument werden die Zungen, die die Töne erzeugen, durch Ein- und Ausatmen in Schwingung versetzt. Es wurde 1821 erfunden.

Münzen: Scheibenförmige Geldstücke aus Metall. Der aufgeprägte Wert der Münze muß dabei aber nicht dem eigentlichen Wert des Metalls entsprechen. Das Sammeln von Münzen bzw. die Münzkunde wird **Numismatik** genannt. Den ersten **Münzautomaten** soll der Physiker Heron schon vor 1900 Jahren als Weihwasserspender eingesetzt haben – gegen Einwurf eines Fünf-Drachmen-Stücks.

Muscheln: In Meeren, aber auch in Süßwasser lebende Weichtiere, deren Körper von zwei zusammenklappbaren, harten Schalen geschützt wird. Muscheln filtern mit Hilfe ihrer Kiemen Kleinstlebewesen aus dem Wasser und ernähren sich davon. Mit einem Muskel können sie ihre Schale fest verschließen. Gelangt ein Fremdkörper (z.B. ein Sandkörnchen) in eine Muschel hinein, so speichelt sie diesen mit Perlmutt ein – es wächst eine Perle. Miesmuscheln, Austern und andere Muschelarten werden als Delikatessen gegessen – wegen der zunehmenden Verschmutzung der Meere sollte man aber nicht zu oft Muscheln essen.

Museum: Ein Gebäude, in dem Sammlerstücke zur Schau gestellt werden; dabei kann es sich um große Kunstsammlungen handeln wie im Louvre von Paris, um Techniksammlungen wie im Deutschen Museum in München, um naturgeschichtliche (z.B. Dinosaurierskelette) oder jegliche andere Art von Sammlungen. Am meisten Spaß hat man bei einem Museumsbesuch, wenn man sich schon vorher ein wenig informiert und sich dann

Museum: Dali-Museum in Spanien

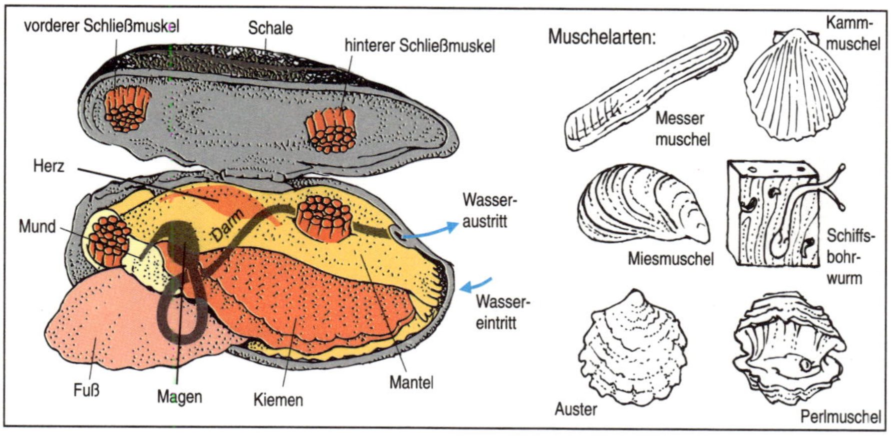

Muscheln

gezielt das anschaut, was einen am meisten interessiert (sonst dauert's oft zu lange).

Musical: Modernes Musiktheater mit gesprochenen Texten, mit Liedern und Tanzeinlagen.

Musik: In der Antike wurden damit zuerst die musischen Künste bezeichnet, später dann insbesondere die Tonkunst. Ganz allgemein versteht man unter Musik die Gestaltung der Welt des Akustischen. Sie weist in den verschiedenen Kulturkreisen mehr oder minder eigenständige Ausprägungen auf und unterliegt einem historischen Wandel. Entscheident für die Entwicklung der abendländischen Musik ist die Trennung von ein- und mehrstimmiger Musik. Musik wird eingeteilt in Vokal- und Instrumental-Musik, beziehungsweise nach Gattungen (z. B. Sonate, Lied) oder Besetzung (z. B. Klavier-, Orchestermusik). Ferner wird unterschieden zwischen Volks- und Kunst-Musik, weltlicher und kirchlicher Musik, ernster und Unterhaltungsmusik (E- und U-Musik).

Muskeln: Sie dienen der Bewegung von Organen (z.B. Herzmuskel) oder Körperteilen und bestehen aus Muskelzellen, Muskelfasern, Faserbündeln, die jeweils von Bindegewebe umgeben sind. Muskeln können sich immer nur zusammenziehen, deshalb braucht jeder Muskel einen Gegenmuskel (z.B. Beuger und Strecker im Arm). Ein **Muskelkater** entsteht, wenn man einen Muskel zu stark beansprucht; die Schmerzen kommen von kleinen Muskelrissen oder eingelagerten Stoffwechselschlacken.

Mustang: Verwildertes, in Herden lebendes, ursprünglich europäisches Pferd (von den spanischen Eroberern mitgebracht) in den nordamerikanischen Prärien.

Mutation: Die Veränderung an einem →Gen; sie kann zu veränderten Eigenschaften führen. Das Auftreten einer Mutation kann verschiedene Gründe haben, wie Hitze, Kälte, Strahlung, Chemikalien oder aber sie vollzieht sich rein zufällig. Eine Mutation ist die Grundlage für die Entstehung neuer Arten.

Mutterboden: Die oberste, durchwurzelte Bodenschicht, in der Naturstoffe, Bodenbakterien und andere Kleinlebewesen sowie →Humus zu finden sind.

Muttermilch: Sie bildet sich nach der Geburt eines Babys in den Milchdrüsen der Frau und reicht aus, um den Säugling monatelang voll und ganz zu ernähren. Muttermilch enthält wertvolle Abwehrstoffe, die das Neugeborene gegen Viruserkrankungen, Allergien, Darminfektionen und andere Krankheiten unempfindlich machen. Außerdem haben Mutter und Kind während des Stillens einen ganz besonders innigen Körperkontakt, der für die seelische Entwicklung des Babys sehr gut ist.

Mystik: Das religiöse Bestreben, das nicht auf das Jenseits gerichtet ist, sondern die diesseitige Vereinigung mit der Gottheit zum Ziel hat (z.B. durch Ekstase, Rausch, Meditation).

Mythologie: Früheste mündliche Überlieferungen eines Volkes mit Götter-, Tier- und Heldensagen sowie Weltentstehungs- und -untergangsgeschichten.

Musikinstrument aus Afrika

N

Nachrichten: Mitteilungen und Informationen über aktuelle Ereignisse, z.B. die Tagesnachrichten in Funk und Fernsehen. **Nachrichtenagenturen** haben sich auf das Beschaffen und Verbreiten von solchen Informationen spezialisiert. In Windeseile gelangen die allerneuesten Neuigkeiten aus dem hinterletzten Winkel der Welt per Fernschreiber, Telefax, Nachrichtensatellit, Computernetz oder anderswie gleichzeitig an viele unterschiedliche Abnehmer – meist die →Medien. So kommt es, daß wir jederzeit über wichtige Ereignisse in der Welt informiert werden können. Dabei ist es aber nicht unwichtig, wer die jeweilige Nachricht auswertet, bewertet und möglicherweise auch schon mit eigener Meinung vermischt.

Nachrichtensatellit: Eine technische Einrichtung im Weltraum, die sich auf einer Umlaufbahn um die Erde bewegt. Damit werden →Nachrichten (Telefon, Fernsehen) übermittelt, aber auch Erdbeobachtungen gemacht (z.B. Wettersatellit, Spionagesatellit).

Nachtigall: Ein Zugvogel, der in Nordafrika überwintert und bei uns Laub- und Mischwälder bewohnt. Der wunderschöne Gesang der Nachtigall ist oft nachts zu hören, tagsüber bleibt der unauffällige Vogel mit seinem gedeckt braunen Gefieder meist „unsichtbar".

Nachtschattengewächse: Pflanzen mit einer trichter- oder röhrenförmigen Blütenkrone, fünf Staubgefäßen und einem Stempel. Es gibt hiervon über 2000 Arten, zu denen viele

Nadelhölzer: Lärche

Nutzpflanzen gehören, z.B. die →Kartoffel oder die →Tomate.

Nadelhölzer: Das sind Bäume und Gehölze, deren Blätter nadel- oder schuppenförmig angeordnet sind. Zu ihnen gehören z.B. Tanne, Kiefer, Fichte, Lärche oder Zypresse. Sie werden oft als schnellwachsende Nutzwälder angepflanzt. Als einziger Nadelbaum verliert die Lärche im Winter ihre Blätter.

Nagetiere: Pflanzen- oder Körnerfressende Säugetiere mit langen, vorstehenden **Nagezähnen** in der Mitte der Kiefer. Damit können sie z.B. Nüsse öffnen. Viele Arten werden vom Menschen als Schädlinge (→Mäuse, →Biber, →Ratten) und von Raubtieren als leichte, wehrlose Beute verfolgt. Die meisten Nagetiere leben in Erdhöhlen und halten dort ihren Winterschlaf (den längsten mit 7 Monaten das Murmeltier).

Nagetiere: Haselmaus

Nagetiere: Wüstenspringmaus

Nahrungskette: Alle Tiere (und auch der Mensch) ernähren sich von Pflanzen und/oder von anderen Tieren. Manche Tiere, z.B. die Greifvögel, stehen am Ende einer Nahrungskette (z.B. Grünpflanze – Kaninchen – Adler). Durch diese Kette häufen sich die von den einzelnen Gliedern aufgenommenen Gifte und Schadstoffe, vor allem die nicht abbaubaren (wie z.B. Cadmium oder andere →Schwermetalle, aber auch chemische Pflanzenschutz- oder Insektenvernichtungsmittel) so an, daß der letzte in der Kette schließlich die größte Dosis abbekommt. Auch der Mensch steht am Ende einer Nahrungskette und ist deshalb diesen Giften ausgesetzt.

Narkose: Betäubung vor einer Operation. Dabei wird entweder der ganze Körper durch Betäubung des Zentralnervensystems unempfindlich gemacht (der Patient fällt dann in einen Tiefschlaf, bei dem er überhaupt nichts mehr fühlt oder spürt) oder aber nur der Bereich, an dem der Eingriff vorgenommen wird (örtliche Betäubung, z.B. beim Zahnarzt).

Nase: Das Geruchsorgan der Wirbeltiere und des Menschen

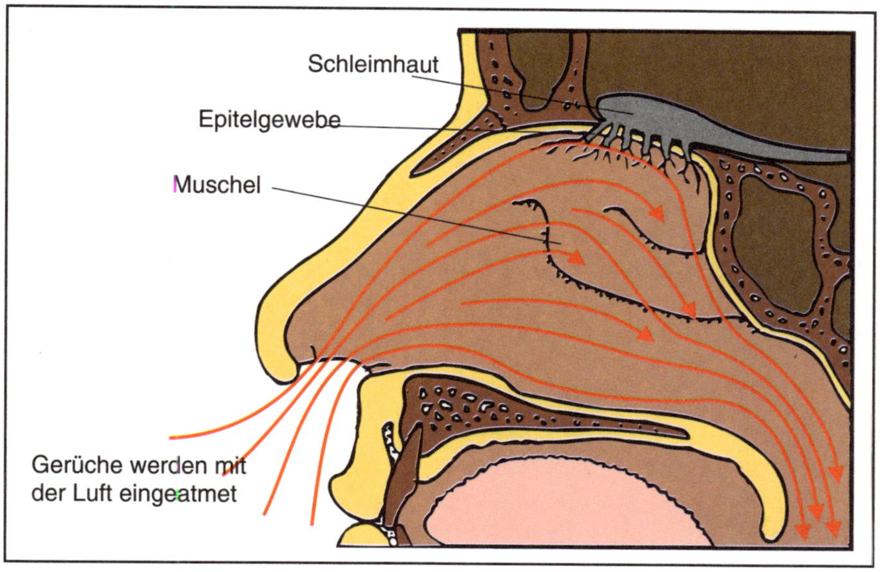

Nase

ist innen mit einer Schleimhaut ausgekleidet, die Schmutz zurückhält und die Atemluft anwärmt. Riechzellen befinden sich im oberen Nasenteil.

Nashörner: Bis zu 3500 Kilo schwere, tonnenförmige Tiere mit kurzen Beinen und mit panzerartiger Haut. Auf der Nase haben sie ein bis zwei Nasenhörner (beim Breitmaulnashorn bis zu 1,50 m lang). Von diesen Tieren, die auch **Rhinozerosse** genannt werden und die sich seit Urzeiten kaum verändert haben, leben heute noch wenige Arten in Afrika und Asien. Sie sind alle vom Aussterben bedroht, weil sie (trotz Verbots) auch heute noch gnadenlos gejagt werden.

Nashörner sind vom Aussterben bedroht

Nation: Ein Staat oder eine größere Menschengruppe mit gemeinsamen Merkmalen (z.B. Sprache, Kultur).

Naturheilkunde: Heilmethoden, bei denen die Heilkräfte des Patienten mit Mitteln der Natur (anstatt mit chemischen Medikamenten) angeregt werden sollen.

natürliches Gleichgewicht: Darunter versteht man die Regelmechanismen in der Natur, die dazu führen, daß stets ein Ausgleich zwischen Leben und Sterben, Wachsen und Vergehen, Raubtier und Beute usw. angestrebt wird. Die Natur hält ihren Haushalt sozusagen selbst „im Gleichgewicht" und regelt dieses von selbst. Tritt z.B. in einem Gebiet eine bestimmte Insektenart vermehrt auf, so vermehren sich auch diejenigen Tiere, die sich von diesen Insekten ernähren – so lange, bis der Bestand der Insekten zurückgegangen ist. Dort aber, wo der Mensch in die Natur eingreift, gerät die Natur aus dem Gleichgewicht. Werden z.B. „Schädlinge" völlig ausgerottet, weil sie dem Menschen wirtschaftlich schaden, so verschwinden auch diejenigen Tiere, die von diesen Schädlingen gelebt haben (z.B. Vögel). Auch das Vernichten von „Unkraut" hat verheerende Folgen für die Natur (Beispielsweise für die Schmetterlinge).

Naturschutz: Maßnahmen zum Schutz wildlebender Tiere und wildwachsender Pflanzen vor dem Zugriff des Menschen. Der Naturschutz wird gesetzlich geregelt und überwacht und ist notwendig geworden, weil inzwischen zu viele Landschaften zerstört, Tier- und Pflanzenarten verdrängt oder völlig ausgerottet sind. Erhaltenswerte Naturlandschaften werden deshalb als **Naturschutzgebiete** ausgewiesen; hier darf man keine Pflanzen pflücken, keine Tiere jagen oder aufscheuchen, keine störenden Freizeitaktionen aus-

Naturschutz: Elefant

Naturschutz: Gebirgslandschaft

üben und auch nicht einfach seinen Müll irgendwo hinterlassen (was man ja sowieso nicht tut!). Geschützte Tiere und Pflanzen sind in der →Roten Liste aufgeführt.

Naturwissenschaften: Alle Wissenschaften, die versuchen, durch Beobachten, Sammeln und Experimentieren das Naturgeschehen zu erforschen. Dazu gehören z.B. →Chemie, →Physik, →Biologie, →Medizin.

Neandertaler: Kein direkter Verwandter des heutigen Menschen (→Mensch), aber eine ausgestorbene Nebenlinie. Überbleibsel des Neandertalers fand man erstmals im Neandertal in Nordrhein-Westfalen (daher der Name) – seine Artgenossen lebten aber über Westeuropa und Nordafrika verteilt. Die Neandertaler waren Jäger und Sammler, hatten Werkzeuge (Faustkeil) und lebten während der Würmeiszeit – kurz bevor sich der Cromagnon-Mensch (→Mensch) unabhängig von ihnen entwickelte.

Neandertaler

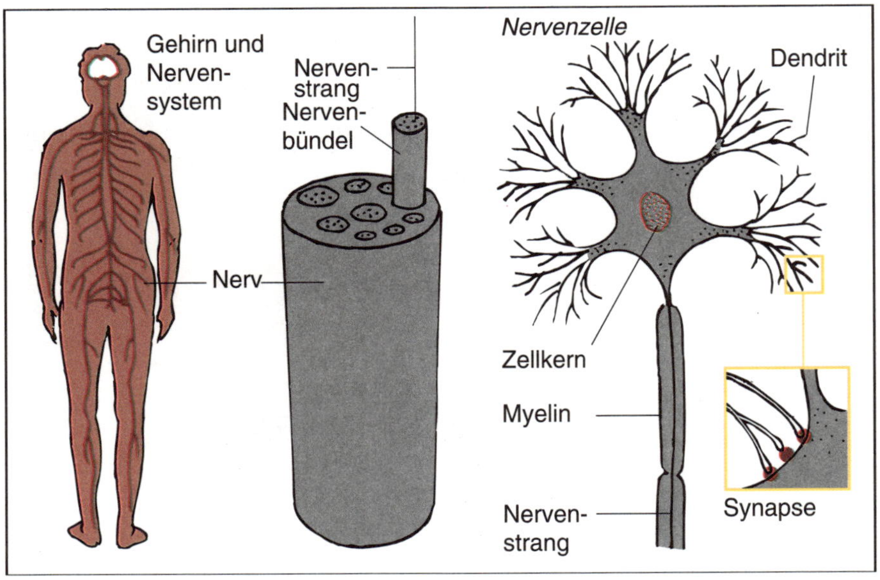

Nervensystem

Nebel: Feinste flüssige Schwebeteilchen (Wassertröpfchen) in der Luft. Er entsteht, wenn sich feuchte Luft (z.B. in Bodennähe über Feuchtgebieten) abkühlt.

Negativ: Verneinend, ungünstig, schlecht; mit einem Minuszeichen (Zahlen) versehen, kleiner als Null. Ein **Negativ** in der →Fotografie ist ein entwickelter Film mit umgekehrten Farbwerten. Macht man einen Papierabzug davon, so erscheinen hierauf die Farben wieder „richtig“.

Neon: Ein Edelgas, das →Elektrizität sehr leicht leitet, so daß schon bei niedrigen Stromspannungen leuchtende Entladungen stattfinden. Schließt man das Gas in einer **Neonröhre** ein, so kann man damit **Neonlicht** erzeugen.

Nerven: Bei Tieren und Menschen werden über die Nerven Reize aus der Umwelt oder aus dem Körper selbst registriert, weitergeleitet und verarbeitet. Sie bestehen aus einzelnen **Nervenzellen**, die baumähnlich aussehen. Die „Äste“ des Baumes nehmen die Erregung wahr, über den „Baumstamm“ wird der Reiz dann an andere Nerven weitergeleitet. Im **Zentralnervensystem** (Gehirn und Rückenmark) wird schließlich der Reiz ausgewertet und ein neuer Reiz ausgesendet (z.B. an die Muskulatur). Wir unterscheiden die **Sinnes-** oder **Empfindungsnerven** (z.B. im Auge, in der Haut), die die Reize von außen ans Gehirn weiterleiten, und die **Bewegungsnerven** (z.B. an den Muskeln), die umgekehrt die „Befehle“ des Zentralnervensystems empfangen.

Nest: Wohnstätten von Tieren (Vögeln, Fischen, Säugetieren, Insekten), die diese aus ihrem →Instinkt heraus bauen. Tiere, deren Junge das Nest schon kurz nach der Geburt verlassen

Nest

und weitgehend selbständig sind, werden **Nestflüchter** genannt; im Gegensatz dazu müssen die **Nesthocker** noch lange Zeit gefüttert und gehegt werden.

Netto: ohne Abzug.

Netzhaut: →Auge.

Neue Welt: Die ab dem 15. Jahrhundert neu entdeckten Länder Amerikas, im Gegensatz zur bis dahin bekannten →Alten Welt.

Neues Testament: Der Teil der Bibel, der nach Christi Geburt verfaßt wurde.

Neutral: Unparteiisch, nicht beteiligt.

Niagarafälle: Die 50 m hohen Wasserfälle des Niagara River an der Grenze zwischen USA und Kanada. Sie sind 350 und 800 m breit. Die höchsten Wasserfälle der Welt sind allerdings die Angel Falls in Venezuela; zu ihnen gelangt man nur mit dem Hubschrauber.

Nibelungen: So werden im **Nibelungenlied**, einer alten Heldensage, die jeweiligen Hüter des Nibelungenhortes (ein großer Schatz) genannt: der Zwergenkönig Alberich, Siegfried und die Burgunder.

Niederschlag: Je nach Temperatur Bezeichnung für Schnee, Hagel, Regen, Tau oder Reif.

Nieren: Ein Doppelorgan des Menschen im hinteren Bauchraum. Die Nieren reinigen das Blut von Abbauprodukten und regeln des Wasserhaushalt des Körpers. Hier wird der →Harn (Urin) gebildet und über den Harnleiter und die Harnblase nach außen befördert. Ohne gesunde Nieren vergiftet sich der Körper; deshalb müssen Menschen bei Nierenversagen immer wieder zur Blutwäsche an eine **künstliche Niere** angeschlossen werden.

Nikotin: Ein Nervengift, das in Tabakblättern vorkommt. Es wird als Schädlingsbekämpfungsmittel eingesetzt und von vielen Menschen beim Rauchen freiwillig eingeatmet. Das führt unter anderem zu Gefäßverengungen (der Körper wird nicht mehr so gut mit Sauerstoff versorgt, Körperteile können absterben, es entsteht ein erhöhtes Risiko, einen Herzinfarkt zu erleiden usw.). In etwas größeren Mengen – z.B. wenn ein Kleinkind eine einzige Zigarette ißt – führt Nikotin zum Tod (Atemlähmung).

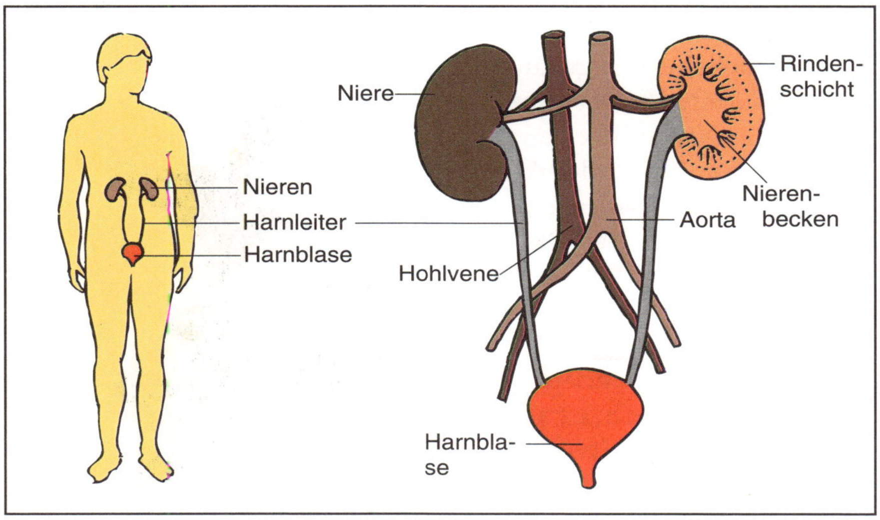

Niere

Nil: Mit 6671 km vor dem Amazonas der längste Fluß der Erde. Der Nil entspringt in Ruanda als Kagera, durchfließt den Victoriasee und durchquert nach **Mündung** des **Weißen Nils** und des **Blauen Nils** die

Nil: Fruchtbares Flußtal mitten in der Wüste

Wüste. Mit einem großen →Delta mündet der Nil ins Mittelmeer. An den Ufern des Nils haben sich schon sehr früh Hochkulturen entwickelt (→Ägypten), weil das Niltal durch jährliche Überschwemmungen, die gute Erde zurückließen, sehr fruchtbar war.

Nilpferd: Eine Art des →Flußpferdes. Am Nil selbst ist es schon seit 200 Jahren ausgerottet.

Nobelpreis: Eine jährliche Auszeichnung für herausragende Leistungen in wissenschaftlichen (z.B. Chemie, Physik, Medizin) und anderen Fachgebieten (Literatur). Darüber hinaus gibt es noch den **Friedensnobelpreis** für besondere Bemühungen um den Völkerfrieden. Der Preis wurde von dem Erfinder des Dynamits, dem schwedischen Chemiker **Alfred Nobel**, gestiftet.

Nomaden

Nomaden: Herumziehende Hirtenvölker ohne festen Wohnsitz. Sie wandern mit ihren Herden zu verschiedenen Weideplätzen und schlagen dort jeweils ihre Zelte auf. Die →Beduinen sind Nomaden.

Nordamerika: Mit 23,4 Millionen Quadratkilometern der drittgrößte Erdteil (wenn man Nordamerika nicht nur als Teil eines Doppelkontinents (Nord- und Südamerika) betrachtet. Er reicht vom Nordpolarmeer im Norden und der Beringstraße im Nordwesten bis zum Golf von Mexiko im Süden und liegt zwischen dem Pazifik (Westen) und dem Atlantik (Osten). Auch die Insel →Grönland zählt zu Nordamerika (politisch zu Dänemark). Ansonsten gehört der Halbkontinent mit Alaska politisch zu den USA, zu Kanada und Mexiko. Mit dem südlichen Halbkontinent ist Nordamerika durch →Mittelamerika verbunden. An der Westseite (links auf der Landkarte) zieht sich das Faltengebirge der Kordilleren hin, im Landesinneren gibt es riesige, hochgelegene Beckenlandschaften (Großes Becken und Colorado-Plateau), und im Mittelteil erstrecken sich weite Ebenen (Great Plains), durchzogen vom Stromsystem des →Mississippi. Östlich davon liegen die Appalachen. Von Süden nach Norden und von Westen nach Osten gibt es sehr unterschiedliche Klimazonen und entsprechend unterschiedliche Tier- und Pflanzenwelten. Über die ganze Breite Nordamerikas gelten sogar verschiedene Zeitzonen. Höchstens 5 Prozent der Bevölkerung Nordamerikas stammen noch von den ursprünglichen Einwohnern (→Indianer, →Eskimos) ab – etwa 10 Prozent sind Schwarze, 85 Prozent Weiße. Seit der Entdeckungsfahrt des Kolumbus wurde Nordamerika fast vollständig von den Weißen (Engländern, Franzosen und Spaniern) in Besitz genommen.

Nordkap: Es liegt am Rande eines 307 m hohen Vorgebirges auf der norwegischen Insel Mageroy und gilt als der nördlichste Punkt Europas.

Nordlicht: →Polarlicht.

Nordpol: Der nördliche Schnittpunkt von →Erdachse und Erdoberfläche. Hier, im **geographischen Nordpol**, treffen alle Längenkreise zusammen. Die um den Nordpol herum liegenden Länder und Meere gehören zur →Arktis. Der **magnetische Nordpol** (der Punkt, auf den die Kompaßnadel zeigt) weicht vom geographischen Nordpol ab (→Kompaß).

Nordsee: Randmeer des Atlantik zwischen den Britischen Inseln und Skandinavien. Die Nordsee ist durch den →Ärmelkanal mit dem Ostatlantik und durch Skagerrak und Kattegat mit der Ostsee verbunden. Sie war einmal fischreich, ist aber zunehmender Umweltverschmutzung ausgesetzt. Unter dem Meeresboden lagern große Mengen an Erdöl und Erdgas.

Norm: Richtlinie, Regel, auch eine vereinheitlichte Abmessung, z.B. für industriell gefertigte oder in der Technik verwendete Erzeugnisse.

Normannen: Die „Nordmänner", die Wikinger, eine nordgermanische Volksgruppe, die sich zwischen dem 8. und 11. Jahrhundert von Skandinavien über weite Teile Europas ausbreitete. Mit ihren Wikingerschiffen überwanden sie mühelos Meere und Flüsse. Sie gründeten 862 das Fürstentum Nowgorod und damit das erste russische Reich, besiedelten im 9. Jahrhundert Island, entdeckten im 10. Jahrhundert Grönland und erreichten unter der Führung von Leif Eriksson um das Jahr 1000 als erste Europäer – lange vor Kolumbus – den amerikanischen Kontinent. Nach Einfällen ins Fränkische Reich gründeten die Normannen das Herzogtum **Normandie**, von wo aus sie im Jahr 1066 auch England in Besitz nahmen. Außerdem drangen sie bis nach Süditalien vor und gründeten das Königreich Sizilien.

Normanne

O

Oase: Eine Wasserstelle mitten in der Wüste, mit reichem Pflanzenwuchs. Hier machen →Karawanen Rast.

Oase: Wasserstelle mit reichem Pflanzenwuchs

Objekt: Gegenstand.
Objektiv: Sachlich, unparteiisch.
Oboe: Ein Holzblasinstrument.
Observatorium: Eine Beobachtungsstation, vor allem für Himmels- oder Wetterbeobachtungen. Manchmal wird eine **Sternwarte** auch Observatorium genannt.
Odyssee: So heißt die Erzählung Homers über die abenteuerliche, zehn Jahre dauernde Irrfahrt des **Odysseus** nach dem

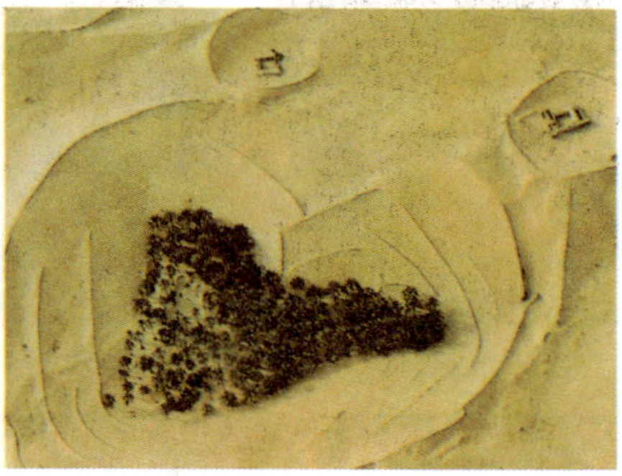

Oase im Wüstensand

Trojanischen Krieg. Dieser ist eine bekannte Figur aus der griechischen →Mythologie.
offiziell: Amtlich, öffentlich, verbürgt.
Ohr: Das Sinnesorgan, über das wir hören. Die **Ohrmuschel** ist durch den äußeren Gehörgang mit dem **Mittelohr** verbunden. Darin sorgen drei kleinste Gehörknöchelchen – sie heißen Hammer, Amboß und Steigbügel – für die Weiterleitung des Schalls. Das Mittelohr ist durch das Trommelfell nach außen verschlossen, steht aber mit dem Mundraum durch eine Röhre in Verbindung. Im **Innenohr** leitet ein Schlauchsystem, das mit Flüssigkeit gefüllt ist, die akustischen Reize weiter. Hier sitzen auch die drei Bogengänge, die für das →Gleichgewicht zuständig sind. Das Ohr ist ein sehr empfindliches Organ; **Ohrenschmerzen** sollten daher immer ärztlich behandelt und vollständig ausgeheilt werden, sonst können dauerhafte Schäden zurückbleiben.
Ökologie: Die Lehre vom Naturhaushalt. Sie beschreibt die Beziehungen der Lebewesen untereinander und zu ihrer Umwelt. Eine **ökologische Nische** ist der Lebensraum einer bestimmten Pflanzen- oder Tierart innerhalb eines bestimmten →Biotops. Ein **Ökosystem** entsteht, wenn in einem Biotop eine fest verbundene, voneinander abhängige Lebensgemeinschaft von Tieren und Pflanzen ansässig ist. Ein Wald, ein Weiher oder eine Wiese bildet z.B. ein Ökosystem.
ökologisches Gleichgewicht: →natürliches Gleichgewicht.
Ökumene: Die Gesamtheit aller christlicher Kirchen. Im **ökumenischen Gottesdienst** feiern Christen verschiedener Konfessionen miteinander.
Oldie: Eine Bezeichnung für einen alten Hit oder Schlager (Musiktitel).
Oldtimer: Ein altertümliches →Automobil.
Öle: Flüssige Fette tierischer oder pflanzlicher Herkunft. →Erdöl. Normalerweise schwimmt Öl auf Wasser. Verquirlt man die beiden Flüssigkeiten aber ganz fest miteinander, so entsteht eine cremig-flüssige Masse, eine Emulsion.

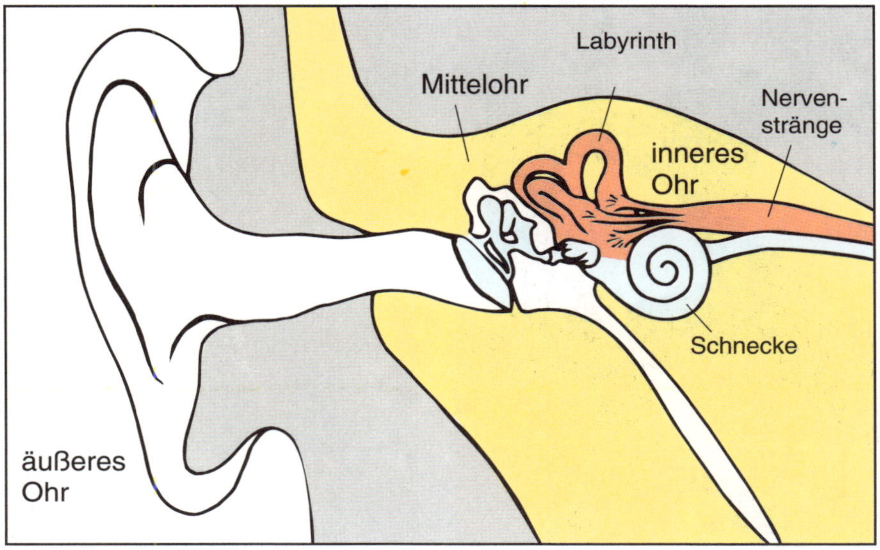

Ohr

Ölpest: Verheerende Umweltverschmutzung in Gewässern, z.B. an Meeresstränden oder Flüssen. Sie entsteht dadurch, daß z.B. durch ein Schiffsunglück große Mengen Erdöl ins Wasser fließen. Eine Ölpest löscht auf Jahre hinaus praktisch jedes Leben im Wasser aus; auch Wasservögel sind stark davon betroffen (entweder, weil ihr Gefieder verklebt und sie qualvoll sterben müssen, oder aber weil sie keine Nahrung mehr finden). Außerdem verseucht bereits ein einziger Liter Erdöl eine Million Liter Trinkwasser.

Olympiade: So nannte man in der →Antike die Zeitspanne von vier Jahren zwischen zwei **Olympischen Spielen**. Diese sportlichen Wettkämpfe wurden ab dem 9. Jahrhundert vor Christus zu Ehren des Gottes →Zeus in **Olympia** ausgetragen, einem heiligen Bezirk im westlichen Peloponnes. 1896 führte der Baron Pierre de Coubertin die Olympischen Spiele als internationalen, regelmäßig wiederkehrenden Sportwettbewerb wieder ein. Seitdem finden in der Regel

Olympische Läufer 1896 …

… und heute

alle vier Jahre **Olympische Sommerspiele** und **Winterspiele** an wechselnden Austragungsorten statt. Die **olympischen Disziplinen** (Sportarten) und Wettbewerbsregeln sind ganz genau festgelegt.

Oper: Ein musikalisches Bühnenwerk, bei dem Wort und Musik eine künstlerische Einheit bilden. Während in der Oper

Oper für Kinder: „Wir bauen eine Stadt"

nicht gesprochen wird, gibt es in der **Operette** Dialoge.

Operation: Ein medizinischer Eingriff in den Körper, wobei dieser mit speziellen Messern und Scheren geöffnet und später wieder geschlossen wird. Das geschieht normalerweise nur

Olympische Spiele in der Antike

Optische Täuschung

unter Betäubung (→Narkose). Für eine Operation muß man ins Krankenhaus, die ausführenden Fachärzte nennt man Chirurgen.

Optimismus: Eine positive, **optimistische**, das heißt zuversichtliche Grundhaltung.

optische Täuschung: Eine Täuschung, die Sinneswahrnehmungen über das →Auge betrifft; so nimmt der Betrachter z.B. die Maße eines Gegenstandes anders wahr, als sie in Wirklichkeit sind.

Orakel: Weissagung. In der klassischen →Antike gingen sogar hohe Staatsmänner zum **Orakel von Delphi**, wo eine Priesterin wirre Sprüche von sich gab, die man für Weissagungen des Gottes Apollo hielt. Das führte zu allerhand Mißverständnissen, denn es war natürlich schwierig, die Sprüche richtig zu deuten. So fing ein Herrscher freudig einen Krieg an, als man ihm sagte, er werde ein großes Reich zerstören – unglücklicherweise war es sein eigenes!

Orang-Utan: Ein großer →Menschenaffe, der in den Urwäldern Sumatras und Borneos lebt. Sein Name bedeutet „Waldmensch". Obwohl er höchstens etwa 1,50 m groß wird, kann er seine ellenlangen Arme über 2,20 m weit spannen. Sein Fell ist sehr langhaarig und rötlich-braun. Orang-Utan-Babys werden vier Jahre lang gestillt, die Tiere werden aber insgesamt nur 30 Jahre alt. Die Pflanzenfresser stehen unter Naturschutz.

Orchideen: Prächtige Blütenpflanzen mit phantastischen Farben und Formen. In den tropischen Regenwäldern leben sie als Schmarotzer an Bäumen, bei

Orchideen

uns wachsen sie auf der Erde und sind fast ausnahmslos geschützt (z.B. **Frauenschuh** oder **Ragwurz**). Die Orchideen, die man im Blumenladen kaufen kann, sind gezüchtet und aus anderen Ländern eingeführt. Das Züchten ist sehr zeitaufwendig, es dauert oft mehrere Jahre, bis eine Pflanze ihre Blüte bekommt. Vor dem weiten Transport aus tropischen in europäische Länder werden die Blumen einzeln in Gläschen mit Nährflüssigkeit gesteckt und in

Orffinstrumente

Kühlhäusern aufbewahrt. Deshalb sind sie recht teuer.

Orffinstrumente: Von dem Komponisten **Carl Orff** eigens entwickelte neue Schlaginstrumente, auf denen Kinder leicht spielen lernen. Orff schuf eine bekannte Musiklehre für Kinder.

Organe: Körperteile mit wichtigen, ganz bestimmten Funktionen (Aufgaben), z.B. →Herz, →Lunge, →Leber, Sinnesorgane wie →Auge und →Ohr, aber auch Greiforgane, Bewegungsorgane usw.

Organisation: Planmäßigkeit, z.B. planmäßiger Ablauf eines Geschehens. Organisationen sind auch Zusammenschlüsse von Gruppen, die gleiche Ziele verfolgen (z.B. politische Organisationen, Tier- oder Umweltschutzorganisationen, Wirtschaftsorganisationen). **Organisieren** heißt gut vorausplanen und ordnen, damit alles klappt.

Organismus: Ein ein- oder vielzelliges Lebewesen.

Orgel: Sehr altes Tasteninstrument, das einen besonders

Orgel im Passauer Dom

großen Tonumfang hat (von ganz tief bis ganz hoch) und das mit Manualen, Pedalen und Registerzügen bedient wird. Die Töne erschallen aus den **Orgelpfeifen** und werden durch Luft aus einem „Windwerk" erzeugt. Die meisten Orgeln sind in Kirchen aufgestellt.

Orient: →Morgenland.

Reisen im Orient

Orkan: Bezeichnung für einen Sturm mit Windgeschwindigkeiten von mehr als 120 Kilometern pro Stunde.

Ornament: Eine Aneinanderreihung von gleichartigen Zeichen und Formen. Es dient zur Ausschmückung und Verzierung eines Gegenstandes.

Orthographie: Die Festlegung der Rechtschreibung einer Sprache nach gewissen Regeln. Sie bestimmt wie Wörter und Abkürzungen geschrieben werden, z.B. ob sie klein oder groß geschrieben werden, zusammen oder getrennt. In der deutschen Sprache gibt es seit Ende des 19. Jahrhunderts eine einheitliche Rechtschreibung.

Orthopädie: Die Lehre von der Erkennung, Behandlung und Verhütung von Fehlentwicklungen oder Verbildungen der →Knochen, →Gelenke und →Muskeln.

Ostsee: Kleines Nebenmeer des Atlantik zwischen Skandinavien und dem Festland. Im Gegensatz zur →Nordsee gibt es hier kaum merkliche →Ebbe und Flut, auch der Salzgehalt ist gering (deshalb ist die Ostsee im Winter oft vereist), und die Ostsee ist ziemlich flach (im Durchschnitt 50 m tief). Sie wird auch **Baltisches Meer** genannt.

Otter: Das bekannteste Mitglied dieser Tierfamilie ist wohl der **Fischotter**, der wie alle anderen Otter sehr selten geworden ist und bei uns unter Naturschutz steht. Sein Aussehen hat sich dem Wasserleben völlig angepaßt; so hat er sehr kleine Augen und verschließbare Ohren, sein Fell ist wasserundurchlässig, und an den Beinen sitzen Schwimmhäute. Der Fischotter lebt in einem selbstgegrabenen Bau, dessen Eingang unter Wasser liegt, und ernährt sich von Fischen.

Ottomotor: Ein Benzinmotor mit Vergaser, der von **Nikolaus August Otto** nach 1862 erfunden wurde. Ein Ottomotor arbeitet meist in vier Arbeitsgängen (deshalb auch **Viertaktmotor** genannt): Ein Kolben in einem Zylinder saugt das Kraftstoffgemisch an und verdichtet es (drückt es zusammen). Durch einen elektrischen Funken wird das Gemisch dann gezündet. Der Druck der heißen Verbrennungsgase bewegt den Kolben, und dieser überträgt die Bewegung (über einige Zwischenstationen) bis auf die Räder des →Autos, die sich dann drehen.

Oxidation (Oxydation): Die Reaktion chemischer Elemente oder Verbindungen mit Sauerstoff. So **oxidieren** die unedlen Metalle (wie z.B. Eisen), und das bedeutet: Sie rosten.

Ozeane: Die großen Weltmeere, insbesondere der Atlantik, der Pazifik und der Indische Ozean. →Meer.

Ozonschicht: Sie befindet sich zwischen 15 und 50 km Höhe in der →Atmosphäre und schützt die Erde vor den schädlichen UV-Strahlen der Sonne. Durch Abgase und Umweltgifte (wie z.B. FCKW, das in manchen Spraydosen, Kühlschränken und anderswo enthalten ist) ist diese Schutzschicht in den letzten Jahren deutlich dünner geworden, über dem Südpol ist sie sogar ganz aufgerissen. Dieses

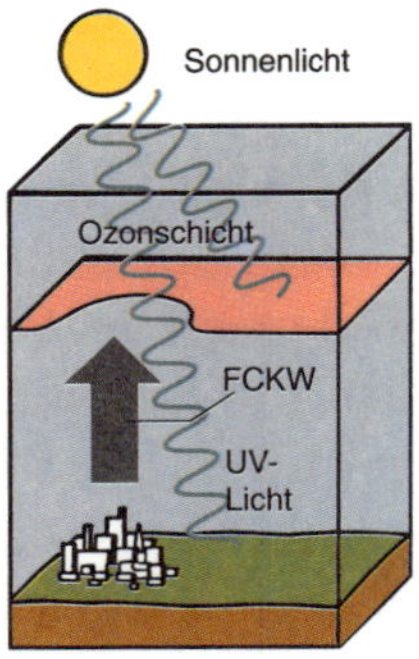

Ozonschicht

Ozonloch: Deutlich sichtbar über dem Südpol

Ozonloch vergrößert sich zunehmend. Dadurch haben die Hautkrebserkrankungen bei den Menschen sprunghaft zugenommen, außerdem heizt sich die Erde mehr und mehr auf (→Klima). Es ist daher sehr wichtig, daß jeder einzelne Mittel, die die Ozonschicht nachweislich schädigen, nicht verwendet.

P/Q

Pakt: Ein Bündnis, ein Vertrag (z.B. politisch oder militärisch).

Palette: Holz- oder Porzellanbrett mit einem Daumenloch, auf dem der Maler seine Farben mischt; auch ein Holzgestell mit genormten Abmessungen zum Transportieren und Laden von Waren. Übertragen meint man mit einer „breiten Palette" eine besonders große Vielfalt.

Palmen: Von diesen tropischen Bäumen gibt es über 1000 verschiedene Arten. Am bekanntesten ist die **Kokospalme**, deren Früchte, die Kokosnüsse, vielseitig verwendet werden.

Pamir: →Dach der Welt.

Pandabären: Diese kleinen, scheuen Katzenbären leben nur in zwei Arten im Himalaya-Gebiet und in West-China. Die größere Art (Großer Panda) wird auch Bambusbär genannt, weil er sich ausschließlich von jungem Bambus ernährt. Das „Staatsmaskottchen Chinas" ist großflächig weiß-schwarz gezeichnet und wird bis zu 1,50 m groß. Der Kleine Pandabär hat dagegen ein fuchsrotes Fell und wird etwa bis 60 cm groß. Beide Arten sind nachtaktive Raubtiere.

Pandabär: Großer Panda (Bambusbär)

Palmen: Kokospalme

Panik: Plötzlich ausbrechende Angstgefühle, vor allem bei Massenansammlungen von Menschen.

Panorama: Rundblick, Rundumsicht.

Panther: In Afrika heimische Großkatze, die auch →Leopard genannt wird.

Pantomime: Wortloses, nur durch Gesichtsausdruck und Gebärden ausgedrücktes Bühnenspiel. Die Künstler treten oft nur mit einem scharzen, bewußt einfachen Gewand auf und betonen dabei manchmal die Hände (durch weiße Handschuhe usw.), damit man sich voll auf ihre Bewegungen konzentrieren kann.

Pandabär: Kleiner Panda

Papageien: Klettervögel der tropischen und subtropischen Gebiete. Ihr buntes Gefieder und ihre Lernfähigkeit haben sie bei uns zu Käfig- oder Zoovögeln werden lassen. Sie sind Pflanzen- und Körnerfresser und leben eigentlich in Gemeinschaft. Auch die →Kakadus mit ihrem aufrichtbaren Federschopf gehören zu den Papageien.

Papagei

Papier: Der heute am häufigsten verwendete Stoff zum Beschreiben, vor allem aber zum Bedrucken. Der Erfinder des Papiers soll der Chinese T'sai Lun (105 nach Christus) gewesen sein – es dauerte aber 1000 Jahre länger, bis die Papiermacherkunst auch in Europa bekannt wurde. Nach wie vor ist Holz ein wichtiger Bestandteil von Papier: Von Zweigen und Rinde befreite Baumstämme werden zerkleinert, die Holzfasern werden für die Weiterverarbeitung aufgeschlossen und mit Wasser, Leim und Chemikalien zu einem Brei vermischt. Je nach Art des Papiers wird der Brei verdünnt, ausgewalzt (früher von Hand auf flache Siebe geschöpft und nach dem Trocknen als kleinere Blätter abgezogen) und getrocknet. Viele Papierarten sind aber auch holzfrei, sie werden aus anderen Pflanzenfasern, z.B. Leinen (und auch aus Lumpen) hergestellt. Der Vorgang des Bleichens, aber auch andere chemische Behandlungen des Papiers und der große Wasserverbrauch sind sehr umweltbelastend. Man versucht heute, auch ohne Chlor gebleichte, umweltfreundlichere Papiere zu entwickeln. Auch die Wiederverwendung von Altpapier (in großen Mengen z.B. für Zeitungspapier) hilft dabei, die Umweltbelastung zu vermindern.

Papst: Das Oberhaupt der Katholischen Kirche. Er ist zugleich auch der Bischof von Rom und herrscht dort im Vatikan. Ein Papst wird von den Kardinälen auf Lebenszeit gewählt.

Papyrus: Ein papierähnlicher Beschreibstoff, den die alten Ägypter schon seit dem 3. Jahrtausend vor Christus aus dem Mark der Stengel der Papyrusstaude machten. Das Mark wurde in Streifen geschnitten, gitterartig übereinandergelegt und mit Hämmern beklopft, so daß der Pflanzensaft austrat. Nach dem Trocknen hielt der Pflanzensaft die Streifen „wie geleimt" zusammen. Sie wurden dann noch zu langen Rollen zusammengeklebt, denn Bücher zum Umblättern kannte man nicht. Weil die Papyrusstauden nur in Ägypten wuchsen, machten die ägyptischen Könige (auch noch zu Zeiten Kleopatras) gute Geschäfte mit der Ausfuhr in andere Länder. Die Griechen schrieben später mit der Tinte von Tintenfischen, vorher benutzte man eine mit Ruß und Ocker gemischte Schreibflüssigkeit.

Paradox: Widersinnig, widersprüchlich.

Paragraph: Ein kleinerer Absatz in einem Gesetzestext oder einem Vertrag. Man benutzt dafür als Zeichen §.

Parasit: Ein Schmarotzer, das heißt ein Lebewesen, das seinem Wirt (Tier oder Pflanze) fertige Nährstoffe entzieht. Ein Parasit kann meist selbst keine Nährstoffe gewinnen.

Parasit und Wirtstier

Parasiten

Parlament: Eine Volksvertretung, die sich aus mehreren Mitgliedern zusammensetzt. Diese sitzen beratend zusammen und tüfteln z.B. Gesetze aus. Außerdem sind sie an der Regierungsbildung beteiligt, kontrollieren (überwachen) die Regierung und können sie sogar absetzen. Die Mitglieder der Parlamente nennt man **Abgeordnete** (auch **Parlamentarier**). Sie werden vom Volk als dessen Vertreter gewählt, treffen ihre Entscheidungen aber dann, ohne ihre Wähler im Einzelfall zu befragen. Früher wurden Parlamente auch anders genannt, z.B. Reichstag.

Parodie: Verspottende Nachahmung, z.B. wenn jemand die Stimme und Gebärden einer öffentlichen Persönlichkeit nachahmt (**parodiert**), um sich über diese Person lustig zu machen.

Partei: Ein Zusammenschluß von Gleichgesinnten, vor allem von Menschen mit gemeinsamer politischer Weltanschauung und politischen Zielen, die sie gerne verwirklichen möchten. In demokratischen Staaten sind die Parteien die Bindeglieder zwischen der Volksvertretung (→Parlament) und den Wählern.

Paß: Der Reiseausweis eines Staatsangehörigen (**Reisepaß**); auch ein Übergang über einen Bergkamm (**Paßstraße**).

Passatwinde: Zwei Windgürtel der Erdatmosphäre, die vom Nordosten bzw. vom Südosten her jeweils zum →Äquator hin wehen.

Passiv: Untätig, erleidend, unbeteiligt.

Pasteurisieren: Eine von dem französischen Chemiker **Louis Pasteur** eingeführte Methode, wie man Lebensmittel (z.B. Milch) durch schonendes Erhitzen haltbar machen kann.

Patent: Der Schutz einer Erfindung durch das **Patentamt**. Hier wird die Erfindung registriert, und damit kann man nachweisen, daß man der Urheber dieser Erfindung ist und sie daher auch allein wirtschaftlich nutzen darf.

Patrizier: In der Römischen Republik die vornehmen Grundbesitzer und Familien, die Regierungs- und Verwaltungsämter erhielten. Im →Mittelalter waren die Patrizier reiche Bürger oder Adelige, die zum Rat gehörten.

Paviane: →Affen, Herrentiere.

Pavian

Pasteurisieren: Louis Pasteur

Pazifik: Der größte der drei Ozeane; er wird auch **Pazifischer Ozean** oder **Stiller Ozean** genannt. Er liegt zwischen Amerika, Asien, Antarktis und Australien und bedeckt mit seinen Nebenmeeren 35 Prozent der Erdoberfläche. Im Pazifik gibt es besonders viele Korallen- und Vulkaninseln. Hier ist auch der tiefste Tiefseegraben (→Marianengraben). Oft wird der Pazifik von Taifunen, Orkanen und Seebeben erschüttert.

Pelikane: Die einzelnen Arten dieser uralten Vogelfamilie leben vor allem an Meeresgewässern, weil sie sich fast ausschließlich von Fischen ernähren. Mit seinem langen, gelben Schnabel jagt der Pelikan tauchend. Seine Beute bewahrt er in dem dehnbaren Hautsack am Unterschnabel und im Kropf auf. Er baut Nester aus riesigen Schilfhaufen und lebt gesellig in großen Kolonien.

Peloponnes: Die südliche Halbinsel Griechenlands. Ihre fruchtbaren Tiefländer waren schon in der →Antike dicht besiedelt (z.B. Olympia, Mykenä, Sparta). Der **Peloponnesische Krieg** (431 bis 404 vor Christus) entbrannte zwischen Sparta (und Verbündeten) und Athen (und Verbündeten). Es ging um die Vorherrschaft in Griechenland (die Spartaner gewannen).

Penicillin: Eines der bekanntesten →Antibiotika. Es wird aus Pilzkulturen gewonnen und wirkt gegen →Eitererreger und →Bakterien.

Penis: Das männliche Glied, ein →Geschlechtsorgan. Durch Schwellkörper, die sich bei Erregung ganz automatisch mit Blut füllen, versteift sich der Penis. Dadurch wird – auch bei vielen Tieren – die Samenübertragung in den weiblichen Körper möglich gemacht. Ganz oben am Penis sitzt die Eichel. Sie wird teilweise von einer Hautfalte (Vorhaut) schützend umhüllt. Man sollte sie beim Waschen zurückschieben, damit sich darunter kein Schmutz festsetzt.

Perfekt: Ganz besonders gut, bestens.

Pergament: Nach der Stadt Pergamon in Kleinasien benannte, ungegerbte und enthaarte Tierhaut, z.B. von Rindern, Schafen, Ziegen und Eseln. Pergament wurde im Mittelalter als Schreibmaterial verwendet. Es war haltbarer als →Papyrus und wurde nach der Erfindung des Buchdrucks endgültig durch das →Papier abgelöst. Wertvolle Urkunden werden manchmal noch heute auf Pergament geschrieben.

Periode: Ein bestimmter Zeitraum, auch: regelmäßig wiederkehrendes (wie z.B. die →Menstruation).

Periskop: Ein ausziehbares Sehrohr mit einem Spiegelsystem, durch das man „um die Ecke schauen" kann. Es wird z.B. in U-Booten verwendet.

Perlen: Runde, sanft glänzende Gebilde aus **Perlmutter**. Dieses Material bildet die Innenschicht der Schalen von →Muscheln und umschließt auch eindringende Fremdkörper wie z.B. ein Sandkörnchen. Eine Perle braucht mindestens zehn Jahre, bis sie etwa so groß wie eine Erbse geworden ist. Man kann die „Perlenfabrikation" der Muschel auch künstlich in Gang setzen, indem man absichtlich einen Fremdkörper in die Muschel einbringt. Solche Perlen nennt man **Zuchtperlen**.

Perpetuum mobile: Eine Maschine, die, würde sie funktionieren, ohne jegliche Zufuhr von Energie ständig Arbeit leisten könnte. Das widerspricht aber den Naturgesetzen – ein Perpetuum mobile kann es daher leider nie geben.

Pessimismus: Das Gegenteil von →Optimismus, nämlich eine negative, wenig hoffnungsvolle, **pessimistische** geistige Einstellung.

Pest: Während des →Mittelalters raffte der „Schwarze Tod“ in Europa viele Millionen Menschen hinweg – die große Pestepidemie zwischen 1348 und 1352 kostete (in nur vier Jahren!) allein 25 Millionen Menschenleben. Heute weiß man, daß diese Infektionskrankheit von Ratten und von den auf ihnen lebenden Flöhen übertragen wird. Vor allem die unhygienischen Zustände im Mittelalter (→Hygiene) waren also schuld an der Seuche. Die Pesterreger sind →Bakterien.

Pest

Pfadfinder: Internationale Jugendbewegung und Organisation, die 1907 von Sir Baden-Powell gegründet wurde (zuerst nur Boy Scouts). Hilfsbereitschaft und internationale Verständigung sind auch heute noch die wichtigsten Ziele der Pfadfinder. Die 7-11jährigen Pfadfinder werden **Wölflinge** genannt, danach kommen die **Jungpfadfinder** (bis 14), dann die **Scouts** (bis 17) und schließlich die **Rovers** (bis 20 Jahre). Natürlich können heute auch die Mädchen bei den Pfadfindern mitmachen.

Pfahlbauten: Schon im 4. Jahrtausend vor Christus baute man solche Häuser an Seeufern, in Sumpf- und Moorgebieten. Sie stehen auf Pfählen und schauen so weit über den Wasserspiegel hinaus, daß sie vor Überschwemmungen geschützt sind.

Pfahlbauten: Vor Überschwemmungen geschützt

Pfau: Eine →Fasanenart, die aus Indien und Sri Lanka stammt. Will das Männchen imponieren, so stellt es seine langen, schillernden Schwanzfedern zu einem Rad auf.

Pferde: Die Stammform aller Pferde lebte bereits vor 60 Millionen Jahren in Amerika und war nur hunde- oder fuchsgroß. Erst 57 Millionen Jahre später

Pfau

Pferde in der Camargue (Südfrankreich)

gelangten Pferde dann auch nach Asien und Europa. Zum Glück – denn in prähistorischer Zeit starben aus unerklärlichen Gründen alle Pferde in Amerika aus; sie wurden erst wieder von den spanischen Eroberern (also in unserem Jahrtausend) dorthin „zurückimportiert“. Die →Mustangs sind verwilderte Nachkommen dieser Pferde. Das **Urwildpferd**, von dem alle unsere Hauspferde abstammen, lebt heute noch in den Steppen Südsibiriens, der Mongolei und Westchinas und in der Wüste →Gobi. Es wurde seit dem 4. Jahrtausend vor Christus gezähmt, davor galt es eher als Nahrungskonkurrent des Menschen und wurde deshalb verfolgt und gejagt. Die Hochzucht verschiedener Rassepferde wurde im frühen Mittelalter vor allem von den Arabern begonnen. Heute unterscheidet man ganz grob zwischen **Warmblut** (feuri-

Pferd mit Pferdekutsche

ge Reitpferde) und **Kaltblut** (kräftig gebaute Acker- und Arbeitspferde). **Ponys** sind kleinere Pferde mit einer Schulterhöhe bis zu 148 cm. Weil sie sehr gutmütig sind, können Kinder auf ihnen leicht das Reiten lernen.

Pflanzen: So nennt man eine riesige Gruppe von Lebewesen, die außer den Tieren (und dem Menschen) die Erde bewohnt. Von den Tieren unterscheiden sich die Pflanzen vor allem durch ihren Zellbau und ihre Ernährungsweise. Ganz vereinfacht gesagt, bauen die Pflanzen ihre Lebenssubstanz selbst aus unbelebtem (anorganischem) Material auf, d.h. sie können (mit Hilfe des Sonnenlichts) selbst energiereiche körpereigene Stoffe erzeugen. Mensch und Tier brauchen dagegen für den Aufbau ihrer Körpersubstanz schon „fertige", organische (belebte) Nährstoffe und die darin bereits gespeicherte Energie. Zu den Pflanzen gehören solche ohne echten Zellkern (z.B. die →Bakterien) und solche mit echtem Zellkern (Algen, Pilze, Flechten, Moose, Farne und die Samenpflanzen) mit vielen verschiedenen Unterabteilungen. Viele dieser Pflanzen leben in

Pflanzengesellschaften: Sie richten sich zusammen an einem Ort ein und „helfen" sich gegenseitig. Z.B. spenden in einem trockenen Standort großblättrige Pflanzen den kleineren Schatten und schützen sie vor Ausdunstung.

Pflanzenschutz: Biologische und chemische Schädlingsbekämpfung zum Schutz der Pflanzen vor „Unkraut", Krankheiten oder tierischen Schädlingen.

Phantasie: Einbildungskraft, Einfallsreichtum.

Phantom: Trugbild, Gespenst.

Pharao: Titel der Könige im alten →Ägypten. Berühmte Pharaonen waren z.B. Tut-ench-Amun oder Cheops, der sich die große →Cheopspyramide errichten ließ. Die **Pharaonen** wurden als Götter verehrt.

Pharao Tut-ench-Amun

Phönix: Ein sagenhafter Vogel aus der ägyptischen Mythologie, der sich ins Feuer stürzte und aus der Asche wiederauferstand. Er gilt deshalb als Symbol der Unsterblichkeit.

Physik: Die Wissenschaft von den Erscheinungen der unbelebten Natur. Sie macht Beobachtungen und Messungen z.B. in den Bereichen Elektrizität, Licht, Bewegung.

Pigmente: Im Gewebe von Mensch, Tier und Pflanze eingelagerte Farbstoffe.

Pilot: Flugzeugführer, Autofahrer; jemand, der ein Gefährt steuert.

Pilze: Dies sind →Pflanzen, die sich von anderen dadurch unterscheiden, daß sie kein →Blattgrün haben; deshalb können sie ihre Nahrung nicht selbst aufbauen, sondern sind auf fertige Nährstoffe angewiesen. Sie wachsen deshalb entweder als →Parasiten auf anderen Lebewesen oder als Fäulnisbewohner auf toten Stoffen. Es gibt **höhere Pilze** wie z.B. die Champignons und **niedere Pil-**

Pilze: Graue Speisemorchel

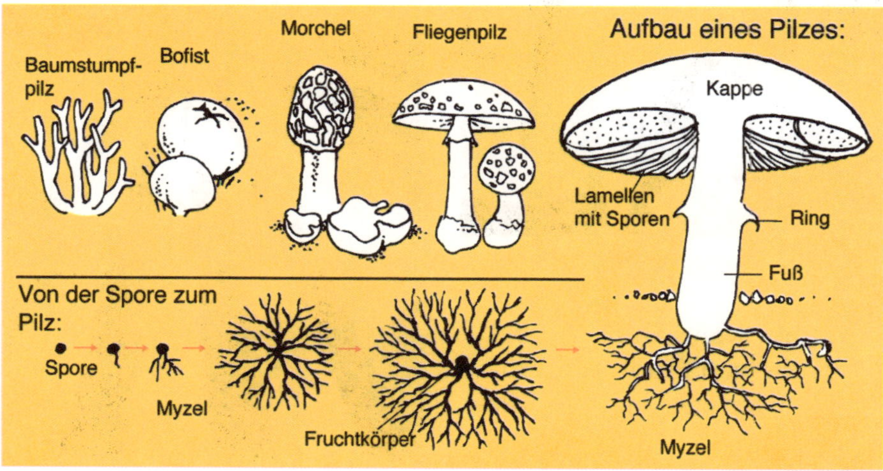

Pilze

ze wie z.B. die Schimmelpilze. Alle vermehren sich durch Sporen, ihre Fruchtkörper (das sind z.B. die oberirdisch sichtbaren Teile der Pilze) wachsen aus einem Fadengeflecht (Myzel), das sich weit verzweigt und vergleichsweise riesig groß ist. Die höheren Pilze werden nach ihrer Bauart noch in **Röhrenpilze** und **Blätterpilze** unterschieden, nur wenige sind als **Speisepilze** genießbar.

Pinguine: Flugunfähige Vögel, deren Flügel sich zu Flossen umgebildet haben. Sie leben als gute Schwimmer und Taucher vor allem in der →Antarktis. Unter Wasser erreichen sie Geschwindigkeiten von 36 km/h, außerdem können sie bis 100 Minuten lang und bis 200 m tief tauchen. Ihre dichten, borstenartigen Federn schützen sie vor Kälte. An Land kommen die Pinguine nur zum Brüten. Während dieser Zeit leben sie in großen →Kolonien.

Pinguine: Königspinguine

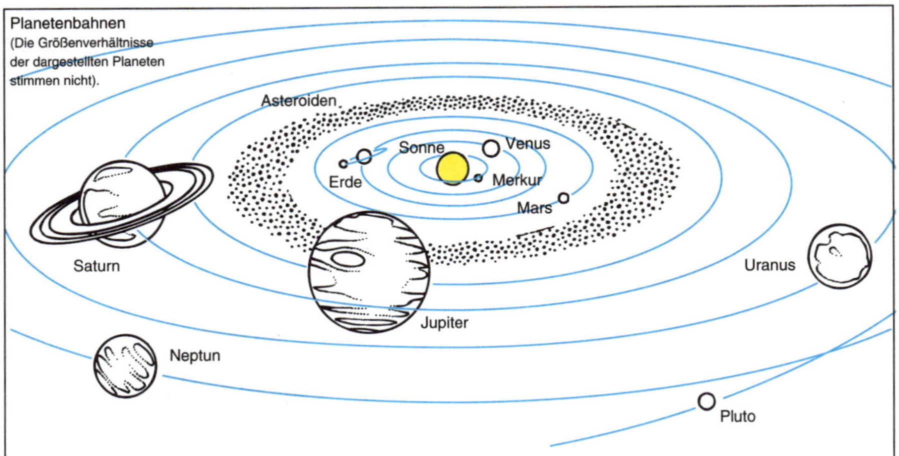

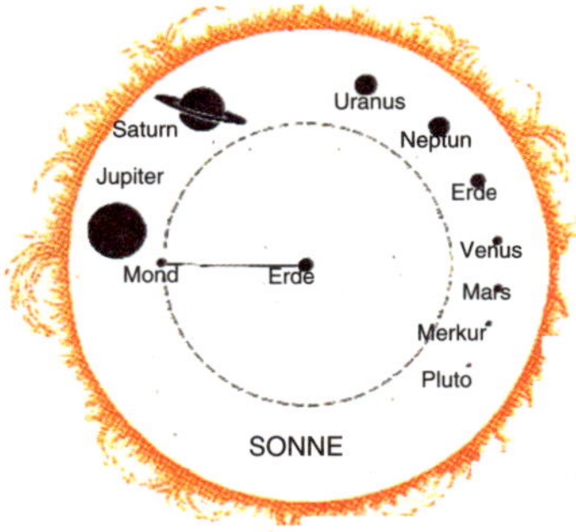

Physikalische Daten der Planeten

	Masse (Erde = 1)	Entfernung zur Sonne (Mio. km)	Siderische Umlaufszeit (Jahre)
Merkur	0,055	58	0,24
Venus	0,82	108	0,62
Erde	1,00	150	1,00
Mars	0,11	228	1,52
Jupiter	318,00	778	5,20
Saturn	95,2	1426	9,54
Uranus	14,5	2869	19,18
Neptun	17,2	45,09	30,06
Pluto	0,002	5894	39,70

Planeten

Pipeline

Pipeline: Rohrleitung zur Beförderung von Erdöl oder Erdgas, oft über viele tausend Kilometer.

Piraten: Räuber, die sich auf See herumtreiben und anderen Schiffen auflauern, um diese zu entern und auszurauben. Schon in der →Antike gab es im Mittelmeer viele Seeräuber, ihre eigentliche „Blütezeit" begann aber nach den Entdeckungsfahrten in die →Neue Welt. Besonders in der →Karibik machten sie die Meere unsicher, denn hier waren die mit Gold und anderen Schätzen reichbeladenen Schiffe der europäischen Kolonialherren unterwegs.

Planetarium: Einrichtung zur Darstellung des Sternenhimmels und der Planeten.

Planeten: Himmelskörper, die einen Stern (z.B. unsere Sonne)

Planeten: Alle anderen Planeten unseres Sonnensystems (außer der Erde) sind unbewohnt

umkreisen und die selbst keine Leuchtkraft haben. Sie haben oft noch eigene „Begleiter", die Satelliten oder Monde (wie unser Erdmond). Die Planeten unseres Sonnensystems heißen Merkur, Venus, Erde, Mars, Jupiter, Saturn, Uranus, Neptun und Pluto.

Plankton: →Algen, →Bakterien, →Krebse und andere kleinste Lebewesen, die frei im Wasser schweben. Sie sind Nahrung für viele Meerestiere, z.B. für die Bartenwale.

Plastik von Henry Moore

Plastik: In der Bildhauerkunst ein rundum freistehendes Gebilde aus formbarem Material (z.B. aus Ton). Auch Bezeichnung für →Kunststoff.

Plastisch: Räumlich, übertragen auch: (be-)greifbar, gut faßbar.

Platin: Ein grauweißes, silberglänzendes, sehr wertvolles Edelmetall, das von Säuren nicht angegriffen wird.

Planeten: Der „blaue Planet" Erde aus dem All gesehen

Playback: Ein Trick bei Fernsehaufzeichnungen, der dem Zuschauer vorgaukelt, daß jemand original singt. In Wirklichkeit ist die Tonaufnahme aber schon vorher gemacht worden, und der Sänger bewegt nur seine Lippen.

Plebejer: In der römischen Republik die Masse der freien Bürger (Kleinbauern, Handwerker, Händler), die aber keine politischen Ämter erhalten konnten.

Pluto: Der am weitesten von unserer Sonne entfernte →Planet.

Polarlicht: Auch **Nordlicht** oder **Südlicht** genannt. Es ist eine Leuchterscheinung am Himmel, die durch elektrisch geladene Teilchenströme von der Sonne hervorgerufen wird, wenn diese auf die Erdatmosphäre auftreffen. Da die Teilchenströme durch das Erdmagnetfeld zu den Polen hin abgelenkt werden, tritt das Polarlicht nur in den Polargebieten auf (→Pole).

Polarlicht

Polarnacht: Der sechs Monate dauernde Zeitraum an den Polen, in dem die Sonne nicht aufgeht. An den Polarkreisen tritt diese Erscheinung nur an je einem einzigen Tag des Jahres auf (am 21.12. am Nordpolarkreis bzw. 21.6. am Südpolarkreis). → Mitternachtssonne.

Polarstern: Der letzte Deichselstern des Kleinen Wagens oder Kleinen Bärs. Um ihn scheinen sich alle anderen Sterne zu drehen.

Pole: So nennt man vor allem die „Endpunkte" der Erde, durch die die Erdachse verläuft und an denen jeweils alle Längenkreise zusammentreffen. Die **Polargebiete** →Arktis und →Antarktis erstrecken sich um diese Punkte herum bis zu den **Polarkreisen**. Das sind die Breitenkreise der Erde, an denen die Sonne einmal im Jahr auch um Mitternacht bzw. einmal im Jahr

Pollen

überhaupt nicht zu sehen ist. Sie liegen auf 66,5 Grad nördlicher bzw. südlicher Breite.

Polis: Besonders organisierte Stadtstaaten im alten Griechenland.

Politik: Alle Handlungen eines Staates gegenüber den Bürgern oder anderen Staaten, aber auch das Handeln einzelner (oder z.B. von Parteien) in Bezug auf den Staat.

Pollen: Anderes Wort für Blütenstaub, →Blüten, →Bestäubung.

Poly...: In Wortzusammensetzungen mit der Bedeutung von „vielfach“, „mehrfach“.

Polypen: Bezeichnung für →Kraken, aber auch für andere Tiere mit schlauchförmigem Körper, einer Fußscheibe (mit der sie sich, wie die →Korallen, am Untergrund festheften können) und einer Mundscheibe, die meist von Fangarmen umgeben ist (wie beim Titenfisch). Die **Nasenpolypen** sind gutartige, pilzförmige Schleimhautwucherungen in der Nase, die man entfernen lassen kann, wenn sie stören.

Popmusik: Populäre, d.h. beliebte Unterhaltungsmusik; dazu zählt auch die „leichtere“ Rockmusik, wie sie z.B. von den Beatles geschaffen wurde.

Populär: Beliebt, volkstümlich.

Porträt: Das Bildnis (Gemälde, Fotografie) eines Menschen.

Porzellan: Reinweiße, durchscheinende Tonware. Das Porzellan wurde ursprünglich von den Chinesen erfunden, dort war es schon im Altertum bekannt. Die geheimnisvolle Mischung aus Kaolin, Quarz und Feldspat wurde um 1700 von Böttger und Tschirnhaus neu herausgefunden; 1710 entstand die erste europäische Porzellanmanufaktur in Meißen.

Posaune: Blechblasinstrument mit U-förmigem Zug.

positiv: Bejahend, zutreffend, mit einem Pluszeichen versehen. (Zahlen: über/größer Null).

Post: Unternehmen oder Organisation mit den 3 Teilfirmen **Postdienst, Postbank** und **Telekom** zur Beförderung von Nachrichten oder Gütern per Brief, Päckchen, Paket, Einschreiben usw. Auch Telefongespräche, Fernschreiben, Telefaxe und der Funkverkehr werden über die Post oder ihr angeschlossene private Firmen abgewickelt. Die erste feste Postverbindung wurde 1491 zwischen Wien und Brüssel eingerichtet.

Prä...: In Wortzusammensetzungen mit der Bedeutung von „vor“.

Prähistorisch: Vorgeschichtlich, d.h. den Zeitraum der Frühzeit des Menschen betreffend, in dem geschichtliche Ereignisse oder überhaupt Ereignisse noch nicht aufgeschrieben wurden. Was in der Vorzeit oder Vorgeschichte, z.B. in der →Steinzeit, geschah, können wir nur aus Überbleibseln (Knochenfunde, Werkzeuge usw.) rekonstruieren.

Präzise: Sehr genau, exakt.

Premiere: Die erste Aufführung beispielsweise einer Theaterinszenierung oder eines Films in der Öffentlichkeit.

Presse: Alle Zeitungen und Zeitschriften zusammen gesehen. **Pressefreiheit** bedeutet, daß grundsätzlich alle Berichterstattungen frei und vom Staat nicht kontrolliert (zensiert) veröffentlicht werden dürfen, sofern dabei nicht (z.B. durch Verleumdung oder Beleidigung von Personen) andere Rechte verletzt werden. In demokratischen Staaten ist Pressefreiheit selbstverständlich, in manchen anderen werden Nachrichten vom

Porzellan

Primaten: Paviane

Staat abgeändert oder zurückgehalten.

Preußen: →Deutschland.

Primaten: →Herrentiere.

Primitiv: Ursprünglich, einfach, dürftig, unkultiviert.

Privat: Persönlich, vertraulich, etwas, das nur die eigene Person oder Familie etwas angeht.

Produkt: Erzeugnis, Endergebnis einer **Produktion**, d.h. einer Herstellung.

Profi: Jemand, der etwas besonders gut (**professionell**) oder berufsmäßig (z.B. im Sport) macht.

Profil: Seitenansicht, im übertragenen Sinn auch von ausgeprägter Art, markant, deutlich.

Profil: Nofretete von der Seite gesehen

Prophet: In vielen Religionen jemand, der als der Verkünder des göttlichen Willens angesehen wird (z.B. →Mohammed).

Proteine: →Eiweiße.

Protest: Einspruch gegen etwas, Widerspruch (meist deutlich oder sogar öffentlich verkündet).

Protestant: Jemand, der z.B. der evangelischen Kirche oder einer der anderen Kirchen oder Sekten angehört, die sich seit der →Reformation im Gegensatz zur katholischen Kirche herausgebildet haben.

Prothese: Künstlicher Ersatz für ein verlorenes Körperteil.

Protokoll: Niederschrift z.B. einer Aussage bei der Polizei oder vor Gericht, aber auch eines Vortrags oder Gesprächs.

Provinz: Bestimmte, kleinere Landesteile eines Staates, die als eigene Verwaltungsbezirke gelten; auch: ländliche Gegend, weitab von der Stadt und dem städtischen Leben.

Prozent: Der hundertste Teil. 1 % = ein Hundertstel vom Ganzen. Will man einen bestimmten **Prozentsatz** ausrechnen (z.B. 30 Prozent), so teilt man das gegebene Ganze (z.B. 120) durch hundert und nimmt dann mit der zweiten bekannten Zahl (in diesem Fall 30) mal: 30 % von 120 = 36.

Prozeß: Allgemein eine Entwicklung, das langsame Entstehen von etwas, der Verlauf, Ablauf oder Hergang. Auch: eine Gerichtsverhandlung.

Pubertät: Die Zeit, in der man sich körperlich und seelisch auf das Erwachsenwerden vorbereitet. In dieser Zeit (etwa zwischen dem 11. und 15. Lebensjahr) erfolgt körperlich die Ausbildung der Geschlechtsmerkmale (Schambehaarung, Brüste, Stimmbruch usw.). Bei Mädchen tritt die erste →Menstruation auf, bei Jungen erfolgt der erste Samenerguß. Weil sich während dieser Jahre die →Hormone des Körpers verändern bzw. umstellen, ist man seelisch ziemlich unausgeglichen, unsicher und oft mit sich selbst nicht zufrieden. Das gibt sich später aber wieder.

Puma: In Südamerika vorkommender Silberlöwe oder Berglöwe. Die Kleinkatze wird immerhin bis zu 1,60 m lang und ist vom Aussterben bedroht.

Pupille: Die schwarze Sehöffnung am →Auge.

Puppe: Bei →Insekten der Übergang von der Larve zum völlig verwandelten, fertigen Insekt. So spinnt sich z.B. eine Raupe in einen Puppenkokon ein und bleibt solange bewegungslos darin „stecken", bis sie ihr kleines Gefängnis als wunderschöner →Schmetterling mit bunten Flügeln verläßt.

Puzzle: Geduldsspiel, bei dem viele Einzelstücke zu einem Ganzen zusammengesetzt werden müssen.

Pygmäen: Kleinwüchsige Menschen in Südostasien und Afrika. Sie leben heute noch als Jäger und Sammler, ihr Lebensraum wird aber zunehmend eingeschränkt.

Pyramiden: Riesige, unten quadratische, nach oben spitz zu laufende Grabstätten, die sich die →Pharaonen im alten →Ägypten oder die Herrscher in Mittelamerika (z.B. →Maya) errichten ließen. In ihnen sollten sie nach ihrem Tod ungestört weiterexistieren können. Alles, was das Leben im Jenseits angenehm macht, wurde mit ins Grab gegeben – darunter waren auch Schätze aus Gold und Edelstein, Eßbares, kleine Statuen (als Diener) usw. Die für die Ewigkeit einbalsamierte →Mumie wurde nicht in dem Steingebäude selbst, sondern meist tief darunter in einer Grabkammer versteckt, die man wegen

Pyramide in Mittelamerika

Pyramide in Ägypten

eines raffinierten Systems von Irrgängen nur schlecht finden konnte. Außen sahen die Pyramiden Ägyptens nicht so aus wie heute; sie waren prächtig ausgekleidet, und ganz oben befand sich eine goldene Spitze. In Mittelamerika (z.B. →Maya) dienten Pyramiden als Tempel-Bauten. Bis heute weiß man nicht, mit welchen technischen Mitteln die behauenen Steine z.B. der →Cheopspyramide in Höhen von über 100 m geschafft werden konnten (man nimmt an, daß riesige, schräge Rampen aus Gestein gebaut und später wieder entfernt wurden). Die Pyramiden von Giseh (Gize) bei Kairo zählen zu den →Sieben Weltwundern.

Pyramiden von Giseh

Quacksalber: Anderer Ausdruck für Kurpfuscher, d.h. für jemanden, der ohne medizinische Fachkenntnisse versucht, Patienten zu behandeln.

Quadrat: Ein Rechteck mit vier gleich langen Seiten (und daher mit vier gleich großen Winkeln).

Qualität: Eigenschaft einer Sache oder Ware, Beschaffenheit. Ein Möbelstück kann von guter oder schlechter Qualität sein.

Quallen: Diese Hohltiere mit dem gelatineartigen Körper haben Nesselzellen an den Tentakeln; damit betäuben oder töten sie ihre Beute. Wenn ein Mensch beim Baden im Meer damit in Berührung kommt, so brennt das stark auf der Haut. Der glockenartige Körper der Quallen besteht fast ganz aus Wasser (bis zu 98 Prozent!) – das sieht man besonders gut, wenn man eine vertrocknete Qualle am Strand findet; es bleibt nur eine dünne Haut von dem Tier übrig.

Quarantäne: Das völlige Isolieren von Kranken (Menschen oder Tieren) über einen langen Beobachtungszeitraum.

Quartal: Vierteljahr.

Quartett: Musikstück für vier Stimmen oder Gruppe von vier Musikern.

Quarz: Das häufigste →Mineral, das in der Natur in vielen Formen vorkommt, z.B. als Bergkristall oder Feuerstein. Quarz ist ein Hauptbestandteil von →Glas. Eine **Quarzuhr** benutzt statt einer mechanischen Vorrichtung (Unruh) die elektrische Schwingung eines Quarzkristalles als Maßstab für die Zeiteinteilung.

Quecksilber: Das einzige Metall, das bei Zimmertemperatur flüssig ist. Die Quecksilberdämpfe, die (unmerklich) auftreten, sind hochgiftig. Deshalb Fieberthermometer nicht mutwillig erhitzen (sie zerplatzen), und alte Thermometer, Batterien, Leuchtstofflampen nicht einfach wegwerfen oder öffnen, sondern zum Sondermüll oder dem Handel zurückgeben.

Quelle: Eine Stelle am Boden oder im Fels, aus der das Grundwasser austritt. Außer den Bach- und Flußquellen gibt es noch Mineralquellen, Heilquellen und sogar heiße Quellen (→Geysire).

Quintett: Musikstück für fünf Stimmen oder Gruppe von fünf Musikern.

Quittung: Empfangsbestätigung, z.B. für erhaltenes Geld.

Quiz: Frage- und Antwortspiel, bei dem der gewinnt, der am meisten weiß. Der Fragensteller wird **Quizmaster** genannt.

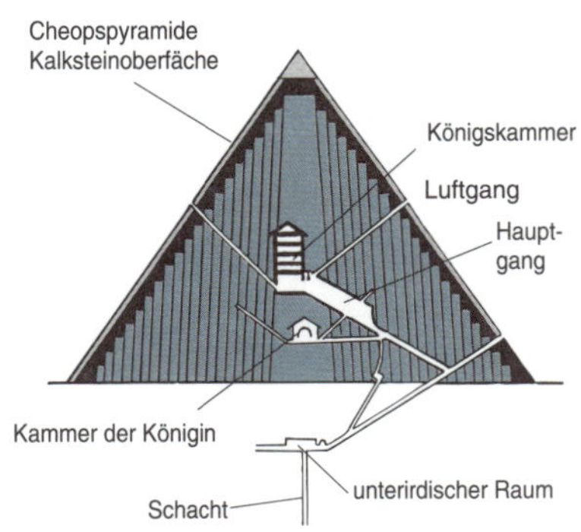

Pyramiden von Giseh

Pyramide

R

Rabatt: So nennt man einen Nachlaß auf einen Kaufpreis, z.B. weil der Käufer eine größere Menge abnimmt **(Mengenrabatt)** oder mit Bargeld bezahlt **(Barzahlungsrabatt).**

Rabbiner: Lehrer und Seelsorger der jüdischen Gemeinde.

Rabenvögel: Der **Kolkrabe** ist der größte Vertreter der Rabenvögel und der größte Singvogel überhaupt. Die anderen Mitglieder dieser Gattung sind unter anderem Elstern, Dohlen und Krähen, auch der Eichelhäher und der Tannenhäher. Rabenvögel sind sehr gelehrig, sie haben außerdem ein hochentwickeltes Gruppen- und Sozialverhalten.

Rad: Der um eine drehbare Achse gelagerte Rollkörper war eine ganz sensationelle „Erfindung“, was uns heute aber nicht mehr so bewußt ist. Seit der Jungsteinzeit wurden Scheibenräder als Fortbewegungsmittel für Fahrzeuge benutzt. Viel später erfand man die leichteren Speichenräder (z.B. für die ägyptischen Streitwagen). Die weichere Gummibereifung oder gar luftgefüllte Reifen sind, verglichen damit, „neueste Errungenschaften“.

Radar: Ein technisches Verfahren, mit dem man weit entfernte Flugzeuge, Schiffe, U-Boote als Leuchtpunkte auf einem Bildschirm sichtbar machen und somit orten kann. Radar funktioniert mit elektromagnetischen Wellen. Diese werden von einer Antenne ausgesandt, von Hindernissen, auf denen sie auftreffen, zurückgeworfen und von der gleichen Antenne wieder empfangen. Nicht nur die Entfernung, sondern auch die Geschwindigkeit eines sich bewegenden Objekts (Flugzeug) läßt sich so errechnen.

Radio: Rundfunkempfänger. Die ersten Radios wurden um 1900 entwickelt. Beim Radio werden elektromagnetische Wellen von einem Sender ausgestrahlt und über eine Antenne wieder eingefangen. Im →Lautsprecher werden die **Radiowellen** dann in Sprache und Musik umgewandelt.

Altes Radio

Radioaktivität: Eine Erscheinung, die in der Natur vorkommt, aber auch künstlich erzeugt werden kann. Bei natürlicher Radioaktivität zerfallen die Atomkerne einiger, besonders schwerer Elemente (z.B. Radium, Uran) von selbst und senden dabei **radioaktive Strahlung** aus. Diese Zerfallszeit kann sich über Jahrhunderte, Jahrtausende, ja über Jahrmillionen hinziehen. Radioaktive Strahlung kann man nicht sehen oder spüren, sie ist aber für alle Lebewesen sehr gefährlich (→Atomenergie); in kleinen, gezielten Mengen kann sie aber auch hilfreich sein (z.B. beim Zerstören von Krebszellen in der Medizin). Auch →Röntgen-Strahlen geben Radioaktivität ab.

Radius: Halbmesser, das ist der halbe Durchmesser eines Kreises oder einer Kugel (die Strecke vom Rand bis zum Kreis- oder Kugelmittelpunkt).

Raketen: Flugkörper, die durch ein **Raketentriebwerk** mittels Rückstoß angetrieben werden. Sie brauchen keine Flügel wie das Flugzeug. Wenn sie so weit fliegen sollen, daß sie die Lufthülle um die Erde verlassen (z.B. bis zum Mond), müssen sie den gesamten Treibstoff mit sich führen. Daher machen die Treibstofftanks den größten Teil einer

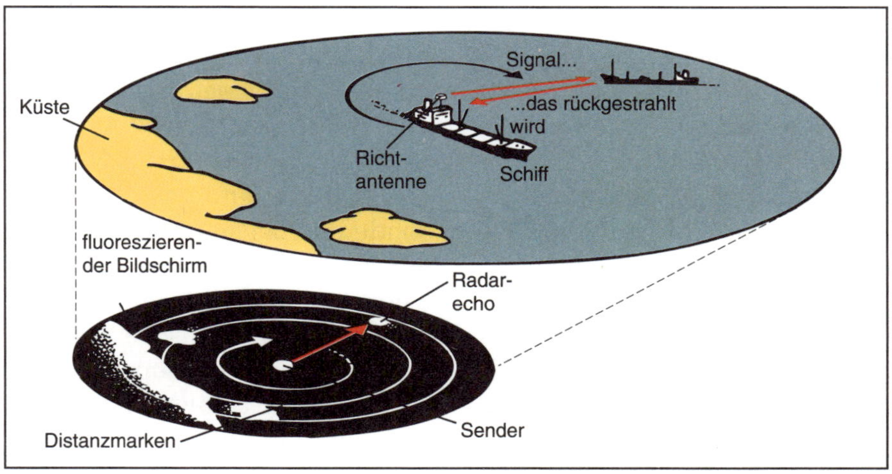

Radar

Rakete beim Start

Rakete aus. Durch eine Explosion des Treibstoffs werden heiße Gase erzeugt, die sich gewaltig ausdehnen und hinten aus der Rakete entweichen. Dadurch bewegt sie sich vorwärts. Dieses Rückstoßprinzip gilt für **Feuerwerksraketen** genauso wie für **Weltraumraketen**.

Rallye: Autorennen über (mehr oder weniger) normale Straßen (also nicht über eigens angelegte Rennstrecken), meist mit mehreren Etappen und Prüfungen.

Rappe: Ein schwarzes →Pferd.

Rassen: Lebewesen mit gemeinsamen Merkmalen. Die verschiedenen **Menschenrassen** (z.B. Europide, Mongolide, Negride) unterscheiden sich am auffälligsten durch Haut-, Haar- und Augenfarbe, aber auch durch ihre Körper- oder Gesichtsform. Die unterschiedliche Hautfarbe hat sich im Laufe der Entwicklung des Menschen vor allem durch eine (überlebensnotwendige) Anpassung an die Natur ergeben: In Gegenden, in denen die Menschen stärkerer Sonneneinstrahlung ausgesetzt waren, waren die vielen Hautpigmente als Schutz nötig; weiße Haut bildete sich in den Gegenden der Erde heraus, in denen die Dauer der Sonneneinwirkung nicht ausreichte, um genügend →Vitamine umzusetzen – weiße Haut läßt die Sonnenstrahlung leichter durch. Früher waren die einzelnen Menschenrassen vor allem durch ihre weit auseinanderliegenden Lebensräume klar voneinander getrennt; ihre besonderen Rassenmerkmale wurden vererblich. Heute kommt es häufiger vor, daß Angehörige verschiedener Rassen miteinander Kinder haben. Biologisch ist jede Rassenvermischung möglich, kulturell haben sich aber viele Menschen – auch durch ungerechtfertigte Vorbehalte (→Rassismus) – hier Schranken gesetzt.

Rassismus: Eine Denk- und Handlungsweise, die Angehörige anderer Menschenrassen als der eigenen als „minderwertig“ betrachtet und diese deshalb benachteiligt, während die eigene Rasse als „besser“ bewertet wird. **Rassisten**, d.h. Menschen, die diese Haltung einnehmen, gibt es keineswegs nur unter den Weißen.

Ratten: Größere Arten der →Mäuse. Sie sind weder auf besondere Lebensräume noch auf eine besondere Nahrung spezialisiert – man findet sie häufig dort, wo unhygienische Zustände herrschen (Mülldeponien, verschmutzte Straßen, Kanäle usw.). Ratten und die auf ihnen lebenden Flöhe waren (und sind) die Überträger der →Pest.

Raubtiere: Alle fleischfressenden Säugetiere, die andere Tiere jagen und erlegen. Sie müssen ihrer Beute an Schnelligkeit (z.B. Gepard), an Kraft (z.B. Bär) oder an Ausdauer (z.B. Wolf) deutlich überlegen sein. Ein gemeinsames Kennzeichen sind die Fang- oder Reißzähne. Es gibt auch **Raubfische** (z.B. viele →Hai-Arten) und **Raubvögel** (→Greifvögel und →Eulen).

Raubtiere: Leopard

Raubvogel

Raubtiere: Tiger

Rauch: Aus unzähligen Schornsteinen, Auspuffen und Fabrikschloten wird Rauch in unsere Atemluft geblasen. Rauch enthält neben Ruß und Staub auch unsichtbare Schadstoffe, z.B. Schwefeldioxid oder Schwermetalle wie Blei (im Autobenzin) oder Cadmium. Besonders Kinder haben unter diesen →Abgasen zu leiden. Durch neue technische Verfahren wie Rauchgasentschwefelung oder den Einsatz des →Katalysators versucht man mehr und mehr, für reinere Luft zu sorgen. Bei uns hat der Staat auch bestimmte Grenzwerte (erlaubte Höchstwerte) für den Schmutz in der Luft festgelegt.

Rauchen: Das gewollte Einatmen von Tabaksdämpfen (z.B. Zigaretten), die viele sehr schädigende Gifte enthalten (z.B. →Nikotin). Rauchen macht nicht „nur" den Raucher selbst krank (Lungenkrebs, Herzinfarkt, Durchblutungsstörungen mit der Folge, daß Finger, Zehen, Arme oder Beine absterben können, um nur einige Beispiele zu nennen). Auch Nichtraucher, z.B. die Kinder rauchender Eltern, sind von der schädigenden Wirkung des Tabaks stark betroffen; ihr Krebsrisiko ist deshalb erhöht, weil sie die Gifte des Zigarettennebenrauchs (das ist der Rauch, der aus der Zigarette herausdampft und vom Raucher nicht inhaliert wird) *ungefiltert* einatmen müssen. Raucher schädigen also nicht „nur" ihren eigenen Körper, sondern auch Leib und Leben all derer, die sie rücksichtslos ihrem Rauch aussetzen. Ihre erste Zigarette haben die meisten Raucher aus Neugierde probiert, oder weil sie meinten, sie stünden dann vor ihren Freunden „ganz groß da". Später sind sie von ihrer Sucht nicht mehr losgekommen. Es lohnt sich wirklich, der Versuchung zu widerstehen und sein ganzes Leben lang nie eine einzige Zigarette anzurühren.

Raumfähre

Raumfahrt: Einer der aufregendsten Momente in der Geschichte der Raumfahrt, ja in der Geschichte der Menschheit war sicherlich, als ein Mensch mit einem Satelliten zum erstenmal die Erde umkreiste – es war der russische Kosmonaut Juri Gagarin (1961). Mit atemberaubender Geschwindigkeit wurde nun die Erforschung des Weltraums fortgesetzt. Bereits 1969 setzte der Amerikaner Neil Armstrong seinen Fuß auf den Boden des Mondes. Heute ist der Raum rund um die Erde mit →Satelliten, **Raumstationen** und Laboratorien bestückt; Menschen können sich monatelang darin aufhalten. Außerdem ver-

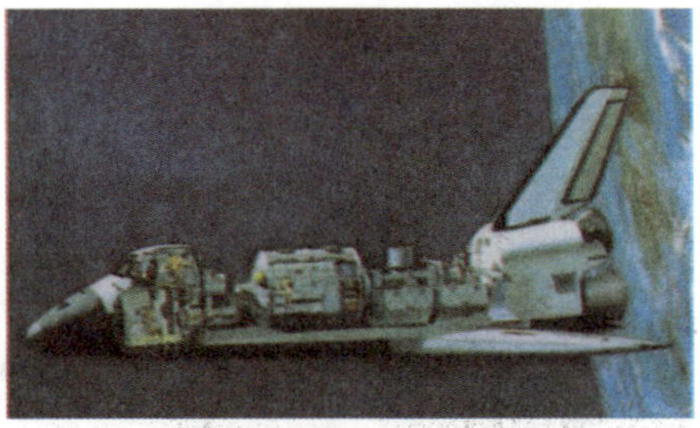

Raumfähren können wie Flugzeuge zur Erde zurückkehren

wendet man seit 1981 wiederverwendbare **Raumfähren**: Sie transportieren die Satelliten ins All und können dann, ähnlich wie ein Flugzeug, wieder zur Erde zurückkehren und erneut eingesetzt werden. Die weitesten Flüge ins All unternehmen natürlich unbemannte →Raketen.

Raupe: →Larve.

Raupenfahrzeug: Ein Fahrzeug, das sich nicht auf Rädern, sondern einer umlaufenden Kette fortbewegt (z.B. Schneeräumfahrzeug).

Rauschgift: →Drogen.

Reaktion: Die Beantwortung, die Erwiderung eines Reizes durch eine Handlung.

Reaktor: Ein Kernkraftwerk, in dem Wärme und elektrischer Strom erzeugt werden. Weil dies durch kontrollierte Atomspaltung (→Atom) geschieht, müssen die Reaktoren besonders stabil gebaut sein und durch strenge Sicherheitskontrollen überwacht werden. **Reaktorunfälle** wie der von Tschernobyl sind nicht nur für die unmittelbare Umgebung gefährlich, sondern haben Auswirkungen über die ganze Erde.

Realistisch: Der Wirklichkeit entsprechend.

Recycling: Die Zurückgewinnung wertvoller Stoffe (Metalle, Glas, Papier) aus Abfall. Recycling ist nur möglich, wenn der Abfall nach den verwertbaren Stoffen bereits vorsortiert ist (z.B. Altpapier, Glas, Aluminium). Drei Methoden helfen wirksam, mit wertvollen Rohstoffen sparsam umzugehen:
1. *Wiederverwendung:* z.B. die Verwendung von Mehrwegflaschen, die immer wieder benutzt werden können (statt Einwegflaschen, die weggeworfen

werden); auch das mehrmalige Verwenden von Plastiktüten (wenn man schon welche benutzt); 2. *Weiterverwendung:* z.B. die Verwendung von altem Zeitungspapier als Verpackungsmaterial; 3. *Wiederverwertung:* z.B. Altglas und Altpapier sortiert in die vorgesehenen Recyclingbehälter geben.

Redakteur: Jemand, der bei der →Presse, einem Buchverlag, einem Fernsehsender arbeitet und sich mit dem Inhalt dessen, was produziert wird (Zeitungsartikel, Buchinhalt, Fernsehsendung) beschäftigt. Der Arbeitsplatz eines Redakteurs ist die **Redaktion**, in der oft mehrere Redakteure oder Redakteurinnen zusammenarbeiten.

Reflexe: Unwillkürliche, d.h. nicht vom Willen steuerbare Reaktion des Körpers auf einen Reiz.

Reformation: Im 16. Jahrhundert von Martin Luther ausgelöste Protestbewegung gegen die katholische Kirche. Luther kritisierte z.B. die Macht der Päpste, die kirchlichen Äußerlichkeiten und die Verweltlichung der Kirche; er wollte nur die Worte der Bibel, nicht aber die des Papstes als Wegweiser für den Glauben gelten lassen. Vor allem aber richtete er sich gegen die Geschäftemacherei der Kirche mit dem Verkauf von Ablässen: Ein Ablaß war ein Papier, mit dem man sich gegen Geld von manchen Sünden im voraus „freikaufen" bzw. freisprechen lassen konnte, um sicherzugehen, daß man in den Himmel kommt. Nachdem Luther 95 Thesen gegen diesen Ablaßhandel veröffentlich hatte, wurde über ihn der Kirchenbann, dann vom deutschen Kaiser auch noch die Reichsacht verhängt. Das waren damals sehr schlimme Strafen. Viele Leute, auch viele Landesfürsten, stellten sich aber auf die Seite Luthers. Nun entbrannte in ganz Europa ein Streit um die Religion zwischen Katholiken und denen, die eine Erneuerung (Reformation) der Kirche forderten. Diese Kirchenspaltung führte schließlich sogar zu schrecklichen Kriegen (Schmalkaldischer Krieg, Dreißigjähriger Krieg). Die Protestanten bzw. Reformierten behielten schließlich in Nord- und Westdeutschland, England, Skandinavien und der Schweiz die Oberhand, während der Katholizismus in Bayern, Österreich, Italien, Spanien und Portugal beibehalten blieb.

Refrain: Kehrreim, d.h. immer gleich lautender, nach Lied- oder Gedichtstrophen wiederholter Reim.

Regatta: Bootsrennen, z.B. Ruder- oder Segelwettbewerb.

Regen: Niederschlag, der in Form von mehr oder weniger dicken und schweren Wassertropfen vom Himmel fällt. Regen entsteht, weil das Wasser der aufsteigenden warmen Luft in den oberen, kälteren Luftschichten kondensiert (→Kondensation, →Wolken). Der Regen ist nicht nur eine örtlich begrenzte Erscheinung, sondern er ist Teil des »Großwettergeschehens«, das sich zwischen den Meeren und dem Festland abspielt. Wasser, das von den Ozeanen mit der warmen Luft aufsteigt und verdunstet, regnet in höheren Lagen wieder ab und wird den Ozeanen über die Bäche und Flüsse zugeführt.

Regenbogen: Eine Erscheinung, die man sehen kann, wenn die Sonne (hinter dem Beobachter) auf eine Regenwolke oder Regenwand (vor dem Betrachter) scheint. Beim Auftreffen auf die Regentröpfchen wird das weiße Sonnenlicht in alle seine Spektralfarben (→Farben) aufgelöst.

Regenbogenhaut: Eine auf der Linse des →Auges sitzende, ringförmige Haut, die die Pupille (Sehöffnung) umgrenzt und wie die Blende einer Kamera wirkt. Die Pigmente in der Regenbogenhaut, auch **Iris** ge-

Regenbogen

nannt, geben den Augen ihre Farbe.

Regenwald: Immergrüner Wald in tropischen Gebieten. Er bildet am →Äquator entlang einen Pflanzengürtel rund um die Erde. Der Regenwald wächst in mehreren „Stockwerken“: Oben schauen über 60 m hohe Baumriesen heraus, darunter stehen Bäume mit so dichten Kronen, daß sie wie ein Dach wirken, und unten wachsen immerzu neue Bäume nach, außerdem sehr artenreiche Sträucher, Kräuter und Blütenpflanzen wie die →Orchideen, →Farne, Lianen und andere. In dem dichten →Dschungel der Regenwälder leben unschätzbar viele verschiedene Tierarten. Weil die Hölzer der Regenwälder sehr wertvoll sind, aber auch, weil man, z.B. am →Amazonas, Land für die Viehzucht gewinnen will, werden jedes Jahr riesige Flächen an tropischem Regenwald gerodet. Das hat sehr nachteilige Auswirkungen auf das →Klima der ganzen Erde. Internationale Umweltorganisationen bemühen sich daher, etwas zur Rettung dieser Wälder und der darin lebenden Tierarten zu unternehmen.

Regenwald am Amazonas wird sinnlos vernichtet

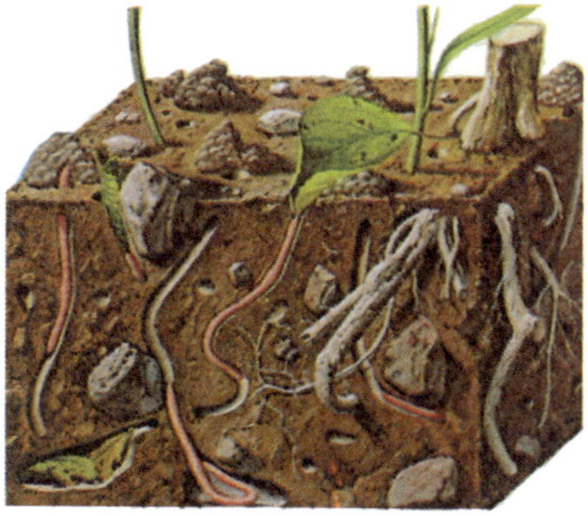

Regenwürmer lockern und durchlüften den Boden

Regenwürmer: Diese Ringelwürmer leben unter der Erde und ernähren sich von abgestorbenen Blättern und anderen Stoffen. Dabei mischen, lockern und durchlüften sie den Boden und bilden wertvollen, nährstoffreichen →Humus, auf dem die Pflanzen besonders gut wachsen können.

Regenzeiten: Die Jahreszeiten in den →Tropen, in denen es sehr viel regnet. Das Wasser schüttet dann wie aus Eimern gegossen vom Himmel und überschwemmt ganze Landstriche; selbst in den Städten waten die Menschen manchmal knietief durch die überfluteten Straßen. Während der Regenzeiten scheint aber auch die Sonne, die heiße Luft ist durch und durch feucht wie in einer Sauna.

Regie: Die künstlerische Leitung bei Theateraufführungen, Filmen, Fernsehspielen usw. Diese Arbeit wird von einem **Regisseur** oder einer **Regisseurin** gemacht.

Reh: Hirschart, die in Europa und Asien beheimatet ist. Die Rehböcke haben ein kurzes, kleines Gehörn, das sie im Winter abwerfen. Rehe leben so zahlreich in unseren Wäldern, daß sie durch Wildverbiß den Bäumen Schaden zufügen (sie knabbern die Baumrinde und die jungen Triebe an). Sie sind daher Jagdwild.

Reibung: Eine Gegenbewegung bzw. Gegenkraft, die entsteht, wenn sich ein Körper bewegt. So ist der Luftwiderstand z.B. ein Reibungswiderstand. Werden zwei Körper aneinandergerieben, so entsteht dabei Wärme; das kann man leicht festestellen, wenn man sich die Hände reibt.

Reisfelder in Asien: Sie werden vor dem Bepflanzen überflutet

Reis: In vielen tropischen Ländern dieser Welt, vor allem aber in →Asien ist Reis das Hauptnahrungsmittel der Menschen. Reis wird schon seit Jahrtausenden angebaut: Meist wird er in überflutete, oft terrassenförmig angelegte Felder gepflanzt. Wie

Reisanbau in China

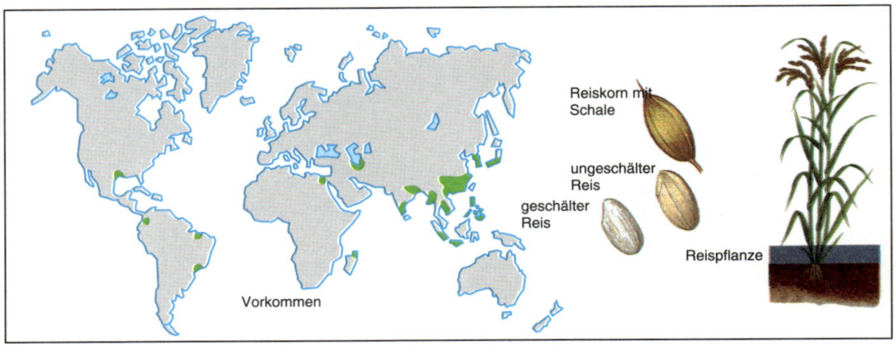

Reis

Religion: Malerei in einem Kloster

bei unseren Getreidearten sind die reifen Halme goldgelb. Dann werden sie – meist noch von Hand – geschnitten und gedroschen. Polierter und von seinem Silberhäutchen befreiter Reis hat nicht so viele Vitamine wie der naturbelassene.

Reißbrett: Technisches Zeichenbrett eines Architekten.

Relief aus der Römerzeit

Relief: Plastisches Kunstwerk, das aus einer Hintergrundfläche (aus Stein, Holz, Elfenbein usw.) herausgearbeitet wurde und mit dieser noch fest verbunden ist; die Kunst war z.B. schon in →Babylonien und bei den alten →Ägyptern sehr verbreitet.

Religion: Der vielen Menschen gemeinsame Glaube an einen Gott oder an mehrere Gottheiten. Das →Christentum, der

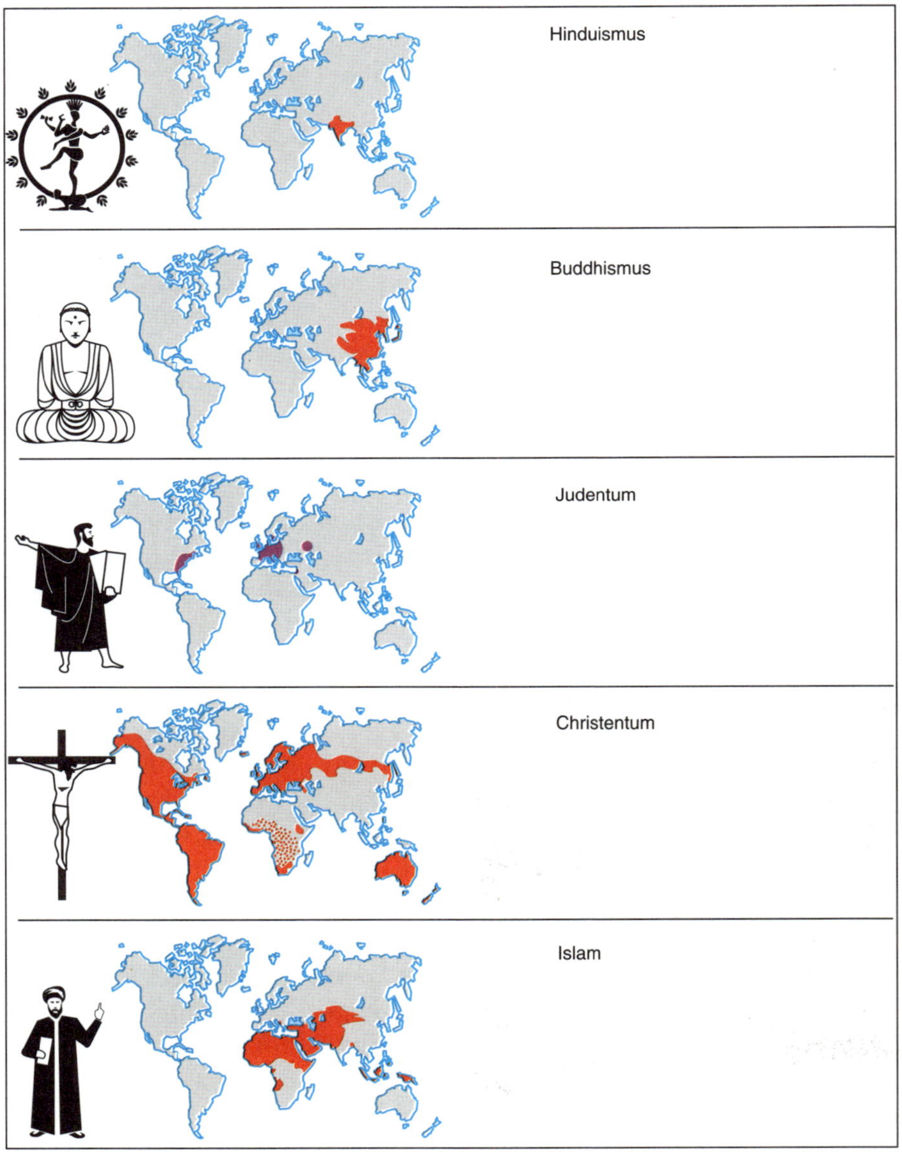

Die größten Religionen und ihre Verbreitung

→Buddhismus, der →Hinduismus und der →Islam sind die größten **Weltreligionen**. **Religionsfreiheit** ist das Recht, jede Religion frei wählen und ausüben zu können.

Reling: Schutzgeländer auf dem Schiff.

Renaissance: Eine Epoche, die auf das →Mittelalter folgte und die in Italien im 14. Jahrhundert begann. Renaissance heißt „Wiedergeburt“: Man entdeckte die Kunst und Bauweisen der →Antike wieder und entwickelte daraus neue Seh- und Gestaltungsweisen. Die Renaissance hatte aber nicht „nur“ mit Kunst zu tun, sondern mit einem neuen Lebensgefühl der Menschen, das sich auf Bereiche wie Wissenschaft, Medizin, Technik, Literatur oder Politik auswirkte. So wundert es nicht, daß die bekannteste Persönlichkeit der Renaissance ein Universalgenie war: Leonardo da Vinci. Er konstruierte, sei es „nur“ auf dem Papier, sei es in Modellen, die er ausprobierte, bereits im 15. Jahrhundert Hubschrauber, Flugapparate oder Fahrräder, baute

Renaissance

Kriegsmaschinen, Brücken oder Paläste, malte so weltberühmte Bilder wie das Porträt der „Mona Lisa“ oder sezierte Leichen, um den menschlichen Körper genau zu studieren.

Renovieren: Erneuern.

Rente: Altersruhegeld, das Arbeitnehmer erhalten, wenn sie – etwa im Alter von 60 oder 65 Jahren – aus dem Arbeitsleben ausscheiden (in Rente gehen). Das Geld für die Rentenleistungen behält der Staat vom Lohn der Arbeitnehmer ein, die noch im Beruf stehen.

Rentier: Nordeuropäischer Hirsch mit weit ausladendem Geweih. Das Ren lebt in der

Renaissance: Die reichen Bürger waren modisch und selbstbewußt gekleidet

Amerikanisches Rentier: Karibu

Freiheit in großen Rudeln, die von Jahreszeit zu Jahreszeit oft sehr lange Wanderungen unternehmen. In der Eiszeit war es ein Hauptjagdwild unserer Vorfahren. Rentiere werden auch schon seit langer Zeit als Haustiere gehalten (sie liefern Fleisch, Milch, Fell, Leder und werden als Zugtiere und Lastenträger eingesetzt).

Reporter: Jemand, der bei Zeitungen oder Rundfunk- und Fernsehsendern Berichte über das aktuelle Geschehen, sogenannte **Reportagen** macht.

Reptilien: Zu den **Kriechtieren** gehören die →Schildkröten, →Krokodile, →Echsen und →Schlangen. Sie sind Nachfahren der Saurier, und sie sind entwicklungsgeschichtlich schon sehr alt. Genau umgekehrt wie die →Lurche, leben viele Reptilienarten im Wasser,

Reptilien: Krokodil

legen ihre Eier aber meistens an Land ab. Sie atmen über Lungen und sind durch einen schuppenartigen Panzer gut vor Austrocknung geschützt. Reptilien sind wechselwarme Tiere: Ihre Körpertemperatur richtet sich nach der Temperatur der Umgebung, in der sie sich gerade aufhalten.

Republik: Eine Staatsform, bei der „das Volk" bzw. seine Vertreter regieren und nicht ein Alleinherrscher.

Reservat: Ein umgrenztes Schutzgebiet für Tiere und Pflanzen, oder auch ein kleines Gebiet, in das Ureinwohner eines Landes oder Kontinents, z.B. die →Indianer, zwangsweise abgedrängt werden.

Reserve: Vorrat, Rücklage.

Residenz: Herrschaftlicher Wohnsitz eines weltlichen oder kirchlichen Fürsten oder einer bekannten Persönlichkeit.

Restaurieren: Etwas ausbessern und wieder in den ursprünglichen Zustand zurückversetzen, z.B. bei Kunstwerken, Bauwerken oder Möbeln.

Residenz: Der Louvre von Paris war früher die Residenz der französischen Könige

Restaurierter Schild aus der Antike

Restaurierter antiker Krug

Resultat: Ergebnis.

Revanche: Rache, Vergeltung, auch: Rückspiel (z.B. beim Schach).

Revolution: Ein Volksaufstand, der so groß ist, daß dadurch ein bisher bestehendes Staats- oder Regierungssystem umgestürzt wird (→Französische Revolution).

Revoler: Schußwaffe, bei der die Kugeln in einer runden Trommel stecken (Trommelrevolver). Nach jedem Schuß dreht sich die Trommel zur nächsten Kugel.

Rhein: Dieser Fluß fließt auf seinen 1320 km Länge durch die Schweiz, Deutschland und die Niederlande. Zur Schweiz und zu Frankreich bildet er außerdem einen Grenzfluß. Da entlang des Rheins viele Industriewerke angesiedelt sind, wird sein Wasser stark genutzt – und verschmutzt. An seiner Mündung in die Nordsee verzweigt er sich in mehrere Arme. Der Rhein als Schiffahrtsweg ist über weite Kanalsysteme mit anderen großen europäischen Flüssen verbunden (z.B. Rhône, Donau und Elbe).

Der Rhein bei Burg Gutenfels

Rhinozerosse: Immer kleiner wird der Bestand der →Nashörner in Asien und Afrika, weil die Rhinozerosse (so ihr lateinischer Name) immer noch wegen ihres Horns auf der Nase gejagt und verfolgt werden. Man schreibt diesem nämlich heilende und liebesfördernde Kräfte zu, was jedoch nicht stimmt. Neben dem Breitmaul- und dem Spitzmaulnashorn in Afrika gibt es noch das Java-, Sumatra- und indische Nashorn.

Rhombus: Ein Viereck mit vier gleich langen Seiten, aber jeweils zwei unterschiedlich großen Winkeln (sieht „langgestreckt" aus).

Rhythmus: Der regelmäßige „Takt", die „Bewegung", die einem Musikstück zugrundeliegt; auch die regelmäßige Wiederholung eines Vorgangs (z.B. Ebbe und Flut, Ein- und Ausatmen, Wechsel der Jahreszeiten usw.).

Rikscha: Ein dreirädriges Fahrrad, das in Asien oft benutzt wird (z.B. als „mit Muskelkraft betriebenes Taxi").

Rhinozeros

Rinder: Einige Arten dieser →Wiederkäuer nutzt der Mensch schon seit vielen tausend Jahren als Haustier: so das europäische Hausrind („Kühe") oder das →Yak. →Bison, Wisent und Moschusochse haben sich dagegen nicht zähmen lassen. Das europäische Hausrind wird vor allem als Milch- und Fleischlieferant gehalten.

Risiko: Gefahr, Wagnis, Unsicherheit.

Ritter: Im →Mittelalter, besonders während der Zeit der →Kreuzzüge die berittenen Krieger, die aus der niederen Adelsschicht stammten und durch die Regeln und besonderen Formen ihres Zusammenlebens eine eigene Kultur mit festgelegten Rechten, Pflichten und Sitten herausbildeten. Wer ein rechter Ritter werden wollte, mußte zuerst eine lange Ausbildung (nicht nur im Kampf, sondern auch in sämtlichen „ritterlichen" Tugenden wie Tapferkeit und Ehre) machen, bevor er dann durch Schwertleite und **Ritterschlag** in den **Ritterstand** erhoben wurde. Als im ausgehenden Mittelalter Söldnerheere aufgestellt wurden, verloren die Ritter ihre vorher wichtige Aufgabe – viele verarmten und trieben als **Raubritter** ihr Unwesen. Die Heldentaten und Ideale der Ritter wurden in der **Ritterdichtung**, in Heldenepen und Romanen (z.B. in den Geschichten um König →Artus) anschaulich beschrieben.

Ritter im Mittelalter

Rivale: Gegner, Konkurrent, Feind.

Robben: Diese Säugetiere sind sehr gute Schwimmer und Taucher. Sie ernähren sich von Fischen und leben in den kalten Meeresgewässern. →Seehund, →Walroß, Seelöwe und Seeleopard gehören zur Ordnung der Robben. Sie sind nicht nur durch die Jagd (wegen ihrer Pelze), sondern auch durch die Umweltgifte, die sich in den Meeren zunehmend ansammeln, gefährdet.

Robinson Crusoe: Ein Romanheld von Daniel Defoe, der 28 abenteuerliche Jahre allein bzw. mit seinem Gefährten Freitag als Schiffbrüchiger auf einer kleinen Insel verbringt. Der weltberühmte Abenteuerroman war nicht ganz frei erfunden, sondern beruhte zum Teil auf den Schilderungen eines schiffbrüchigen Matrosen, der aber „nur" vier Jahre lang auf einer einsamen Insel aushalten mußte, bis er gerettet wurde.

Roboter in der Autoindustrie

Roboter: Das sind elektronisch gesteuerte Maschinen, die bestimmte Handreichungen und Bewegungen des Menschen nach Einprogrammierung „selbsttätig" übernehmen können. **Industrieroboter** haben aber kein menschliches Ausse-

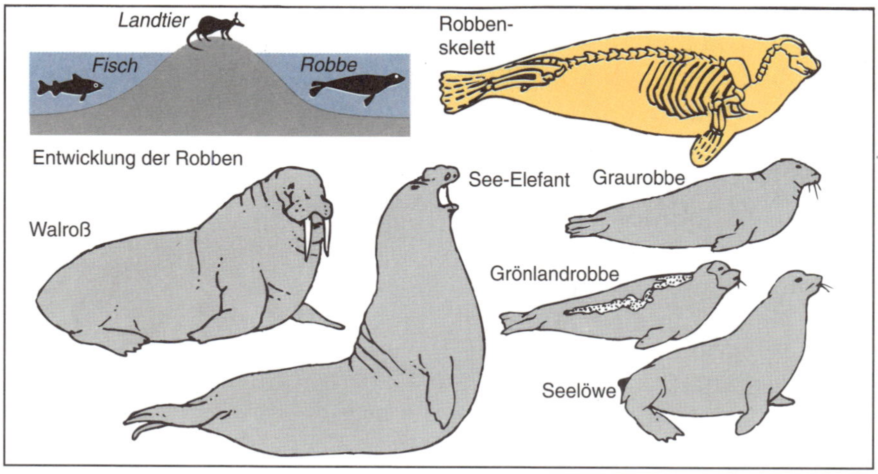

Robben

hen wie etwa die Spielzeugroboter. Sie werden z.B. bei Fließbandarbeiten eingesetzt; das ist besonders dann sinnvoll, wenn es sich um für den Menschen gesundheitsgefährdende Arbeiten handelt (z.B. Lackieren).

Rochen: Diese Knorpelfische haben einen abgeplatteten Körper mit sehr großen Brustflossen und einem langen, peitschenartigen Schwanz. Zu den gefürchteten Meeresräubern zählt zum Beispiel auch der Zitterrochen, der seine Beute mit Stromschlägen töten kann (→Zitterfische).

Rockmusik: Elektrisch verstärkte Musik mit einem geraden, oft „harten" Rhythmus, wie sie etwa seit Mitte der 60er Jahre gespielt wird.

Rocky Mountains: Etwa 4300 km langes Felsengebirge in →Nordamerika. Es ist der östliche Teil der nordamerikanischen →Kordilleren.

Rohstoffe: So nennt man in der Natur vorkommende Stoffe, die vom Menschen in der Industrie, im Handwerk oder sonstwie als Ausgangsmaterial für die Herstellung neuer Stoffe verwendet werden. Es gibt nachwachsende Rohstoffe wie z.B. Holz, Baumwolle oder →Kautschuk, aber auch Rohstoffe, die zwar in großen Mengen vorhanden, aber auch in großen Mengen verbraucht werden und deshalb eines Tages aufgebraucht sein werden. Zu letzteren zählen z.B. Erdöl oder Kohle. Weil die Gewinnung dieser Rohstoffe außerdem einen großen Eingriff in die Natur bedeutet, bemüht man sich heute, diese wertvollen Schätze nicht sinnlos zu verbrauchen (→Recycling).

Rom: Die heutige Hauptstadt Italiens ist eine der ältesten

Rom: Ehepaar aus Pompeji

Städte der Welt und war früher der Mittelpunkt des **Römischen Reiches**. Einige der sieben Hügel Roms wurden bereits seit dem 10. Jahrhundert vor Christus besiedelt. Um 575 vor Christus gründeten etruskische Könige hier einen Stadtstaat. Um 470 vor Christus wurde Rom zur **Republik**, die zunächst von den adeligen →Patriziern, dann auch von →Plebejern regiert wurde. Im Laufe der Jahrhunderte dehnte sich die Macht Roms über den ganzen Mittelmeerraum aus: Einstige Großreiche wie Karthago, Makedonien, Griechenland wurden zu römischen Provinzen. 58 bis 51 vor Christus eroberten die Römer unter Julius Cäsar dann auch noch ganz Gallien. Bald nach der Ermordung Cäsars machte

Rom: Der Legende nach wurden die Stadtgründer Romulus und Remus von einer Wölfin gesäugt

Rom: Engelsburg

sich Oktavian (Augustus) zum Alleinherrscher und begründete die **römische Kaiserzeit** (ab 27 vor Christus). Konstantin I. setzte im 4. Jahrhundert nach Christus den Christenverfolgungen ein Ende und machte im Jahr 330 Konstantinopel zur Reichshauptstadt. Kurz darauf (395) wurde das Römische Reich in zwei Hälften geteilt: in das **Oströmische Reich** mit →Byzanz und das **Weströmische Reich** mit Rom als Hauptstadt.

Roman: So nennt man längere Erzählungen, die oft größere Zeitspannen umfassen und breit angelegte Geschichten mit kunstvoll ineinander verwobenen Handlungssträngen beinhalten.

Romanik: Die erste Stilepoche des →Mittelalters, die vor allem in der Baukunst charakteristische Merkmale entwickelte: Kräftige, massive Bauten mit Rundbögen, Säulen und Pfeilern in der Gestaltung der Innenräume, Portale und Fenster. Die Romanik begann im 10. Jahrhundert und wurde später von der →Gotik abgelöst.

Römisches Reich: →Rom.

Römische Ziffern: Sie werden nicht als Zahlen, sondern als Großbuchstaben geschrieben. Diese Buchstaben haben folgende Zahlenwerte: I=1, V=5, X=10, L=50, C=100, D=500, M=1000.

Manche dieser Zeichen können bis zu dreimal nebeneinanderstehen und werden dann zusammengezählt (Beispiel: III=3; XX=20). Stehen kleinere Zahleneinheiten links vor einer größeren, so werden die kleineren von den größeren abgezogen (Beispiel: XIX=10+10-1=19; CM=1000-100=900).

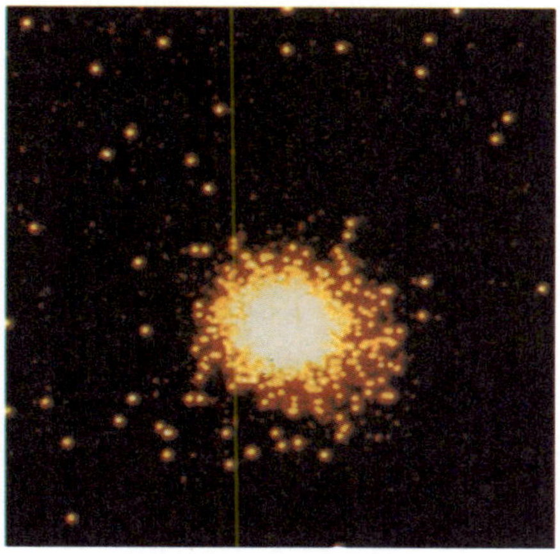

Röntgenaufnahme einer fernen Galaxie

Röntgenstrahlen: Unsichtbare elektromagnetische Strahlen, die in der Medizin z.B. zum Sichtbarmachen von Knochenbrüchen oder inneren Krankheiten, aber auch in der Technik zur Werkstoffprüfung eingesetzt werden. Die Röntgenstrahlen sind →radioaktiv, deshalb sollte man sich nicht zu oft hintereinander röntgen lassen.

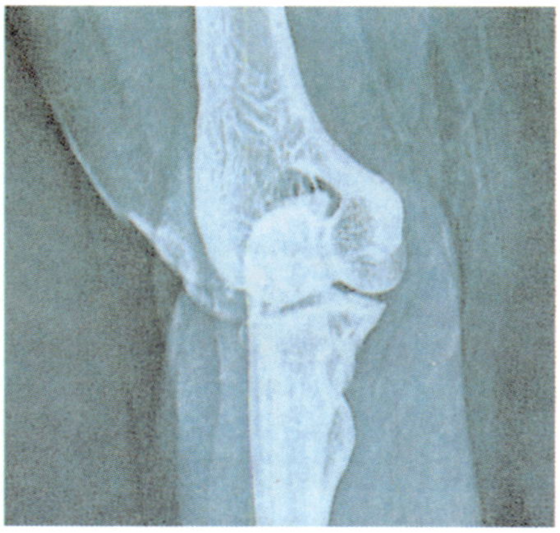

Röntgenaufnahme

Rosengewächse: Zu dieser großen Pflanzenfamilie gehören nicht nur die Wildrosen und Zuchtrosen, sondern auch zum Beispiel Apfel, Brombeere oder Kirsche. Die Frucht der Heckenrose ist die Hagebutte, aus der man Marmelade und Tee macht.

Rost: Zerstörung von Metall, wenn dieses nicht rostfrei ist (wie z.B. Edelstahl) und mit Sauerstoff chemisch reagiert. Luft und Wasser greifen Eisen mit der Zeit so stark an, daß z.B. dicke Eisenträger an Brücken durchrosten können.

Rote Liste: Eine Aufstellung über Tier- und Pflanzenarten, die bereits ausgestorben oder vom Aussterben bedroht sind.

Röteln: Eine eher harmlose, ansteckende →Kinderkrankheit. Steckt sich aber eine Frau während der Schwangerschaft mit Röteln an, dann kann dies zu schweren Mißbildungen bei ihrem Kind führen. Deshalb sollten sich Mädchen, die bis zur Pubertät noch keine Röteln hatten und nicht geimpft sind, diese Impfung jetzt nachholen.

Rotes Kreuz: Internationales Hilfswerk, das 1863 auf Anregung von Henri Dunant in Genf gegründet wurde. Das ursprüngliche Ziel war, in Schlachten die Verwundeten beider Seiten in Ruhe versorgen zu können. Heute befaßt sich das Rote Kreuz auch mit allgemeiner Krankenpflege, Erster Hilfe, Rettungs- und Suchdienst oder der Organisation von Nahrungstransporten in Hungergebiete. Als Symbol wird ein rotes Kreuz auf weißem Grund benutzt, in manchen Ländern auch andere Zeichen (z.B. roter Halbmond in islamischen Ländern).

Rotes Meer: Sehr salzhaltiges Binnenmeer zwischen Afrika und Arabien. Es ist über den Suez-Kanal mit dem Mittelmeer verbunden.

Rotkehlchen: Dieser heimische Singvogel wird etwa 14 cm groß. Seine Brust ist hell gefärbt, die Kehle rot (daher der Name) und der Rücken braun. Das Rotkehlchen lebt im dichten, dunklen Unterholz und brütet meist in Bodenmulden.

Routine: Erfahrung, Übung.

Rubrik: Eine Reihe in einer Tabelle.

Rückenmark: Der vom Gehirn ausgehende Nervenstrang, der im Wirbelsäulenkanal aufgehängt ist. Die 31 Nervenpaare sind für die →Reflexe und für die Verbindung der Körpernerven zum Zentralnervensystem zuständig →Nerven.

Rückenschwimmer: Langflügelige, auf dem Rücken schwimmende Wasserwanzen, die sich von kleinen Wassertieren und Fischlaich ernähren.

Rugby: Eine Art Fußballspiel für zwei Mannschaften mit je 15 Spielern, bei dem der eiförmige Ball auch mit den Händen ins gegnerische Tor getragen werden darf.

Ruin: Geschäftlicher Zusammenbruch, Pleite. Eine **Ruine** ist ein aus Altersschwäche oder sonstigen Gründen zusammengefallenes Gebäude, z.B. eine **Burgruine.**

Rundfunk: Sammelbezeichnung für die Aussendung von Fernseh- oder Hörfunkprogrammen (drahtlos über →Antenne oder →Satellit bzw. über Kabel). →Medien.

Rüstung: Schutzkleidung aus Blech und Eisen, die früher die Ritter trugen. Mit Rüstung ist aber auch der Vorrat eines Staates an Waffen gemeint, →Abrüstung.

S

Sabatt: Bei den Juden heißt so der siebte Tag der Woche, und zwar der Samstag. Wie bei den Christen sonntags, so wird bei den Juden samstags nicht gearbeitet.

Sabotage: So nennt man absichtliche, aber heimliche Störungen, die dazu führen sollen, daß ein Werk nicht vollendet werden kann, weil beispielsweise eine Maschine nicht funktioniert.

Safari: Eine Jagdunternehmung in die Wildnis Afrikas – sei es mit Gewehren oder Kameras (**Fotosafari**).

Safari

Safe: Panzerschrank, meist mit dicken Stahlwänden und z.B. durch Zahlenschlösser und Alarmanlagen vor unbefugtem Öffnen geschützt.

Sägefisch: Dieser Fisch ist ein →Rochen, ein Knorpelfisch also, der einen enorm langen, flachen Oberkiefer mit vielen Zähnen besitzt. Diese Zähne sehen aus wie eine Säge. Der Sägefisch lebt im Mittelmeer und im Atlantik.

Sagen: Geschichten, die man sich seit Jahrhunderten erzählt und die zum Teil erfunden sind, zum Teil aber auch einen wahren Kern enthalten; denn der Ort, an dem sich die Begebenheit zugetragen haben soll, ist meist wirklich vorhanden. Deshalb sind Sagen auf einen bestimmten Ort bezogene Volkserzählungen, wie z.B. die Sage von der Loreley.

Sahara: Die größte Wüste der Erde erstreckt sich über 9 Millionen Quadratkilometer und wächst Jahr für Jahr um ein Gebiet, das etwa so groß wie Bayern ist. Das extrem trockene Klima entsteht dadurch, daß die Luftmassen eines Hochdruckgebiets in Afrika um den 30. Breitengrad herum absinken, während gleichzeitig der Nordostpassat von diesem Breitengrad weg auf den Äquator zuweht. Nur wenn diese Hochdruckwetterlage einmal kurz gestört wird, kann es plötzlich zu sintflutartigen Regenfällen kommen, die die Oberfläche der Landschaft (→Wadi) verändern und, sozusagen über Nacht, die Wüste zum Blühen bringen. Ansonsten gibt es, außer in Flußtälern und an →Oasen, keine Vegetation. Die Sahara ist keineswegs nur eine Sandwüste mit Dünen: Teile von ihr sind Fels- und Steinwüsten, Kieswüsten, Lehmwüsten oder bilden riesige Salzpfannen; zu den Meeren hin (Atlantik und Mittelmeer) geht die Wüste in steppenartig bewachsene Halbwüsten über – nicht etwa, weil es hier mehr Regen gibt, sondern weil Tau und Nebel wenigstens etwas Feuchtigkeit niederschlagen. Hier, aber auch in Oasensiedlungen, an den Bergländern des Ahaggar (bis 3003 m hoch), leben Menschen (→Nomaden), ansonsten ist die Sahara unbewohnt (einmal abgesehen von den Flußtälern des →Nil und Niger).

Sahelzone: Eine Dornstrauchsavanne, die sich im Süden entlang der ganzen →Sahara hinzieht; sie reicht vom Atlantik bis zum Roten Meer. Hier gibt es geringe Niederschläge, so daß diese Zone bewohnbar ist. Sie wurde aber von den dort lebenden Menschen für das Weiden ihres Viehs zu stark genutzt – die Folge war, daß die Pflanzen nicht schnell genug nachwachsen konnten. Das führte zu Dürrekatastrophen und Hungersnöten; Teile der Sahelzone wurden zu unbewohnbarer Wüste.

Saison: Jahreszeitlich bedingter Zeitabschnitt, während dem in einem bestimmten Wirtschaftszweig Hochbetrieb herrscht (z.B. im Fremdenverkehr).

Saiteninstrumente: Musikinstrumente, deren Saiten gezupft, gestrichen oder angeschlagen werden, um durch ihre Schwingung Töne zu erzeugen. Wie z.B. bei der Gitarre oder Violine werden die Töne meist noch durch einen Resonanzkörper aus Holz verstärkt.

Salamander: Diese landbewohnenden Schwanzlurche, von denen der **Feuersalamander** bei uns der bekannteste ist, gehören

Bergmolch: Eng verwandt mit dem Salamander

Saiteninstrumente

zu den Amphibien (→Lurche). Eng mit ihnen verwandt sind die Molche. Der Feuersalamander steht unter Naturschutz.

Saline: Salzwerk. Eine Vorrichtung, mit der durch Auswaschen von salzhaltigem Gestein und Verdunsten von salzhaltigem Wasser Kochsalz gewonnen werden kann.

Salmonellen: Seit einigen Jahren häufen sich die Durchfallerkrankungen durch Salmonellen-Krankheitserreger, die in Speiseeis, rohen Eiern oder Tiefkühlprodukten sitzen und sich explosionsartig vermehren. Deshalb nach dem Anfassen von rohen Eiern oder Tiefkühlhähnchen die Hände waschen.

Salto: Freier Überschlag, z.B. beim Turnen. Beim **Salto mortale** werden zwei, drei oder mehr Körperumdrehungen gemacht.

Salze: Chemische Verbindungen von →Metallen mit Nichtmetallen. Viele Salze sind wichtige →Mineralstoffe für den menschlichen Körper – am bekanntesten ist wohl das **Kochsalz** (Natriumchlorid). Es wurde schon in der Bronzezeit in Salzbergwerken und -lagerstätten abgebaut oder durch Verdampfen von Meerwasser gewonnen. Früher war Salz ein sehr teures Handelsgut und wurde sogar als Zahlungsmittel oder Lohn verwendet (das Wort „Salär" für Lohn stammt aus der Römerzeit, als die Soldaten mit einer Ration Salz abgefunden wurden). Salz ist unter anderem für den Wasserhaushalt des menschlichen Körpers wichtig. Heute sind die meisten Speisen (z.B. Wurst, Schinken, Käse usw.) aber zuviel gesalzen, was das Gewebe aufschwemmt und ungesund ist.

Salzsee: Binnengewässer, das sehr viel Salz enthält. Bei manchen Salzseen in Trockengebieten nimmt der Salzgehalt durch Austrocknung ständig zu.

Samen einer Pflanze

Samen: Bei Blütenpflanzen das Gebilde, das nach der →Befruchtung im Fruchtknoten entsteht und mit dem sich die Pflanzen vermehren. Beim Menschen werden die männlichen **Samenzellen** oder Geschlechtszellen auch **Spermien** genannt. 50 bis 100 Millionen Samenzellen – winzige Gebilde mit einem Kopf, Rumpf und Schwanz, die sich schlängelnd vorwärtsbewegen – werden bei einem Samenerguß ausgestoßen, um das weibliche Ei zu befruchten – aber nur eine einzige kann schließlich die Eihülle durchdringen. Von dieser Samenzelle hängt es übrigens ab, ob als neues Lebewesen ein Mädchen oder ein Junge entsteht.

Samurai: So nennt man die Mitglieder einer adeligen Kriegerkaste in Japan. Dieser Ritterstand bildete sich gegen Ende des 11. Jahrhunderts heraus und wurde sehr mächtig.

Sand: Er besteht aus vielen, winzig kleinen Gesteinskörnchen. Im Laufe der Jahrtausende ist er durch Verwitterung (Wind und Wasser) entstanden. Reiner Quarzsand wird zur Herstellung von Glas verwendet.

Sänfte: Ein früher in orientalischen und asiatischen Ländern gebräuchliches Tragegestell, in dem sich höhergestellte Personen von ihren Dienern durch die Gegend tragen ließen, statt selbst zu laufen.

Sanieren: „Gesund machen". In der Wirtschaft z.B. die Rettung einer heruntergewirtschafteten Firma durch bestimmte Maßnahmen; bei Häusern oder Stadtteilen das Wiederherstellen und Reparieren der Gemäuer und das Modernisieren (Einbau von Bädern, neuen Fenstern usw.).

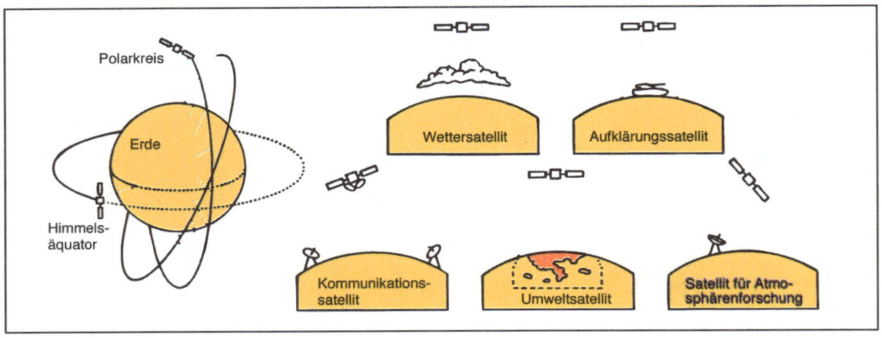

Satelliten

Saturn

Sanitär: Auf das Gesundheitswesen, die →Hygiene bezogen. **Sanitäre Anlagen** sind z.B. Bäder und Toiletten.

Sanskrit: Eine altindische Sprache und Schrift, die noch heute als Gelehrtensprache oder „heilige" Sprache verwendet wird: Viele religiöse Schriften des →Hinduismus und →Buddhismus sind in Sanskrit verfaßt.

Satellit: Ein Körper, der einen Planeten als „ständiger Begleiter" umrundet. So ist z.B. der →Mond ein natürlicher Satellit der Erde. Satelliten nennt man aber auch die künstlichen Flugkörper, die mit einer Rakete auf eine Umlaufbahn gebracht werden. Sie bewegen sich mit etwa 7,9 Kilometern pro Sekunde – einer Geschwindigkeit, die genau so groß ist, daß die Erdanziehungskraft und die Zentrifugalkraft gerade im Gleichgewicht sind. Satelliten werden zur Beobachtung des Weltraums oder der Erde, des Wettergeschehens und sogar militärischer Vorgänge eingesetzt; **Nachrichtensatelliten** stellen Telefonverbindungen über Kontinente her oder arbeiten für das **Satellitenfernsehen** ähnlich wie →Antennen.

Satellit: Intelsat

Satelliten ermöglichen Übertragung von Signalen über Kontinente hinweg

Satire: Ironische Kritik an zeitgenössischen Personen oder Zuständen.

Saturn: Der 6. und zweitgrößte Planet unseres Sonnensystems. Um seinen Äquator herum hat er ein Ringsystem mit Tausenden von Einzelringen (auf Fotos als farbige Streifen sichtbar), außerdem wird er von 21 bis 23 →Monden begleitet. Die amerikanischen „Voyager"-Raumsonden haben beim Vorbeiflug an Saturn einige dieser Monde entdeckt (vorher kannte man nur 17).

Sauerstoff: Das häufigste Element der Erde. Ohne Sauerstoff wäre kein Leben möglich, denn sowohl Tiere als auch Menschen brauchen ihn zum Atmen. Viele chemische Verbindungen des Sauerstoffs mit anderen chemischen Elementen heißen Oxide.

Säugetiere: So nennt man alle warmblütigen Wirbeltiere, die ihre Jungen lebend gebären und säugen, d.h. mit Milch ernähren. Weltweit gibt es etwas mehr als 4000 verschiedene Arten – von der kleinsten, etwa nur 3 cm langen Maus bis zum 33 m langen Blauwal, der 130 Tonnen schwer werden kann. Die einzi-

Säugetiere: Schimpansen

Säugetiere: Rhinozerosse

gen Säugetiere, die fliegen können, sind die Flattertiere (Fledermäuse). Es gibt Säugetiere, die nur im Wasser oder nur an Land leben. Sie sind Fleisch-, Pflanzen- oder Allesfresser. Die Säuger haben sich gleichzeitig mit den Vögeln aus Kriechtieren entwickelt – viele Arten sind inzwischen ausgestorben.

Säulen: Stützende, aufstrebende schlanke Bauteile, die rundherum freistehen oder mit dem Mauerwerk verbunden sind (Halbsäulen). Besonders die alten →Griechen verwendeten für ihre Tempelbauten gerne Säulen und wurden seither in der europäischen Baukunst immer wieder nachgeahmt.

Säuren: Chemische Verbindungen, die ätzend wirken und sogar Metalle angreifen können, z.B. Salzsäure, Salpetersäure, Schwefelsäure und Phosphorsäure.

Saurer Regen: Er entsteht, wenn sich die im →Abgas enthaltenen Schwefeloxide und Stickstoffoxide in den Wolken zu Schwefelsäure und Salpetersäure umwandeln. Diese ätzenden Säuren kommen mit dem Regen zur Erde zurück und richten große Umweltschäden an: Sie versäuern den Boden, zerfressen die schützende Wachsschicht der Blätter und Nadeln, töten Gewässer ab und zerstören Bauwerke aus Stein und Marmor. Der saure Regen ist auch einer der Gründe für das zunehmende Baum- oder Waldsterben.

Saurier: →Dinosaurier.

Savanne: Eine Übergangslandschaft der wechselfeuchten Tropen, in der sich eine eher lange Trockenzeit mit einer kurzen Regenzeit abwechselt. Je nach Dauer der Regenzeit und der sich danach richtenden Vegetation spricht man von **Feuchtsavannen** (meterhohes Gras mit artenreichem Wald), **Trockensavannen** (niedrige, aber noch geschlossene Grasflächen und weniger dichter Wald) oder **Dornsavannen** (keine geschlossene Grasdecke, einzeln stehende Büsche und wasserspeichernde oder tiefwurzelnde Pflanzen). Savannen sind der Lebensraum für eine sehr artenreiche Tierwelt.

Saurier: Triceratops

Schach: Dies ist ein uraltes Brettspiel für zwei Spieler, das mit den Spielfiguren König und Dame, Turm und Läufer, Springer und Bauern gespielt wird. Ziel ist es, den gegnerischen König „schachmatt“ zu setzen. Es

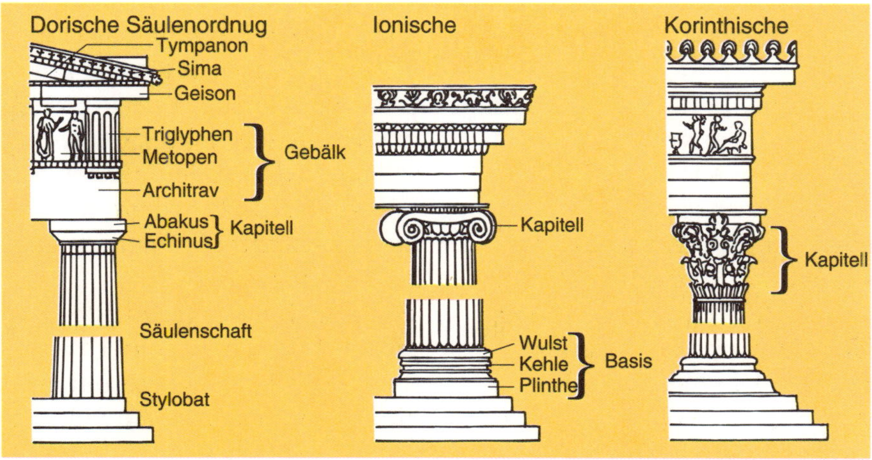

Säulen

Säule in Griechenland

Savanne (Text siehe Seite 179)

gibt heute auch **Schach-Computer,** gegen die man spielen kann.

Schädlinge: Kleintiere, vor allem Insekten, die in Massen auftreten und die Nutzpflanzen (oder Nutztiere) der Menschen stark schädigen. Zur **Schädlingsbekämpfung** werden chemische, aber auch natürliche Mittel eingesetzt. Der beste Schutz gegen den unnatürlich starken Einfall von Schädlingen ist es, das →natürliche Gleichgewicht nicht zu stören (z.B durch den Anbau von →Monokulturen).

Schadstoffe: Alle Stoffe, die in irgendeiner Weise schädigend auf Lebewesen und ihre Umwelt wirken, z.B. die im →Abgas enthaltenen giftigen Stoffe.

Schafe: Eines der ältesten Haustiere der Menschen ist das Schaf. Es liefert nicht nur Fleisch und Milch, sondern vor allem **Schafwolle.** Sobald der Schafspelz dick genug ist, werden die Schafe geschoren.

Schafe: Schafbock

Schakale: Hundeartige Tiere, die sich außer von Kleintieren auch von →Aas und sogar von Pflanzenkost ernähren. In Afrika leben der Streifen- und der Schabrackenschakal; der Gold- oder Wolfsschakal kommt von Südost-Europa bis Asien vor.

Schall: Alle mechanischen Schwingungen und Wellen, die für das menschliche Ohr hörbar sind. Diese Wellen werden durch die Luft an unser Ohr getragen; je nach ihrer Frequenz, d.h. je nachdem, ob die Wellenbewegung in kurzen oder langgezogenen Wellen erfolgt, empfinden wir einen Ton z.B. als schrill oder dumpf. Es gibt auch Schallwellen, die das menschliche Ohr nicht mehr wahrnimmt (**Ultraschall**). Die **Schallgeschwindigkeit** für Geräusche, die durch die Luft übertragen werden, liegt bei 331 Metern pro Sekunde (zum Vergleich: durch das Wasser verbreitet sich der Schall mit 1464 Metern pro Sekunde). Gerät ein Flugzeug in diesen Geschwindigkeitsbereich von 331 m/s, so kann es die **Schallmauer** durchbrechen – es gibt einen lauten Knall.

Schallplatte: Eine runde Scheibe mit eingravierten Schallrillen, die von der Nadel eines Plattenspielers abgetastet werden. Heute sind Schallplatten aus Kunststoff gemacht, früher waren es mit Wachs überzogene Zinkplatten, oder sie wurden aus Schellack, einem Ausscheidungsprodukt von Schildläusen (!) hergestellt. Daß die meisten Schallplatten schwarz sind, kommt daher, weil man früher die Rillen mit Ruß eingerieben hatte, um Kratz- oder Knirschgeräusche zu mildern.

Schaltjahr: Ein Jahr, das statt 365 Tagen einen Tag mehr hat (den 29. Februar). Es wird regelmäßig alle vier Jahre „eingeschaltet", damit der →Kalender wieder „stimmt" – denn die Erde braucht zum Sonnenumlauf 365 1/4 Tage.

Scheck: Ein vorgedrucktes Papier, auf dem man seiner Bank (bei der man ein Konto unterhält) die schriftliche Anweisung geben kann, einen bestimmten Geldbetrag an jemanden zu zahlen (**Barscheck**) bzw. auf dessen Konto zu überweisen (**Verrechnungsscheck**). Man kann damit also bargeldlos bezahlen und in Verbindung mit einer **Scheckkarte** von anderen Banken als der eigenen Bargeld erhalten.

Scheich: Arabischer Ehrentitel, z.B. für ein Stammesoberhaupt.

Schießpulver: Ein Gemisch aus Kohlenstoff, Schwefel und Salpeter (nach seinem Erfinder auch **Schwarzpulver** genannt) oder ein anderes Gemisch, das leicht explodiert. Es wird in Schußwaffen verwendet.

Schiffe: Schon in prähistorischer Zeit benutzte man Baumstämme oder zusammengebundene Schilfbündel, um damit auf dem Wasser zu schwimmen oder etwas zu transportieren. Die frühen Schiffe wurden entweder durch Muskelkraft oder durch den Wind (als Segel dienten aufgespannte Tierhäute) angetrieben. Zwar liegt zwischen dem Einbaum und einem heutigen Ozeanriesen eine jahrtausendelange Entwicklung, und Schiffe werden jetzt z.B. durch Dieselmotoren, Dampfmaschinen oder Turbinen angetrieben – aber sie schwimmen immer noch nach dem gleichen Prinzip auf der Wasseroberfläche: Ihr Gewicht ist nicht schwerer als die Wassermenge, die von dem Schiff verdrängt wird. Das größte Schiff der Welt ist ein Tanker mit mehr als 458 m Länge, fast 70 m Breite und einem Tiefgang von fast 25 m.

Schiffe: Segelschiff

Schildkröten: Das sind →Reptilien, die sich seit ihrer Entwicklung vor rund 200 Millionen Jahren in ihrem Körperaufbau nicht verändert haben: Alle heute noch lebenden Arten haben einen mitwachsenden Panzer aus Horn- oder Knochenplatten, der am Rücken gewölbt und am Bauch flach ist. Schildkröten vermehren sich durch Eier, die sie an Land in den Sand eingraben und von der Sonne ausbrüten lassen. Nach ihrem typischen Lebensraum unterscheidet man Wasser- und Meeres-, Sumpf- und Landschildkröten. Einige Arten können bis zu 300 Jahre alt werden.

Schimmelpilze: Niedere →Pilze, die z.B. auf Abfällen oder falsch gelagerten Lebensmitteln (Brot) leben. Abgesehen von den Arten, die z.B. für die Käseherstellung eigens gezüchtet werden, sind Schimmelpilze gesundheitsschädlich und krebserregend. Verschimmelte Lebensmittel muß man daher ganz wegwerfen (nicht nur das verschimmelt aussehende Stück).

Schimpanse: In Afrika lebender →Menschenaffe, der nicht nur von seinem Aussehen, sondern auch von seiner Intelligenz her von allen Säugetieren dem Menschen am ähnlichsten ist: Schimpansen benutzen (auch in freier Natur) Werkzeuge für ihren Nahrungserwerb, sie verständigen sich untereinander durch Zurufe und eine sehr deutliche, differenzierte Gesichtsmimik; Versuchstiere konnten sogar Wörter und deren Bedeutung erlernen. Man nimmt an, daß Schimpansen nur deshalb nicht sprechen können wie der Mensch, weil ihnen die dazu nötigen Sprechwerkzeuge (nicht die Intelligenz) fehlen.

Schlaf: Der Ruhezustand des Körpers, bei dem das Bewußtsein ausgeschaltet ist und alle Körperfunktionen langsamer ablaufen. Während des Schlafens schöpft nicht nur der Körper, sondern auch die Seele des Menschen neue Kraft: Denn im Traum werden Eindrücke verarbeitet, die das Bewußtsein allein nicht bewältigen kann. Während einer Nacht wechseln sich Tiefschlaf- und Traumphasen miteinander ab.

Schlagwetter: So nennt man ein gefährliches, weil explosives Gemisch aus Methan mit Luft in Bergwerken.

Schlangen: Von diesen →Reptilien ohne Gliedmaßen, die sich schlängelnd fortbewegen, gibt es über 2000 Arten, davon sind etwa 400 Arten giftig. Die Haut der Schlangen ist mit Schuppen bedeckt, sie ist glatt und trocken (nicht glitschig). Schlangen spüren ihre Beutetiere mit dem sehr guten Geruchssinn auf, der an der gespaltenen Zunge sitzt (deshalb „züngeln“ sie), manche Arten können auch die Wärme ihrer Beutetiere schon von weitem spüren. Hören können sie dagegen gar nicht (sie reagieren deshalb auch nicht auf die Flötentöne, sondern nur auf die Bewegungen von Schlangenbeschwörern). Die Kriechtiere tö-

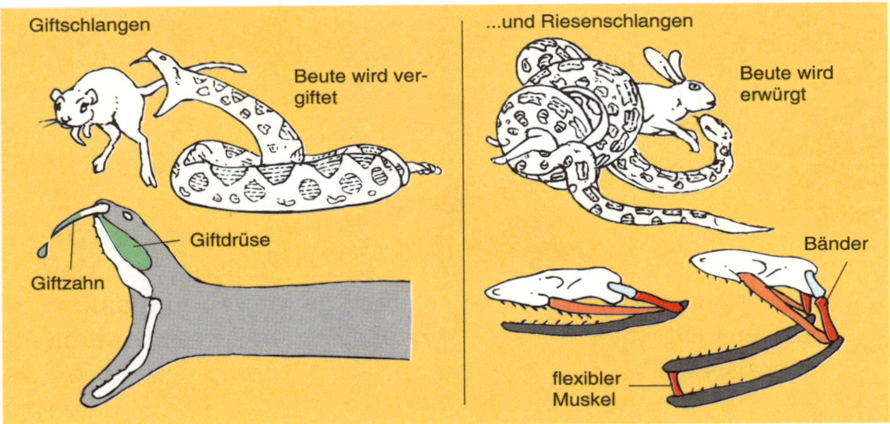

Schlangen

ten durch Biß, Gift (in den Giftzähnen) oder Würgen und verschlingen ihre Beute im Ganzen. Sie leben auf Bäumen, im Wasser oder an Land und vermehren sich meist durch Eier. Ein Schlangenrücken hat bis über 400 einzelne Wirbel und ebenso viele Rippenpaare; deshalb sind diese Tiere so beweglich.

Schleuse: In Kanälen oder Flüssen eingebaute Wasserkammer, die man nach Einfahrt eines Schiffes verschließen und dann mit Wasser füllen kann. So können Schiffe Steigungen überwinden.

Schlittschuhe: Früher hat man diese Gleitschuhe aus „Eisbein", nämlich aus Röhrenknochen, gemacht, um sich auf dem Eis schneller fortbewegen zu können. Heute werden Schlittschuhe als Sport- oder Freitzeitgeräte verwendet, z.B. im Eishockey, beim Eiskunstlauf oder Schnelllauf.

Schluckimpfung: →Impfung gegen →Kinderlähmung, die mehrmals wiederholt werden muß.

Schmerz: Ein Warnsignal des Körpers, daß etwas nicht stimmt. Das schmerzempfindlichste Organ ist die Haut (die Hälfte aller Hautnervenfasern dient der Schmerzleitung); andere Gewebe des Körpers können aber auch gänzlich schmerzunempfindlich sein (z.B. das Knochenmark).

Schmetterlinge: Zu den Insekten gehörende Familie mit etwa 100 000 (!) Arten. Alle Schmetterlinge durchlaufen eine Entwicklung vom Ei über die Raupe (Larve) zur Puppe, bevor sie schließlich als fertiges Tier schlüpfen. Sie haben dann vier mit Schuppen bedeckte, oft sehr farbenprächtige Flügel, drei Brustringe, die miteinander verwachsen sind, zwei Beinpaare und einen Saugrüssel, mit dem sie ihre Nahrung aufnehmen (Nektar, Honig, Obstsäfte). Ihre Facettenaugen nehmen Farben sehr gut wahr, außerdem haben Schmetterlinge einen hochentwickelten Geruchs-, Tast- und Erschütterungssinn. Besondere Hörorgane können sogar Ultraschall wahrnehmen. Viele Schmetterlingsarten sind bedroht (z.B. durch die Vernichtung von „Unkraut" und damit durch Nahrungsentzug).

Apollofalter

Waldportier

Schnabeltier: Ein merkwürdig aussehendes Kloakentier, das in Australien lebt; es hat ein kurzes Fell, Schwimmhäute an den Füßen und trägt einen breiten,

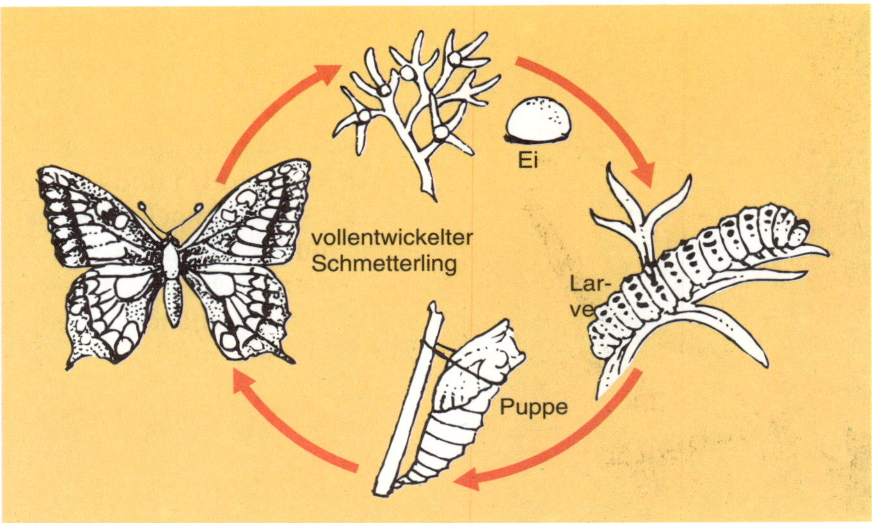

Schmetterling

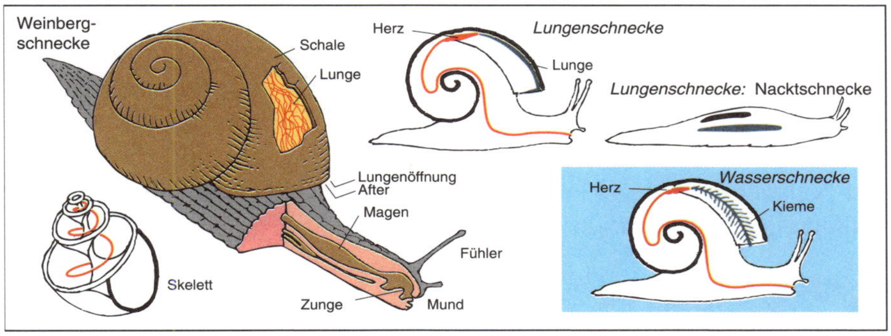

Schnecke

hornigen Schnabel. Das Schnabeltier kann gut schwimmen und tauchen und ernährt sich von kleinen Wassertieren. Es vermehrt sich durch Eier.

Schnecken: Von diesen etwa 1 mm bis 60 cm langen Weichtieren leben rund 100 000 Arten im Meer, in Süßgewässern oder auf dem Land. Nicht alle tragen wie die Weinbergschnecke ein **Schneckenhaus** mit sich herum, in das sie sich zurückziehen können. Der Fuß der Schnecken besteht aus einem Kriechsaum, ihre Augen sitzen auf den Fühlern, und manche Schneckenarten haben bis zu 20 000 Zähne auf ihrer Zunge. Im Altertum gewann man aus der **Purpurschnecke** einen kostbaren Farbstoff, und in manchen Teilen Afrikas und Asiens galt die **Kauri-Schnecke** jahrhundertelang als Zahlungsmittel (wie Geld).

Schneckengehäuse einer Meerschnecke

Schnecke: Weinbergschnecke

Schneckengetriebe: Ein Getriebe, bei dem eine Endlosschraube („Schnecke") zum Antrieb von Zahnrädern sorgt.

Schnee: Eiskristalle, die je nach Temperatur als große, weiche Flocken, als Eisplättchen, -nadeln oder -sternchen vom Himmel fallen. Frischer, trockener Schnee wird auch **Pulverschnee** genannt. In den Hochgebirgen, wo er oberhalb der **Schneegrenze** nicht mehr schmilzt, werden die Schneeschichten zu **Firn** zusammengedrückt. Auf schrägen Flächen können sich **Schneebretter** oder →Lawinen lösen und zu Tal donnern.

Schnee: Skifahrer im Pulverschnee

Schnupfen: Er entsteht durch eine Virusinfektion der Nasenschleimhäute – die Ansteckung erfolgt über Tröpfchen (z.B. beim Niesen) von anderen Kranken. Die „laufende Nase" sorgt dafür, daß der Virus ausgeschwemmt wird und der Schnupfen nach etwa sieben Tagen nachläßt oder sogar aufhört.

Schock: Das ist ein Zustand, der z.B. nach einem großen Schreckerlebnis (Autounfall) oder bei einer Krankheit (Fieberschock, Kreislaufschock) auftreten kann. Puls und Atmung werden langsamer, die Haut ist ganz blaß, Organe werden nicht mehr richtig durchblutet. Ein Schock ist sehr gefährlich, deshalb muß man sofort Hilfe holen und den Kranken inzwischen hinlegen und warm halten.

Schokolade: Kakao, Milch und Zucker sind die wichtigsten Grundzutaten, aus denen Schokolade gemacht wird. Wir kennen das Kakaogetränk von den Azteken: Sie nannten es chokolatl.

Schrift: Zu den frühesten Schriften, die der Mensch erfand, gehören die →Keilschrift und die →Bilderschrift, in der ein Bild zunächst nur einen bestimmten Gegenstand (den abgebildeten) bezeichnete. Daraus wurden mit der Zeit vereinfachte **Bildzeichen** entwickelt (wie bei den →Hieroglyphen oder bei der chinesischen Schrift): Jedes einzelne Zeichen steht für ein einziges Wort. Man nennt diese Schriften deshalb auch **Wortschriften**. Weil aber in vielen Wörtern oft die gleichen Silben vorkommen, erfand man auch für einzelne Silben eigene Zeichen (**Silbenschrift**). Die ersten, die auf die Idee kamen, auch einzelne Laute durch ein →Alphabet zu „beschreiben", waren die alten Phönizier und Griechen.

Schüttelreim: Ein Doppelreim, bei dem die Anfangsbuchstaben der reimenden Silben vertauscht werden: „Es klapperten die *Klapperschlangen*, bis ihre Klappern *schlapper klangen*".

Schwalben: Diese geselligen Zugvögel, zu denen unsere **Hausschwalbe** (**Mehlschwalbe**) und die **Rauchschwalbe** gehören, brüten gerne in →Kolonien. Sie bauen ihre Nester aus Lehm und Speichel unter Dachvorsprünge oder sogar in Ställen und Hausfluren. Weil viele Höfe und Einfahrten rund um die Bauernhäuser zubetoniert wurden, fehlt den Schwalben mehr und mehr das Baumaterial. Im September sammeln sich die Zugvögel und fliegen in großen Schwärmen bis nach Südafrika, wo sie überwintern.

Junge Schwalben im Nest

Schwämme: Was wir manchmal als Badeschwamm benutzen, war vorher ein Tier: ein sehr einfacher Vielzeller, dessen hohler Körper eine große Öffnung an der Spitze und viele kleine Öffnungen (Poren) an den Seiten hat und der fest mit dem Untergrund verbunden ist. Er ernährt sich durch einstrudelndes Wasser, dem Sauerstoff und Nährstoffe durch kleine Geißelzellen entnommen werden.

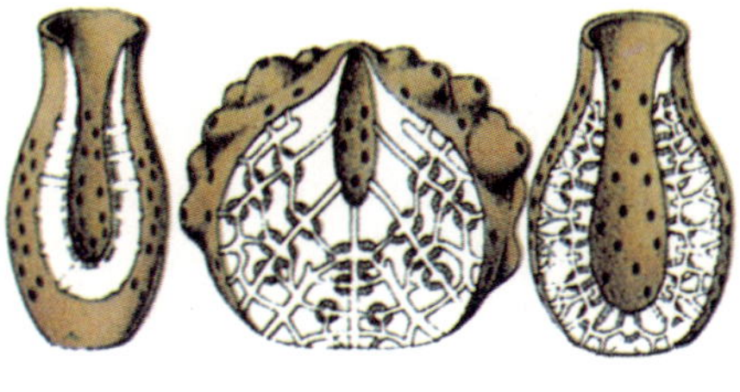

Schwämme

Schwangerschaft: Die Zeit, während der eine Frau ein Kind austrägt. Sie dauert von der →Befruchtung bzw. →Empfängnis (→Ei) bis zur →Geburt etwa 40 Wochen (neun Monate).

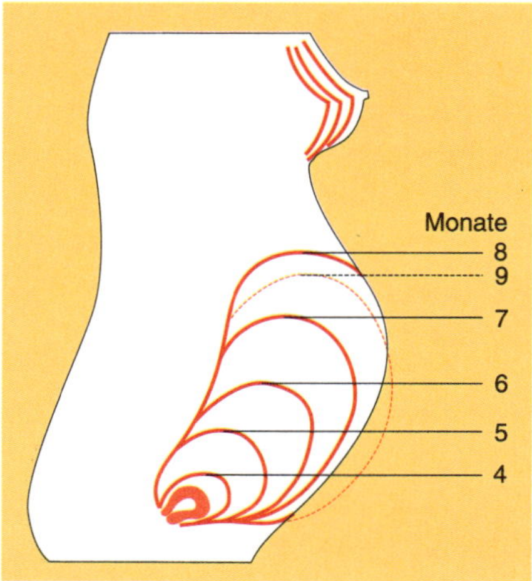

Schwangerschaft

Schwarzes Meer: Nordöstliches Nebenmeer des Mittelmeers. Die Donau mündet in dieses Gewässer, das mit dem Mittelmeer über den Bosporus, das Marmarameer und die Dardanellen verbunden ist.

Schwefel: Ein gelbes, nichtmetallisches Element, das z.B. in Vulkangestein vorkommt. Durch die Verbrennung schwefelhaltiger Stoffe entsteht **Schwefeldioxid**, ein farbloses, beißendes Gas. Es ist im →Abgas enthalten und führt zu →saurem Regen.

Schwerkraft: Die **Erdanziehungskraft**, d.h. die Kraft, die alle Gegenstände zum Erdmittelpunkt hin anzieht und die bewirkt, daß alle Körper ein Gewicht haben und nach unten fallen. Auch andere Himmelskörper haben wegen ihrer Masse eine Anziehungskraft (**Gravitation**). Ist man von der Erde weit genug entfernt, so wirken die Schwerkräfte der Erde und des Mondes gleich stark und heben sich deshalb gegenseitig auf: Es tritt ein Zustand der **Schwerelosigkeit** ein, bei dem die Körper schweben.

Schwermetalle: So nennt man alle Metalle, die schwerer sind als Eisen. Dazu gehören z.B. →Blei, →Cadmium oder →Quecksilber. Schwermetalle sind giftig und können vom menschlichen Körper nicht wieder abgebaut werden.

Science-fiction: Spannende Zukunftsromane oder -filme, in denen phantastische neue Welten und wissenschaftliche Möglichkeiten beschrieben (erfunden) werden.

Secondhand: Aus zweiter Hand, gebraucht.

See: So nennt man alle großen Wasseransammlungen in Landschaftsbecken, Gräben oder Kratern, aber auch abgeschnürte Meeresteile innerhalb von Kon-

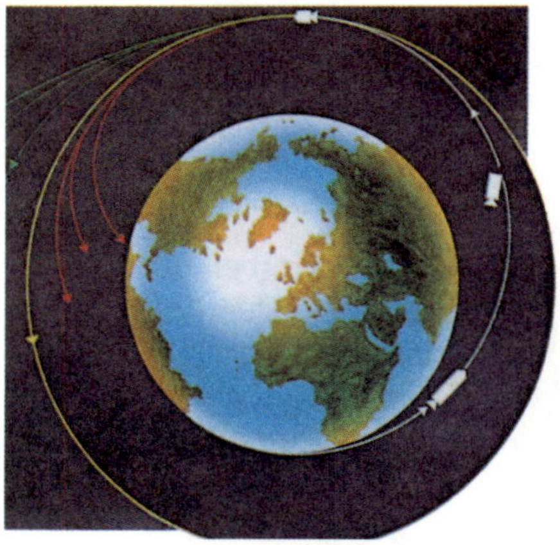

Schwerkraft: Läßt die Geschwindigkeit bei der Erdumrundung nach, stürzt der Satellit zur Erde runter

tinenten. Sie sind z.B. durch →Gletscher entstanden und werden durch Flüsse, Quellen oder durch das Grundwasser gespeist. End-Seen haben keinen Wasserabfluß. Manche Seen sind auch salzhaltig (→Salzsee).

Seehunde: Eine Art der →Robben, die auch an den Küsten des Nordatlantiks, an Nordsee und Ostsee vorkommen. Die meiste Zeit verbringen die bis 2 m langen Tiere im Wasser, wo sie sogar schlafen können.

Seehund: Junger Heuler

Seeigel: Diese Stachelhäuter sind in allen Meeren verbreitet. Sie haben eine flache oder kugelige Gestalt, die bei manchen Arten rundum mit (zum Teil giftigen) Stacheln bewehrt ist. Der Mund, mit dem die Seeigel den Meeresboden abweiden, ist meist nach unten gerichtet und hat ein scharfes Gebiß.

Seemeile: Längenmaß in der Schiffahrt: 1 Seemeile (sm) = 1,852 km.

Seepferdchen: Diese wundersamen Meeresbewohner mit dem pferdeähnlichen Kopf gehören zu den Knochenfischen. Sie schweben meist senkrecht im Wasser. Mit ihrem röhrenförmigen Mund saugen sie Kleinkrebse und Plankton ein, mit dem dünnen, langen Schwanz können sie greifen und sich festhalten. Die Brutpflege über-

Seepferdchen

nimmt bei den Seepferdchen das Männchen.

Seerosen: Die beiden bei uns vorkommenden Arten dieser Schwimmblattpflanze mit

Seerose

weißen Blüten sind geschützt. Sie wachsen in bis zu 1,50 m tiefen, stillen Gewässern und beginnen im Juni zu blühen. Seerosen nennt man aber auch korallenähnliche Meerestiere; einige dieser Arten gehen eine feste Lebensgemeinschaft mit Fischen oder mit Einsiedlerkrebsen ein. Der Einsiedlerkrebs lädt sich „seine" Seerose (auch Seeanemone) auf das Gehäuse; wird ihm dieses zu klein, muß seine „Partnerin" auf ein größeres Haus mit umziehen.

Seesterne

Seesterne: Fünfarmige Stachelhäuter, in deren Haut bewegliche Kalkplättchen eingelagert sind. An der Unterseite ihrer Arme haben sie viele Saugfüßchen. Sie fressen Muscheln und Schnecken, indem sie ihren Magen darüberstülpen. Eine Seesternart ist seit Jahren in Australien dabei, das Große Barrier-Riff (das größte Korallenriff der Welt) aufzufressen.

Segelflug: Motorloses Fliegen, bei dem der →Aufwind dazu benutzt wird, in die Höhe zu steigen und oben zu bleiben. **Segelflugzeuge** werden zuvor

Segelflug: Drachenflieger

meist durch Motor-Schleppflugzeuge oder mit einer Motorwinde in die Luft gebracht.

Segelschiffe: Sie werden durch den Wind angetrieben, der von hinten oder von schräg hinten, von der Seite oder sogar von schräg vorne in die Segel bläst. Große Segelschiffe haben bis zu sieben Masten. Die Entdeckerfahrten des Kolumbus, Vasco da Gama oder anderer berühmter Seefahrer wurden alle auf Segelschiffen unternommen.

Sehnen: Starke, elastische Faserbündel, die die Kraft der →Muskeln auf die Knochen übertragen. Sie sind von einer Hülle, der **Sehnenscheide**, umgeben.

Seide: Kokons werden gekocht, aufgewickelt und zu Fäden gesponnen

Seide: Den Rohstoff für dieses kostbare, schimmernde Gewebe liefern die Raupen verschiedener Schmetterlingsarten (vor allem Maulbeerseidenspinner), wenn sie sich verpuppen: Sie spinnen einen bis mehrere tausend Meter langen Faden und bilden so einen →Kokon, in den sie sich fest einwickeln. Um Seide zu gewinnen, werden die Kokons in kochendes Wasser geworfen; die Fäden mehrerer Kokons werden dann gleichzeitig aufgewickelt und miteinander versponnen. Mindestens seit dem 3. Jahrtausend vor Christus wurden in China bereits Seidenraupen gezüchtet; über fest etablierte Karawanenstraßen, die **Seidenstraßen**, wurde der kostbare Stoff von China über Zentralasien bis nach Indien und Syrien geschafft und gelangte von dort zu uns.

Sekte: Anhängerschaft; Zusammenschluß von Leuten, die einer bestimmten (meist religiösen) Idee und gleichzeitig einer Leitperson folgen. Viele der Sekten, die sich heute als Religionsgemeinschaft ausgeben, wollen aber von ihren Mitgliedern nur viel Geld (oder andere Leistung) bekommen. Man muß daher im Umgang mit Sekten sehr kritisch sein und ihnen nicht blind folgen.

Senkrechtstarter: Das sind Flugzeuge, die wie Hubschrauber senkrecht in die Luft gehen und nach ihrem Flug auch wieder senkrecht landen können. Die Schubstrahlen der Triebwerke (→Flugzeug) werden dabei nicht nach hinten, sondern nach unten geleitet.

Sensibel: Empfindlich, empfindungsfähig.

Serengeti: Eine Landschaft im Süden Afrikas, östlich des Victoriasees. Wie jede →Savanne, ist hier der Lebensraum für eine große Vielfalt an Tierarten. Im **Serengeti-Nationalpark** gibt es die dichteste Wildkonzentration auf der Erde.

Serie: Folge oder Reihe, z.B. von Fernsehfilmen.

Sextett: Ein Musikstück für sechs Instrumente oder eine Musikergruppe aus sechs Personen.

Sexualität: Damit bezeichnet man alles Verhalten (Handeln und Fühlen) der Tiere und des Menschen, das sich auf den natürlichen Geschlechts- oder Fortpflanzungstrieb zurückführen läßt. Beim Menschen hat Sexualität allerdings nicht unbedingt die Fortpflanzung zum Ziel, und sie bezieht sich nicht ausschließlich auf die →Geschlechtsorgane. Ein ausgeglichenes, angstfreies Sexualleben ist für das seelische Wohlbefinden und für eine gute Partnerschaft (zwischen Liebespaaren, Ehepaaren) sehr wichtig. Statt Sexualität wird heute oft einfach **Sex** gesagt.

Sicherung: Eine Schutzvorrichtung, die beim Überschreiten einer zulässigen Stromstärke (z.B. bei Kurzschluß in einem Haushaltsgerät) den Stromkreis automatisch unterbricht.

Sieben Weltwunder: Damit sind folgende, in der →Antike besonders bewunderten Bauwerke gemeint: die ägyptischen →Pyramiden; die hängenden Gärten der Semiramis in →Babylon; der Artemistempel in Ephesus; das Bild des Zeus von Olympia, das Phidias um 430 vor Christus errichtete; das Mausoleum von Halikarnassos; der Koloß von Rhodos, eine Statue in der Hafeneinfahrt, die so groß war, daß Schiffe unter ihren Beinen durchfahren konnten; und schließlich der Leuchtturm von Pharus, der auf einer kleinen Insel vor der Stadt Alexandria stand.

Siebenschläfer: Ein pelziges Nagetier mit langen Barthaaren, großen, dunklen Augen und einem buschigen Schwanz, das in ganz Europa vorkommt. Der Siebenschläfer baut Nester in Erdlöchern oder Baumhöhlen und hält tatsächlich bis zu sieben Monate lang Winterschlaf.

Silber: Ein Edelmetall, das sich leicht formen läßt und Elektrizität und Wärme sehr gut (am besten von allen Metallen) leitet. Es wird daher nicht nur zu Schmuck verarbeitet und zum Versilbern von Besteck oder Münzen, sondern auch in der Industrie verwendet. Silber war in der Frühzeit kostbarer als Gold, weil man es seltener fand.

Singvögel: Fast die Hälfte aller Vogelarten zählt zu den Singvögeln, auch wenn einige von ihnen gar nicht richtig singen können. Sie haben aber alle einen sehr kompliziert aufgebauten Stimmapparat, der hauptsächlich zur Balz und zur Abgrenzung der Reviere eingesetzt wird.

Singvogel

Singvogel: Blaumeise

Sinnesorgane: Das sind die Organe der Menschen und Tiere, mit denen äußere und innere Reize wahrgenommen werden. Sie setzen sich aus spezialisierten Sinneszellen zusammen. Zu den Sinnesorganen gehören der Gesichtssinn, der Gehörsinn, der Gleichgewichtssinn, der Geschmackssinn, der Geruchssinn, der Tast-, Wärme- und Schmerzsinn. Bei unterschiedlichen Lebewesen sind die einzelnen Sinne verschieden stark ausgebildet und die Organe ganz verschiedenartig aufgebaut (so haben z.B. die Fliegen Schmeckborsten an ihren Füßen).

Sioux: →Indianer in Nordamerika, die sich aus vielen verschiedenen Stämmen zusammensetzten, aber eine gemeinsame Sprache hatten. Sie waren ursprünglich Ackerbauern, nach Einführung der →Pferde in Amerika wurden sie auch gute Bisonjäger.

Skandinavien: Nordeuropäische Halbinsel zwischen Nordatlantik, Nordsee und Ostsee. Zu Skandinavien zählen Norwegen, Schweden, Finnland, Dänemark und auch Island.

Skelett: Das Knochengerüst der Wirbeltiere. Beim Menschen setzt es sich aus 245 einzelnen Knochen zusammen.

Ski: Seit mindestens 5000 Jahren wird der lange Schnee-Gleitschuh zur Fortbewegung in schneereichen Gebieten verwendet: Die Menschen in Skandinavien waren darauf angewiesen, weil sie auch im Winter Tiere jagen mußten. Auf Skiern kommt man nicht nur schnell voran, sondern sackt durch die günstige Gewichtsverteilung auch nicht tief ein. Bei uns benutzt man Skier erst seit kaum hundert Jahren, und zwar vorwiegend im **Skisport** (als Wettbewerb oder Freizeitvergnügen).

Skizze: Zeichnung, Entwurf für ein Bild.

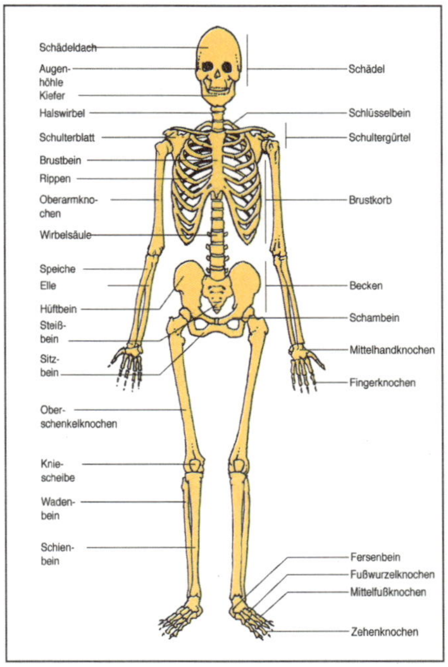

Skelett

Skelett eines Dinosauriers (Triceratops)

Sklaverei: So nennt man das „Halten" von Menschen in völliger Würde- und Rechtlosigkeit und in völliger Abhängigkeit von einem „Besitzer". Im Altertum war es üblich, Kriegsgefangene zu Sklaven zu machen. Nach der Eroberung fremder Kontinente durch die Europäer wurden viele Millionen Menschen in Afrika eingefangen, auf Schiffen nach Amerika verfrachtet und verkauft. In den Südstaaten der USA wurden Sklavenhandel und Sklaverei erst nach dem amerikanischen Bürgerkrieg (1865) abgeschafft – also erst vor etwas mehr als hundert Jahren.

Skorbut: Eine früher von Seefahrern sehr gefürchtete Krankheit, die nach Wochen auf See auftrat: Den Männern fielen plötzlich die Zähne aus, die Haut begann zu bluten, und Wunden heilten nicht wieder zu. Ursache war ein Mangel an Vitamin C.

Skorpione: Bis zu 18 cm lange Spinnentiere, die vor allem in trocken-heißen oder feucht-heißen Gegenden leben. Sie haben an ihrem Unterkiefer lange Greifscheren, den Schwanz mit dem Stachel tragen sie hochgerollt. Mit dem Gift darin können sie über ihren eigenen Kopf hinweg die Beute töten, die sie mit ihren Greifscheren festhalten. Skorpione jagen Asseln, Spinnen und Insekten. Der Stich mancher Arten kann auch für den Menschen tödlich sein.

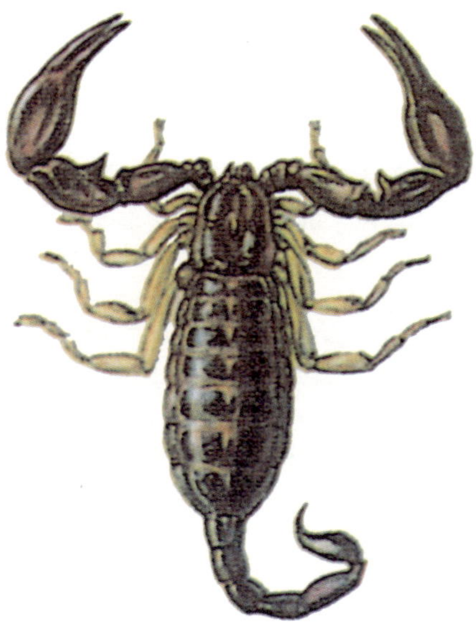

Skorpion

Slalom: Skirennen auf einer mit Toren abgesteckten Piste. Man muß dabei um die Tore herum oder zwischen den Toren durchfahren.

Slums: Elendsviertel.

Smog: Eine gefährliche Anhäufung von Schadstoffen durch →Abgase in der Luft, die oft dann entsteht, wenn kalte Luft nicht nach oben abziehen kann, weil dort warme Luftmassen eine „Sperre" bilden. Die Abgaswerte über großen Städten werden bei uns ständig überwacht. Sind sie zu hoch, wird **Smogalarm** gegeben. Dann sollte man sich nicht unnötig im Freien aufhalten.

Software: Umfassender Ausdruck für alles, was einen →Computer zum „Denken" und Arbeiten bringt, vor allem für Computerprogramme. Im Gegensatz dazu steht der Ausdruck Hardware für das Computergerät selbst mitsamt seinen Zusatzgeräten (Drucker, Bildschirm usw.).

Sojabohne: Eine Hülsenfrucht, die besonders in asiatischen Ländern viel angebaut und zu verschiedensten Lebensmitteln verarbeitet wird, z.B. zu Sojamilch, Sojapasten und sogar zu fleischähnlich schmeckenden Speisen. Die Keime der Sojabohne (**Sojasprossen**) sind sehr vitaminreich, man kann sie selbst ziehen. Sojabohnen enthalten außerdem über 40 Prozent sehr leicht verdauliches, hochwertiges Eiweiß.

Sojapflanze und Sojabohne

Solar...: In Wortzusammensetzungen mit der Bedeutung „Sonne" (→ Sonnenenergie).

Sommerzeit: In vielen Ländern Europas das Vorstellen der Uhr (bei uns um eine Stunde) im Vergleich zur normalen Zeit (= Winterzeit). Das hat den Vorteil, daß man das Tageslicht früher ausnutzen und somit Energie (Strom) sparen kann.

Sonderschule: Eine Schule, die von Kindern besucht wird, die in normalen Schulen nicht genügend gefördert werden könnten (z.B. blinde, körperbehinderte oder geistig behinderte Kinder).

Sonne: Der zentrale Stern unseres Sonnensystems, um den

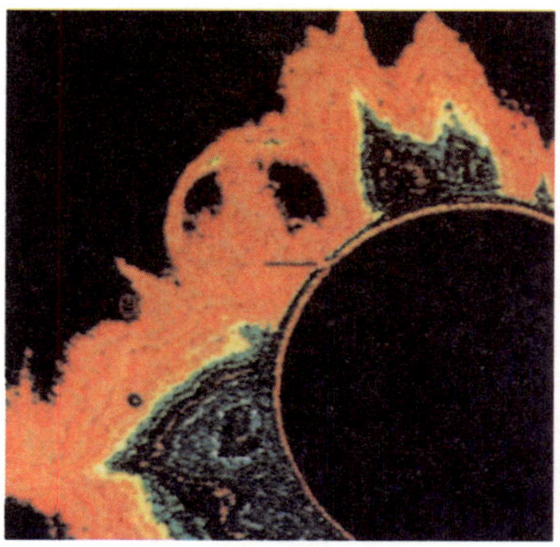

Sonne: Gasmassen werden über hunderttausend Kilometer weit hinausgeschleudert

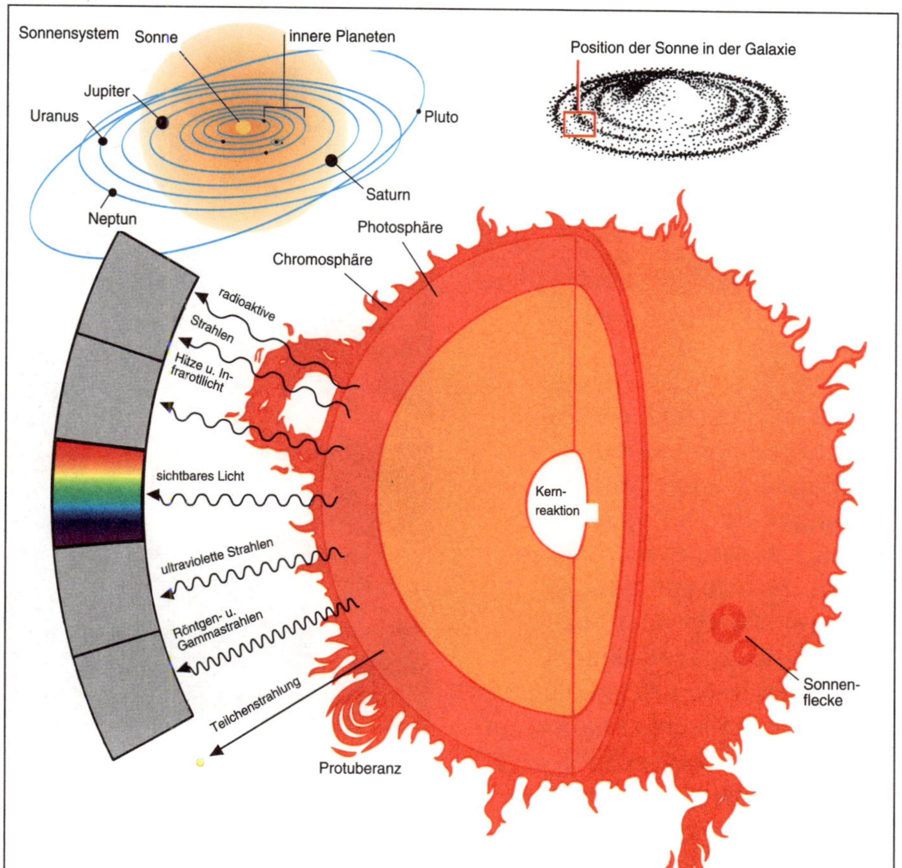

Physikalische Daten

Spektraltyp. Gelber Zwergstern (G1)
Durchmesser: 1,39 Mio. km
Masse: 332 270 Erdmassen
Dichte: 1,41 g/cm³
Entfernung zur Erde: 149,6 Mio. km
Rotationszeit: am Äquator ca. 25 Tage
Eigenbewegung: mit ca. 20 km/s in Richtung auf das Sternbild Herkules
Temperatur im Kern: ca. 15 Mio. °C
Temperatur der Photosphäre: 5 800 °C

Sonne

alle unsere →Planeten kreisen. Auch die Sonne steht aber nicht „fest" am Himmel, sondern sie dreht sich in 26 Tagen einmal um die eigene Achse, außerdem wandert sie in 220 Millionen Jahren einmal um das Zentrum der →Milchstraße herum. Von der Erde ist die Sonne etwa acht Lichtminuten (149,6 Millionen km) entfernt. Sie hat einen Durchmesser von fast 1,4 Millionen km und eine 330 000 mal so große Masse wie die Erde. Kernreaktionen im Inneren des glühenden Gasballs erzeugen dort Temperaturen von 20 Millionen Grad Celsius – und an der Oberfläche riesige Explosionen, bei denen Gasmassen über 100 000 km weit herausgeschleudert werden. Von einer mehrere hundert Kilometer dicken Schicht über der Sonnenoberfläche wird Energie nach außen abgestrahlt. Ohne diese Energie wäre kein Leben auf der Erde möglich.

Sonnenbrand: Eine Reizung der Haut durch zuviel Sonne. Häufiger Sonnenbrand kann zu Hautkrebs führen.

Sonnenenergie: So nennt man alle technischen Unternehmungen und Möglichkeiten, das Sonnenlicht als Energiequelle auszunutzen: **Solarkraftwerke** fangen das Sonnenlicht z.B. über große Solarzellenfelder ein und wandeln es in Strom oder Wärme um. **Solarzellen** arbeiten auch in Taschenrechnern, in Armbanduhren oder anderen batterielosen Geräten.

Sonnenfinsternis: Ein Naturschauspiel, das man immer dann beobachten kann, wenn sich der Mond zwischen Erde und Sonne schiebt. Die Sonne ist dann nur teilweise oder – bei einer totalen Sonnenfinsternis – bis auf ihren Strahlenkranz überhaupt nicht zu sehen.

Sonnenstich: Sehr gefährliche Reizung der Hirnhaut durch zu starke Sonneneinstrahlung. Erste Anzeichen sind Schwindelgefühle und Kopfschmerzen. Man muß dann sofort in den Schatten oder in einen kühlen Raum gehen.

SOS: Internationales Notrufsignal auf See.

Sozial: Die Gemeinschaft betreffend, auf die Gesellschaft oder das Zusammenleben in der Gesellschaft bezogen. Ein **Sozialstaat** ist ein Staat wie die Bundesrepublik Deutschland, der so organisiert ist, daß (z.B. bei Krankheit, im Alter) niemand völlig hilf- und mittellos dasteht, sondern von dem „sozialen Netz" der Gemeinschaft aufgefangen wird. Damit das funktioniert, gibt es eine **Sozialversicherung** (Krankenversicherung, Rentenversicherung und Arbeitslosenversicherung), in die jeder Arbeitnehmer monatlich einen Teil seines Lohns einbezahlt. Darüber hinaus erhalten Bürger, die in große finanzielle Not geraten sind, auch Unterstützung durch die **Sozialhilfe**.

Space shuttle: Amerikanische Bezeichnung für **Raumfähre**, →Raumfahrt.

Sparbuch: Ein Heft oder Buch, das man von einer Bank oder Sparkasse erhält, bei der man ein **Sparkonto** hat. In dieses Buch werden alle eingezahlten oder ausbezahlten Geldbeträge eingetragen. Für **Sparguthaben** gibt es Zinsen.

Sparta: Ein Stadtstaat der →Antike, der jeweils von zwei Königen regiert wurde und sehr straff organisiert war. Die Ausbildung der Spartaner war sehr streng, daher kommt der Ausdruck „**spartanisch**". Eine Zeitlang hatte Sparta neben →Athen eine Vormachtstellung in Griechenland.

Spechte: Daß diese Höhlenbrüter sich ganz auf Bäume spezialisiert haben, sieht man an ihren Kletterfüßen, mit denen sie sich an der Rinde gut festhalten können. Spechte hört man schon von weitem, wenn sie mit ihrem kräftigen Schnabel Löcher in das Holz hacken – entweder, um mit ihrer langen Zunge nach Insektenlarven zu angeln, oder aber, um Weibchen anzuwerben bzw. eine Bruthöhle in den Baum zu meißeln. In Europa kommt z.B. der **Grünspecht** oder der **Buntspecht** häufig vor.

Speisepilze: →Pilze.

Spektralfarben: Die →Farben, in die sich das „weiße" Licht der Sonne bricht, wenn es z.B. auf Wassertropfen (→Regenbogen) auftrifft.

Sphinx: Ägyptisches Fabelwesen mit einem Menschenkopf und einem Löwenkörper, das den →Pharao symbolisierte. Bei den alten →Griechen war der Körper der Sphinx beflügelt: Der Sage nach gab sie jedem Wanderer, der vorbeikam, ein Rätsel auf. Wer es nicht lösen konnte, wurde getötet.

Sphinx

Spiegel: Glatte oder gekrümmte Flächen, die einfallendes Licht zurückwerfen (so daß man sich darin „spiegeln" kann). Im Altertum benutzte man Spiegel aus Metall. Seit dem →Mittelalter wurden Spiegel aus Glas mit einer dahinterliegenden →Quecksilberschicht gefertigt, heute verspiegelt man das Glas mit →Silber oder →Aluminium. Flache Spiegel geben den Gegenstand, den man darin sieht, **spiegelverkehrt** wieder. Nach außen oder innen gekrümmte Spiegel wirken wie eine Sammellinse (**Hohlspiegel**) oder eine Zerstreuungslinse. Hohlspiegel verwendet man z.B. im Autoscheinwerfer.

Spinnentiere: Kreuzspinne

Spinnentiere: Gliederfüßer, deren Körper (im Unterschied zu den →Insekten) nicht aus drei, sondern aus zwei Teilen besteht (Kopfbruststück und Hinterleib). Bei den **echten Spinnen** sind diese zwei Teile durch einen kleinen Stiel verbunden. Viele Arten sondern aus einer Drüse am Hinterleib

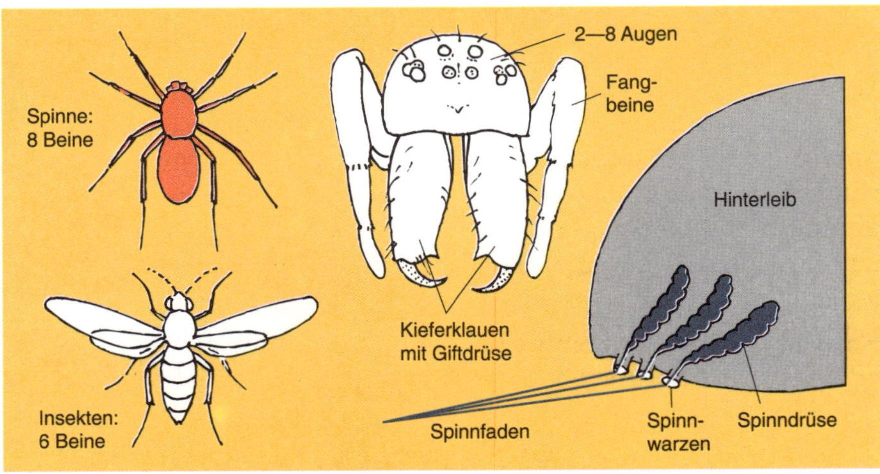

Spinne

Spinnfäden ab, mit denen sie klebrige **Spinnennetze** weben. Hat sich ihre Beute darin verfangen, wird sie totgebissen. Der Spinnenbiß mancher Tiere ist so giftig, daß sogar Menschen daran sterben können. In unseren Breitengraden sind die Spinnen sehr nützliche Schädlingsvertilger, man sollte sie nicht einfach töten, bloß weil man sich davor ekelt.
Zu den Spinnentieren zählen auch die →Skorpione und die →Milben, Taranteln und →Zecken. Alle haben vier Paar Gliedmaßen (acht Beine).

Spiralnebel: Sternansammlungen wie das Milchstraßensystem (→Milchstraße). Sie haben von oben gesehen eine spiralige Form.

Spiralnebel

Sponsor: Geldgeber, z.B. in der Kunst oder im Sport. Als Gegenleistung wird für einen Sponsor oft Werbung gemacht (der Sportler trägt z.B. sein Markenzeichen auf der Kleidung).

Spontan: Unmittelbar, unwillkürlich.

Sporenpflanzen: Pflanzen wie die →Moose, →Farne oder →Pilze, die sich ohne Befruchtung über Keimzellen, in diesem Fall die **Sporen**, vermehren.

Sprache: Im engeren Sinne die Fähigkeit des Menschen, sich durch Worte zu verständigen. Die Sprache hat sich in grauer Vorzeit aus Urlauten entwickelt. Bis heute gab und gibt es seitdem schätzungsweise 3000 oder mehr verschiedene Sprachen. Die Sprache, die man von klein auf erlernt, wird **Muttersprache** genannt – andere Sprachen gelten als **Fremdsprachen**. Sehr häufig gesprochene Sprachen, mit denen man sich international verständigt, sind **Weltsprachen** (z.B. Englisch, Spanisch).

Sprint: Schneller Lauf über eine kurze Strecke.

Spurenelemente: Lebenswichtige Stoffe und Mineralien in unserer Nahrung, z.B. Vitamine, Kalk, Eisen.

Spurt: Die Steigerung der Geschwindigkeit bei Wettbewerben (z.B. Laufen, Radfahren, Rudern) kurz vor dem Ziel.

Squash: Ein leicht erlernbares, dem Tennis ähnliches Ballspiel für zwei oder vier Personen. Der Ball wird mit einem Schläger gegen die Wand geschlagen.

Staat: Eine Gemeinschaft von Menschen innerhalb eines abgegrenzten Staatsgebiets, deren Zusammenleben in bestimmter Weise organisiert ist. So gelten in einem Staat feste Gesetze, es gibt eine Regierung usw. Die **Staatsangehörigkeit** eines Menschen richtet sich in Europa normalerweise nach dem Staat, in dem er geboren wurde.

Squash

Stadion: Eine meist ovale Sportanlage mit ansteigenden Zuschauertribünen. In der →Antike war ein Stadion ein Weg- und Längenmaß.

Stadion: Olympiastadion in München

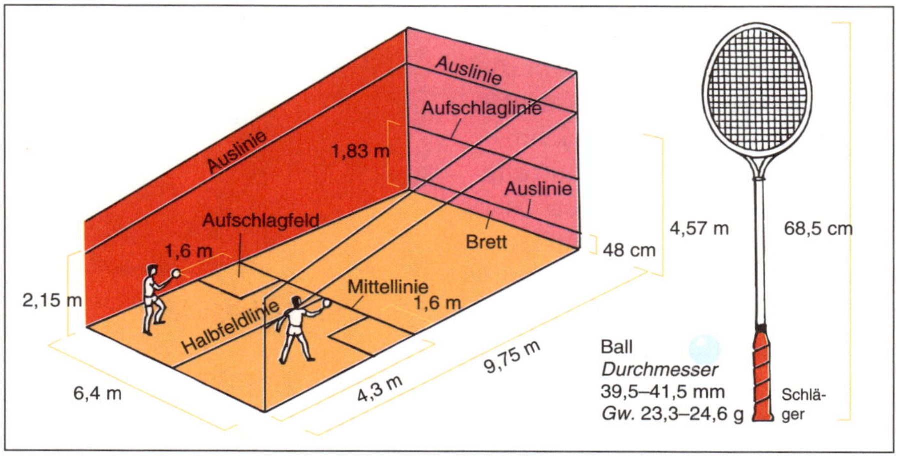

Squash

Stadium: Ein bestimmter Zustand, ein bestimmter Zeitpunkt während einer Entwicklung.

Stadtstaat: Eine Stadt, die ein eigenständiges Staatswesen führt, in Deutschland z.B. Hamburg oder Bremen. In der →Antike gelangten Stadtstaaten (**Polis**) wie →Sparta oder →Athen zu großer Macht, die weit über das Stadtgebiet hinausreichte.

Stahl: Eine →Legierung aus Eisen mit anderen Metallen. Stahl ist härter und weniger spröde als Eisen, **Edelstahl** ist rostfrei.

Stalagmiten: Die vom Boden aufstrebenden Steingebilde in →Tropfsteinhöhlen. Die von der Decke herunterwachsenden Gegenstücke werden **Stalaktiten** genannt.

Star: Jemand, der als Sänger, Schauspieler oder in anderen (meist künstlerischen) Bereichen sehr berühmt ist (von Englisch: „Stern"). Die **Stare** sind Sing- und Zugvögel mit dunklem, gesprenkeltem Gefieder. Sie können andere Vogelstimmen gut nachahmen. Oft fallen sie in Schwärmen in Felder oder Obstbäume ein.

Stärke: Riesenmoleküle aus Kohlenhydrat, die von den Pflanzen bei ihrem Stoffwechsel aus →Zucker gebildet werden und dann in den Früchten, den Knollen oder Samen gespeichert werden. Der Mensch nimmt diese Stärke (besonders in Kartoffeln oder Getreide) als wichtigen Bestandteil seiner Nahrung zu sich – er braucht davon durchschnittlich 500 g am Tag.

Staudamm: Ein →Damm, mit dem ein fließendes Gewässer aufgestaut wird. Mit den dadurch entstehenden **Stauseen** kann man Wasservorräte für Trockenzeiten schaffen (zur gezielten Bewässerung der Felder und als Trinkwasserreservoir). Außerdem werden Staudämme oft als Wasserkraftwerke genutzt: Das an einer bestimmten Stelle durchgeleitete Wasser treibt →Turbinen an, die elektrischen Strom erzeugen.

Steinkohle: →Kohle.

Steinzeit: So nennt man den längsten Abschnitt in der Geschichte der Menschheit. Er begann vor rund zwei Millionen Jahren in der **Altsteinzeit**, als die ersten Menschen damit begannen, Steine als Werkzeuge zu benutzen (→Faustkeil) und diese immer weiter verbesserten. Auch die ersten →Höhlenmalereien entstanden noch in der Altsteinzeit. In der **mittleren Steinzeit** (in Europa ab 8000 vor Christus) und in der **Jungsteinzeit** (in Europa etwa ab 6000 vor Christus) lebten unsere direkten Vorfahren (→Mensch) bereits in selbstgebauten Behausungen. Die Steinzeit wurde in Europa um 1800 vor Christus durch die →Bronzezeit abgelöst.

Steinzeit: Höhlenmalerei

Steppe: Meist baumlose, offene Pflanzengesellschaft außerhalb der Tropen. Hier wachsen vor allem Gräser und Stauden. Die riesigen Prärien Nordamerikas sind z.B. Steppen.

Stereo: Räumlich, körperlich, fest, gleichzeitig. **Stereomusik** wird so aufgenommen und wiedergegeben, daß ein räumlicher Klang entsteht (hierzu braucht man bei der Aufnahme mehrere →Mikrofone, beim Abspielen mindestens zwei →Lautsprecher).

Sterne: Gasförmige, leuchtende Kugeln wie unsere →Sonne, nur daß sie von der Erde so weit entfernt sind, daß man sie gerade als kleine Punkte am Himmel sieht. Wegen dieser unvorstellbar weiten Entfernung braucht ihr Licht viele Jahre, bis es auf der Erde ankommt. Deshalb sehen wir heute noch manche Sterne leuchten, die schon längst erloschen sind. Andere sind schon über 10 Milliarden Jahre alt. Soviel man nach Beobachtungen sagen kann, sind die meisten Sterne in Masse, Gaszusammensetzung und Energieerzeugung der Sonne sehr ähnlich. Manche aber, z.B. sogenannte **Weiße Zwerge** oder **Rote Riesen**, haben eine extrem hohe oder niedrige Dichte, und die **Schwarzen Löcher** üben eine so starke Anziehungskraft aus, daß nicht einmal das Licht sie verlassen kann. →Planeten werden manchmal **Wandelsterne** genannt, es sind aber keine richtigen Sterne, weil sie nicht aus sich selbst heraus leuchten. →Fixstern, →Galaxis, →Milchstraße.

Sternschnuppe: →Meteor.

Sternwarte: Eine Forschungsstätte, die mit riesigen „Fernrohren" (Spiegelteleskopen) und anderen Geräten ausgerüstet ist, mit denen man den Sternenhimmel beobachten kann. In manchen Städten gibt es auch **Volks-**

sternwarten, wo sich ein Besuch besonders dann lohnt, wenn eine Mond- oder Sonnenfinsternis, ein Komet oder ähnlich Aufregendes erwartet wird.

Steuerbord: Die rechte Seite eines Schiffes.

Steuern: Abgaben der Bürger an den Staat, sobald sie bestimmte Einnahmen haben (Lohn, Gehalt, Geschäftseinnahmen usw.). Mit den Steuern bezahlt der Staat alles, was für die Allgemeinheit geleistet wird – vom Straßenbau über die Bezahlung der Beamten bis zur Einrichtung von Krankenhäusern usw. Für die Einziehung von Steuern sind die Finanzämter zuständig.

Stil: Besonders ausgeprägte Form, z.B. in der Kunst und Literatur (Baustil, Malstil, Art zu schreiben). Wird während eines längeren Zeitraums von einer größeren Gruppe ein bestimmter Stil bevorzugt, so bezeichnet man diesen Zeitraum als **Stilepoche**.

Stilleben: Gemälde, auf dem leblose Gegenstände (keine Menschen und Tiere) dargestellt und oft in künstlerischer Weise komponiert (zusammengestellt) sind.

Stimme: Beim Menschen ein kompliziertes Sprachorgan (Stimmapparat), das es uns ermöglicht, zu singen und zu sprechen. Daran sind vor allem die **Stimmbänder** im Kehlkopf beteiligt. Sie werden durch ein- und ausströmende Luft zum Schwingen gebracht und erzeugen deshalb Töne (→Schall). Während der →Pubertät vergrößert sich bei Jungen der Kehlkopf besonders stark, deshalb „überschlägt" sich die Stimme manchmal und wird insgesamt dunkler. Diesen Vorgang nennt man **Stimmbruch**.

Stinktiere: Dem Dachs und Marder verwandte Säugetiere (**Skunks**) in Amerika. Die bekannteste Art hat ein dunkles Fell mit weißen Längsstreifen. Bei Gefahr verspritzen sie aus Drüsen unter dem Schwanz eine widerlich stinkende Flüssigkeit, die jeden Gegner fluchtartig das Weite suchen läßt.

Stoffwechsel: Alle Vorgänge bei Menschen, Tieren und Pflanzen, die notwendig sind, um die Körperfunktionen aufrechtzuerhalten und um Körpersubstanz aufzubauen (z.B. durch Aufnahme von Energie, Vitaminen oder Spurenelementen aus Lebensmitteln und Umbau und Verwertung in den Zellen).

Störche: Eine Familie von großen Stelzvögeln. Zu ihr gehören der **Schwarzstorch** und der **Weißstorch** mit seinem weißen Gefieder, schwarzen Flügelenden, rotem Schnabel und roten Beinen. Er lebt in wasserreicher Umgebung und frißt Frösche, Schlangen und kleine Nagetiere. Sein Nest baut er gerne auf dem Hausdach, wenn man dort als Nisthilfe ein Wagenrad anbringt. Schon im August sammeln sich die Störche Westeuropas, um ihren 6000 km weiten Flug in die Winterquartiere nach Mittelafrika gemeinsam zu unternehmen; die Störche aus Mittel- und Osteuropa fliegen über die Dardanellen und Palästina nach Südafrika.

Stottern: Eine Sprechstörung, bei der Silben oder Wörter mehrmals wiederholt werden und sich die Atemmuskulatur verkrampft. Stottern hat sehr oft seelische Ursachen und kann mit der Zeit (z.B. auch durch verständnisvolle, geduldige Zuhörer) überwunden werden.

Stilleben

Strauße: Flugunfähige Laufvögel mit schwarzem oder grauem Gefieder. Sie werden bis zu 3 m hoch und bis zu 150 kg schwer und sind damit die größte lebende Vogelart. Ein einziges **Straußenei** ist so groß wie 40 Hühnereier zusammen. Verschiedene Straußenhennen legen bis zu 40 Eier in ein gemeinsames Erdnest. Strauße leben in Afrika, sie werden dort sogar in Farmen gezüchtet. Daß sie ihre Köpfe in den Sand stecken sollen, wenn Gefahr naht, ist ein Märchen.

Strauß

Streichinstrumente: Bezeichnung für die →Saiteninstrumente, die mit einem Bogen angestrichen werden.

Streik: Die Arbeitsniederlegung vieler Arbeiter oder Angestellter für eine bestimmte Zeitdauer, um damit Verbesserungen durchzusetzen (z.B. mehr Lohn, weniger Wochenarbeitsstunden). Streiken ganze Wirtschaftszweige eines Landes, so wird dies **Generalstreik** genannt.

Streß: Die Reaktion des Körpers auf eine starke Überbeanspruchung (z.B. Hitze, Lärm, Prüfungsangst, harte Arbeit unter Zeitdruck). Dann werden bestimmte Körperfunktionen beschleunigt, es wird mehr Adrenalin (ein →Hormon) ausgestoßen, was dazu führt, daß das Herz schneller schlägt und sich die Blutgefäße (Adern) verengen. Hält Streß über einen langen Zeitraum an, so wird der Mensch krank davon.

Studio: Arbeitsraum eines Fotografen, Malers oder anderen Künstlers; bei Film, Fernsehen und Rundfunk besonders eingerichtete und gegen Außenlärm abgedichtete Räume für Aufnahmen.

Sucht: Die körperliche und/oder seelische Abhängigkeit von Medikamenten, Alkohol, Drogen und Giften (wie →Nikotin), aber auch von Tätigkeiten (z.B. Glücksspiel am Spielautomaten).

Südamerika: Der südliche Teil des amerikanischen Doppelkontinents ist über die Landbrücke von Panama mit →Mittelamerika verbunden. Er mißt an seiner breitesten Stelle über 5000, von Norden nach Süden (Kap Horn) 7600 km. Entlang der ganzen Westseite verlaufen die →Anden mit Gipfeln von über 6000 m (Aconcagua 6958 m), östlich daran schließen sich große Beckenlandschaften wie das Amazonas-Tiefland an, und schließlich folgen mittelgebirgige Regionen (Brasilianisches Bergland, Guayana). Im größten Teil Südamerikas herrscht tropisch-feuchtheißes Klima. Hier erstreckt sich auch das größte zusammenhängende Regenwaldgebiet der Erde. Vor allem in den Anden leben noch Nachkommen der indianischen Urbevölkerung, in den restlichen Regionen ist die Bevölkerung stark gemischt. Im 16. Jahrhundert wurde sozusagen ganz Südamerika von den Europäern (Spaniern und Portugiesen) erobert.

Südpol: Der südlichste Punkt der Erde, in dem, wie beim →Nordpol, alle Längenkreise zusammentreffen und die Erdachse schneiden. Der Kontinent am Südpol heißt →Antarktis. Als erster Mensch drang der norwegische Polarforscher Roald Amundsen (im Wettrennen

Südamerika: Indianische Urbevölkerung vor der Eroberung durch die Europäer

mit dem Engländer Robert Falcon Scott) im Jahr 1911 bis zum Südpol vor.

Südamerika: Titicacasee

Südsee: Bezeichnung für den Südwesten des Pazifischen Ozeans (mit der Inselwelt Ozeaniens).

Südsee: Frauen auf Tahiti

Südwestfunk: Eine deutsche Rundfunkanstalt, die ihren Sitz in Baden-Baden hat und mit SWF abgekürzt wird. Weitere bekannte Rundfunkanstalten sind ARD und ZDF.

Suezkanal

Suezkanal: Ein 195 km langes Bauwerk, das das Mittelmeer mit dem Roten Meer verbindet. Es ist heute 365 m breit und 20 m tief. Der Suezkanal wurde im letzten Jahrhundert von Ferdinand de Lesseps erbaut und 1869 eingeweiht.

Sumerer: Bewohner der Gegend um →Babylon. Sie lebten hier schon im 4. Jahrtausend vor Christus; die Stadtfürsten von Ur übernahmen von 2070 bis 1950 vor Christus die politische Führung über ganz Babylonien. Die Sprache der Sumerer wurde in →Keilschrift überliefert.

Summe: So nennt man einen bestimmten Geldbetrag. Aber auch das, was beim Zusammenzählen mehrerer Beträge herauskommt (= Ergebnis einer Addition) erhält diese Bezeichnung.

Sumpf: Ein mit Wasser gesättigter Untergrund, in den man beim Betreten versinkt. Er ist häufig mit Wasserpflanzen überwuchert.

Surfen: Wellenreiten auf einem Brett, mit oder ohne Segel.

Süßwasser: So nennt man Gewässer, die im Gegensatz zum Meereswasser nur unmerklich wenig Salz enthalten. Die **Süßwasserfische** können nur in solchen Gewässern leben, andere Arten haben sich auf das Salzwasser der Meere spezialisiert.

Sylvester: Der letzte Tag in einem Jahr (31. Dezember). Er wurde nach dem heiligen Papst Silvester I. benannt. Die Schreibweise Silvester ist ebenfalls verbreitet. Um Mitternacht wird mit Freunden und Bekannten auf das Neue Jahr angestoßen und es werden Vorsätze für das kommende Jahr gefaßt. Dabei werden Böller und Raketen abgefeuert.

Symbol: Sinnbild. Ein Gegenstand oder ein bedeutungsvolles Zeichen, das stellvertretend für etwas nicht oder nur schwer Darstellbares verwendet wird. So gilt z.B. die Lotosblume als Symbol für die Reinheit, das Kreuz als Symbol für die Erlösung.

Sympathie: Zuneigung, Wohlwollen; ein positives, offenes Gefühl jemandem gegenüber, den man **sympathisch** findet.

Symptom: Ein Anzeichen, Warnzeichen oder Merkmal, das auf etwas (insbesondere eine Krankheit) hindeutet. Wenn man z.B. Kopfweh hat, des öftern niesen und husten muß, ist dies meist ein Zeichen dafür, daß eine Erkältung oder Grippe naht. Bauchschmerzen auf der rechten Seite lassen auf eine Blinddarmentzündung schließen.

Synagoge: Das Versammlungshaus der →Juden, die sich dort zum Gottesdienst und zu anderen religiösen Veranstaltungen treffen.

Synonym: Darunter versteht man ein gleichbedeutendes oder sinnverwandtes Wort. Die beiden Wörter „Ende“ und „Schluß“ haben z.B. die gleiche Bedeutung und sind somit **synonym**. Sie können in einem Text ausgetauscht werden, das heißt „Schluß“ kann an Stelle von „Ende“ stehen und umgekehrt.

Syntax: Satzlehre. Sie beschäftigt sich mit all dem, was mit dem Bau eines Satzes zu tun hat. Die Stellung der Wörter ist für sie ebenso von Bedeutung wie die verschiedenen Satzarten.

Szene: Handlungseinheit in einem Film oder Theaterstück; bestimmtes Milieu, z.B. Musikszene.

T

Tabak: Eine Pflanze, die zuerst von den Indianern Mittel- und Südamerikas angebaut wurde. Sie wurde von den spanischen Seefahrern nach Europa gebracht. Tabak enthält →Nikotin und wird als Zigaretten-, Pfeifen- oder Zigarrentabak verwendet.

Tabelle: Auflistung von Zahlen und anderen Informationen in verschiedenen Spalten nebeneinander.

Tachometer: Geschwindigkeitsmesser, z.B. im Auto oder am Fahrrad. Er gibt an, wie schnell man fährt (meist in km/h, das heißt in Kilometern pro Stunde).

Taifun: Verwüstender Wirbelsturm in den Küstengebieten Asiens.

Takelage: Die Masten und Segel eines Schiffes; dabei kann die **Takelung**, nämlich die Art und Weise, wie die Segel gespannt sind, unterschiedlich sein (z.B. quer zum Schiff, längs zum Schiff usw.).

Talisman: Glücksbringer, z.B. in Form eines Medaillons.

Talsperre: →Staudamm.

Tandem: Fahrrad, auf dem zwei Personen hintereinander sitzen und in die Pedale treten (der Vordermann lenkt).

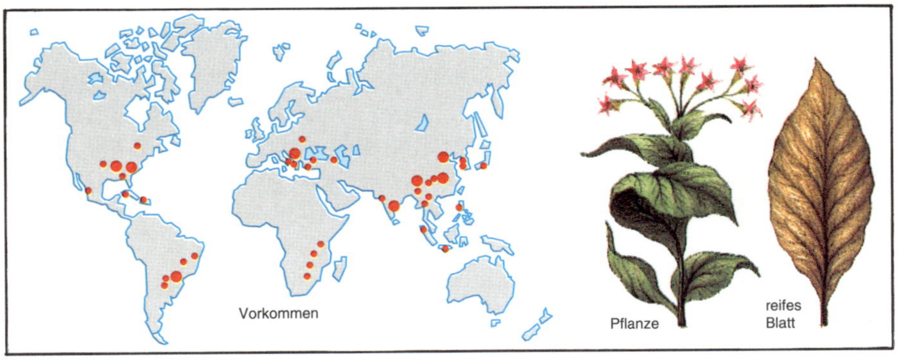

Tabak

Tanker: Besonders ausgerüstete, sehr große Schiffe zum Transport von Flüssigkeiten, vor allem von Erdöl oder Gas. Zur Sicherheit sind Tankschiffe in viele Quer- und Längsabteilungen aufgeteilt. Wenn so ein Schiff jedoch brennt oder nach einem Unglück auseinanderbricht, droht große Gefahr für die Umwelt (Ölpest). Der größte Tanker kann 563 000 Tonnen transportieren.

Taranteln: Spinnen im Mittelmeerraum, die bis zu 5 cm lang werden, mit stark behaartem Körper. Sie gehen nachts auf Insektenfang und haben ein starkes Gift, das auch bei Menschen Entzündungen hervorruft (aber nicht tödlich ist).

Takelage

Tarantel

Taschengeld: Kleinere Geldbeträge, die man regelmäßig von den Eltern erhält. Es ist ganz wichtig, daß man über sein Taschengeld wirklich frei verfügen kann; denn damit soll man ja lernen, mit Geld umzugehen. Wer seiner Meinung nach viel zu wenig Taschengeld bekommt, kann sich beim Jugendamt über die dem Alter angemessenen, empfohlenen Beträge erkundigen und seine Eltern vielleicht noch umstimmen.

Tasteninstrumente: Musikinstrumente, bei denen die Töne durch Tasten ausgelöst werden, z.B. Klavier.

Tastsinn: Bei Tieren und bei Menschen die Fähigkeit, Berührungen wahrzunehmen und z.B. Gegenstände zu erfühlen. Das Sinnesorgan des Menschen ist hierfür die Haut, an Händen und Fingerspitzen ist der Tastsinn am besten ausgebildet. Manche Tiere tasten z.B. auch mit ihren Barthaaren (Tasthaaren, z.B. bei der Katze), mit Fühlern oder Tentakeln. Auch manche fleischfressenden Pflanzen haben Tasthaare – bei Berührung schnappen sie zu.

Tau: Niederschlag, der sich nach der nächtlichen Abkühlung der Temperatur in Form von Wassertröpfchen an der Erdoberfläche (Pflanzen, Gegenständen) absetzt. Das geschieht immer dann, wenn die Luft nicht mehr Wasser aufnehmen kann, als in ihrem Wasserdampf schon enthalten ist. Tau wird auch ein dickes Seil genannt (**Schiffstau**).

Taubstummheit: Eine Stummheit, die trotz gesunder Sprechorgane entstanden ist, weil ein Kind von Geburt an taub ist und deshalb nicht weiß, wie sich die einzelnen Laute und Wörter anhören. In **Taubstummenschulen** lernen die Kinder das Sprechen, indem sie Laute von den Lippen ablesen. Ihr Sprechen hört sich zwar etwas merkwürdig und verzerrt an, aber wenn man sich Mühe gibt, kann man ganz gut verstehen, was sie sagen.

Tausendfüßer: Höchstens 680 Beine hat man bei diesen Gliederfüßern gezählt, von denen es weltweit 10 000 verschiedene Arten gibt. Zu ihnen gehören auch die **Hundertfüßer**. Ihr langer Körper ist in so viele Segmente (Ringe) unterteilt, wie sie Beinpaare haben. Am Kopf haben sie Fühler, Beißzangen und manchmal auch Giftdrüsen, mit denen sie ihre Beute töten.

Team: Gruppe mit verschiedenen (Fach-) Leuten, die gemeinsam und gleichberechtigt an einer Sache arbeiten. Diese Form der Zusammenarbeit wird auch **Teamwork** genannt.

Tee: Schon im 3. Jahrtausend vor Christus hat man in China die Teepflanze angebaut. Aus ihren Blättern wurden zuerst Arzneimittel gemacht, dann – ab dem 1. Jahrtausend nach Christus – das belebende Getränk. Erst seit dem 17. Jahrhundert kennt man die Sitte des Teetrinkens auch in Europa – die Engländer haben die Teepflanze aus Indien mitgebracht. Wie der →Kaffee, so enthält auch Tee Koffein. Nach der Ernte werden die Blätter der Teepflanze gerollt, fermentiert (gären gelassen) und getrocknet. **Kräutertee** enthält kein Koffein, wird je nach Sorte auch als Heilmittel verwendet und ist ein sehr gesundes Getränk.

Teeplantagen

Telefax: Ein Kopiergerät, das an die Telefonleitung angeschlossen ist. Schiebt man hier einen Brief hinein, so wird er elektronisch abgetastet und kommt in Sekundenschnelle beim angewählten Empfänger (der auch ein Telefaxgerät haben muß) an.

Telefon: Fernsprecher mit einer Mikrofon- und Hörerkapsel. Er wurde 1869 von Philip Reis und 1875 von Alexander Bell erfunden. Das →Mikrofon verwandelt die ins Telefon gesprochenen Laute (mechanische Schwingungen) in elektrische Schwingungen, beim angewählten Gesprächspartner werden die elektrischen Schwingungen im Hörer wieder in die Laute umgewandelt. So kann man sich über zehntausend und mehr Kilometer weit miteinander unterhalten. Kürzere Telefonverbindungen werden über Telefonleitungen übertragen – Gespräche von Kontinent zu Kontinent über →Satellit.

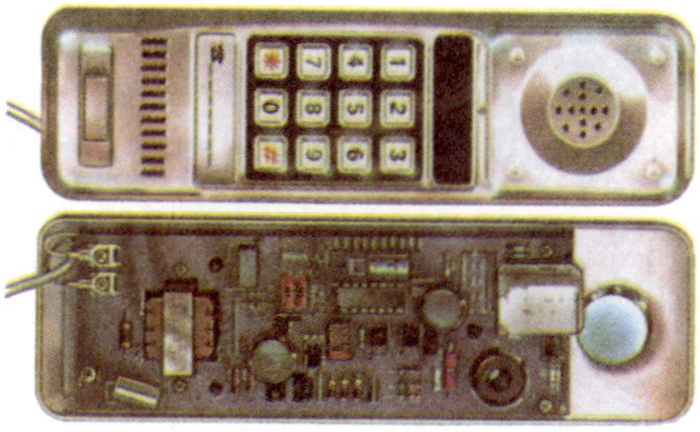

Telefon

Telegrafie: Die (heute auch drahtlose) Übermittlung von Nachrichten über weite Entfernungen mit elektrischen Signalen, die am Empfangsort aufgezeichnet oder abgehört werden können. Dazu gehört z.B. das →Morsen, aber auch das Versenden von Nachrichten (Briefen) über Telexmaschinen (sie werden mehr und mehr durch →Telefax abgelöst).

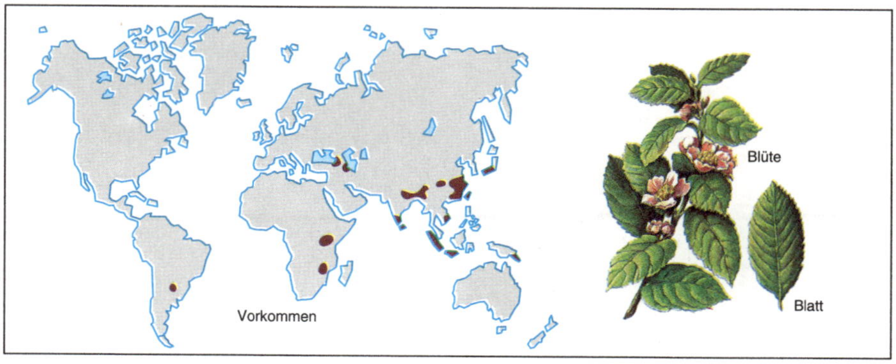

Tee

Telegramm: Eine kurze schriftliche Nachricht, die von der Post zugestellt wird. Das ist dann nützlich, wenn der Empfänger nicht über Telefon erreichbar, die Nachricht aber sehr dringend ist.

Teleobjektiv: Ein Aufsatz für die Kamera, in dem bestimmte optische Linsen so angeordnet sind, daß weit entfernte Gegenstände nah „herangezogen“ werden und groß gefilmt oder fotografiert werden können.

Teleskop: Fernrohr, mit dem man ganz besonders stark vergrößern kann. Es wird meist zur Beobachtung des Sternenhimmels eingesetzt. Manche Teleskope arbeiten statt mit Linsen mit (zum Teil riesigen) Spiegeln (**Spiegelteleskop**), andere können Radio- oder Röntenstrahlen aus dem Weltall auffangen (**Radioteleskop**).

Telex: Fernschreiben, →Telegrafie.

Tempel: So werden im allgemeinen die Gotteshäuser und Anbetungsstätten anderer Religionen als des Christentums genannt (z.B. griechische oder buddhistische Tempel).

Tempel in Thailand

Temperament: Ausdruck für eine bestimmte Wesensart oder Gemütsveranlagung. Jemand mit „viel Temperament“ ist sehr aktiv und lebendig, bewegunsfreudig, „feurig“ usw.

Temperatur: Das Maß für den Wärmezustand der Umgebung (Luft) oder eines Gegenstandes. Die Temperatur wird nach verschiedenen Skalen gemessen (→Celsius, →Fahrenheit, →Kelvin). Tiere und Menschen sind zum Spüren der Temperatur mit dem Wärme- und Kältesinn (beim Menschen in der →Haut, Mund- und Nasenschleimhaut) ausgestattet. Manche Tiere, z.B. die →Schlangen, reagieren viel empfindlicher auf Wärme als die Menschen, weil sie so ihre Beute aufspüren.

Tennis: Ballspiel für zwei oder vier Spieler, bei dem der Ball mit einem Tennisschläger nach bestimmten Regeln über ein Netz geschlagen wird. Das berühmteste Tennisturnier findet jedes Jahr einmal in Wimbledon (England) statt. Seit den großen Erfolgen von Steffi Graf und Boris Becker ist Tennis bei uns ein sehr beliebter Breitensport geworden.

Tennis

Tentakel: Tastorgane (Fühler) oder Fangarme und Fangfäden bei vielen Tieren. Damit werden Beutetiere aufgespürt oder eingefangen.

Termiten: Gelbhalstermite

Termiten: Das sind Insekten, die wie die →Ameisen einen Staat bilden (sie sind aber nicht mit den Ameisen verwandt!) und in tropischen und subtropischen Gebieten verbreitet sind. An der Spitze der Arbeiter und Soldaten stehen ein König und eine Königin. Ihr steinharter Bau aus Erde, Kot und Speichel, der **Termitenhügel**, ist bis zu 7 m hoch. Termiten ernähren sich vorwiegend von Holz: Sie höhlen Holzhäuser, Baumstämme oder Möbel von innen derart aus, daß nur eine Außenhaut

Tentakel

stehenbleibt, bis sie zusammenfällt. Der größte Feind der Termiten ist der →Ameisenbär.

Terrarium: Spezialbehälter oder ganzes Gebäude zum Halten von Kriechtieren und Lurchen.

Terror: Gewaltsames Handeln, mit dem Angst und Schrecken verbreitet werden sollen; ein **Terrorregime** ist eine Schreckensherrschaft. Unter **Terrorismus** versteht man von bestimmten Gruppen (**Terroristen**) besonders organisierten Terror, um damit bestimmte Ziele zu erreichen.

Terzett: Musikstück für drei Singstimmen.

Tetanus: Wundstarrkrampf. Er wird durch Bakterien ausgelöst, die über kleinste Hautöffnungen in den Körper eindringen. Tetanusbakterien sind überall in der Erde verbreitet, deshalb ist es wichtig, daß man sich gegen die tödliche Infektion (führt zu Atemlähmung) impfen läßt und den Impfschutz regelmäßig auffrischt.

Teufel: Die erdachte Gegengestalt zu einem guten, göttlichen Wesen; die Verkörperung des Bösen. Der Teufel wird auch **Satan** genannt.

Theater: Die Geschichte des Theaters begann, als die alten →Griechen zu Ehren des Weingottes Dionysos Feste veranstalteten; zum „Festprogramm" gehörten unter anderem Trinkgesänge, die von einem Chor vorgetragen wurden. Daraus entwickelten sich die →Komödie und die →Tragödie. Außer dem Chor traten nun auch Schauspieler (meist mit Masken) auf. Die Vorführungen fanden in einem eigens in Athen hierfür erbauten Theatron statt, das über 40 000 Zuschauern Platz bot.

Theater: Bühnenbild für ein Kindertheaterstück

Heute zählen zur Theater- oder Bühnenkunst alle darstellenden Künste wie Schauspiel, Ballett, Oper und Operette. Manche Theaterveranstaltungen finden in festlichem Rahmen statt (z.B. Opern), es gibt aber auch kleine und kleinste Theater (sowie Kinder- und Jugendtheater), in die man hineingehen kann wie ins Kino.

Thermen: Die Badeanstalten der alten Römer.

Thermometer: Geräte zum Messen der →Temperatur. Oft ist darin ein kleines Glasröhrchen, in dem – bei steigender Temperatur – →Quecksilber aufsteigt. Moderne **Fieberthermometer** zeigen die Temperatur auch schon digital (mit Ziffern) an.

Thermostat: Gerät, das die Temperatur (z.B. bei der Wohnungsheizung) automatisch regelt. Man braucht nur die gewünschte Temperatur einzustellen.

Thing: Volks- und Gerichtsversammlung der alten →Germa-

Tiefsee: Die Tierwelt paßt sich der Dunkelheit an (Text auf Seite 200)

nen. Sie wurde oft bei Vollmond und an bestimmten, geheiligten Orten abgehalten.

Tiefsee: Meeresgebiete von mehr als 1000 m Tiefe. Stellenweise ist der Meeresboden von über 6000 m tiefen, langen **Tiefseegräben** durchzogen (→Marianen). Die Tierwelt hat sich diesen Tiefen besonders angepaßt. So leben in Meerestiefen von bis zu 4000 m die **Tiefseeanglerfische**: Sie locken mit ihrer „Laterne", einem Leuchtorgan über ihrem mit spitzen Zähnen bewehrten Maul, ihre Beute an. Einige haben auch riesig große Teleskopaugen, um die Dunkelheit zu durchdringen. Ab etwa 7500 m gibt es keine Fische mehr, aber noch manche Weichtiere, Korallen oder niedere Krebse. Pflanzen können in den lichtlosen Tiefen nicht leben (nur bis etwa 200 m Tiefe als →Algen).

Tiere: So nennt man alle Lebewesen, die ihre körpereigenen Stoffe, im Gegensatz zu den →Pflanzen, nicht selbst aufbauen können, sondern hierfür auf „fertige" pflanzliche oder tierische Nahrung angewiesen sind. Man kennt heute etwa 1,2 Millionen verschiedene Tierarten – 500 Millionen sollen aber schon ausgestorben sein. Bedrohte Tiere unterliegen dem →Naturschutz, während sich der **Tierschutz** darum bemüht, daß Tiere nicht gequält und daß sie artgerecht gehalten werden. Tierschützer engagieren sich auch gegen unnötige **Tierversuche** (bei denen z.B. die Wirkungen und Nebenwirkungen von Kosmetikartikeln ausprobiert werden).

Tiere: Jagdhund

Tiere: Ausgestorbene Saurier

Tiere: Wandelndes Blatt

Tiere: Laubfrosch

Tiger: Königstiger

Tiger: Die größte lebende Großkatzenart mit dem gestreiften („getigerten") Fell kommt in Asien und Südostasien vor (nicht aber in Afrika). Das Raubtier wird bis zu 2,80 m lang. Es streift vor allem nachts alleine durch das Dickicht und schleicht sich lautlos an seine Beute an. Die meisten Tigerarten, z.B. der bengalische **Königstiger**, sind von der Ausrottung bedroht.

Tintenfische: Man nennt diese Weichtiere, von denen einige Arten (mit Armen) bis zu 20 m lang werden können, auch **Kopffüßer**, denn Kopf und Fuß sind miteinander zu einem Stück verschmolzen. An ihren acht oder zehn Fangarmen befinden sich Saugnäpfe, ihre Augen sind auffällig groß. Tintenfische bewegen sich durch Rückstoß vorwärts, sie leben räuberisch, und bei Gefahr stoßen sie eine dunkle Flüssigkeit aus (die Tinte, mit der schon die alten Griechen auf Papyrus geschrieben haben). Zu den Tintenfischen gehören auch die →Kraken.

Tischtennis: Es wird auf einer Tischplatte gespielt, in deren Mitte ein niedriges Netz gespannt ist. Zwei Spieler oder zwei Paare müssen versuchen, den kleinen, leichten Ball mit dem Schläger nach bestimmten Regeln so über das Netz zu spielen, daß die Gegenpartei ihn nicht (richtig) zurückschmettern kann. Fehler werden der anderen Partei als Punkte gutgeschrieben, bei 21 Punkten ist ein Spiel beendet.

Tod: So nennt man das völlige Erlöschen sämtlicher Lebensfunktionen bei Menschen, Tieren und Pflanzen. Durch das Altern und die Abnutzung der Organe sind der Lebenszeit jedes Menschen natürliche Grenzen gesetzt. Viele Menschen sterben aber auch vorzeitig durch schwere Krankheit oder Unfall. Der Tod eines geliebten Menschen löst tiefe Trauer aus, die man nicht verdrängen, sondern ausleben soll; in vielen Religionen tröstet man sich über den Tod mit dem Gedanken hinweg, daß die Seele in irgendeiner Form trotzdem weiterlebt und daß das Sterben in gewisser Weise auch eine Erlösung bedeutet. In der Natur gehören Leben und Vergehen ganz eng zusammen.

Todesstrafe: Eine in manchen Ländern noch heute durchgeführte Strafe für schwere Verbrechen durch Erhängen, Erwürgen, Erschießen, durch elektrischen Stromschlag, Köpfen, Gift und andere Methoden.

Tollwut: Eine fast ausnahmslos tödliche Infektionskrankheit, die durch Viren ausgelöst wird und das zentrale Nervensystem (Gehirn und Rückenmark) entzündet. Die Tollwut wird von lebenden, aber auch von verendeten Wildtieren (z.B. Fuchs) übertragen. Tiere, die ihre natürliche Scheu vor dem Menschen verloren haben, und in freier Natur gefundene Tierkadaver darf man deshalb auf gar keinen Fall anfassen (schon über winzigkleine Hautwunden kann der Erreger in den eigenen Körper eindringen).

Tonne: 1000 Kilogramm.

Torf: Abgestorbene, nur zum Teil zersetzte Pflanzenreste im →Moor.

Tornado: Wirbelsturm in Nordamerika.

Totes Meer: Abflußloser Salzsee im Jordangraben. Sein weiter sinkender Wasserspiegel liegt 400 m unter (!) dem Meeresspiegel. Das Tote Meer wird vom Jordan gespeist und ist sehr stark salzhaltig (bis 31 Prozent).

Tour de France: Das schwierigste und bekannteste Rennen für Radrennprofis. Es führt über mehr als 20 Etappen und endet in Paris.

Tournee: Gastspiel-Rundreise im Showgeschäft (z.B. Sänger, Musik- oder Theatergruppen).

Trabant: Begleiter eines Planeten, d.h. ein Himmelskörper, der wie unser →Mond um einen Planeten kreist. Unser Mond wird deshalb manchmal **Erdtrabant** genannt.

Transparent: Durchsichtig, durchscheinend.

Traum: Jeder Mensch (und sogar höherentwickelte Tiere) hat während des Schlafens in einer Nacht drei bis sechs Träume, die bis zu 40 Minuten lang dauern können. Dabei werden unverarbeitete Eindrücke des vorangegangenen Tages, aber auch längst vergessene Geschehnisse in Phantasievorstellungen verarbeitet. Der bewußte Verstand ist beim Träumen völlig ausgeschaltet. Werden Menschen mitten im Traum immer wieder geweckt, führt das zu psychischen Krankheiten.

Treibhaus: Gläsernes Gewächshaus, in dem sich die feuchte Luft durch Sonneneinstrahlung leicht erwärmt. Der Begriff **Treibhausklima** wird heute für die Aufheizung der →Atmosphäre durch Schadstoffe in der Luft verwendet.

Trinkwasser: Besonders sauberes Wasser, das vor allem aus dem →Grundwasser entnommen wird.

Trio: Drei Personen, Gruppe von drei Musikern oder Musikstück für drei Instrumente.

Troja: Prähistorische Stadt, die nach den Ortsangaben in den uralten Geschichten Homers (Ilias) 1870 von *Heinrich Schliemann* gefunden und anschließend ausgegraben wurde. Der Sage Homers zufolge fand hier der **Trojanische Krieg** statt (1194-1184 vor Christus). Er wurde durch die Entführung Helenas, der Gattin des Königs von Sparta, durch den trojanischen Prinzen Paris ausgelöst. Nach zehnjähriger Belagerung gelang es den Griechen, mit Hilfe eines großen hölzernen Pferdes (**Trojanisches Pferd**) als „Geschenk" in Troja einzudringen. Die Griechen siegten in der anschließenden Schlacht und zerstörten die Stadt.

Trommelfell: Dünne Haut im →Ohr. Sie überträgt die Schallwellen durch Schwingungen auf die Gehörknöchelchen.

Tropen: Gebiet rund um den Erdball auf beiden Seiten des →Äquators, zwischen den

Tropen

→Wendekreisen. Hier herrscht ganzjährig feucht-heißes **Tropenklima**, es gibt nur zwei Jahreszeiten: →Regenzeiten und „Nichtregenzeiten“ (Trockenzeiten). Die inneren Tropen sind von tropischem →Regenwald bewachsen, darauf folgt zu beiden Seiten die →Savanne.

Tropen: Frosch aus dem Amazonasgebiet

Tropfsteinhöhle: Eine Höhle mit kalkigem Gestein, das durch heruntertropfendes Wasser gelöst und in von der Decke hängenden Stalaktiten oder vom Boden heraufwachsenden →Stalagmiten wieder aufgebaut wird. Nach sehr langer Zeit wachsen diese Zapfen dann in der Mitte zu Säulen zusammen.

Tropischer Regenwald: →Tropen, →Regenwald.

Turnier im Mittelalter

Tuberkulose: Ansteckende Lungenkrankheit (**Tbc**). Die Erreger (Bakterien) können auch Knochen und andere Organe befallen. Früher starben viele Menschen an der „Schwindsucht“ genannten Krankheit, heute gibt es dagegen eine Schutzimpfung.

Tropfsteinhöhle

Tunnel: Tonnenartiges Bauwerk unter der Erde hindurch (als Verkehrsweg durch Berge, unter Flüssen, als U-Bahn-Schacht usw.).

Turbine: Kraftmaschinen, die z.B. Wind- oder Wasserströmung in schnelle Drehungen umsetzen, um dann über einen →Generator elektrischen Strom zu erzeugen.

Turnier: Kampfspiel im →Mittelalter, bei dem die →Ritter auf Pferden gegeneinander antraten und z.B. versuchten, sich gegenseitig aus dem Sattel zu heben oder zu stechen. Heute sind Turniere allgemein sportliche Wettkämpfe (im Schach, beim Fußball, beim Reiten, beim Tennis).

Typhus: Eine ansteckende Infektionskrankheit mit Geschwürbildungen im Darmbereich, die durch Typhusbakterien in verseuchtem Wasser oder Nahrung übertragen wird.

U

U-Bahn: Metro-Eingang

U-Bahn: Untergrundbahn, ein elektrisches Verkehrsmittel in größeren Städten. Damit können je Stunde und Fahrtrichtung bis zu 50 000 Personen gleichzeitig befördert werden. Weil sie so den Straßenverkehr entlasten, sind U-Bahnen sehr umweltfreundliche Verkehrsmittel. Manche U-Bahnen werden heute schon von Computern gesteuert. Die ersten U-Bahnen Europas wurden in London und Paris (**Metro**) gebaut.

U-Boote: Seit dem Ende des 19. Jahrhunderts verwendete Boote, die unter Wasser fahren können. Um untertauchen zu können,

U-Boot

werden bestimmte Kammern des Bootes mit Wasser geflutet, umgekehrt wird beim Auftauchen das Wasser mit Druckluft wieder ausgestoßen. Die großen, teils mit Atomkraft angetriebenen Unterseeboote (bis etwa 170 m lang) werden meist zu militärischen Zwecken eingesetzt, kleinere auch zu Forschungszwecken. Fährt das Boot dicht unter der Wasseroberfläche, kann man die Umgebung durch ein →Periskop beobachten; ansonsten orientiert man sich mit →Radar.

Überschallgeschwindigkeit: Eine Geschwindigkeit, die schneller ist, als der →Schall sich durch die Luft ausbreitet. **Überschallflugzeuge** wie die französische *Concorde* fliegen schneller als 1200 km/h.

UFO: Englische Abkürzung für „nichtidentifiziertes fliegendes Objekt" oder deutsch „unbekanntes Flugobjekt". Immer wieder mal werden am Himmel „fliegende Untertassen" entdeckt – soweit man weiß, handelte es sich bisher aber immer um optische Täuschungen oder natürliche Lichterscheinungen.

Uhr: Es gibt viele Möglichkeiten, das Verrinnen der Zeit zu messen: Zuerst machte man das mit **Sonnenuhren**, die man seit 400 vor Christus bereits mitnehmen konnte (als Reise-Sonnenuhr). Auch **Wasseruhren** wurden schon in der Antike benutzt, während die **Sanduhr** erst im späten Mittelalter bekannt war. Danach war jahrhundertelang neben dem Pendel die Unruh der wichtigste Taktgeber für Uhren. Als Erfinder der ersten **Taschenuhr** gilt Peter Henlein mit seinem „Nürnbergisch Ei"; sie wurde von einer Unruh mit Spiralfeder angetrieben. Heute benutzt man als **Armbanduhr** mehr und mehr die **Quarzuhr** (→Quarz); bei ihr ist gar kein Ticken mehr zu hören. Die Uhrzeit wird entweder mit Zeigern oder aber „digital" mit Ziffern angezeigt. Die höchste Genauigkeit haben Molekül- und **Atomuhren**.

Uhu: Er ist der größte Vertreter der →Eulenvögel und wird bis zu 70 cm hoch. Der Uhu hat seinen Namen von seinem Ruf, den er nachts ertönen läßt. Er nistet in Baumhöhlen und geht nachts auf Jagd: Vor allem Mäuse und kleinere Vögel stehen auf seiner „Speisekarte".

UKW: Abkürzung für **Ultrakurzwelle,** einen bestimmten Frequenzbereich, der für die Übertragung von Rundfunk- oder Fernsehsendungen genutzt wird. Ein anderer Sendebereich beim Radio ist z.B. die Mittelwelle (MW).

Uhr mit Unruh

Ultimatum: Eine allerletzte Aufforderung, etwas Gewünschtes bis zu einem bestimmten Zeitpunkt zu tun. Das Stellen eines Ultimatums ist erpresserisch, weil bei Nichterfüllung der gestellten Bedingungen mit bestimmten Strafen gedroht wird.

Ultraschall: So nennt man einen →Schall, der für das menschliche Ohr nicht mehr zu hören ist – für manche Tiere (z.B. →Delphine und →Fledermäuse) aber sehr wohl. Sehr hilfreich für den Menschen ist der Einsatz von Ultraschall in der Medizin: Im Gegensatz zum →Röntgen kann man mit Ultraschall innere Organe und Vorgänge im Körper sichtbar machen, ohne ihn dabei mit schädlichen Strahlen zu belasten. Jede schwangere Frau kann auf diese Weise ihr Baby auf dem Bildschirm beobachten, das Herzchen klopfen sehen und die Fingerchen zählen – lange bevor es geboren wird. Ultraschall ist aber auch in der Technik ein wichtiges Hilfsmittel: Damit kann man z.B. bei für den Flugzeug- und Raketenbau verwendeten Materialien sonst unsichtbare Bruchstellen und Materialermüdungen sichtbar machen.

Ultraviolett: Bezeichnung für elektromagnetische Wellen, die für das menschliche Auge nicht sichtbar sind. **Ultraviolette Strahlen** werden von der Sonne ausgesendet, sie sind wichtig für die Bildung von Vitamin D (Knochenaufbau!) und bewirken die Bräunung der Haut. Eine längere Bestrahlung des menschlichen Körpers ist jedoch schädlich (→Sonnenbrand).

Umlaut: Die Laute ä, ö, ü

Umwelt: Die gesamte Umgebung, in der Menschen, Tiere und Pflanzen leben. Weil diese Umgebung (Wasser, Luft und Erde) zunehmend durch Schadstoffe verschiedenster Art belastet und geschädigt wird, werden mehr und mehr Maßnahmen für den Schutz unserer Umwelt (**Umweltschutz**) ergriffen. Das geschieht einerseits durch gesetzliche Verordnung und Überwachung, andererseits aber auch durch das verantwortungsvolle Verhalten jedes einzelnen (Verwendung **umweltfreundlicher** Produkte, Mitmachen beim →Recycling, keine Verschwendung von Rohstoffen, Trinkwasser usw). Auch privat organisierte Umweltschutzgruppen haben in den letzten Jahren das **Umweltbewußtsein** vieler Menschen geweckt und gefördert.

Umwelterziehung: Die Umwelt zu schonen und zu schützen, ist heute sicherlich das Anliegen vieler Menschen; denn inzwischen hat wohl auch der Dümmste kapiert, daß der Mensch von der Natur abhängig und deshalb auf eine gesunde Umwelt angewiesen ist. Aber auch das aufgeweckteste Umweltbewußtsein nützt nichts, wenn es am nötigen Sachwissen fehlt. Umwelterziehung wird heute zum Teil bereits an Schulen und Kindergärten gelehrt und durchgeführt; wer mehr für seine Umwelt und die Natur tun will, sollte sich darüber hinaus immer wieder neu „schlau machen“ und informieren.

UNESCO: Sonderabteilung der →UNO, die sich um Schul- und Erziehungsprojekte, um kulturelle Angelegenheiten (z.B. Ausgrabungen uralter Funde) oder um wissenschaftliche Angelegenheiten kümmert.

UNICEF: Das Kinderhilfswerk der →UNO. Es hilft notleidenden Kindern in vielen Staaten der Welt, z.B. durch Impfungen. Diese Organisation erhielt 1965 den Friedensnobelpreis.

Union: So nennt man einen Zusammenschluß oder Bund, z.B. zwischen verschiedenen Staaten.

Universal: Allgemein, rundum, in jeder Beziehung; so ist ein Universal-Lexikon ein allgemeines Lexikon, das also nicht auf einen bestimmten Wissensbereich beschränkt ist.

Universität: Einrichtung für wissenschaftliche Forschung und Lehre. Die **Hochschule** ist der Ort, an dem die Studenten in vielen einzelnen Fachbereichen von Professoren unterrichtet werden. Universitäten gibt es seit dem Mittelalter.

Universum: Das Weltall mit seinen unzähligen Sonnen- und Sternensystemen. So unendlich groß es uns auch erscheinen mag: Nach Aussage der Wissenschaftler soll es doch eine bestimmte (gekrümmte) Form haben. Der Durchmesser soll ungefähr 26 Milliarden Lichtjahre betragen, mit Radio- und Spiegel-→Teleskopen kann man heute bereits 9 Milliarden Lichtjahre weit in den Kosmos „hinein-

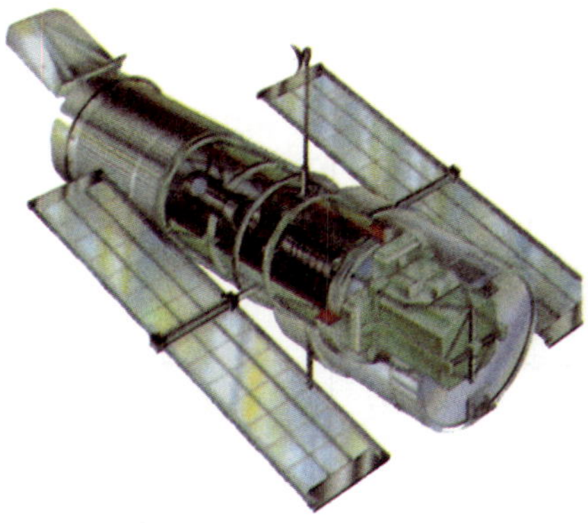

Universum: Riesen-Fernrohr (Teleskop) im Weltall

Universum mit Sternen: „Rote Riesen", „Weiße Zwerge" und ein „Schwarzes Loch" (rechts)

schauen" bzw. „-horchen". Dabei hat man beobachtet, daß alle Sterne und Sternensysteme auseinanderdriften (sich nach außen von einer Mitte weg bewegen). Man nimmt deshalb an, daß vor etwa 13 Milliarden Jahren ein Urknall stattgefunden hat, eine riesige Explosion, durch die das Universum entstanden ist.

Unkraut: Wildwachsende Kräuter, die den vom Menschen angebauten Nutzpflanzen „Konkurrenz machen" und deshalb mit Unkrautvernichtungsmitteln bekämpft werden. Zum sogenannten Unkraut gehören nicht nur die schönsten Wildblumen und Heilpflanzen, sondern vor allem Pflanzen, die bestimmten Tieren (z.B. den Schmetterlingen) Nahrung liefern. Durch das Ausrotten der Wildkräuter verschwinden in der Folge auch viele dieser Tierarten aus unserer Welt.

Unkraut: Klatschmohn

UNO: Vereinte Nationen, auch **UN**. Das ist ein weltweiter, internationaler Zusammenschluß vieler verschiedener Staaten, die sich gemeinsam um die Wahrung des Weltfriedens bemühen und Zusammenarbeit auf allen möglichen Gebieten fördern wollen. Der Hauptsitz der UNO ist in New York.

Ur: Dieses europäische Wildrind, auch **Auerochse** genannt, ist die Stammform der europäischen Hausrinder. Das Ur ist im 17. Jahrhundert ausgestorben.

Urne: Gefäß, in das man Stimmzettel bei Wahlen einlegt; auch ein Gefäß für die Asche Verstorbener.

Urteil: Eine richterliche Entscheidung in einem Gerichtsverfahren über einen bestimmten Sachverhalt. Es kann ein Verfahren beenden (Endurteil) oder nur eine Teilfeststellung sein (Teilurteil).

Urtierchen: →Einzeller, die zwar dem Tierreich zugeordnet werden, aber auch nicht ganz deutlich von pflanzlichen Einzellern unterschieden werden können. Sie bewegen ihren Körper in der sie umgebenden Flüssigkeit mit kleinen Wimpern oder Geißeln fort. Ihre einzige Zelle sorgt für Ernährung, Atmung und Ausscheidung. Die Vermehrung erfolgt durch Zellteilung.

Urwald: Naturbelassener Wald, in den der Mensch nicht eingegriffen hat. Urwald erneuert sich ständig selbst und beherbergt eine sehr artenreiche Tier- und Pflanzenwelt. Ausgedehnte Urwälder sind z.B. der →Regenwald oder Nadelwälder in Sibirien und Kanada.

Utopie: Die Vorstellung und das Sich-Ausmalen einer anderen, neuen Welt mit neuen Lebensformen unter den Menschen. Von Utopie spricht man nur dann, wenn diese Ideen unerfüllbar sind. Als **utopisch** bezeichnet man etwas Wirklichkeitsfremdes.

Wertvolle Wildkräuter wie Heilpflanzen und Wiesenblumen werden oft als „Unkraut" vernichtet

V

Vakuum: Der Zustand in einem geschlossenen Gefäß, dem soviel Luft entzogen wurde, daß hier ein viel geringerer Druck herrscht als außen um das Gefäß herum.
Vampire: Die Menschenblut saugenden Horrorgestalten wie Graf Dracula treiben ihr Unwesen zum Glück nur in Büchern, Comics oder Filmen; begegnet einem aber ein Vampir in Mittelamerika, so ist dieser durchaus echt: Es handelt sich dabei um eine Fledermausart, die sich ausschließlich vom Blut der Säugetiere und Vögel ernährt. Hierfür ist der Gemeine Vampir mit messerscharfen Eck- und Schneidezähnen ausgestattet.
Vatikan: Auf dem Vatikanberg in Rom ist der Wohnsitz des Papstes und die oberste Behörde der katholischen Kirche. Die dort liegende **Vatikanstadt** ist ein kleiner, eigenständiger Staat innerhalb Italiens mit einer eigenen Garde (Schweizergarde), die auch Polizeiaufgaben erfüllt. In der Vatikanstadt kann man den Petersdom mit dem Petersplatz und viele großartige Kirchen und Kunstwerke besichtigen.
Vegetarier: Jemand, der sich vorwiegend von pflanzlichen Stoffen ernährt und auf Fleisch und Fisch verzichtet.
Vegetation: Bezeichnung für das Wachstum von →Pflanzen.
Venen: Im Gegensatz zu den →Arterien diejenigen Blutgefäße, die das verbrauchte Blut zum Herzen zurücktransportieren. Damit das Blut nicht immer wieder nach unten sackt, sind in den Venen kleine Klappen angebracht, die den Rückfluß verhindern.
Ventil: Eine Absperrvorrichtung für Flüssigkeiten und Gase in Rohren, z.B. das Ventil am Fahrradschlauch. Auch jeder Wasserhahn funktioniert wie ein Ventil.
Ventilator: Gerät zum Kühlen, in dem sich ein Propeller ganz schnell dreht und Wind macht.
Venus: Von der Sonne aus gesehen der zweite →Planet unseres Sonnensystems. Je nachdem, ob die Venus westlich oder östlich von der Sonne zu sehen ist, wird sie auch **Abendstern** oder **Morgenstern** genannt. Die Venus dreht sich sehr langsam um sich selbst und – auch noch in entgegengesetzer Richtung – um die Sonne. So dauert ein Venustag 117 Erdtage. Die Venus hat einen Durchmesser von ca. 12 200 m und etwa die gleiche Masse wie die Erde.

Venus

Verbraucher: Jeder braucht Essen, Trinken, Kleidung, jeder braucht und verbraucht Rohstoffe, jeder ist also ein Verbraucher. Als solcher kann man mit seinem Verhalten auch Einfluß auf die Wirtschaft und die Umwelt nehmen. Nur weil die Verbraucher sich beispielsweise mehr und mehr gegen die Verpackungsflut wehrten, werden heute unnötige Umverpackungen im Geschäft zurückgenommen. Die **Verbraucherberatungen** beobachten den Handel und die Industrie besonders kritisch und geben wertvolle Verbrauchertips.

Verbrennung: Motorrad mit Verbrennungsmotor

Verbrennung: Ein Vorgang, bei dem Stoffe unter Wärmeentwicklung chemisch reagieren (→Oxidation). Ist das Oxidationsmittel →Sauerstoff und erreicht ein Stoff seine bestimmte Entzündungstemperatur, so läuft die Verbrennung mit offener Flamme ab. Auch beim →Stoffwechsel im menschlichen Körper läuft eine Verbrennung ab.
Verdauung: Schon in dem Moment, wo uns der appetitanregende Duft von etwas Eßbarem in die Nase steigt, beginnt die Verdauung: Der Speichelfluß vermehrt sich. Er ist wichtig, um die gekauten Speisen die Speiseröhre hinuntergleiten zu lassen. Im →Magen und →Darm wird die Nahrung so weit zerkleinert und mit **Verdauungssäften** durchsetzt, daß der Körper sie in Stärke, Fette und Ei-

weiße zerlegen kann. Unverwertbares wird am Ende wieder ausgeschieden. **Verdauungsstörungen** wie Durchfall oder Verstopfung können vorübergehend sein, bei längerer Dauer aber gefährlich werden.

Verdunstung: Der Übergang eines Stoffes vom flüssigen Zustand (Wasser) in den gasförmigen Zustand (Luft). Ein Wassertropfen, der auf eine heiße Herdplatte fällt, verdunstet und „löst sich in Luft auf". In der Natur findet Verdunstung ständig statt (z.B. die Verdunstung des Wassers der Ozeane, die zur Wolkenbildung führt, →Regen).

Vererbung: Alle Erbinformationen, die von den Eltern über die Gene in den →Chromosomen an ihre Kinder schon ab dem Moment der →Befruchtung weitergegeben werden (→Gen). Dazu gehören beispielsweise das Geschlecht, die Haar- und Augenfarbe, der Bau der einzelnen Körperzellen usw. Auch Veranlagungen und Begabungen werden vererbt; ob und wie sie sich im Laufe des Lebens jedoch ausprägen, hängt zusätzlich von den Einflüssen der Umwelt (Erziehung, Förderung von Eigenschaften, Ermutigung oder Unterdrückung) ab.

Verhaltensforschung: Dieser interessante Forschungszweig befaßt sich mit dem Verhalten der Tiere und untersucht Regelmäßigkeiten darin. Ein berühmter Verhaltensforscher ist z.B. Konrad Lorenz.

Verlag: So nennt man ein Unternehmen, das Bücher und Druckwerke herausgibt. Das Wort kommt von „ver-legen" und bezieht sich auf das Vorlegen des Geldes, das benötigt wird, um ein Buch auf den Markt zu bringen.

Versicherung: Ein Unternehmen, das bereit ist, für bestimmte Schäden zu bezahlen, falls man vorher einen Vertrag hierüber abgeschlossen und regelmäßig Versicherungsbeiträge eingezahlt hat. Sehr wichtig ist z.B. eine Haftpflichtversicherung; wenn man als Kind jemand anderem aus Versehen einen Schaden zufügt (z.B. beim Fußballspielen eine Fensterscheibe einwirft), so bezahlt hierfür die Haftpflichtversicherung der Eltern. Es gibt noch Feuerversicherungen, Lebensversicherungen, eine (bei uns gesetzliche) Krankenversicherung und viele mehr.

Vertikal: Senkrecht, also in einer Linie von oben nach unten verlaufend. Das Gegenteil heißt horizontal.

Vertrag: Eine meist schriftliche Vereinbarung. In einem Vertrag wird festgelegt, was zwei Menschen (Firmen, Parteien usw.) wünschen und sich gegenseitig versprochen haben (z.B. Honorar für eine Leistung, die der andere zu erbringen hat). Wichtige Verträge werden von Rechtsanwälten aufgesetzt.

Vesuv: So heißt der Vulkan bei Neapel in Italien. Der Vesuv ist heute noch tätig. Bei einem gewaltigen Ausbruch 79 vor Christus begrub er die Stadt Pompeji unter sich in glutheißer Asche.

Der Vesuv bei Neapel

Unter der festgewordenen Ascheschicht konnten die Leichen nicht verwesen, Häuser, Fresken und andere Kunstwerke blieben über Jahrhunderte unverändert erhalten. Als Pompeji ausgegraben wurde, konnte man so viele Rückschlüsse auf das Alltagsleben der „alten Römer" ziehen.

Verfassung: So nennt man die rechtliche Grundordnung eines Staates. Die Verfassung der Bundesrepublik Deutschland ist das →Grundgesetz.

Viadukt: Brücke über ein Tal oder größere Talabschnitte für Straßen oder Eisenbahnlinien.

Video: Fernsehtechnik, bei der die Bildaufzeichnung magnetisch erfolgt. Mit einem **Videorecorder** kann man selbst Fernsehsendungen aufzeichnen (aufnehmen) und wieder abspielen. Dazu braucht man **Videocassetten**. Es ist auch ganz einfach, mit einer **Videokamera** Aufnah-

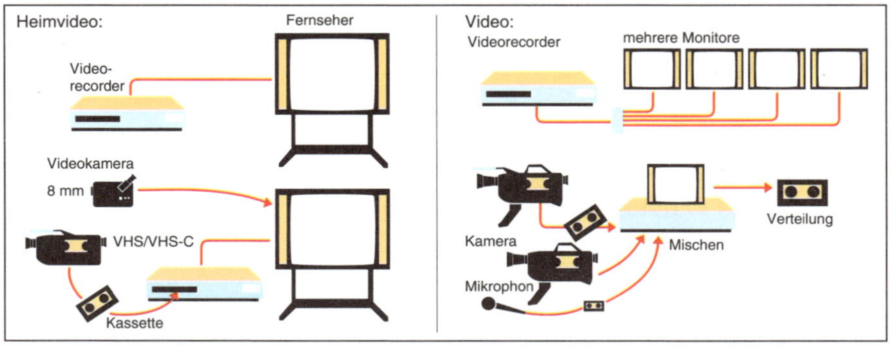

Video

men von der Familie, den Freunden oder der Natur zu machen – in Farbe und mit Ton. Das Ergebnis kann man sich gleich anschließend zu Hause auf dem Fernseher ansehen, ohne einen Film entwickeln zu müssen. Mit **Videotext** erhält man über den Fernseher zusätzliche Informationen (z.B. Wetterbericht, Nachrichten, Untertitel zu einem Film). **Videospiele** sind →Computerspiele.

Vielfraß: Dieser Marder ist zwar ein Allesfresser, sein (deutscher) Name geht aber auf einen Übersetzungsfehler aus dem Norwegischen zurück. Eigentlich heißt das bärenähnlich aussehende braune Pelztier nämlich „Bergkater" (fjeldfross). Es lebt in den nördlichen Gebieten Europas, Asiens und Amerikas, vor allem in der Taiga und Waldtundra, und jagt am Boden kleinere Säugetiere und Vögel; außerdem läßt sich der Vielfraß aber auch pflanzliche Kost schmecken.

Vielfraß

Vierradantrieb: Ausstattung an einem Auto, bei dem der Antrieb auf alle vier Räder einzeln erfolgt. Das hat den Vorteil, daß man in unwegsamem Gelände besser vorankommt. Der Vierradantrieb wird auch **Allradantrieb** genannt.

Viertaktmotor: →Ottomotor.

Vierte Welt: Damit bezeichnet man Länder der →Dritten Welt, die nicht nur unterentwickelt sind, sondern die darüber hinaus auch über keine nennenswerten eigenen Rohstoffe (wie Erdöl, Diamanten, Erze) verfügen. Es sind dies die ärmsten Länder der Welt.

Violine: Geige. Das höchste Streichinstrument mit vier Saiten.

Violine

Vipern: Dies sind Giftschlangen, die ihre Jungen lebend (nicht in Eiern) zur Welt bringen. Man erkennt sie an ihrem dreieckigen Kopf und der senkrecht stehenden Pupille. Die Kreuzotter ist eine Viper.

Viren: Krankheitserreger, die in eine Körperzelle eindringen und dieser ihre Erbinformation einimpfen. Sie bringen damit die befallene Zelle dazu, weitere, gleiche Viren zu produzieren und dabei selbst abzusterben. So werden die Krankheitserreger immer weiter ausgestreut und vermehrt. Viren sind kleiner als →Bakterien und sehen meist stäbchenförmig oder kugelig aus. **Viruserkrankungen** sind z.B. Grippe, Kinderlähmung, Pocken, Mumps und Aids. Gegen einige dieser Krankheiten gibt es Schutzimpfungen.

Visum: Sichtvermerk in einem Reisepaß. Ein Visum ist einfach ein Stempel im Paß der bezeugt, daß man in ein betreffendes Land ein- und eventuell auch wieder ausgereist ist und daß man sich dort für eine vereinbarte Höchstzeit (z.B. drei Monate) aufhalten darf.

Vitamine: Lebenswichtige Stoffe, die vom Körper nicht selbst gebildet werden können, sondern mit der Nahrung aufgenommen werden müssen. Ohne Vitamine würde unser →Stoffwechsel nicht funktionieren. Um von allen Vitaminen ausreichend viele zu bekommen, ist eine abwechslungsreiche, ausgewogene Ernährung nötig. Falsche Ernährung führt zu Vitaminmangelkrankheiten und schweren gesundheitlichen Störungen (z.B. Rachitis bei Mangel an Vitamin D). Manche Vitamine sind fettlöslich (z.B. Vitamin A und E), andere wasserlöslich (z.B. Vitamin B und C). Die Aufnahme von Vitamin D ist auch von ausreichendem Sonnenlicht abhängig.

Vize...: In Wortzusammensetzung mit der Bedeutung „stellvertretend".

Vögel: Entwicklungsgeschichtlich sind die Vögel viel älter als die Säugetiere; sie stammen von den →Reptilien ab und können fast alle fliegen (Ausnahme: Strauße, Pinguine). Ihre vorderen Gliedmaßen sind zu Flügeln umgebildet, ihr Federkleid schützt sie vor Kälte (Vögel haben eine hohe Körpertempera-

Vögel: Der Tukan hat einen riesigen bunten Schnabel

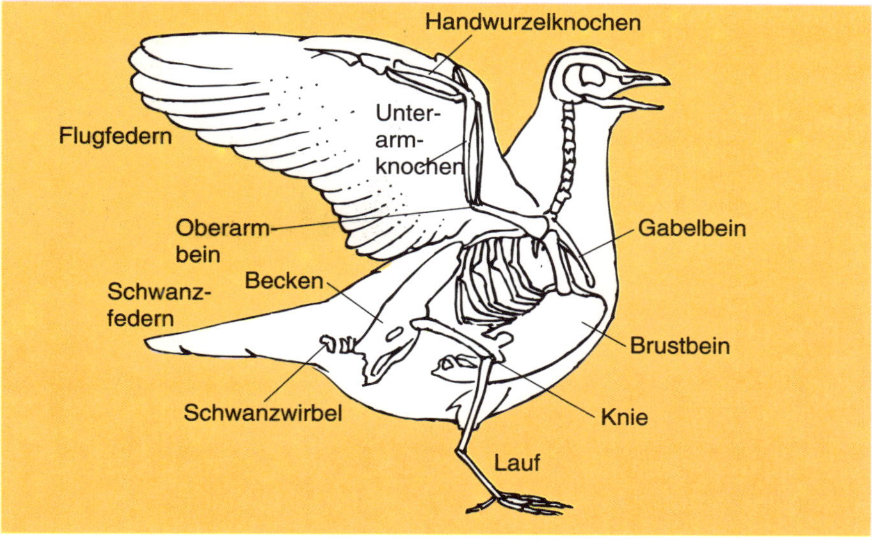

Vogel

tur) und Wasser und ermöglicht ihnen das Fliegen. Alle Vögel legen Eier mit einer Kalkschale, meist in mehr oder weniger kunstvoll gebaute Nester. Die Eier werden oft von Männchen und Weibchen abwechselnd ausgebrütet, bis die Jungen schlüpfen. Manche Jungvögel sind Nestflüchter – sofort selbständig –, andere Nesthocker; diese müssen von ihren Eltern lange und mühsam gefüttert werden, bis sie ihr Nest verlassen können. Das Sehvermögen der Vögel ist im allgemeinen besser als das des Menschen, hören können sie etwa gleich gut, riechen so gut wie gar nicht (Ausnahme: →Kiwi). Viele der Vögel, die wir kennen, verlassen im Herbst die kälter werdenden Gegenden in Scharen und ziehen zum Überwintern in andere Länder (**Zugvögel**, →Vogelzug); die **Standvögel** bleiben das ganze Jahr über an einem Ort. Etwas mehr als 8500 verschiedene Vogelarten leben heute in allen Gebieten der Erde – die kleinsten Vögel sind die →Kolibris, die größten die →Strauße.

Die Vögel entwickelten sich vor den Säugetieren

Vogelschutz: So heißt bei uns der gesetzliche Schutz aller wildlebenden Vögel. Manche Gegenden werden als **Vogelschutzgebiete** ausgewiesen; hier sollen die Brut-, Rast- und Überwinterungsplätze verschiedener Vogelarten völlig ungestört und unberührt bleiben. Örtliche **Vogelschutzvereine** helfen den Vögeln in der näheren Umgebung fachmännisch durch den Bau von Nisthilfen, Säuberung von Bachläufen, Erhaltung kleiner Biotope usw. Hier können auch Kinder aktiv beim Vogelschutz mitmachen. Die **Vogelwarten** dagegen sind wissenschaftliche Einrichtungen. Von hier aus wird das Verhalten der Vögel studiert, mit dem Ziel, bedrohte Arten vor dem Aussterben zu bewahren.

Vogelspinne

Vogelspinnen: Fast handtellergroße, behaarte Spinnen in den Tropen. Sie weben keine Netze, sondern springen ihre Beute aus bis zu 50 cm Entfernung an und töten sie mit Hilfe ihrer Giftklauen.

Vogelzug: Die Fähigkeit eines bei uns geschlüpften Vogels, rechtzeitig vor dem Winter aufzubrechen und ohne Führung älterer Tiere in eine ganz bestimmte, warme Gegend zu fliegen, kommt uns wie ein großes Geheimnis vor: Diese Fähigkeit ist angeboren – so, als wäre die Erinnerung der Elterntiere an die Flugstrecke in den →Chromosomen der Nachkommen gespeichert. Die Zugvögel orientieren sich bei ihrem Flug in den Süden an der Sonne, an den Sternen und sogar am Magnetfeld der Erde.

Vokabeln: Wörter aus einer Fremdsprache, die man erlernt. Das **Vokabular** ist allgemein der Wortschatz (auch der Muttersprache).

Völkerwanderung: So nennt man die gigantische Massenwanderung vieler verschiedener Völker (vor allem der Ost- und Westgermanen) ab dem 4. Jahrhundert nach Christus, als die →Hunnen in Europa einfielen und buchstäblich alles „durcheinanderbrachten“. Denn kaum daß sich ein Volk aufgemacht hatte, um den Hunnen zu entrinnen, übte dieses natürlich auf das Nachbarvolk, in dessen Gebiet es drängte, den gleichen Druck aus. Schließlich war ganz Europa derart aus den Fugen geraten, daß sogar das Römische Reich zusammenbrach. Die Hunnen zogen sich nach dem Tod Attilas (453) zurück. Von den eigenen Königreichen, die die Germanen während der Völkerwanderung gründeten, blieb nur das Frankenreich übrig.

Volkshochschulen: An diesen Bildungseinrichtungen können Erwachsene, aber natürlich auch Kinder Kurse belegen und außerhalb der Arbeits- oder Schulzeit etwas lernen: z.B. Fremdsprachen, Malen, Töpfern, Kochen und vieles andere mehr. Die Lehrgebühr ist meistens recht niedrig.

Volljährigkeit: So nennt man das Alter, ab dem man voll geschäftsfähig ist und ohne besondere Erlaubnis der Eltern alle Lebensentscheidungen selbst treffen darf (in Deutschland z.B. ab 18 Jahren).

Volt: Die Einheit, mit der elektrische Spannung angegeben wird (z.B. auf Batterien).

Voltigieren: Geschicklichkeitsübungen, manchmal sogar freihändig, auf einem galoppierenden Pferd.

Volumen: Rauminhalt.

Vorgeschichte: Der Zeitraum ab dem Beginn der Menschheitsgeschichte, in dem über keinerlei Ereignisse schriftlich berichtet werden konnte. Wie unsere Vorfahren in dieser **prähistorischen** Zeit lebten, können wir heute nur anhand von Funden wie Versteinerungen, Skeletten, Höhlenmalereien oder Gräbern, Schmuck, Waffen und Haushaltsgerät herausfinden. Man sagt auch manchmal **Vorzeit** oder **Frühzeit** dazu.

Vormund: Jemand mit einem einwandfreien Lebenswandel, der für ein Mündel die **Vormundschaft** übernimmt, das heißt für jemanden, der hierzu nicht selbst in der Lage ist, wichtige Entscheidungen trifft, Verträge unterzeichnet und sonstige Rechtsgeschäfte übernimmt.

Vorsorgeuntersuchung: Darunter versteht man eine ärztliche Untersuchung, die nicht deshalb vorgenommen wird, weil man offensichtlich krank ist, sondern um noch „versteckte“ Krankheiten so früh wie möglich zu entdecken. Dazu gehört die Krebsvorsorge bei den Erwachsenen, aber auch der zweimal jährliche Besuch beim Zahnarzt.

Vulkan: Eine Stelle in der Erdkruste, die aufbricht und aus der glutheißes Gestein (→Lava, →Magma), Aschen oder Gase mit großem Druck herausgeschleudert werden. Asche, Lava und Gesteine von Vulkanausbrüchen türmen sich zu einem kegelförmigen Berg auf. Geschieht dies im Meer und wächst der Berg hoch genug, so bildet sich eine **vulkanische Insel**. In der Mitte an der Spitze eines Vulkans ist eine trichterförmige Öffnung (Krater), Lava kann zusätzlich aber auch aus seitlichen Stellen des Vulkankegels austreten. Vulkane, die ihre

Vorgeschichte: Wikingerzeichnung

Tätigkeit als „Feuerspeier“ eingestellt haben, nennt man **erloschene Vulkane**. Der Ausbruch des →Vesuv 79 nach Christus zerstörte die Städte Pompeji und Herculaneum so blitzartig schnell und gewaltsam, daß die Menschen innerhalb von Minuten von Lava und Asche völlig bedeckt waren und nicht mehr flüchten konnten. Unter Luftabschluß haben sich ihre Körper, ihre Häuser, Hausgeräte und Kunstschätze nahezu unversehrt erhalten (Ausgrabungen seit dem 18. Jahrhundert). Wie der Vesuv, ist auch der →Ätna auf Sizilien heute noch tätig.

Vulkanausbruch

Vorgeschichte: Unsere Vorfahren in prähistorischer Zeit

W

Waben aus Wachs dienen als Vorratskammern für Honig

Wachs: Wasserabweisendes, knetbares Material, das von den →Bienen als natürliches **Bienenwachs** zum Bau ihrer **Waben** (den Vorratskammern für ihren →Honig) hergestellt wird. Bei über 40 Grad Celsius beginnt dieses Wachs zu schmelzen. Außer den tierischen gibt es auch pflanzliche Wachse, Erdwachse (als Paraffine im Erdöl enthalten) und künstlich hergestellte Wachse. Man verwendet sie nicht nur für Kerzen, sondern auch zum Polieren, als Grundlage für Salben oder als Dichtungs- und Isoliermittel.

Wadi: Tief eingeschnittenes Trockental in der →Wüste, das von plötzlichen, heftigen Regenfällen geschaffen wurde. Nicht selten hat man von Menschen gehört, die mitten in der Wüste ertrunken sind, weil sie in einem Wadi von Wassermassen überrascht wurden.

Ausgetrocknetes Wadi

Währung: Dasjenige Zahlungsmittel (Geld), das innerhalb eines bestimmten Staates gesetzlich gültig ist. Die **Währungseinheit** (Landeswährung) der Bundesrepublik Deutschland heißt Deutsche Mark (DM), die der Schweiz Schweizerfranken (SFr) und die Österreichs Schilling (ÖS). Die Länder der Europäischen Union (EU) haben sich auf den „EURO" als gemeinsame Währung geeinigt. Viele Wechselkurse für einzelne Währungen richten sich nach dem Wert des amerikanischen Dollar (US-$).

Wald: Größere Fläche aus lokker oder dicht stehenden Bäumen, die mit anderen Tieren und Pflanzen eine Lebensgemeinschaft bilden. Der Wald erfüllt sehr vielfältige und wichtige Aufgaben: Er gleicht Temperatur- und Niederschlagsschwankungen aus, filtert die Luft, hält das Wasser im Boden, schützt vor Wind, Lawinen, Abtragung oder Austrocknung des Bodens, ist Lebensraum für viele verschiedene Tierarten, aber auch Erholungsraum für den Menschen und nicht zuletzt Lieferant von Nutzholz (→Holz). Je nach dem Baumbestand der Wälder werden sie in **Laubwälder**, **Nadelwälder** oder **Mischwälder** unterteilt. Ganz besonders wichtig für das Klima ist der tropische →Regenwald.

Gesunder Laubwald

Waldsterben: →Baumsterben.

Wale: Das sind keine Fische, sondern Meeressäuger. Sie bringen ihre Jungen lebend zur Welt und säugen sie mehrere Monate lang. Man teilt die vielen verschiedenen Walarten (etwa 90) in **Bartenwale** und **Zahnwale** ein: Die letzteren haben, wie der Name schon sagt, Zähne und ernähren sich von Fischen und anderen Meerestieren; zu ihnen gehören die →Delphine, Pottwal, Schwertwal und andere.

Waldsterben

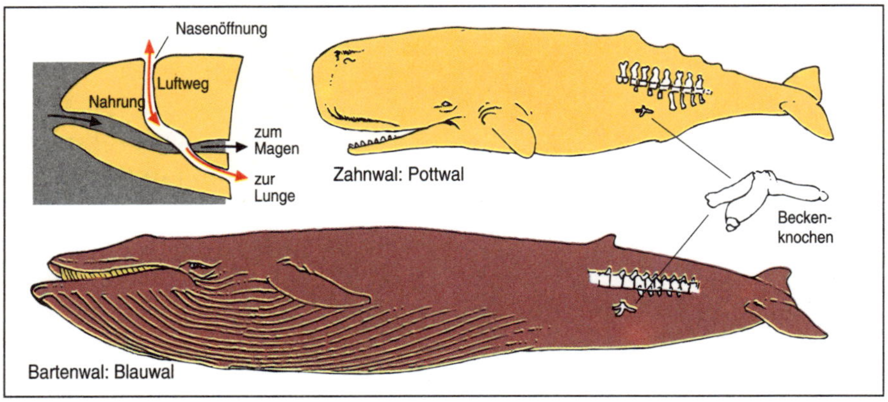

Wale

Weichwanze

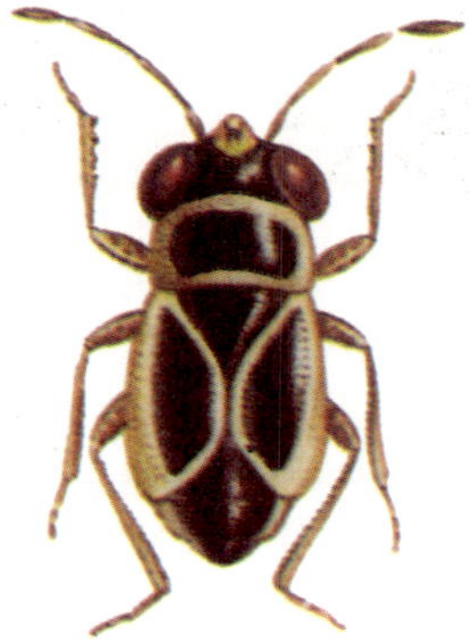

Grillenwanze

Die Bartenwale haben an ihren Kieferseiten ganze Reihen von senkrechten, röhrenförmigen Hornplatten (Barten). Sie füllen ihr Maul mit Wasser und drükken dieses mit der Zunge durch die Barten wieder heraus – verwertbare Nahrung (Kleinstgetier wie Krebse im →Plankton) bleibt innen an dem „Sieb" hängen. Die Bartenwale verständigen sich unter Wasser durch eine Art Gesang, der über 100 km weit zu hören ist. Die auffälligste Art unter ihnen ist der →**Blauwal**, das allergrößte der noch lebenden Säugetiere der Erde. Da auf Wale bisher gnadenlos Jagd gemacht wurde, sind viele Arten vom Aussterben bedroht.

Wale: Blauwal

Walfang

Walroß: Dieser Meeressäuger, der an den Küsten der Polarmeere lebt, sieht mit seinem kleinen, schnauzbärtigen Kopf, den zwei bis zu 1 m langen (!) oberen Eckzähnen und dem tonnenförmigen, dickhäutigen Rumpf sehr urtümlich aus. Er gehört zu den →Robben und ernährt sich vorwiegend von Muscheln. Walrosse können bis 4,50 m lang und über 1000 Kilo schwer werden.

Wandelsterne: Andere Bezeichnung für →Planeten.

Wanzen: Einmal abgesehen von der Gemeinen Bettwanze, sehen die Wanzen mit ihren käferähnlich verhärteten Vorderflügeln sehr hübsch aus. Die Wasserwanzen leben räuberisch, bei ihnen sind die Hinterbeine zu Rudern umgewandelt. Landwanzen sind zum Teil gefürchtete Pflanzenschädlinge; mit ihren Stinkdrüsen wehren sie Feinde ab. Die Bettwanze ist ein →Parasit und saugt Menschenblut.

Wappen: Diese Zeichen kamen „in Mode", als sich die Ritter des Mittelalters im Kampf hinter ihren Schilden versteckten, um sich vor den Angreifern zu schützen. Damit man in der Schlacht wußte, ob man Freund oder Feind vor sich hatte, wurden bunte Zeichnungen auf den Schilden angebracht – meist wiesen sie symbolisch auf den Namen des Schildträgers hin. Heute noch sieht man manchmal **Landeswappen** an den Ländergrenzen, aber auch **Familienwappen** in Siegelringen.

Warmblüter: Lebewesen, deren Blut immer eine gleichbleibend warme Temperatur hat, ganz gleich, wie kalt es außen ist. Beim Menschen beträgt die Körpertemperatur sommers wie winters etwa 37 Grad Celsius (außer bei →Fieber). Die →wech-

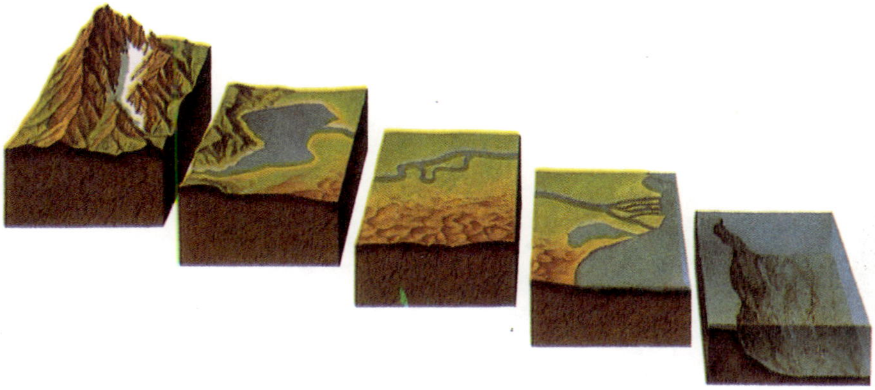

Wasser: Die Binnengewässer fließen zu den Ozeanen ab und werden vom Regen „nachgefüllt"

selwarmen Tiere passen dagegen ihre Körpertemperatur jeweils der Außentemperatur an. Zu den Warmblütern gehören die Säugetiere und die Vögel.

Wärme: Eine Energieform, die in Joule (früher Kalorien) gemessen wird. Sie entsteht durch die Bewegung der Atome und Moleküle eines Stoffes.

Warzen: Wuchernde, hornige Hauterhebungen, die durch Warzenviren ausgelöst und übertragen werden können.

Waschbär: Dieser Kleinbär Nordamerikas hat seinen Namen daher, weil er seine Nahrung vor dem Verzehr zwischen seinen Vorderpfoten reibt und sogar in Wasser wäscht. Der Waschbär ist nachts unterwegs, er frißt sozusagen alles. Der lustig gestreifte, buschige Schwanz der Waschbären ziert so manchen Trapperhut, wegen ihres Fells werden die Waschbären in Farmen gezüchtet.

Wasser: Chemisch gesehen eine Verbindung von zwei Teilen →Wasserstoff und einem Teil →Sauerstoff (H_2O). Ohne Wasser wäre kein Leben auf unserer Erde möglich. Es bedeckt die Erdoberfläche zu knapp drei Viertel (71 Prozent), ist aber auch als **Wasserdampf** in der →Atmosphäre vorhanden.

Der Wasserdampf setzt sich als Tau auf den Pflanzen ab

Wasserfälle: Sie entstehen dort, wo ein deutliches Gefälle in Fluß- oder Bachläufen auftritt. Einer der bekanntesten Wasserfälle der Erde ist der →Niagarafall. Den höchsten Wasserfall – die →Angel Falls in Venezuela – kann man nur vom Hubschrauber aus besichtigen; sie stürzen aus 978 m Höhe steil hinab in die Tiefe.

Wasserkreislauf: Wasser ist nicht nur in den Gewässern, sondern auch in der Luft enthalten. Vor allem über den Ozeanen verdunstet es in Wasserdampf und bildet Wolken, die sich über Land abregnen. Durch die Bäche und Flüsse wird das verdunstete Wasser den Ozeanen wieder zugeleitet.

Wassersport: Alle Sportarten, die im oder auf dem Wasser ausgeübt werden, z.B. Schwimmen, Tauchen, Kanu- und Rudersport, Segeln oder Wellenreiten.

Wassersport: Verantwortung für die Natur

Wasserstoff: Dieses chemische Element wird heute als Energieträger der Zukunft angesehen; Wasserstoff ist ein farb- und geruchloses Gas, das leichteste aller Elemente. Wird Wasserstoff mit Sauerstoff gemischt, so entsteht ein explosives Knallgas. Ähnlich wie ein Benzin-Luft-Gemisch kann man Wasserstoff in

Wasserfall

Wassersport: Surfer macht einen Salto (Text siehe Seite 213)

Wasserkreislauf (Text siehe Seite 213)

einem Ottomotor verwenden und damit Autos antreiben. Dabei entstehen kaum schädliche Abgase, sondern vor allem Wasserdampf. Wasserstoff kann man auch in elektrischen Strom umwandeln.

Wasserwaage: Ein Gerät, mit dem man, z.B. beim Heimwerkern, eine waagerechte oder senkrechte Linie an der Wand ermitteln kann. Die Wasserwaage ist ein langer Stock, in den mehrere mit Wasser gefüllte, durchsichtige Röhren eingelassen sind. Sitzt die Luftblase beim Geradehalten des Stockes genau in der Mitte, so hat man die Waagrechte gefunden.

Watt: Die nach **James Watt** benannte Einheit der Leistung. Auch der Teil des Meeresbodens, der bei →Ebbe und Flut entweder vom Meereswasser umspült wird oder trocken liegt. Die Tierwelt im Wattenmeer ist besonders vielfältig (z.B. Würmer, Muscheln, Krebse, Fische, Vögel und Seehunde).

Watvögel: Zu diesen meist sehr hochbeinigen Vögeln zählen viele geschützte Arten, weil ihre Verbreitungsgebiete (Sümpfe, Moore und Feuchtlandschaften) immer kleiner werden. Zu den Watvögeln gehören z.B. die Schnepfenvögel, Regenpfeifer und Austernfischer.

Webervögel: Diese Vögel mit den langen Schmuckfedern am Schwanz haben sich von Afrika und Südasien zum Teil auch in Europa verbreitet. Sie können mit ihrem Schnabel ganz besonders kunstvolle Beutel- oder Kugelnester weben (daher der Name).

Wechselwarme Tiere: Anders als die →Warmblüter passen die Wechselwarmen ihre Körpertemperatur der jeweiligen Umgebung an: Ist es draußen kalt, kühlt ihr Körper ebenfalls ab. Kriechtiere oder Lurche sind wechselwarm.

Wegwerfgesellschaft: Bezeichnung für die Lebensform in modernen Industriegesellschaften, bei der sich der Kreislauf von Produktion – Verbrauch – Wegwerfen – neu Kaufen anscheinend immer schneller wiederholt. Daß man wertvolle Rohstoffe nicht einfach wegwerfen muß, zeigt das Stichwort →Recycling.

Weichmacher: Chemische Stoffe zum Weichmachen von Wasser, aber auch von Kunststoffen. Gelangen diese Weichmacher in den Magen, so werden sie dort von der Magensäure aufgelöst. Man darf daher auf gar keinen Fall in weiche Kunststoffspielzeuge beißen und versehentlich ein Stückchen runterschlucken – sonst hat man später einen harten, unverdaulichen Klumpen oder sogar eine tödliche Spitze im Magen.

Weichtiere: Ein Tierstamm mit sehr vielen verschiedenen und sehr formenreichen Arten (etwa 125 000). Es sind allesamt Wirbellose; zu ihnen gehören zum Beispiel die →Schnecken, die →Muscheln oder hochentwickelte Kopffüßer wie die →Tintenfische.

Weihnachten: Zur Zeit der Wintersonnenwende – am 24./25. Dezember – feiern die

Christen das Fest der Geburt von Jesus Christus. Während man das Fest schon seit Jahrhunderten kennt, ist der Brauch, eine Tanne als Weihnachtsbaum aufzustellen, nicht mehr als hundert Jahre alt.

Wein: Aus Traubensaft oder Most gegorenes, alkoholisches Getränk. Weintrauben wurden schon im 4. Jahrtausend vor Christus in Mesopotamien und am Nil angebaut. Über Griechenland und Italien verbreitete sich der Wein im 1. Jahrtausend vor Christus nach Frankreich und wurde von dort durch die Römer bis an Rhein und Mosel gebracht.

Weisheitszähne: Die hintersten Backenzähne des Menschen. Sie wachsen meist erst nach dem sechzehnten Lebensjahr.

Weitsichtigkeit: Fehler des →Auges, durch den weitentfernte Dinge gut sichtbar sind, nahe Gegenstände aber nicht klar erkannt werden. Die Weitsichtigkeit kann man durch Tragen einer Brille oder durch Kontaktlinsen ausgleichen.

Wellenlänge: Wie die →Frequenz ein wichtiges Unterscheidungsmerkmal für elektromagnetische Welle. Man faßt die verschiedenen Wellenlängen zu größeren Bereichen zusammen, zum Beispiel **Langwellen** (Lw), **Mittelwellen** (Mw), **Kurzwellen** (Kw), **Ultrakurzwellen** (Ukw), →Mikrowellen, →Infrarot oder →Ultraviolett.

Weltall: →Universum.

Weltkriege: So nennt man Kriege, die viele Staaten und Völker der Erde umfassen und die auf verschiedenen Kontinenten ausgetragen werden. Der Krieg von 1914-1918 wird der **Erste Weltkrieg** genannt. Der **Zweite Weltkrieg** dauerte von 1939-1945 und begann mit dem Überfall Polens durch die deutsche Wehrmacht unter Adolf Hitler.

Weltwunder: →Sieben Weltwunder.

Wendekreise: So nennt man die beiden →Breitenkreise auf der Erdkugel, über denen die Sonne am 21./22. Juni (Sommersonnenwende) beziehungsweise am 21./22. Dezember (Wintersonnenwende) senkrecht steht. Die Wendekreise haben die geographische Breite 23° 27′.

Werbung: Jeder, der etwas zu verkaufen hat, will (und muß) dies natürlich seinen möglichen Kunden auch bekanntgeben. Ein Mittel, das betreffende Produkt – ein Getränk, eine Versicherung, ein Auto beispielsweise – gut herauszustellen, ist die Werbung. Werben kann man in Zeitungen und Zeitschriften, in Radio und Fernsehen, auf Plakaten und öffentlichen Werbeflächen. An sich ist nichts Schlechtes daran, daß eine Firma um Käufer wirbt. Werbung verspricht aber manchmal etwas mehr, als das Produkt dann halten kann, und sie verführt regelrecht zum Kaufen (auch wenn man das Produkt eigentlich gar nicht braucht), indem sie einem vormacht: „Wenn du dieses und jenes Ding hast, siehst du groß und stark aus, bist du beliebt, mögen dich die anderen mehr als sonst usw." Soviel Spaß es auch macht, die phantasievolle Werbung von heute anzusehen – seinen kritischen Verstand sollte man sich davon nicht abschalten lassen.

Wespen: Viele Arten dieser Insekten, zu denen auch die Hornissen gehören, bilden wie die Bienen oder Ameisen Insektenstaaten. Ihre runden, grauen Nester sehen aus, als wären sie aus Pappe gefertigt; sie bestehen aus Holz, das die Arbeiterinnen mit ihren Kauwerkzeugen zerkleinert und mit Speichel vermischt haben. Wespen ernähren sich räuberisch von anderen Insekten, aber auch von Obst, Fleisch oder süßen Speisen; ihr Giftstachel sitzt am Hinterleib.

Gemeine Wespe

Wetter: So nennt man das Zusammenspiel von Wind, Luftfeuchtigkeit, Temperatur usw. in der →Atmosphäre. Durch regelmäßige Messungen und Beobachtungen, z.B. von **Wetterstationen** und von **Wettersatelliten** aus, ist es möglich, das Wetter vorauszusagen. Auf einer **Wetterkarte** werden alle wichtigen Beobachtungsergebnisse eingetragen und von den **Wetterdiensten** ausgewertet. Die Wetterkunde wird wissenschaftlich **Meteorologie** genannt.

Wetterleuchten: Eine Leuchterscheinung am Nachthimmel, die von weit entfernten Blitzen bzw. Gewittern herrührt.

Wiederkäuer: Pflanzenfresser wie z.B. Rinder, Kamele, Giraffen oder Hirsche, die ihre Nahrung nach dem Hinunterschlucken im Magen vorverdauen, dann wieder in den Mundraum zurückpressen, noch mal kauen und schließlich fertigverdauen.

Wiesenbrüter: Vogelarten, die die Wiesen, welche ab und zu überschwemmt werden, als Lebensraum benötigen. Zu diesen Vögeln gehören der Weißstorch und der Große Brachvogel.

Wikinger: →Normannen.

Bug eines Wikingerschiffes

Wild: So nennt der Jäger alle „wild" (frei) lebenden Tiere wie z.B. Rehe, Hirsche und Hasen, die außerhalb von Schonzeiten und unter bestimmten gesetzlich festgelegten Bedingungen gejagt werden dürfen.

Wild

Wind: Mehr oder weniger heftige Bewegung größerer Luftmassen. Wind entsteht immer dann, wenn zwei Gebiete von unterschiedlichem Luftdruck nebeneinanderliegen; von dort, wo ein stärkerer Druck vorherrscht, strömt die Luft in das Gebiet mit niedrigerem Luftdruck. Wegen der Drehung der Erde um ihre eigene Achse weht der Wind nie genau „geradeaus", sondern in riesigen Wirbeln, die auf der Wetterkarte gut zu erkennen sind. Die Windstärke wird in Metern pro Sekunde gemessen, aber auch nach einer besonderen Skala in Graden von 1 bis 17 angegeben. Schon seit vielen Jahrhunderten nutzt man die Kraft des Windes, z.B. bei →Segelschiffen oder Windmühlen. **Windenergie** wird heute in modernen **Windkraftwerken** in elektrische Energie umgesetzt. Ist z.B. bei der Wettervorhersage von Windrichtung die Rede, so ist damit immer die Himmelsrichtung gemeint, aus der der Wind weht.

Windmühle

Windkanal: Eine Versuchsanlage, in der die „Windschnittigkeit" eines Fahrzeugs getestet wird. →Aerodynamik.

Windpocken: Eine ansteckende Kinderkrankheit mit Fieber und wäßrigen Bläschen. Wenn man diese aufkratzt, können häßliche Narben zurückbleiben.

Windrose: Eine Scheibe, auf der die Himmelsrichtungen eingetragen sind (z.B. beim →Kompaß).

Winterschlaf: Viele Säugetiere, z.B. Hamster, Igel und Fledermäuse, verfallen im bzw. rechtzeitig vor dem Winter in einen schlafähnlichen Zustand: Dabei verringert sich ihre Körpertemperatur sehr stark, ihr Herz schlägt langsamer, und statt wie sonst ständig fressen zu müssen, werden jetzt Fettreserven des Körpers aufgezehrt.

Wintersport: Alle Sportarten, die man in Eis und Schnee ausführt; dazu gehören z.B. Eislauf und Eiskunstlauf, Skilaufen, Langlauf oder Trickskifahren.

Wirbelsäule: Die verknöcherte Stütze im Rücken der Wirbeltiere und des Menschen. Sie besteht aus vielen einzelnen Wirbeln, zwischen denen, sozusagen als „Stoßdämpfer", die Bandscheiben angebracht sind. Durch die Wirbelsäule verläuft das Rückenmark, der wichtigste Nervenstrang; er leitet die Reize zum Gehirn bzw. von dort zu den Körperteilen.

Wolf: Diese Vorfahren unserer Hunde waren früher in Europa massenhaft verbreitet; sie wurden von den Menschen der Steinzeit gezähmt und zu Haustieren gemacht. Heute leben

Wolf

Wolken: Haufenwolken bei Schönwetterlage

Wölfe noch in Alaska, Kanada und Teilen Rußlands. Sie hetzen ihre Beute im Rudel. Unter Wölfen herrscht eine ganz klare Rangordnung, das stärkste Tier wird von Wissenschaftlern Alpha-Tier genannt.

Wolken: Sie entstehen, wenn genügend feuchte Luft – zum Beispiel durch Aufsteigen aus Bodennähe in größere Höhen – abkühlt. Dabei kondensiert der Wasserdampf, d.h. die vorher fein verteilte, unsichtbare Feuchtigkeit der Luft verwandelt sich nun in Tröpfchen. Größere Ansammlungen solcher Wassertröpfchen oder auch Eiskristalle sind dann als Wolken sichtbar: die weißen Eiswolken in den oberen „Stockwerken" des Himmels sehen flockig und ausgefranst aus, die tiefhängenden Regenwolken dagegen grau und dicht. Wenn die Wassertropfen der Wolken ganz dick und schwer geworden sind, regnen sie zur Erde herab.

Wolkenkratzer: Die ersten Hochhäuser der Welt wurden schon etwa 1880 in Chicago gebaut. Dort steht der Sears Tower, das höchste Bürogebäude der Welt: Es erreicht mit seinen 110 Stockwerken eine Höhe von 443 m. Über 100 Fahrstühle befördern die mehr als 16 000 Menschen, die hier arbeiten, zu ihren Büros.

Wolle: Schafzucht

Wolle: Ein tierisches Produkt, das z.B. von Schafen, Kamelen oder Lamas stammt.

Wüste: Gebiete, in denen nur sehr wenige oder gar keine Pflanzen wachsen – z.B. wegen Wassermangels (Trockenwüsten), aber auch wegen ständiger großer Kälte (Kältewüsten, Eiswüsten). Zum Teil verursachen die Menschen selbst die „Ver-Wüstung" großer Landstriche, wenn sie Bäume abholzen, die mit ihren Wurzeln das Wasser im Boden halten.

Wüste: Kamele werden als „Wüstenschiffe" bezeichnet

Wüstenfuchs: Der Fennek ist die kleinste Fuchsart. Dafür hat er auffällig große Ohren. Er jagt nachts nach kleinen Lebewesen.

Wolkenkratzer

Wüstenfuchs

X/Y/Z

Xylophon

Xylophon: Musikinstrument, bei dem Holzstäbe oder Holzplatten mit verschiedener Tonhöhe angeschlagen und so zum Klingen gebracht werden.
Yak: Ein asiatisches Rind mit sehr langem, zottigem Fell. Es wird im Himalaya als Last-, Reit- und Haustier gehalten und kann in Höhen bis zu 4000 m aufsteigen. Das Yak wird auch Grunzochse genannt; es wird fast zwei Meter hoch.
Yard: Längenmaß, das z.B. in Großbritannien verwendet wird. 1 yd entspricht 91,44 cm.
Yoga: Übungen, die unter anderem zur völligen Körperbeherrschung führen sollen; das setzt auch eine große geistige Konzentration voraus. Yoga (auch: Joga) ist eigentlich keine Sportart, sondern eine Philosophie, die vor vielen Jahrhunderten in Indien entwickelt wurde.
Zahlen: Sie dienen als Bezeichnung für eine bestimmte Menge von zählbaren Dingen (z.B. 3 Skateboards, 16 Meter Seide usw.). Mit den **Ziffern** von 0 bis 9 kann man jede erdenkliche Zahl ausdrücken.
Zähne: Der Mensch hat normalerweise 32 Zähne im Mund. Nach den Milchzähnen wachsen die bleibenden Zähne; will man diese jahrzehntelang gesund erhalten, muß man sie dreimal täglich drei Minuten lang putzen; zweimal im Jahr sollte man außerdem zum Zahnarzt gehen. Ausgesprochene „Zahnkiller“ sind Süßigkeiten und zuckerhaltige Getränke; sie führen zu Zahnfäule (Karies), weil sie sich im Mund in Säure verwandeln und den harten Zahnschmelz angreifen. Ungenügendes Zähneputzen kann außerdem dazu führen, daß sich (wegen der Bakterien) das Zahnfleisch entzündet.

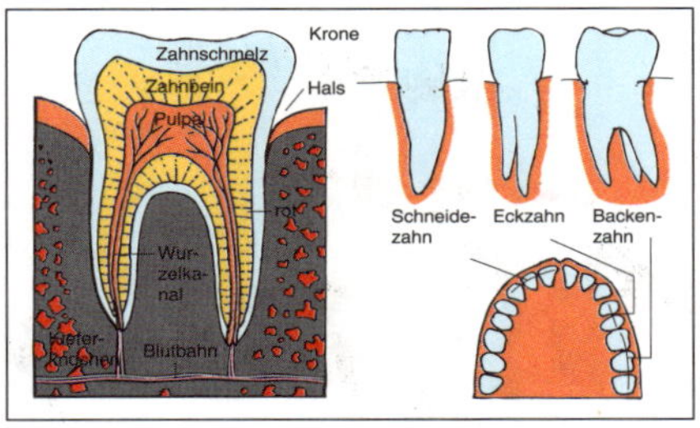

Zahn

Zahnrad: Ein Rad, dessen Zacken („Zähne“) die Drehbewegung einer →Achse auf eine zweite Achse bzw. ein zweites Zahnrad übertragen. Das zweite Zahnrad dreht sich im Vergleich zum ersten immer in entgegengesetzter Richtung.
Zahnradbahn: Eisenbahn, die steil bergauf fahren kann, weil sie auf einer Zahnstange aufsitzt, in die Zahnräder greifen.

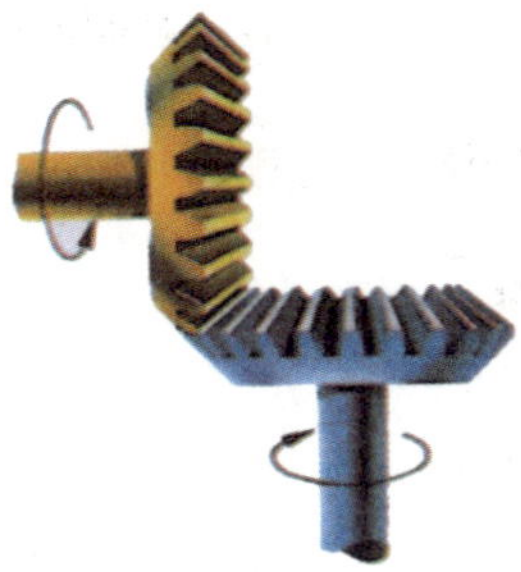

Zahnräder

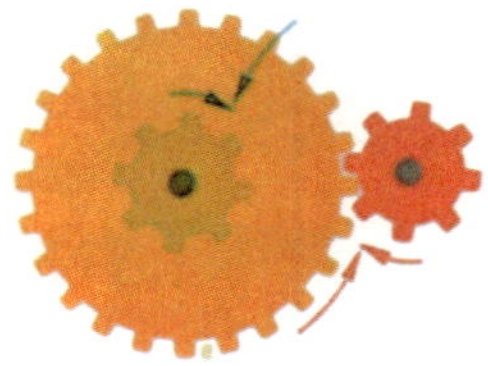

Zahnräder

Zahnwale: Diese →Wale sind Raubtiere: Man erkennt sie, wie der Name schon sagt, an ihren kegelförmigen Zähnen. Damit zerkleinern sie ihre Beute (Fische). Zu den Zahnwalen zählen →Delphine, Schnabel-, Pott- und Gründelwale.
Zar: Alter slawischer Herrschertitel, ähnlich wie →Kaiser. Peter der Große war ein berühmter russischer Zar.
Zebras: Wegen ihrer auffälligen Zeichnung nennt man diese Tiere auch „Tigerpferde“. Zebras sind nur in Afrika zu Hause, sie leben wie die Wildpferde in größeren Herden zusammen. Die Streifen der Zebras sind übrigens schwarz (bzw. dunkel), während die Grundfarbe ihres Fells weiß (bzw. hell) ist.

Zebras sind Herdentiere

Zebrastreifen: Auffällige Markierung auf den Straßen an den Fußgängerüberwegen. Autofah-

Zebras: Ihre Grundfarbe ist hell, die Streifen sind schwarz

rer sollen dort die Fußgänger vorlassen. Trotzdem muß man an Zebrastreifen die Straße genauso vorsichtig überqueren wie anderswo; am besten, man nimmt Blickkontakt mit einem herannahenden Autofahrer auf; so kann man erkennen, ob der Fahrer einen gesehen hat und anhalten will oder nicht.

Zecken: Diese wenige Millimeter großen Spinnentiere lassen sich von Bäumen oder Sträuchern auf Säugetiere und Menschen herabfallen, durchbohren mit ihrem Stechrüssel die Haut und saugen dann Blut in ihren Hinterleib. Sie können besonders im Frühsommer eine gefährliche Hirnhautentzündung übertragen. Dagegen gibt es eine wirksame Impfung, die jeder Kinderarzt durchführen kann.

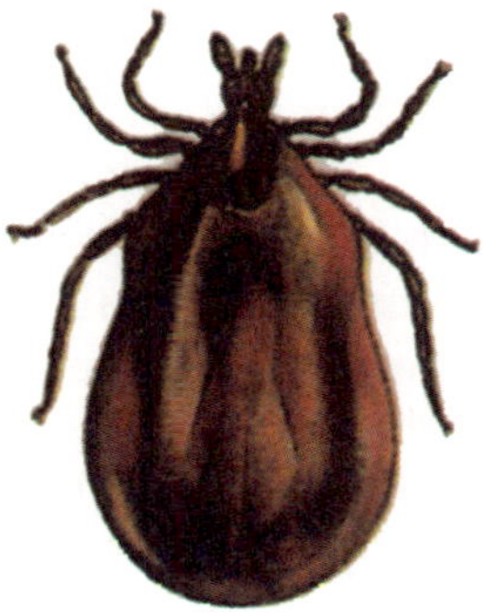

Zecke

Zehn Gebote: Grundlegende Regeln des Christentums für das Zusammenleben der Menschen untereinander. Dem →Alten Testament der Bibel zufolge wurden die Gebote dem Moses am Berg Sinai von Gott überreicht.

Zehnkampf: Dies ist der schwerste Mehrkampf für Herren in der Leichtathletik; er besteht aus 100-, 400- und 1500-m-Lauf, Weitsprung, Kugelstoßen, Hochsprung, 110-m-Hürdenlauf, Diskuswerfen, Stabhochsprung und Speerwerfen und wird an zwei Tagen hintereinander ausgetragen.

Zeichentrickfilm: Oft sind Hunderte von Zeichnern – oder auch Computer – an der Herstellung eines Zeichentrickfilms beteiligt; denn jede Bewegung, die man im Film sieht, besteht in Wirklichkeit aus vielen einzeln gezeichneten Bildern, die von Spezialkameras Stück für Stück aufgenommen und später mit 24 Bildern pro Sekunde abgespielt werden. Der bekannteste Pionier und zugleich unerreichte Meister des Zeichentrickfilms ist *Walt Disney.*

Zeit: Mit diesem Begriff wird das gleichmäßige Weitergehen, das Vorangehen und Vergehen von Dingen und Ereignissen ausgedrückt. Wir messen die Zeit zum Beispiel nach Jahren, Monaten, Wochen, Tagen, Stunden und Sekunden. Die **Uhrzeit** an verschiedenen Orten der Welt richtet sich nach der **Zeitzone,** in der man sich gerade befindet. Diese Zeitzonen wurden eingerichtet, weil die Sonne ja nicht überall gleichzeitig auf der Erde ihren Höchststand erreichen kann. So ist es zum Beispiel in Bangkok bereits 18 Uhr abends, wenn es bei uns (im Winter) 12 Uhr mittags ist. Um Energie zu sparen und weil es im Sommer morgens früher hell wird, wurde zu der **Winterzeit** auch noch eine →**Sommerzeit** eingerichtet; deshalb werden im Frühjahr alle Uhren um eine Stunde vorgestellt.

Zeitlupe: Schnelle Bewegungsabläufe kann man mit diesem filmischen Verfahren ganz langsam zeigen. Man läßt dazu während der Filmaufnahme den Film schneller durch die Kamera laufen als gewöhnlich. Beim Abspielen des Films wählt man aber wieder die normale Geschwindigkeit. Zeitlupenaufnahmen sieht man oft bei Fernsehberichten über ein Sportereignis (z.B. Zieleinlauf). Der **Zeitraffer** funktioniert genau umgekehrt.

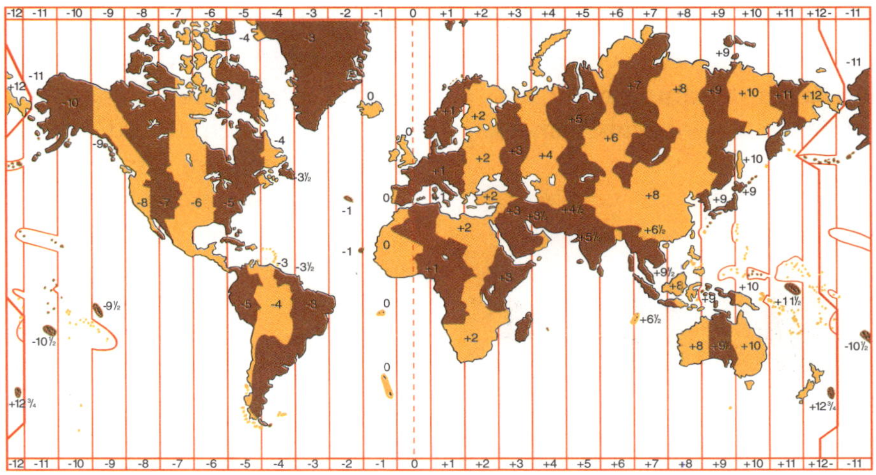

Zeitzonen

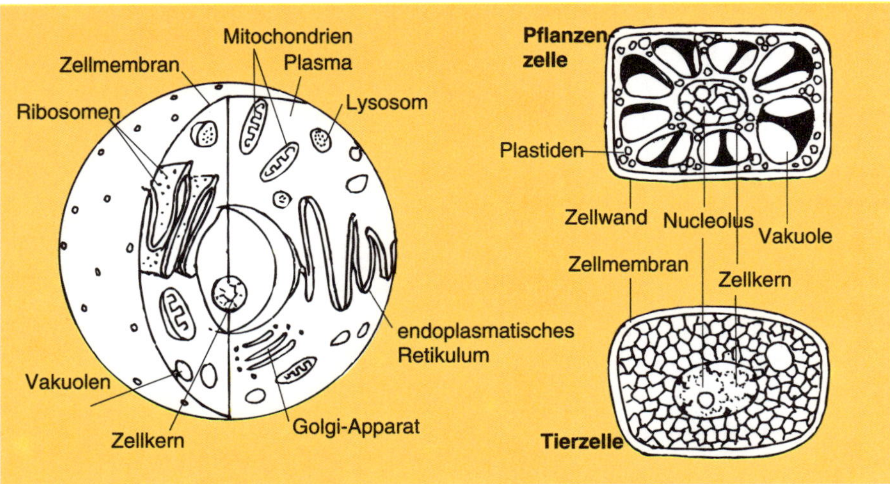

Zelle

Zeitung: Täglich oder wöchentlich erscheinendes Nachrichtenblatt. Eine Zeitung berichtet über aktuelle Geschehnisse in der Welt oder in der näheren Umgebung. Hier findet man auch Werbung, Stellenanzeigen, Rubriken wie „Gesucht und Gefunden" oder das Kinoprogramm.

Zellen: Dies sind die kleinsten Einheiten innerhalb von Organismen oder aber auch selbständige Lebewesen (Einzeller). Letztere haben einen eigenen Energie- und Stoffwechsel und können sich durch Zellteilung selbst vermehren. Die Erbinformation der Zellen sitzt im Zellkern. Der menschliche Körper setzt sich aus vielen verschiedenen Zellen zusammen, die alle auf besondere Aufgaben spezialisiert sind (z.B. Muskelzellen, Nervenzellen, Haarzellen, Hautzellen).

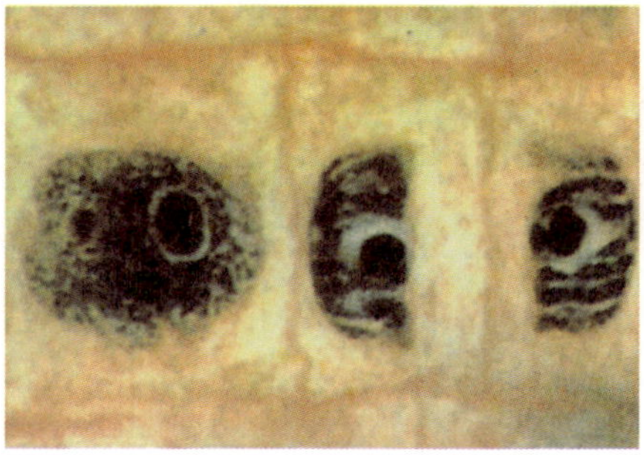

Zellen: Zellteilung

Zenit: Höchststand der Sonne.

Zentner: Altes, aber noch häufig verwendetes Gewichtsmaß. Ein Zentner entspricht 50 Kilogramm, ein Doppelzentner sind 100 Kilo.

Zentral: Auf eine Mitte, ein →Zentrum bezogen; auch: besonders wichtig, im Mittelpunkt stehend.

Zentrales Nervensystem: Es wird von →Gehirn und Rückenmark gebildet – den Stellen des Körpers, an denen alle Informationen, die von den frei verlaufenden Nerven übermittelt werden „zentral" zusammenlaufen.

Zentrifuge: Eine Maschine, die einen geschlossenen Behälter sehr schnell dreht und die man dazu benutzt, gemischte Stoffe oder Flüssigkeiten zu trennen und in ihre einzelnen Bestandteile zu zerlegen. Durch die Zentrifugal- oder Fliehkraft werden die schweren Teilchen nach außen an den Rand der Zentrifuge geschleudert, während die leichteren in der Mitte bleiben.

Zentrum: Mitte.

Zeppelin: Im Jahr 1900 startete das erste lenkbare Starrluftschiff LZ 1, das Ferdinand Graf von Zeppelin konstruiert hatte, – seitdem werden diese „fliegenden Zigarren" nach ihm benannt. Zeppeline sind mit Gas gefüllt und werden mit einem Propeller-Motor angetrieben. Die Passagiere sitzen in einer Gondel.

Zepter: Neben der Krone ein Herrschaftszeichen der Kaiser und Könige. Der Herrschaftsstab entwickelte sich ursprünglich aus dem Speer, den der Anführer einer Gruppe trug.

Zeremonie: Besonders feierliche Handlung nach alten, überlieferten Formen, z.B. bei der Krönung eines Königs oder bei einer kirchlichen Trauung.

Zeuge: Jemand, der bei einer Aussage öffentlich bezeugt, was er gehört oder gesehen hat, z.B. ein **Unfallzeuge.**

Zeugnis: Nicht nur Schüler bekommen am Ende eines Schuljahres ein Zeugnis, in dem über die einzelnen Leistungen berichtet wird. Arbeitnehmer erhalten ein **Arbeitszeugnis,** wenn sie ihre Stelle wechseln. Allzu große **Zeugnisangst** sollte man nie haben; denn nicht allein die Schulleistungen sagen etwas über den „Wert" und die Fähigkeiten eines Menschen aus. Viele tolle Leistungen, die man vollbringt, werden ja in keinem Zeugnis berücksichtigt. Und außerdem: Selbst Einstein soll miserable Noten gehabt haben …

Zeus: Der oberste Gott der griechischen Sagenwelt – bei den Römern wurde er Jupiter genannt.

Zigeuner: Weltweit gehören etwa 20 Millionen Menschen diesem Wandervolk an, dessen Heimat ursprünglich wahrscheinlich in Indien lag. Sie haben eine eigene Sprache und bezeichnen sich selbst als Roma oder Sinti.

Zinsen: So nennt man einen bestimmten Prozentsatz an Geld, den man bezahlen muß, wenn man Geld leiht, oder den man erhält, wenn man eigenes Geld z.B. einer Bank zur Verfügung stellt. Wie hoch der Zinsbetrag letztendlich ist, hängt nicht nur von der Geldsumme, sondern auch von der Zeitdauer ab.

Zirkel: Ein Zeichengerät mit einer Spitze und einem Zeichenstift, mit dem man genau runde Kreise zeichnen kann.

Zitrusfrüchte: So nennt man die Früchte der Zitruspflanzen, wie Zitronen, Orangen, Pampelmusen oder Grapefruits. Sie sind alle besonders saftig und Vitamin-C-reich.

Zitterfische: Diese Fische besitzen an ihrem Rumpf oder Schwanz elektrische Organe (Scheiben oder Platten); damit können sie bis zu 500 Volt starken Strom erzeugen. Sie betäuben oder töten ihre Beute damit, oder sie schützen sich selbst vor Angreifern. Zu den elektrischen Fischen gehören z.B. der **Zitteraal** und der **Zitterrochen.**

Zivilisation: Das planvolle, gut organisierte Zusammenleben in einer menschlichen Gemeinschaft. Technischer oder medizinischer Fortschritt oder die Förderung von Kunst und Kultur, aber auch wohlgeordnete politische Verhältnisse sind unter anderem Kennzeichen einer zivilisierten Gesellschaft. Unter **Zivilisationskrankheiten** versteht man Krankheiten, die erst durch die Lebensgewohnheiten und Lebensformen unseres Jahrhunderts (moderne Industriegesellschaft) entstanden sind. Dazu gehören z.B. Herz- und Kreislauferkrankungen (z.B. durch Streß verursacht), Haltungsschäden (durch vorwiegend sitzende Tätigkeit) oder Karies (wegen ungesunder Ernährung), aber auch viele Krebsarten.

Etruskische Gräber: Zeugen einer hohen Zivilisation

Zoll: Eine Behörde, die an Staatsgrenzen Steuern auf Waren erhebt, die von einem Land in ein anderes gebracht werden. Auch die Abgabe selbst, die man für die eingeführten Waren bezahlen muß, wird Zoll genannt.

Zoo: Auf der ganzen Welt gibt es etwa 500 zoologische Gärten, die jedes Jahr von über 300 Millionen Menschen besucht werden. Hier werden fremde und oft seltene Tierarten im Freigehege oder in Käfigen gehalten; manche von ihnen haben das Leben in freier Wildnis nie genossen, weil sie schon im Zoo geboren worden sind. Die Tiere wirklich artgerecht, d.h. wie in Freiheit, zu halten ist kaum möglich. Deshalb kann man im Zoo bei vielen Tieren gestörte Verhaltensweisen beobachten (wie ständiges Hin- und Herlaufen im Käfig bei den Raubkatzen). Auf der anderen Seite haben die Tierparks viel zum Verständnis für die Tiere und die Natur beigetragen. Der älteste Zoo Europas ist der Tiergarten Schönbrunn in Wien. Er besteht seit 1752.

Zoologie: Tierkunde; sie ist ein Teilgebiet der →Biologie.

Zoom: Objektiv an einer Kamera; dieses „zieht" durch Ver-

Tiere im Zoo

Zoom: Ein weit entfernter Gegenstand …

… *wird „herangezoomt"*

größerung weit entfernte Gegenstände scheinbar nah an den Betrachter heran, arbeitet und wirkt also ähnlich wie ein Fernglas.

Zucker: Dieses Süßmittel wird aus Zuckerrohr oder aus Zukkerrüben gewonnen. Hierzu verkocht man den Rohstoff erst zu braunem, klebrigem Rohzucker, dieser wird anschließend mehrfach gereinigt (raffiniert), bis der Zucker weiß und feinkörnig ist.

Zuckerkrankheit: Diese Stoffwechselkrankheit entsteht, wenn der Abbau von Kohlenhydraten (Zucker) durch Insulinmangel gestört ist. Insulin ist ein →Hormon und wird von der Bauchspeicheldrüse erzeugt. Wird der mit der Nahrung aufgenommene Zucker nicht abgebaut, so erhöht sich der Zuckergehalt des Blutes **(Blutzuckerspiegel)** zu stark. Zuckerkranke Kinder dürfen bestimmte Speisen nicht essen; sie können lernen, wie man sich selbst Insulin in die Blutbahn spritzt.

Zugspitze: Mit 2962 m der höchste Berg Deutschlands.

Zugvögel: Diese Vögel haben ihre Winterquartiere in wärmeren Ländern, ihre Jungen brüten sie aber im Sommer bei uns aus. Zu den Zugvögeln gehören z.B. die Schwalben, die Störche und die Stare. →Vögel, →Vogelzug.

Zünfte: Zusammenschlüsse von Handwerkern und Händlern im Mittelalter. Die Mitglieder der Zünfte konnten sich so im Stadtrat Gehör verschaffen, sie gewannen an Macht und Ansehen in der Gesellschaft. Durch strenge **Zunftordnungen** waren Ausbildung, Kleiderordnung und vieles mehr genau geregelt und vorgeschrieben. Seit der Gewerbefreiheit im 19. Jahrhundert gibt es keine Zünfte mehr. Ihre modernen Nachfolger sind aber die Handwerks-Innungen.

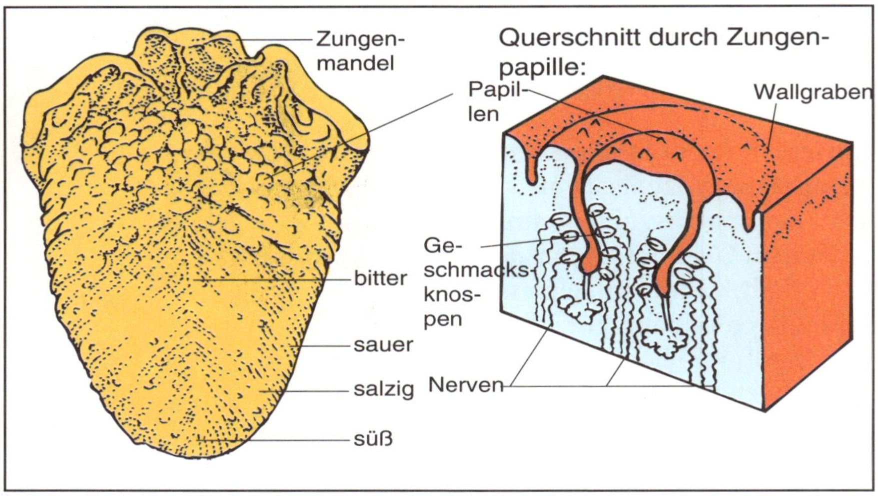

Zunge

Zunge: Auf diesem Organ sitzen in vielen kleinsten Knospen die Geschmacksnerven – mit ihrer Hilfe erkennen wir also, ob etwas süß oder sauer, bitter, scharf oder salzig schmeckt. Mit den Zungenbewegungen werden Speisen zur Speiseröhre befördert. Außerdem ist die Zunge für die Bildung von Lauten beim Sprechen wichtig.

Zweiflügler: Zu ihnen gehören Insekten mit einem dünnhäutigen Flügelpaar (zwei Flügeln, wie der Name sagt), z.B. Fliegen, Stechmücken oder Wespen.

Zweistromland: Die fruchtbare Gegend zwischen den zwei Strömen Euphrat und Tigris. Schon vor über 6000 Jahren wurde hier Ackerbau betrieben, und es entwickelten sich anschließend die frühesten be-

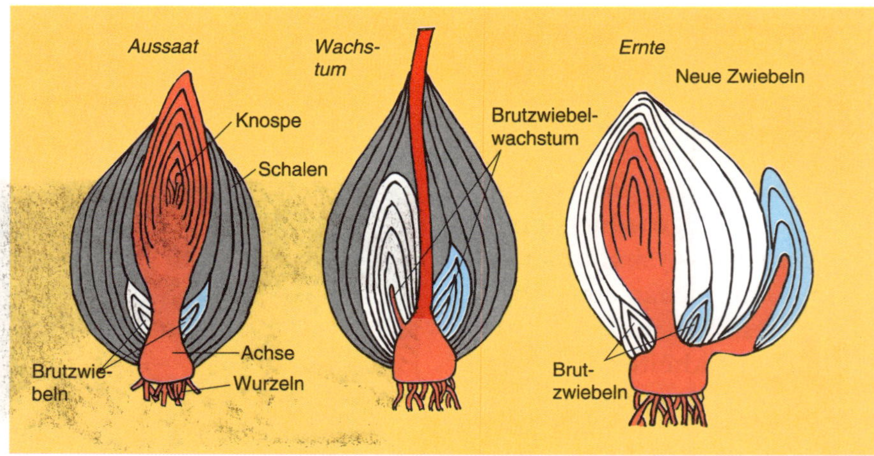

Zwiebel

Zugvögel: Storch

kannten Hochkulturen in den Reichen →Babylonien, →Sumer und Assyrien.

Zwiebel: Ähnlich wie bei der **Küchenzwiebel,** dem Lauch und dem Knoblauch haben auch verschiedene andere Pflanzen eine Zwiebel als unterirdisches Speicherorgan. Die in mehreren Schichten übereinanderliegenden Zwiebelschalen enthalten Nährstoffe für die Pflanze. Krokus, Tulpe und Alpenveilchen wachsen aus **Blumenzwiebeln.**

Zwillinge: Sie können entstehen, wenn sich eine befruchtete Eizelle (→Befruchtung) in zwei Hälften teilt; dann wachsen zwei genau gleich aussehende Lebewesen, nämlich eineiige Zwillinge, heran. Unterschiedlich aussehende Zwillinge wachsen heran, wenn sich beim Eisprung zwei Eizellen entwickeln und befruchtet werden. Zweieiige Zwillinge sehen nicht gleich aus, sie können wie Geschwister auch Junge und Mädchen sein; bei eineiigen Zwillingen haben dagegen beide das gleiche Geschlecht (zwei Jungen oder zwei Mädchen).

Zyklus: Kreislauf, ein regelmäßig wiederkehrender, immer gleicher Ablauf von Ereignissen.

Zylinder: Der Erfinder des Zylinderhutes, ein Engländer, soll wegen Erregung öffentlichen Ärgernisses ins Gefängnis gekommen sein, als er erstmals damit auf die Straße ging. Heute tragen Herren einen Zylinder nur noch zu sehr festlichen Anlässen. Der Hut – ein röhrenförmiger Hohlkörper – hat seinen Namen von seiner zylindrischen Form. Zylinder sitzen auch in Automotoren – darin bewegt sich der Kolben auf und ab.

Bildquellenverzeichnis

Ägyptisches Fremdenverkehrsamt, Frankfurt a. Main
ASF PRO KENNEX, München
Australian Tourist Commission, Frankfurt a. Main
Blizzard Ges.m.b.H., Mittersill
Blumenbüro Holland, Düsseldorf
Bundesanstalt für Geowissenschaften und Rohstoffe, Hannover
Bundesministerium der Verteidigung, Bonn
Bundesverband der Edelstein- und Diamantindustrie e.V., Idar-Oberstein
CMA Centrale Marketinggesellschaft der deutschen Agrarwirtschaft mbH, Bad Godesberg
Dänisches Fremdenverkehrsamt, Kopenhagen
Deutsche Lufthansa Aktiengesellschaft, Köln
Deutscher Imkerbund e.V., Wachtberg
Deutscher Weinfonds, Mainz
FHV Fremdenverkehrs- und Heilbäderverband Rheinland-Pfalz, e.V., Koblenz
fischerwerke Artur Fischer GmbH & Co. KG, Tumlingen/Waldachtal
Französisches Fremdenverkehrsamt, Frankfurt a. Main
Gesamtverband des deutschen Steinkohlebergbaus, Essen
Goretzky, Ulrike, München
Griechische Zentrale für Fremdenverkehr, München
Gruppo Editoriale Fabbri, Mailand
IMA Informationsgemeinschaft für Meinungspflege und Aufklärung e.V., Hannover
Indisches Fremdenverkehrsamt, Frankfurt a. Main
Junghans Uhren GmbH, Schramberg
KATHREIN-Werke KG, Rosenheim
Heinz Kettler Metallwarenfabrik GmbH & Co., Ense-Parsit
Kodak Aktiengesellschaft, Stuttgart
Lidman Production, Stockholm
Mercedes-Benz AG, Stuttgart
Münchner Olympiapark GmbH, München
New Zealand Tourism Board, Frankfurt a. Main
Nintendo of Europe GmbH, Großostheim
Nissan Motor Deutschland GmbH, Neuss
NORDIS picture pool GmbH, Essen
Adam Opel AG, Rüsselsheim
OSRAM GmbH, München
Sattrasai, Veerayoot, München
Scheibner, Christine, München
Serexhe, Cornelius, München
South African Tourism Board, Frankfurt a. Main
Steinway & Sons, Hamburg
Thailändisches Fremdenverkehrsbüro, Frankfurt a. Main
Unitet States Travel and Tourism Administration, Frankfurt a. Main
Villeroy & Boch AG, Mettlach
wpr communication Elisabeth Naase, Hennef